고령사회와 부동산

김준형

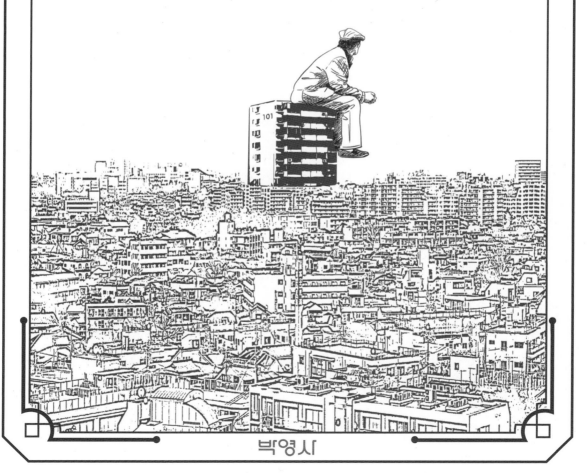

박영사

| 머리말

연구년이 끝날 때쯤 학교로부터 제안이 왔다. 크게 지원해 줄 테니 K-MOOC용 온라인 강좌를 하나 촬영하지 않겠냐고. 그때 모질 게 거절하지 않은 것이 결국 이 책까지 오게 되었다.

주택정책, 주거복지, 수요 및 입지분석, 도시계획 등 많은 주제가 머리를 스쳐지나갔지만 그중 최후의 승자는 고령화였다. 향후 우리 사회가 직면할 가장 세찬 파고 중 하나, 그렇지만 그 대응은 매우 미진해 옹색한 해법밖에 마련하지 못한 현실. 그렇기에 사람들이 가장 많이 궁금해 할 주제일 듯하고, 또 그 답을 가장 많이 줄 수 있으리라는 자신감.

고령사회와 부동산 간 관계에 대해 몇 편의 학술논문을 쓴 것이 그 불필요한 자신감의 근원이었다. 그렇지만 크게 지원을 받으며 강의 하나하나를 준비하면서, 그리고 그 결과로 이 책까지 준비하면서 무모한 자신감이었음을 뼈저리게 느끼고 있다.

그럼에도 불구하고 출간까지 결정한 것은 세 가지 결심 때문이다. 첫째, 이 강의를 들을 학생들에게 그래도 참고가 될 만한 교재는 쥐어주자. 둘째, 그간의 연구들로 발견한 몇 가지 결과들은 학술논문을 읽을 연구자들뿐만 아니라 일반인들에게도 공유하자. 셋째, 고령사회와 부동산에 대해 완벽한 그림을 완성하기보다 향후 함께 그리기 위한 출발점을 만들자. 이 주제에 대한 관심이 우리 사회에서 지속되는 한, 그에 대한 연구도 지속하여 이 책에 반영하려는 것도 이 맥락이다.

이 부족한 책마저도 많은 분들의 도움 없이는 불가능했다. 순전한 호기심만으로 무장한 어린 연구자의 손을 잡아 고령화 연구의 포문을 함께 열어주신 김경환 교수님, 일본과 미국의 사례를 소개하면서 이 책의 한 장을 함께 맡아주신 이상영 교수님, 김정섭 교수님. 이 교수님은 연구년 때 연락을 주셔서 이 책을 탄생시킨 장본인이시기도 하다. 또한 연구논문을 공동으로 준비하면서 이 책의 컨텐츠를 함께 만든 공저자들에게 감사하지 않을 수 없다. 한정훈 교수님, 고진수 교수님, 강민규 교수님, 박동하 박사님, 이용만 교수님, 조만 교수님, 김인숙 박사님, 김희정 선생님. 특히 한정훈 교수님과의 학술적 교류는 함께 한 맥주 이상으로 즐거웠다. 박영사의 탁종민 선생님은 저자 이상의 꼼꼼한 편집 실력으로 책의 퀄리티를 끌어올려주셨다. 무엇보다 학술적으로 접근하고 고민하고 연구하는 방법을 가르쳐주시면서, 또 앞에서 나열한 분들과의 귀중한 네트워크도 만들어주신 故 최막중 교수님이 없었다면, 이 책뿐만 아니라 지금의 생각도 행동도 없었을 것이다. 그립습니다, 교수님.

이 책의 주요한 특징은 고령사회와 부동산에 대해 충분한 사실기반$^{fact\ basis}$으로써 접근하는 데 있다. 단점은 그 기반이 1~2년을 단위로 계속 바뀐다는 것이다. 그렇기에 업데이트된 수치나 표, 그래프 등을 출판사[1]와 개인 홈페이지[2]를 통해 정기적으로 전달하고자 하니 필요한 경우 최대한 활용하기 바란다.

2024년 9월
남가좌동에서

---

1 https://www.pybook.co.kr/mall/customer/bookpds
2 https://sites.google.com/site/urbanplanningandrealestate/

차례

1

들어가며

제1장

들어가며

1 본고의 목적

우리 사회는 고령사회로 진입하고 있다. 우선 의료기술의 발달 등으로 인해 평균수명이 늘어나면서 고령인구가 크게 늘어나고 있다. 이와 동시에 저출산 등으로 유소년, 청년 등의 인구가 감소, 상대적으로 고령인구가 차지하는 비중도 커지고 있다. 그 결과 고령인구 중심의 인구구조를 갖는 사회, 즉 '고령사회'로 바뀌고 있는 것이다.

고령사회로의 이행은 사회 전체에 걸쳐 다양한 변화를 가져올 것이다. 주택, 부동산, 도시 및 국토 등의 분야도 예외가 될 수 없다. 과연 고령사회에서 이들은 어떻게 변화할 것인가? 지금보다 긍정적인 변화는 무엇이며, 또 부정적인 변화는 무엇인가? 만약 고령사회가 현재에 비해 부정적인 변화를 야기한다면, 즉 고령사회의 부동산에 새로운 위기가 출현한다면 이에 어떻게 대응하여야 하는가? 고령사회를 맞는 우리들은 이에 대한 답을 분명히 갖고 있어야 한다.

그간 고령화가 부동산에 미칠 영향들에 대해서는 다양한 주장들이 있어왔다. 예를 들어 [기사 a]는 저출산, 고령화라는 인구구조 변화로 인해 주택을 구매할 사람이 줄어들면서 장기적으로 주택가격이 하락할 것이라는 전망을 내놓고 있다. 고령인구는 주택을 새로 구입하기보다는 갖고 있었던 주택을 파는 사람들이라는 것이다. 이 사람들이 늘어난다는 것은 주택에 대한 수요가 줄어든다는 것으로 주택가격 하락으로 이어질 수 있다. [기사 b]는 한국은행 금융안정보고서를 인용, 고령가구가 부채를 상환하면서 실물자산 처분을 크게 늘린다면 부동산시장이 침체될 가능성이 있음을 지적한다.

[기사a]

🔵 연합뉴스

고령화 · 저성장 · 불경기... "집값 오를수가 없다"

기사입력 2012.10.14. 오전 4:59 [기사원문] [스크랩] 본문듣기·설정

(서울=연합뉴스) 증권팀 = 증권사들은 장기적으로 주택 가격이 하락세를 지속할 것으로 14일 진단했다.

세계 경제가 저성장 국면에 들어서면서 소득 증가에 대한 기대감이 낮아졌고 내부적으로는 저출산, 고령화라는 인구 구조 변화에 가계 부채 문제까지 겹치면서 부동산을 구매할 수 있는 사람들이 줄어들 수밖에 없기 때문이다.

다만, 주택 마련에 대한 욕구는 여전히 강하기 때문에 저금리 기조가 이어지고 대통령선거 이후 강력한 부동산 정책에 나오면 반등 가능성은 있다고 전문가들은 예상했다.

다음은 증권사 건설분야 애널리스트들의 견해.

...

◇ 아이엠투자증권 임노중 투자전략팀장

현재 집값 하락은 구조적인 요인 때문이다. 집값이 아직도 너무 비싸다. 모든 계층의 실질소득이 줄어든 것은 아니다. 고소득층은 소득이 늘어나는데 집을 안 산다. 집이 없는 계층은 중산층 이하인데 이쪽은 집 살 수 있는 여력이 없다. 실수요 세력인 30~40대 인구가 줄고 노령층 인구 늘어나고 있다. 노령층은 보유한 주택을 팔고 평수를 줄여서 가려는 경향도 있다. 이러면 주택을 안 지어도 공급이 늘어난다.

집값은 앞으로 일시적으로 반등할 수는 있지만 장기적인 관점에서는 더 떨어질 것으로 전망한다. 1990년을 정점으로 지금까지도 주택 가격이 하락하는 일본과 비슷한 상황을 맞을 수 있다.

소형 인기는 계속될 것이다. 전세금을 올려주는 대신 월세 형식으로 이자를 보전해주는 경향이 있는데 이건 리스 개념이다. 점점 미국 시스템으로 바뀔 수 있다.

...

◇ 우리투자증권 자산관리컨설팅부 양해근 부동산팀장

아파트 가격은 약보합세를 보일 전망이다. 아파트에 대한 투자 심리가 많이 꺾였다. 아파트 가격이 워낙 높고 상승 기대감도 떨어진데다 1인 가구 증가, 노령화 등으로 장기적으로 가격이 하향 안정화될 것이다.

2010년 이후 강남 지역에서 주택 공급량이 줄고 재건축이 잘 안 이뤄지고 있기 때문에 강남에서는 단기적으로는 상승할 수 있다. 강북은 재개발 뉴타운에 대한 시선이 좋지 않아 가격 상승이 힘들다. 지방은 혁신도시와 기업도시, 대기업 증설에 의한 효과가 거의 다 나타났다. 지방과 경기, 인천은 하향 안정화를 보일 것으로 전망한다.

언제가 바닥권일지 예측하기 어렵다. 내년 정부의 부동산 정책이 관건이다. 새 정부에서 부양책을 내면 올라갈 가능성 있다.

...

withwit@yna.co.kr

출처: 연합뉴스(2012.10.14.)

[기사b]

[금융안정보고서] 빨라지는 고령화...가계부채 억제 효과, 부동산시장엔 찬물

기사입력 2015.12.22. 오후 12:02 [기사원문] [스크랩] 본문듣기·설정

...

▶쏟아지는 매물··· 부동산 시장엔 부담=부동산시장에도 고령화의 영향은 크다. 고령화가 진행될수록 부동산시장은 침체될 가능성이 높은 것으로 분석됐다. 은퇴 고령가구의 부채 디레버리징 과정에서 실물자산 처분이 크게 증가할 경우 부동산시장 부담요인으로 작용하기 때문이다. 특히 우리나라의 인구 고령화 속도가 빠를 것으로 예상되는 데다 부채 디레버리징 성향이 높은 대가 실물 50~60 위주로 자산을 보유하고 있고, 한계가구 비중도 높아 영향이 더욱 클 수 있다고 한은은 전망했다. 현재 우리나라의 자산축적연령인구 비중은 고점(2016년, 40.4%)대비 10년간 하락 폭이 3.8%포인트로, 주요국 평균(2.0%포인트)에 비해 약 2배 크며, 고령사회(2018년)에서 초고령사회(2026년)로 진입하는 데 걸리는 기간도 8년으로 주요국 평균(31년)보다 약 4배 빠를 것으로 예상되고 있다.

...

출처: 헤럴드경제(2015.12.22.)

[기사 c]도 마찬가지이다. 이 역시 고령가구의 증가로 전반적인 부동산수요 감소를 예상한다. 국내 주택시장은 일본처럼 장기 침체를 경험할 가능성이 높다는 지적도 등장한다. 나아가 이 기사는 가구의 연령대별 주택구매력을 계산, 2000년 100으로 잡았을 때 전국 부동산 구매력 지수가 2010년 91.5에서 2020년 67.2, 2030년 24.4로 급감하는 분석결과까지 제시한다. 고령가구의 증가는 이처럼 구매력 감소뿐만 아니라 시장에서 기존 주택의 매물을 늘리는 '더블 펀치'를 가한다는 점에서 더욱 심각한 문제임을 강조하고 있다.

[기사 d]는 고령화가 부동산시장에 미치는 영향에 있어 한국과 일본이 얼마나 유사한지 보다 면밀히 검토하고 있다. 우선 고령화는 은퇴계층의 소득 감소, 고령 1-2인 가구의 증가, 주택매입의 주요 연령층 감소 등의 경로를 통해 주택시장의 구조변화를 유발한다. 특히 은퇴에 따른 소득 감소는 주택처분, 역모기지 등으로 인해 주택수요 증가세를 둔화시킬 가능성이 크다. 우리나라의 경우 2020년부터 베이비붐 세대가 고령층에 대거 진입하면서 주택수요의 구조적 변화가 나타날 것으로 전망한다. 일본은 1990년대 초반 고령화에 따른 주택가격 하락을 먼저 경험하였다. 기사는 우리가 일본의 사례를 따라갈 이유, 그리고 따라가지 않을 이유를 모두 나열하고 있다. 먼저 따라갈 이유로는 생산가능인구 감소가 일본과 근본적으로 다르지 않다는 점, 주택보급률이 100%를 넘어섰다는

점, 고령화가 진행되면 집을 살 사람이 줄어든다는 점, 그리고 최근의 부동산시장 활황이 이와 같은 거대한 흐름을 반할 수 없다는 점 등을 들고 있다. 따라가지 않을 이유로는 한국의 부동산시장 상승률이 일본만큼 가파르지 않다는 점, 주택공급량이 당시의 일본처럼 높은 수준이 아니라는 점, 그리고 일본과 달리 한국은 아파트 비중이 높아서 거래가 훨씬 활발하다는 점 등을 제시하고 있다. 여기에 더해 전문가들은 일본은 당시 경제적으로 장기간 마이너스 성장을 하였지만 우리나라는 계속 성장을 하고 있다는 점, 주택에 대한 애착, 투자 대안으로서의 가치가 아직도 충분하다는 점, 주택연금이 잘 마련되어 있다는 점 등을 일본과의 차이로 지적하고 있다.

[기사 c]

한겨레

되돌리기 힘든 주택시장 하락

기사입력 2012.06.10. 오후 1:56 [기사원문] [스크랩] 본문듣기·설정

…

좀더 길게 보자면 인구 감소와 저출산, 고령화에 따라 집을 줄이는 노후 세대 가구 수 증가로 전반적인 부동산 수요는 지속적으로 줄게 된다. 이 때문에 2010년대 국내 주택시장은 일본처럼 장기 침체 국면을 맞이할 가능성이 높다. 정도의 차이는 있겠지만 말이다.

…

이런 연령대별 부동산 자산 증가액에 연령대별 가구 수 증감분 추계치를 곱해 지수화해 보았다. 예를 들어 어떤 시점에 55~59살 가구 수가 10만 가구면 이는 2조 8천억 원(=10만x2800만 원)만큼의 주택 구매력을 끌어올리는 요인이 된다. 반면 같은 시점에 65살 이상 가구 수가 10만 가구라면 이는 5조 8천 억원(=10만x-5800만 원)만큼 주택 수요가 사라지는 효과가 발생한다는 것이다. 이런 식으로 해당 시점에 전 연령대별 가구 수가 가지는 부동산 구매력의 총합을 더하면 총량으로 본 국내 '부동산 구매력 지수'를 도출할 수 있다.

<도표>에서 알 수 있듯 전국의 부동산 구매력 지수는 2000년부터 이미 줄기 시작해 2010년대에는 가파른 비탈길을 내려가듯 떨어진다. 2000년을 100으로 잡았을 때, 전국의 부동산 구매력 지수가 2010년 91.5에서 2020년 67.2, 2030년 24.4로 급감하는 것이다. 쉽게 비유하자면, 2000년에 5억 원짜리 집을 사줄 수 있는 가구가 100가구 있었다면 2030년에는 24.4가구밖에 안 된다는 것이다. 수도권의 경우에도 2010 102.7에서 2020년 85.9, 2030년 40.7로 급감하게 된다. 수도권의 경우 2010년의 부동산 구매력에 비해 2030년의 구매력은 40% 정도에 지나지 않는다는 얘기다. 특히 급속한 고령화에 따라 60대 이상 노후 세대가 증가하면 단순히 신규 주택 수요 감소에서 그치지 않고, 매물로 나오는 기존 주택이 늘어나 주택시장에 더블 펀치를 먹이게 된다. 이처럼 인구구조 변화에 따라 부동산 구매력이 급감하는 현상을 정부의 인위적인 부양책으로 떠받치는 것은 불가능에 가깝다.

2000년대에 이미 5년치 이상의 미래 수요를 앞당겨 써버려 잠재 수요가 바닥에 이른 상태다. 이런 상황에서 해가 갈수록 인구구조 변화에 따라 부동산 구매력이 가파르게 줄면 주택시장이 어떤 길을 가게 될지는 굳이 자세히 설명하지 않아도 자명하다. 일본의 주택시장이 장기 침체에 빠진 데는 금융권 부실채권 정리와 건설업체 퇴출 등 구조 개혁이 지연된 탓도 있지만, 시간이 지날수록 인구구조 변화로 부동산 구매력이 감소한 탓이 크다고 봐야 한다. 한국도 일본처럼 주택시장 장기 침체로 치닫는 길이 훤히 열려 있다.

…

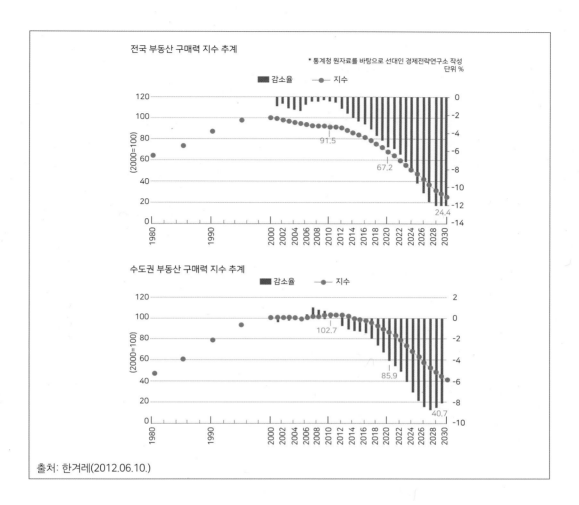

전국 부동산 구매력 지수 추계

* 통계청 원자료를 바탕으로 선대인 경제전략연구소 작성
단위 %

■ 감소율　—●— 지수

수도권 부동산 구매력 지수 추계

■ 감소율　—●— 지수

출처: 한겨레(2012.06.10.)

[기사 d]

NEWSIS

'고령화' 맞물린 日부동산 붕괴...정말 '남의 일'일까

기사입력 2017.07.30. 오전 6:10 [기사원문] [스크랩] 본문듣기·설정

...

인구고령화는 경제성장은 물론 인플레이션, 경상수지, 재정 등 거시경제 전반에 영향을 미친다. 부동산 시장도 예외일 순 없다.

저출산·기대수명 연장에 따른 인구고령화는 은퇴계층의 소득감소, 고령 1~2인 가구 증가, 주택매입 주 연령층 감소 등의 경로를 통해 주택시장의 구조변화를 유발한다.

무엇보다 은퇴에 따른 소득감소는 주택처분, 역모기지 등 자산유동화 필요성을 증가시켜 주택수요 증가세를 둔화시킬 가능성이 크다.

특히 우리나라는 2020년부터 베이비붐 세대(1955~63년생)가 고령층(65세 이상)에 대거 진입함에 따라 인구고령화로 인한 주택수요 구조변화가 불가피한 상황이다.

우리보다 앞서 고령화가 진행된 일본에선 1990년대 초반 생산가능인구(15~64세) 감소에 부동산 버블 붕괴가 맞물리면서 장기간 주택가격 하락 사태가 빚어지기도 했다.

이 때문에 전세계에서 가장 빠른 고령화 속도를 보이고 있는 우리나라가 일본처럼 집값 폭락 사태를 겪는 것 아니냐는 우려가 커지고 있다.

...

한국은행은 일본처럼 급격하게 떨어지지 않을 것이라고 분석했다. 크게 세 가지 점에서 한국과 일본의 상황이 다르다고 봤다.

우선 일본 부동산 폭락 초기와 비교했을 때 한국 부동산 시장 상승률이 일본만큼 가파르지 않다는 것이다. 일본은 버블 붕괴 직전인 1986~90년 동안 6대 대도시의 연평균 주택지가 상승률이 22.1%에 달했다.

또 한국의 주택공급량이 당시 일본처럼 높은 수준이 아니라고 한은은 설명했다. 일본은 주택공급량이 크게 늘어났고 이는 주택시장 침체를 부추겼다. 한국은 대규모 택지개발보다 기존 주거지 정비사업(재건축·재개발) 위주의 주택공급 정책을 펼치고 있다. 재건축·재개발은 기존 주택을 없애고 새 주택을 공급하는 방식이어서 대규모 택지개발 방식에 비해 순공급량이 많지 않다.

또 다른 차이점은 일본은 단독주택 비중이 높은 데 비해 우리나라는 아파트 비중이 높다는 것이다. 일본은 목조 단독주택이 많아 거래량이 부족한 데 비해 우리나라는 아파트가 많아 거래가 훨씬 활발한 편이다.

오강현 한은 과장은 "베이비붐 세대를 중심으로 고령가구의 주택처분이 단기에 집중될 경우 주택가격 하락 압력으로 작용할 수 있겠지만 거시경제 여건, 주택공급 조절, 높은 아파트 비중 등을 감안하면 그가능성은 제한적"이라며 "인구 고령화가 중장기적으로 주택수요 증가세를 둔화시키겠지만 그 정도는 매우 완만할 것"이라고 말했다.

...

일본은 공교롭게도 집값이 하락하기 시작한 1992년부터 생산가능인구가 줄어들기 시작했다. 한국은 2017년을 정점으로 2018년부터 줄기 시작할 전망이다.

조 교수는 "이미 주택보급률이 100%를 넘어선데다 고령화가 심화되면 집을 살 수 있는 사람이 줄어든다"며 "최근 3~4년간 부동산 시장이 살아있는 것을 가지고 일본과 다르다고 하는 것은 지금 현상만 보는 것이다. 시기적으로 차이가 있고 한국의 특성을 반영하겠지만 큰 틀에서 일본식 패턴을 따라갈 것으로 보인다"고 말했다.

...

다수의 전문가들은 우리나라 부동산 시장이 일본식 버블붕괴 패턴을 따라가지 않을 것이라는 데 무게를 두고 있다.

심교언 건국대 부동산학과 교수는 "인구고령화에 따른 주택 수요 감소가 시장에 영향을 미치는데는 시간이 매우 오래 걸릴 것"이라며 "일본식 패턴을 따라갈 것이라는 주장은 폭락을 좋아하는 사람이 과장되게 얘기하는 것"이라고 말했다.

그는 "일본은 플라자 합의에 따른 엄청난 경제 충격 요소가 있었고 장기간 마이너스 성장을 했지만 우리나라는 계속 성장을 하고 있다"며 "전 세계에서 유일하게 일본만 떨어졌는데 일본을 따라갈 것이라는 가정 자체가 위험한 것"이라고 지적했다.

박원갑 국민은행 전문위원은 "산업구조가 일본과 비슷하니까 부동산 시장도 유사할 것이라는 가정하에서 일본식 위기론을 얘기하는데 미래는 만들어가는 것이고 우리는 우리나라 특성에 맞게 봐야 한다"고 말했다.

박 위원은 인구 고령화에 따른 부동산 시장의 충격에 대해선 "은퇴자들이 노후 생계비 마련이 충분하지 않아 주택을 파는 시점이 언제가 되느냐의 문제"라면서 "지금의 주택에 대한 애착, 투자 대안으로 생각하고 있는 점을 감안하면 고령화에 따른 충격이 조기에 나타나지는 않을 것"이라고 말했다. 그는 "우리나라는 주택연금 제도도 잘 되어 있기에 충격을 완화시키는 데 도움이 될 것"이라고 덧붙였다.

한은은 은퇴자의 주택처분(주거면적 축소, 주택연금 가입 등 포함) 행태는 정년(60세) 후 완만히 늘어나다가 실질 은퇴연령인 70세를 기점으로 뚜렷해진다고 분석했다.

오강현 과장은 "60세 정년이 된다고 바로 주택을 파는 것이 아니라 이후 수년 동안 주택을 유지하다 70대 이후 처분하는 것으로 나타났다"며 "정년 직후 주택을 즉각적으로 대거 처분하지 않는 것은 대부분 1주택자인 은퇴가구가 재취업, 창업 등을 통해 경제활동을 지속하며 자가를 유지하려고 하는 데 기인한 것으로 보인다"고 설명했다.

…

출처: 뉴시스(2017.07.30.)

[기사 e]는 주택시장에서 대형보다 중소형 아파트가 '대세'로 굳어지고 있는데, 그 원인 중 하나로 고령화를 지적하고 있다. 과거 베이비붐 세대와 달리 더 이상 고령의 부모와 한 집에서 살지 않는다는 점을 원인으로 꼽고 있다.

[기사e]

NEWSIS

[주택 다운사이징시대] 중소형 아파트가 대세

기사입력 2015.08.10. 오전 6:00 [기사원문] [스크랩] 본문듣기·설정

고령화, 1~2인가구 보편화…중소형 수요 갈수록 늘어

전세거주자 중소형 매입 나서…거래 늘고, 가격도 상승

【서울=뉴시스】배민욱 기자 = 주택도 다운사이징 시대를 맞고 있다.

대형보다는 중소형 아파트가 대세로 굳어지고 있다. 고령화, 1~2인 가구의 보편화 등에 힘입어 중소형 수요는 갈수록 늘어나는 추세. 수요자들이 중소형을 선호하다보니 건설업체들도 주로 중소형 아파트를 공급한다. 특히 올해 분양시장은 '중소형 전성시대'라고 할 수 있다.

…

◇고령화 및 1~2인 가구 증가 영향

중소형 아파트에 대한 수요가 폭발적으로 늘어나는 이유는 무엇일까.

일단 전세난 속에 30대가 주요한 실수요자로 부상하면서 가격부담도 적고 집값 하락 걱정도 상대적으로 덜한 중소형 아파트에 대한 선호도가 높아졌다는 점을 꼽을 수 있다.

전셋값 상승에 따른 부담 때문에 내집을 마련하려는 실수요자들이 늘어나는 가운데 서울이나 수도권 인기지역의 전셋값에 돈을 조금만 더 보내면 수도권에 내집을 마련할 수 있게 됐다.

부동산114 김은진 리서치 팀장은 "주택시장이 실수요 위주로 바뀌면서 실속형 평면에 대한 관심이 높아진 가운데 중대형 아파트 집값이 떨어지고 있다"며 "신규 분양시장에서도 중소형 공급 비중이 늘어났고 청약 수요도 중소형 쪽으로 많이 몰리고 있다"고 지적했다.

과거 베이비부머 세대들의 경우 부모를 모시는 경우가 많고 자녀 수가 증가함에 따라 집을 늘려갈 필요가 있었지만 최근에는 1~2인 가족이 늘면서 굳이 중대형 면적을 구입할 필요도 줄어들었다.

더욱이 설계 기술의 발달도 한몫을 한 것으로 평가된다. 소형임에도 3베이(Bay)는 물론 화장실 2개 구조 등을 갖추다보니 중대형 아파트 거주 효과를 누릴 수 있게 됐다.

NH투자증권 김규정 부동산 전문위원은 "세대 규모가 줄고 최근 실속형 가구도 늘고 있다"며 "최근 주택 다운사이징 추세가 뚜렷하다. 굳이 대형에 살 필요 있냐는 실속형 수요가 많아진 것"이라고 말했다.

부동산써브 조은상 책임연구원도 "고령화, 딩크족 등 인구구조가 중소형에 맞춰 변하고 있고 경기 침체의 영향으로 소형에 관심이 높아졌다"며 "발코니 확장을 통해 평면이 넓어지다보니 큰 집을 선택하려는 수요가 줄어들고 있다"고 설명했다.

…

출처: 뉴시스(2015.08.10.)

이처럼 고령사회의 출현이 부동산, 그리고 부동산을 둘러싼 우리의 삶에 영향을 줄 것이라는 전망은 어렵지 않게 관찰할 수 있다. 그러나 과연 이와 같은 전망은 얼마나 정확한가? 충분한 근거를 갖고 있는가?

이 지점에서 강조하고자 하는 것은 이 주제와 관련된 수많은 학술연구들이 이미 이

루어졌다는 사실이다. 많은 연구자들은 과연 고령화가 진행될 때 우리 사회에서 어떠한 현상들이 일어날 것인지 질문을 던져왔다. 그리고 이 질문에 답하기 위해 객관적으로 자료를 수집하고 분석해 논리적으로 결론을 도출하려는 이른바 '학술연구$^{academic\ research}$'를 진행해왔다. 학술연구는 일반적으로 증거에 기반$^{evidence-based}$하고 있으며, 학술결과를 공표함에 있어 동료에 의한 검증$^{peer-review}$과정을 거친다. 증거에 기반하지 않아도 별도의 검증 절차 없이도 유통될 수 있는 일반 신문기사나 사설과는 근본적으로 다르다.

그렇기 때문에 현재 제시된 고령화의 영향에 대한 전망들이 이 학술연구들에 의해 충분히 지지될 수 있는지 점검이 필요하다. 증거에 기반한 실증분석에 기초하여야만 정확한 진단이 가능할 것이고, 이를 토대로 가장 효과적인 대응책이 마련될 수 있기 때문이다. 정확한 사실관계에 기초하여야 실제 문제를 해결하는데 기여할 수 있는 생산적이고 건전한 토론도 가능할 것이다.

이에 본고는 고령화가 주택, 부동산, 도시 등에 걸쳐 미치는 영향에 대한 다양한 이론과 정확한 연구결과들을 풍부하게 제공하고자 한다. 여기에서 '다양한' 이론을 제공하려는 것은 사회에 대한 이론이 그렇게 단선적^{monotonous}이지 않기 때문이다. 하나의 사회현상은 매우 복합적이며 상호연관된 관계 속에서 전개된다. 이와 같은 현상을 효과적으로 이해하기 위해서는 이 다양한 관계를 반드시 함께 고찰하여야 한다. '정확한' 연구결과라는 것은 실제 가용한 자료를 실증분석하여 검증된 연구절차를 거친 학술연구들이 제시하는 결과를 지칭한다. 이를 토대로 독자들은 고령사회에 대한 다양한 전망과 예측들에 대해 논리적으로 탄탄한 시각과 통찰력을 기초로 올바르게 이해하고 대응할 수 있을 것이다.

저자 역시 부족하나마 이와 관련된 학술연구를 수행한 바 있다$^{표 1-1}$. 고령사회가 부동산에 미치는 영향에 대해 다양한 이론과 정확한 연구결과들을 제공할 수 있는 까닭도 바로 이와 같은 직접적인 연구 경험에 기초한다. 이 경험들을 활용해 고령사회의 부동산에 대한 독자들의 지적 갈증을 해소시키는데 도움을 주려는 것이 이 본고의 또다른 목적이다.

표 1-1. 저자가 수행한 고령사회와 부동산 관련 학술연구

순번	서지정보
1	김준형·김경환 (2011. 12), "고령화와 주택시장: 은퇴 전후 주택소비 변화를 중심으로", 한국부동산분석학회, 「부동산학연구」, 17(4): 59-71.
2	김준형·한정훈 (2012. 6), "은퇴 이후의 주거입지: 서울거주 인구를 중심으로", 대한국토·도시계획학회, 「국토계획」, 47(3): 159-173.
3	Jun-Hyung Kim and Jung Hoon Han (2014. 1), "Myths of migration on retirement in Korea: do the elderly move to less dense areas?" *Habitat International*, 41: 195-204.
4	고진수·김준형·강민규 (2015. 3), "서울 중고령가구의 주택자산 이전에 관한 연구", 서울연구원, 「서울도시연구」, 16(1): 41-55.
5	Young Man Lee, Jun-Hyung Kim, Hyun-Ah Kim and Man Cho (2016. 10), "Wealth composition and drawdown patterns of retirees: a comparative study," *International Review of Financial Consumers*, 1(1): 41-54.
6	Jung Hoon Han and Jun-Hyung Kim (2017. 3), "Variations in ageing in home and ageing in the neighbourhood," *Australian Geographer*, 48(2): 255-272.
7	박동하·김준형 (2021. 6), "고령가구의 주택유형: 아파트에 계속 거주할 것인가?", 「부동산학연구」, 27(2): 93-111.
8	김희정·김준형 (2023. 2), "강남 주택은 경유지인가, 종착지인가?: 중고령 자가가구의 주거입지 결정을 중심으로", 「주택연구」, 31(1): 51-78.
9	김인숙·김준형 (2023. 8), "고령가구는 왜 주택개조를 원하지 않는가?: 서울시를 중심으로", 「주택연구」, 31(3): 33-62.

② 본고의 구성

본고는 고령화가 부동산 부문에 미치는 영향으로 제기된 내용들을 주요 주제들로 나누어 각각에 대해 그간의 논의와 이론을 살펴보는 방식으로 진행된다. 여기에서 '이론'이라는 것은 특정 현상의 원인을 밝히거나 미래를 예측하는데 사용되는 논리적인 설명을 뜻한다. 고령화의 영향에 대한 구체적 이론들을 배우고 익힘으로써 그 영향의 원

인, 그리고 향후의 전망 등을 직접 설명할 수 있을 것이다.

앞의 절에서 언급한 것처럼 본고의 목적은 고령사회의 부동산에 대해 최대한 정확한 그림을 전달하는 것이다. 이에 각 주제와 관련된 구체적인 통계자료를 최대한 다양하고 풍부하게 제시하고자 한다. 통계자료 역시 통계청의 국가승인통계와 같이 공식적으로 인정된 자료들을 우선적으로 제공한다.

고령화의 영향에 대해 하나의 이론만이 존재하며, 이것이 확실하게 인정되고 있다면 사실 강의는 여기에서 끝나도 무방하다. 그러나 앞서 살펴본 것처럼 고령화의 영향은 분명하지 않으며 그렇기에 이를 중심으로 한 논쟁이 존재한다. 이 논쟁에 관한 여러 학술연구들을 폭넓게 살펴볼[review] 필요가 있다. 본고에서는 학술연구들 중에서도 주로 실증연구들을 살펴본다. 실증연구란 실제 자료에 기초, 과학적인 연구절차를 거쳐서 도출한 결과를 토대로 논리적으로 주장하는 연구를 일컫는다.

실증연구를 효과적으로 이해하기 위해서는 사실 통계학이나 계량경제학의 기초 개념이 필요하다. 관련 지식이 전무한 상태에서 실증연구의 결과들을 완벽히 이해하기란 쉽지 않기 때문이다. 그러나 본고는 통계학이나 계량경제학을 배우지 않는 일반 독자들을 대상으로 하기 때문에, 이와 관련된 세부 내용들은 최대한 생략하고 그 결과와 시사점을 중심으로 다루고자 한다.

세부 내용을 소개하기에 앞서 분명히 정리되어야 할 것이 있다. 바로 "누가 고령자인가?"라는 질문이다. 다양한 답들이 가능하겠지만 국내외에서 가장 널리 사용하고 있는 기준은 만 65세 이상이다. 평균수명이 늘어나면서 이 기준 역시 상향시켜야 한다는 주장도 있다. 초고령자에 대한 논의도 여기에서 비롯된다. 통계청[2019a]은 최근 만 75세 이상을 후기 고령자로 구분해 별도 통계를 제공한 바 있다. 65~74세는 전기 고령자가 되는 것이다. UN[2020]도 만 65세를 고령의 기준으로 하면서 동시에 만 80세를 초과하는 집단에 대해 별도 통계를 제공하고 있다. 이처럼 평균수명 증가에 대응해 새로운 기준을 사용하기도 하지만, 65세 기준을 변경하지는 않고 있다. 기준을 바꾸게 되면 고령화에 대한 기존 자료를 사용하기 어려워지기 때문이다. 이에 본고에서도 별도 언급이 없는 한 만 65세를 고령을 구분하는 기준으로 사용할 것이다.

본고는 우선 고령화 현상에 대한 이해로부터 시작한다. '고령화 현상이 진행 중이다', '고령화가 심화되고 있다', '고령사회로 진입하고 있다' 등의 진단이 가득한 가운데,

과연 국내에서 일어나고 있는 고령화 현상이 무엇인지 정확히 이해하는 것이 필요하다. 실제로 고령화가 심각하게 진행되고 있기는 한 것인지, 왜 고령화 현상을 심각하다고 평가하는지, 만약 심각하다면 얼마나 심각한지 구체적으로 파악하여야 한다.

이를 위해서는 인구학^{demography}에 대한 이해가 필요하다. 인구학은 인구의 변화를 출생과 사망 등의 자연적 변화, 그리고 외부로부터의 유입이나 외부로의 유출과 같은 사회적 변화로 설명한다. 그리고 향후의 자연적 변화와 사회적 변화를 가정, 미래의 인구를 예측한다. 통계청은 이 논리에 기초, 정기적으로 국내의 미래 인구에 대한 예측치를 공표한다. 연령대별 인구 및 가구를 시점과 지역으로 나누어 제공하기도 한다. 이 자료를 토대로 향후 나타날 고령화의 규모 및 강도를 파악할 수 있다.

구체적으로 장래인구추계자료를 통해 고령인구의 규모, 전체 인구 대비 고령인구의 비중, 초고령인구의 규모, 초고령인구의 비중, 중위연령, 부양비, 인구코호트, 인구피라미드 등을 확인할 수 있다. 그리고 장래가구추계자료를 통해 고령가구의 규모, 고령가구의 비중, 고령가구의 세부 연령대, 혼인상태, 가구원수, 가구유형 등을 가늠할 수 있다. 뿐만 아니라 이 인구 및 가구추계는 전국이 아니라 지역 단위로도 제공이 된다. 이를 활용해 각 지역별 고령인구 및 고령가구의 규모나 특성도 확인할 수 있다. 부동산시장은 근본적으로 국지적 시장^{local market}이므로, 시도 단위의 추계자료가 훨씬 유용할 때가 많다.

기초적 이해는 '고령자'뿐만 아니라 '고령가구'에 대해서도 필요하다. 과연 고령가구는 다른 연령대의 가구와 어떠한 점에서 다른지 명확한 사실 기반^{fact-basis}이 구축되어야 한다. 그 차이로 인해 고령가구의 증가에 따른 각종 변화가 나타날 것이기 때문이다. 고령가구의 특성은 인구학적 특성과 경제적 특성 및 기타 특성으로 나누어 살펴본다. 역시 국내 전체 고령가구를 대표할 수 있는 통계청의 인구주택총조사, 사회조사 등 국가승인 통계를 중심으로 검토한다.

고령화 현상, 그리고 고령자와 고령가구의 특징에 대한 이해를 바탕으로 우선 살펴볼 주제는 고령가구의 부동산 다운사이징^{downsizing}이다. 용어에서 알 수 있듯 이는 부동산 중에서도 주택과 관련된 것으로, 주택의 크기^{size}를 줄이는^{down} 것에서 유래한다. 그러나 실제로 그 의미는 반드시 주택의 면적으로 한정되지 않고 주택이나 부동산 소비 전반으로 확장된다. 즉 자가에서 임차로의 이동, 주택이나 부동산 관련 자산의 축소도 다운사이징에 포함된다.

앞의 기사에서도 짐작할 수 있듯이 다운사이징 논의는 향후 부동산시장을 전망함에 있에 매우 중요하다. 늘어나는 고령가구가 적극적으로 다운사이징을 한다면 부동산시장에서 수요가 급감, 부동산가격이 하락하는 현상이 일어날 수 있기 때문이다. 흔히 부동산시장폭락론으로 묘사되는 자산시장붕괴가설의 이론적 배경도 여기에 있다.

다운사이징에 대해 던져야 할 첫 번째 질문은 과연 다운사이징이 왜 일어나는지이다. 이에 대해 가장 보편적인 답은 생애주기$^{\text{life-cycle}}$ 가설이다. 이 가설에 따르면 가구는 생애주기 전반에 걸쳐 소비 수준을 동일하게 유지하려는 성향을 갖는다. 그러나 소득은 생애주기 전반에 고르게 발생하지 않는다. 중장년기까지 발생한 소득은 고령기에 접어들면서 줄어드는 것이 일반적이다. 이에 가구는 중장년기까지 발생한 소득 중 일부를 자산으로 축적하고, 은퇴 이후 이를 현금화하여 사용한다. 부동산자산도 이와 같은 자산 중하나이다. 즉 가구는 은퇴 이전의 여유소득을 부동산자산으로 축적한 뒤, 은퇴 이후 소득이 줄어들면 부동산자산을 처분해 필요한 소비에 활용한다. 따라서 부동산자산을 처분하는 다운사이징은 고령가구에게 있어 당연한 현상인 것이다.

그러나 반론도 만만치 않다. 다운사이징이 반드시 일어나지 않는다는 것이다. 몇 가지 이유를 들 수 있다. 이는 부동산자산의 대부분을 차지하는 주택자산의 속성과 연관되어 있다. 은퇴를 하면 일반적으로 이전보다 집에서 체류하는 시간이 늘어난다. 이는 오히려 다양한 활동을 위해 주택에 대한 소비를 늘리는 요인이 될 수 있다. 보다 근본적으로 주택소비는 하방경직성을 갖는다. 즉 소비를 늘리기는 쉬워도 줄이는 것에는 경제적 혹은 심리적 비용을 크게 느끼는 것이 주택이라는 것이다. 그리고 넓고 비싼 주택에 산다는 것은 단순히 주택을 소비하는 것 이상의 사회적 의미를 갖는다는 점 역시 다운사이징을 가로막는 요인이 된다. 이처럼 주택 다운사이징은 고령가구에게서 일어날 수도, 일어나지 않을 수도 있기에 관련 연구에 대한 검토가 필요하다.

주택의 다운사이징은 주택면적을 줄이는 방식으로도 가능하지만, 보유하고 있었던 주택을 처분하고 임차로 이동하는 방식으로도 가능하다. 과연 이와 같은 주택 점유형태$^{\text{housing tenure}}$의 다운사이징이 일어나는지 확인하기 위해 우선 점유형태 선택에 대한 이론을 살펴본다. 주택의 점유형태는 거주하고 있는 주택의 비용 지불 방식에 따라 크게 자가와 임차로 구분할 수 있다. 임차는 물론 전세와 보증부월세, 무보증월세로 더 세분할 수 있다. 현재 주택은 임차하고 있으면서 다른 주택을 보유하고 있는 경우도 존재할 수 있는데, 이와 같은 가구를 감안하기 위해 자가율 외에 주택보유율도 별도로 살펴봐야 한다.

자가를 선택하는 이유는 다양하다. 우선 임차에 비해 장기거주에 유리하다. 임차로 거주할 때 직면하는 주거비용 상승에 대한 부담, 주거환경 조정 및 개선의 불편함 등의 문제를 해결할 수 있다. 특히 자산축적이나 증식의 수단으로서 자가소유는 매력적이다. 정부의 제도나 정책도 임차보다 자가에 유리하게 설계되는 경우가 대부분이다. 자가의 편익과 비용은 흔히 주택의 사용자비용^{user cost of housing}이란 개념으로 설명되기도 한다.

그렇다면 고령가구는 어떠한가? 전술한 다운사이징의 일환으로 자가에서 임차로 이동하는 선택을 할 수도 있다. 고령기의 건강 악화는 의료서비스를 더 요구하거나 경제활동의 제약을 키우는데 이는 모두 부동산자산을 현금화할 필요성으로 이어진다. 고령기에 배우자 사별 등으로 인해 경험할 독거 역시 소득 감소를 야기, 임차로의 이동을 촉발할 수 있다. 반면 기존 주택을 계속 소유할 근거도 존재한다. 우선 고령기로 접어들수록 이동성^{mobility}이 급감한다는 점을 간과하기 어렵다. 현재 주택에 머무르는 경향이 크기에 현금이 필요하다고 하더라도 다른 주택으로 이주하는 선택은 최대한 미룰 수 있다. 고령가구는 보유하고 있는 주택을 처분할 자산으로 생각하지 않을 수도 있다. 예비적 저축이자 상속해야 할 자산으로서 생의 가장 마지막까지 함께 할 자산으로 여긴다는 것이다. 최근 국내에서 확대되고 있는 주택연금 역시 자가소유를 유지하면서 부족한 소득을 충당할 수 있다는 점에서 자가를 유지하는데 기여할 수 있다. 이처럼 점유형태의 다운사이징 역시 그 방향을 쉽게 예측할 수 없기 때문에 실증연구에 대한 검토가 필요하다.

부동산 다운사이징의 또 다른 형태는 부동산자산을 축소하는 것이다. 이를 효과적으로 이해하기 위해 먼저 가구의 자산구조 결정에 대한 이론을 살펴본다. 가계는 자산을 하나의 형태로 보유하지 않는다. 가계의 재무적 목표에 따라, 그리고 가구가 예상하는 다양한 상황에 대비하기 위해 나름대로의 가계 포트폴리오^{portfolio}를 만든다. 이 가계 포트폴리오 구성에 영향을 미치는 요인으로는 수익성과 안전성 등을 들 수 있다. 위험을 줄이는 관점에서는 포트폴리오를 하나의 자산형태로 집중시켜 구성하기보다는 여러 개로 나누어 구성하는 '분산투자'가 권장된다.

안전자산과 위험자산 간의 선택은 가구 특성과도 연관되어 있으며, 그중의 하나가 가구주의 연령이다. 이는 연령에 따라 위험에 대한 회피 정도가 변하기 때문이다. 그러나 이것이 곧 부동산자산에 대한 고령가구의 결정으로 이어지지는 않는다. 생애주기 가설의 관점에서는 고령가구가 부동산자산을 줄일 것으로 예상할 수 있다. 그러나 전술한 것처럼 부동산자산을 예비적 저축으로, 상속해야 할 자산으로, 일반 자산과 다른 정신적 계정에 존재하는 자산이라면, 생애주기 가설이 기대하는 일반적 현상이 나타나지 않을 수도 있다. 특히 국내 고령가구는 부동산자산을 각별히 선호할 이유가 존재한다. 과거 부동산가격의 지속적인 상승기를 경험하면서 이미 부동산의 시세차익을 경험하였기 때문에, 향후 이 시세차익에 대한 기대를 계속 갖고 있을 가능성이 높다. 고령가구뿐만 아니라 국내 가구 전반적으로 주택에 있어서는 합리적 기대 가설보다 적응적 기대 가설이 유효하다는 주장, 그리고 고령가구는 주거안정과 투자수익을 동시에 달성해야 하는 입장이라는 지적도 이와 맥락을 같이 한다. 이처럼 다양한 논쟁이 존재하기 때문에 역시 관련 실증연구에 대한 검토가 필요하다.

고령가구의 부동산자산 다운사이징 결정에 있어서 고려해야 할 중요한 요소가 더 존재한다. 바로 자녀세대로의 이전이다. 만약 고령가구인 부모세대가 부동산자산을 자녀세대에게 물려주고자 할 경우 다운사이징 경향은 크지 않을 수 있다. 만약 그렇다면 고령화로 인해 주택의 매물이 늘어나 주택가격이 감소하는 현상은 나타나지 않을 수 있다. 이 점에서 고령가구가 보유한 부동산자산을 자녀세대에게 얼마나 원활히 이전하는지 여부도 면밀히 살펴보아야 한다.

부동산자산의 세대 간 이전에 대한 이론들도 다양하다. 이 역시 생애주기 가설과 연관되어 있다. 순수하게 가구의 생애주기 관점에서만 생각한다면 가구의 생애가 종료되는 시점에 모든 자산이 소진되어야 한다. 그러나 실제로 그렇지는 않을 가능성이 높다. 세대간 자원이 이전되는 것이 일반적인데 그 동기로는 우선 이타주의 이론을 들 수 있다. 부모의 효용이 자녀의 효용에 의해 영향을 받으므로 대가를 바라지 않고 자녀에게 자원을 이전한다는 것이다. 이와는 반대로 부모가 자녀에게 부동산자산을 이전하는지 여부는 철저하게 자녀로부터 받은 서비스에 기초한다는 설명도 있다. 부모와 자녀가 금전적 자원과 시간 자원을 상호교환한다는 것이다. 만약 부모세대의 부동산자산이 자녀세대로 쉽게 이전된다면 이는 부모세대와 자녀세대와의 사회적 지위 변화, 즉 세대 간 이동성을 저해하는 요인이 된다는 점에서도 부동산자산의 세대 간 이전은 중요하다. 이와 관련된 실증분석의 결과들을 폭넓게 검토할 것이다.

이 시점에서 논의는 자연스럽게 주택연금으로 이어진다. 주거안정과 생계유지의 두

가지 목표를 동시에 달성하려는 가구를 위해 만들어진 특별한 주택금융상품이 바로 주택연금이다. 주택연금은 역모기지^{reverse mortgage}라고도 불린다. 이는 모기지^{mortgage}라고 불리는 일반 주택담보대출과 정반대의 구조를 갖기 때문이다. 모기지는 주택을 구입하기 위해 큰 돈을 빌리고 이후 계속 갚아나가면서 주택에 대한 가구의 지분을 늘리는 것이지만, 역모기지는 주택을 보유한 상태에서 주택자금의 일부를 지출하면서^{연금} 주택에 대한 가구의 지분을 계속 줄이는 상품이다. 이와 같은 역모기지는 주택을 소유해 자산은 많지만 소득이 부족한 가구에게 적합한데, 이 특성을 갖는 대표적 가구가 바로 고령가구이다. 은퇴 이후 고령가구가 경험하는 부족한 소득의 문제를 해결함으로써 더 작고 저렴한 주택으로 이주하지 않아도 되는 것이다.

국내에서는 한국주택금융공사^{HF}가 2007년 7월 이 역모기지 상품을 '주택연금'이란 이름으로 출시하였다. 가입을 위해서는 연령, 보유주택 수, 주택유형, 주택가격 등의 조건이 존재하며, 가입비 및 연보증료를 납부하여야 한다. 금리, 지급방식, 월지급금 지급유형 등이 달라지는데, 특히 월지급금은 주택가격 상승률이나 금리, 사망률에 대한 가정에 따라 그 값이 결정된다. 우리나라의 주택연금은 공적 금융의 성격이 존재해, 대출잔액이 주택처분을 통해 확보되는 비용보다 크더라도 이를 차입자나 그 상속자에게 요구하지 않는다.

이 주택연금의 보급 정도는 고령화가 주택시장에 미치는 영향과 밀접하게 연관되어 있다. 주택연금을 이용하는 고령가구는 사망하기 전까지 보유하고 있는 주택에 계속 거주하면서 부족한 소득을 충당할 수 있다. 이 주택연금이 일반화된다면 고령시기에 접어들었다고 해서 주택을 매각하는 현상이 보편적으로 나타나지는 않을 것이다. 즉 주택연금의 확대는 고령가구의 주택매각을 감소함으로써 주택수요나 주택가격을 지지할 가능성이 높다.

그러나 주택연금이 널리 보급되기 어려운 측면들도 있다. 주택연금은 금융기관에게 있어 위험을 가진 상품인데, 장수위험, 이자율 상승 위험, 주택가격 하락 위험 등이 그것이다. 이와 같은 위험들이 존재하지만 그렇다고 금융기관은 계약을 일방적으로 해지할 수 없다. 그러나 가입 가구는 주택가격이 상승할 때 계약을 해지하고 조기상환을 하면서 시세차익을 누리는 선택을 할 수 있다. 여기에 더해 주택을 부모세대나 자녀세대가 상속할 자산으로 생각하는 경향이 강하다면 주택연금은 그 확장성에 근본적 한계가 있을 수

밖에 없다.

주택의 다운사이징은 반드시 고령가구의 주거이동을 동반한다. 따라서 다운사이징이 일어나는지 여부는 고령가구에게 있어 주거이동이 얼마나 선호되는지 여부와 연관되어 있다. 만약 고령가구가 주거이동 자체를 선호하지 않으면 다운사이징은 필요한 만큼 나타나지 않을 수 있기 때문이다. 그렇다면 문제는 과연 고령가구가 주거이동을 하는지, 하지 않는지로 바뀐다. 이는 국외에서 '주거이동Residential Mobility' vs. '에이징인플레이스Aging in Place'를 중심으로 활발하게 논의된 바 있다. 만약 이동을 한다면 그 목적지가 어디가 될지도 관심을 가져야 할 대목이다. 늘어나는 고령가구가 은퇴 이후 귀농·귀촌을 선택한다면 쇠퇴하는 비도시지역에 활력을 가져다줄 요인이 될 수 있기 때문이다.

고령가구가 다른 가구들에 비해 어떠한 주택유형을 선호하는지도 살펴볼 만 하다. 고령가구가 늘어난다면 그들이 선호하는 유형의 주택이 공급되어야 하기 때문이다. 국내의 주택유형은 크게 아파트와 비아파트로 구분할 수 있다. 비아파트는 단독, 다가구, 다세대, 연립 등을 포괄한다. 이렇게 구분하는 까닭은 비아파트에 비해 아파트에 대한 선호가 국내 가구들에게서 일반적으로 관측되기 때문이다. 그렇다면 과연 고령가구는 어떠한가? 고령가구는 아파트를 선호하는가, 비아파트를 선호하는가? 주택유형보다도 고령가구는 주택에 대한 특별한 사양specificaton을 중시할 수 있다. 고령가구가 이동하기에 유리하도록 설계된 무장애barrier-free 주택이 대표적이다. 고령가구가 다른 주택으로 이동하기보다 현재 주택에 계속 거주하기를 선호한다면, 고령자가 필요한 이 사양들을 갖추게끔 원활히 유지, 수선하는 것이 더 중요할 수 있다. 과연 국내에서 이와 같은 대응들은 효과적으로 이루어지고 있는지 점검하기로 한다.

주택에서 보다 범위를 넓히면 과연 고령가구가 선호하는 근린 및 도시환경은 무엇인지에 대해서 질문을 던질 수 있다. 현재보다 고령가구가 크게 늘어난다면 도시의 환경도 크게 달라져야 하지 않을까? 과연 고령화시대를 대비한 공간은 어떻게 설계되고 계획되어야 하는가? 세계보건기구WHO가 소개한 '고령친화도시Age-Friendly City' 개념은 이 질문에 답하는데 유용한 출발점이 될 수 있을 것이다.

주택, 주거환경 및 도시에 대해 고령가구가 갖는 선호에 대한 이해는 곧 고령가구를 위한 부동산개발에 활용될 수 있다. 아직까지 고령자를 대상으로 한 국내의 부동산개발은 주로 양로시설, 노인공동생활가정, 노인복지주택 등 노인주거복지시설로 한정되어 있다. 이 노인주거복지시설의 현황 및 문제점을 살펴보면서 향후 고령자를 위한 부동산 개발에 대해 시사점을 도출하고자 한다.

고령화는 우리 사회만 경험하고 있는 것은 아니다. 다른 나라들도 고령화를 경험하고 있으며, 그 나라의 부동산도 고령화의 영향에 노출되어 있을 것이다. 이들 나라의 현상을 확인하는 것은 향후 우리에게 고령화가 어떠한 영향을 줄 것인지, 그리고 이를 어떻게 대응하여야 하는지 직접적인 시사점을 줄 수 있다. 이에 일본과 미국, 두 국가의 사례를 전문가를 통해 심도있게 살펴보고자 한다. 먼저 이들 국가에서 고령화는 어떻게 진행되고 있는지, 향후 고령화에 대한 전망은 어떠한지 확인한다. 그리고 고령화가 각국의 주택 및 부동산시장에 미친 영향을 점검한다. 앞에서 제기된 질문들, 즉 고령인구 증가에 따라 부동산수요의 급감 현상이 나타났는지, 고령화로 인해 소형주택 수요가 증가하였는지, 고령인구는 주택을 처분하고 임차로 이동하였는지, 고령인구는 부동산자산을 줄였는지 등 부동산자산의 다운사이징 실태를 파악한다. 그리고 이에 대한 각국의 대응도 살펴본다. 자가소유와 부족한 소득의 보완을 위한 주택연금은 널리 활용되고 있는지, 고령가구를 위한 주택 및 부동산상품 개발은 어떻게 진행되고 있는지, 그리고 고령가구를 위한 부동산 및 도시정책의 주요 방향은 무엇인지 살펴보기로 한다.

복습문제

1   **고령화가 부동산에 야기할 것으로 일반적으로 예상되는 현상으로 보기 어려운 것은?**

① 부동산시장의 침체
② 주택수요 증가세의 둔화
③ 귀농귀촌인구의 증가
④ 중대형주택의 선호 증가

2. **국내 언론에서 고령화로 인해 주택시장의 가격 하락을 언급하면서 주로 언급되는 국가는?**

① 미국
② 일본
③ 영국
④ 호주

3. **국내외에서 가장 많이 사용되고 있는 고령인구의 연령 기준은?**

① 60세
② 65세
③ 70세
④ 80세
⑤ 85세

2 고령화의 이해

REAL ESTATE IN THE AGING SOCIETY

제2장

고령화의 이해

1 정해진 미래

'정해진 미래'. 한 인구학자가 쓴 책의 제목이다. 미래未來는 한자 그대로 아직 오지 않은 앞날을 뜻하지만, 이 단어 앞에 '정해진'이라는 모순된 수식어가 붙어 있다. 미래라고 해서 모두가 불확실하거나 미지의 영역이 아니라는 것이다. 미래 중 일부는 현재의 자료를 통해 상당히 정확하게 예측될 수도 있다. 그렇기 때문에 미래 중 일부는 '정해진' 미래로 볼 수 있다. 여기에서 이 책의 저자가 인구학자라는 점을 주목할 필요가 있다. 정해진 미래를 내다보는 힘은 바로 이 인구학에서 비롯된다. 인구학의 기본 원리를 활용하면 향후 어떤 인구가 어디에서 얼마나 늘어나고 줄어드는지 알 수 있기 때문이다.

고령인구도 마찬가지이다. 인구학을 활용하면 향후 고령인구가 어디에서 얼마나 늘어나고 줄어드는지 매우 정확한 수준으로 예측할 수 있다. 특정 지역에 늘어나거나 줄어드는 고령인구가 어떤 특성을 갖는 인구인지도 짐작할 수 있다. 이 고령인구의 변화를 효과적으로 이해하여야 고령사회의 부동산이 어떻게 달라질지 가늠할 수 있을 것이다.

본 장에서는 이 인구학을 활용, 향후 예견된 고령화 현상을 보다 구체적이고 심도있게 이해하고자 한다. 이는 이후 지속적으로 논의되는 고령화 현상에 대한 굳건한 사실기반fact basis를 형성하는데 기여할 것이다.

본격적으로 들어가기 앞서 인구학에서 미래를 예측하는 기본 원리를 가볍게 살펴보기로 한다. 인구의 변화는 크게 자연적 변화와 사회적 변화로 구분한다. 자연적 변화는 인간이 생물의 하나로서 태어나고 죽을 수밖에 없기에 나타나는 변화이다. 구체적으로 출생은 인구의 자연적 증가를, 그리고 사망은 인구의 자연적 감소를 의미한다. 출생과 사망 이외에도 인구는 변할 수 있는데, 다른 지역으로부터 인구가 들어오거나 다른 지역으로 인구가 나갈 때가 그렇다. 이를 인구의 사회적 변화라고 한다. 인구의 사회적 증가는 다른 지역으로부터의 인구 전입을, 그리고 인구의 사회적 감소는 다른 지역으로의 인구 전출을 뜻한다.

표2-1. 인구의 자연적 변화와 사회적 변화

구분	증가	감소
자연적 변화	출생	사망
사회적 변화	전입	전출

인구학은 코호트^{cohort}라는 단어를 빈번히 사용한다. 이는 동일 연령, 동일 성별의 인구집단을 뜻한다. 예를 들어 30세 남성, 60세 여성은 각각 하나의 인구 코호트를 구성한다. 인구예측은 바로 이 코호트에서 시작된다. 향후 특정 코호트가 경험할 인구의 자연적 변화, 사회적 변화의 정도를 과거 자료를 통해 가정한다. 자연적 변화의 정도는 출생률과 사망률로, 그리고 사회적 변화의 정도는 전입과 전출의 차이인 순전입률로 제시된다. 동일 코호트는 한 시점에서 특정한 출생률과 사망률, 그리고 순전입률을 갖는다는 가정에 기초, 다음 시점의 코호트 규모가 산정되고 이를 합산하면 전체 인구가 산정된다. 여기에 다시 해당 시점의 자연적 변화와 사회적 변화를 가정하면 그 다음 시점의 인구가 산정된다. 이 과정을 계속 반복하면 현재보다 상당히 멀리 떨어진 시점의 인구도 상세하게 예측할 수 있다. 특정 코호트의 출생률, 사망률, 순전입률이 현재에 비해 크게 달라지지 않는다면 그 수치 역시 매우 정확할 수밖에 없다.

그림 2-1. 만 40세 남자 및 여자의 사망률 예측

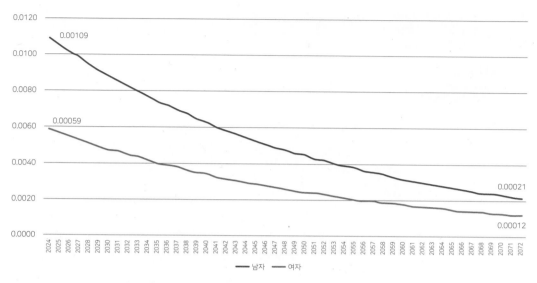

*자료: 통계청, 장래인구추계(2022년 기준) (국가통계포털)

　　본 장에서 다루는 인구 및 가구추계 자료는 통계청의 국가통계포털http://kosis.kr 등을 통해 손쉽게 확보할 수 있다. 국가통계포털에서는 '국내통계 > 주제별 통계 > 인구 > 장래인구추계(혹은 장래가구추계)' 등의 경로로 자료에 접근할 수 있다.

그림 2-2. 국가통계포털 내 장래인구추계 및 장래가구추계 자료의 접근

2 고령화의 추이

먼저 고령인구 규모의 변화부터 살펴보기로 한다. 1장에서 논의한 대로 고령인구는 만 65세 이상인 인구이다. 65세 이상 고령인구는 2025년 1,000만 명을 넘어 2050년 1,891만 명으로 정점에 이를 것으로 전망된다. 2022년 기준 서울의 인구가 약 942만 명임을 감안하면, 2050년에는 서울 인구의 약 두 배만큼 고령인구가 존재할 것임을 의미한다.

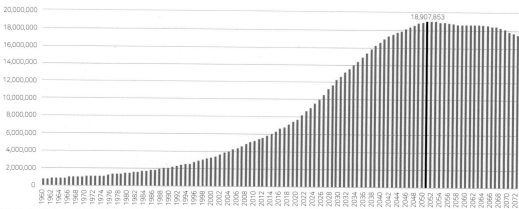

그림 2-3. 고령인구의 규모 변화

18,907,853

*자료: 통계청, 장래인구추계(2022년 기준) (국가통계포털)

　　고령인구의 증가와 비고령인구의 증가가 함께 나타난다면 그 사회가 고령화된다고
보긴 어려울 것이다. 이 점에서 전체 인구에서 고령인구가 차지하는 비중이 어떻게 변
화하는지가 더 중요하다. UN의 정의[1]로 알려져 있는 고령화사회, 고령사회, 초고령사회
의 구분도 이 비중에 기초한다. 이 비율이 7% 이상 14% 미만일 때 고령화사회aging society,
14% 이상 20% 미만일 때 고령사회aged society, 그리고 20% 이상일 때 초고령사회super-aged
society로 구분한다통계청, 2003: 2.

　　전체 인구에서 고령인구가 차지하는 비중은 2000년 이미 7%를 넘어 고령화사회에
접어들었으며, 2018년에는 14%를 돌파, 고령사회로 이행한 바 있다. 추계결과에 따르면
이 비율은 2025년에 20%를 넘어 한국사회가 초고령사회가 되며, 이후 그 비율은 계속
상승, 2036년에 30%, 2050년에 40%를 넘어 2072년에는 47.7%에 달할 것으로 전망된
다. 2072년에는 대한민국 인구의 약 절반이 고령인구가 된다는 것이다.

1　UN의 정의라고 하지만 UN은 실제 이와 같은 정의를 사용하지 않는다는 지적도 존재한다
　(http://www.100ssd.co.kr/news/articleView.html?idxno=53470)

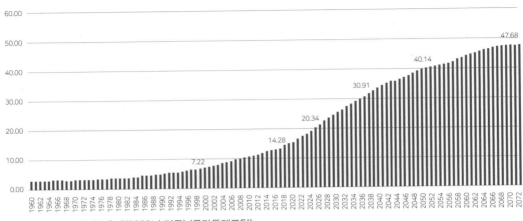

그림 2-4. 고령인구의 비중 변화

*자료: 통계청, 장래인구추계(2022년 기준) (국가통계포털)

고령인구 중에서도 만 80세 이상을 초고령인구로 구분, 이들의 규모 및 비중 변화를 살펴보기로 한다. 1960년 6만 명에 불과했던 초고령인구는 2001년 52만 명으로 크게 늘어났다. 그러나 이는 2021년에 200만 명, 2030년에 300만 명, 2036년에 400만 명, 2040년에 500만 명, 2043년에 600만 명, 2047년에 700만 명, 그리고 2052년에 800만 명을 넘어 2063년 859만 명의 정점에 이를 것으로 전망된다. 현재 경기도 고양시 인구가 약 100만 명임을 감안하면, 2036년부터 고양시 인구만큼의 초고령인구가 3~5년 간격으로 생겨난다는 것을 뜻한다.

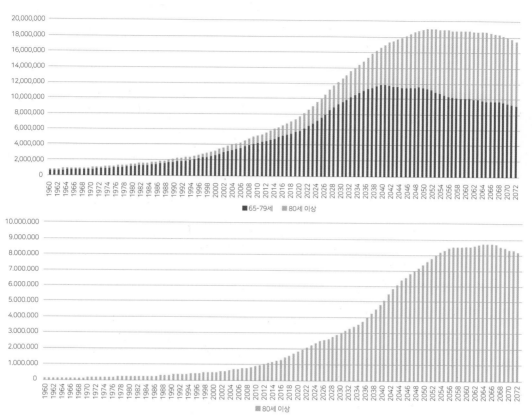

그림 2-5. 초고령인구의 규모 변화

■65-79세 ■80세 이상

■80세 이상

*자료: 통계청, 장래인구추계(2022년 기준) (국가통계포털)

<그림 2-6>은 초고령인구가 전체 인구에서 차지하는 비중의 변화를 나타낸다. 이 비중은 1999년 전까지는 1% 미만에 머물러 있었다. 그러나 2012년 2%, 2018년 3%를 넘어섰으며, 향후 2027년 5%, 2040년 10%, 2061년에는 20%를 돌파할 것으로 전망된다. 현 시점의 고령인구 비율이 10% 후반대임을 감안한다면, 2061년의 초고령인구는 현재의 고령인구보다 더 많은 비중을 차지함을 뜻한다. <그림 2-6>에서는 전체 고령인구에서 초고령인구가 차지하는 비중도 확인할 수 있다. 이 비중은 2000년대 초반까지만 해도 15% 미만을 유지하였다. 2016년 20%를 넘은 이 비율은 2040년에 30%, 그리고 2050년에는 40%를 돌파할 것으로 예상된다. 즉 고령인구의 단면도 지금과는 크게 달라짐을 시사한다. 현재는 고령인구 10명 중 2명 정도가 80세 이상이지만 2050년에는 4명이 80세 이상에 해당된다.

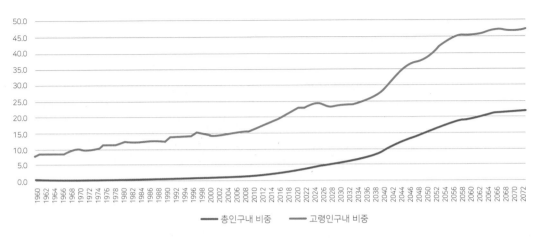

그림 2-6. 전체 인구 대비 초고령인구 비중의 추이

—— 총인구내 비중　　—— 고령인구내 비중

*자료: 통계청, 장래인구추계(2022년 기준) (국가통계포털)

　사회의 고령화를 정확히 나타내는 지표 중 하나가 중위연령이다. 중위연령은 전체 인구를 연령 순서로 나열할 때 가장 가운데 있는 사람의 연령을 뜻한다. 1970년대 중반까지도 이는 20세를 넘지 않았다. 그러나 2014년에 40세를 넘어섰으며, 2031년에는 50세를 넘을 것으로 전망된다. 그리고 2056년에는 60세, 그리고 2072년에는 63세까지 증가한다. 현재의 60세가 사회 내에서 연장자에 해당된다면, 2056년의 60세는 연장자가 아니라 사회의 허리 역할을 해야 할 연령이 된다는 것이다.

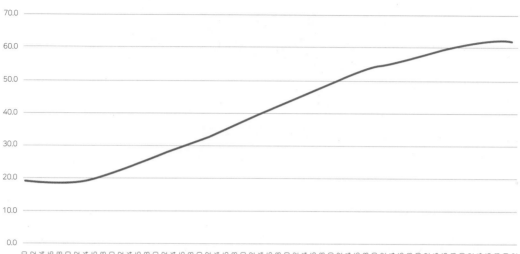

그림 2-7. 중위연령의 추이

*자료: 통계청, 장래인구추계(2022년 기준) (국가통계포털)

　　인구학을 통해 미래의 연령별 인구 분포를 예측하면서 얻는 중요한 수확은 그 사회의 미래 부양구조를 확인할 수 있다는 것이다. 부양구조는 전체 인구를 크게 둘로 나누어 보는 것이다. 생산활동에 참여함으로써 다른 가구원을 부양할 능력이 있는 인구, 그리고 더 이상 생산활동이 어려워 다른 가구원으로부터 부양을 받아야 하는 인구이다. 전자는 생산연령인구로 명명하며 우리나라의 통계청은 만 15세 이상 64세 이하로 설정한다. UN[2020]이 만 20세 이상 64세 이하로 설정하는 것과 비교할 때, 우리나라는 15~19세도 생산활동을 할 수 있는 인구로 포함한다는 점에 유의할 필요가 있다. 다른 가구원으로부터 부양을 받아야 하는 인구는 부양인구로 불리는데, 이는 다시 15세 미만의 유소년인구, 그리고 65세 이상의 고령인구로 구분할 수 있다. 생산연령인구, 부양인구, 유소년인구, 고령인구 등의 개념을 기초로 부양비가 산정된다. 부양비는 생산연령인구 1백명당 부양인구의 규모를 뜻한다. 부양인구가 유소년인구와 고령인구로 구성되어 있으므로 부양비도 생산연령인구 대비 유소년인구의 규모인 유소년부양비와 생산연령인구 대비 고령인구 규모인 노년부양비로 구분된다.

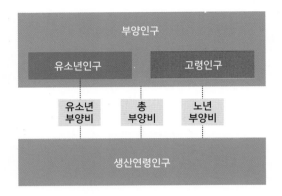

그림 2-8. 생산연령인구와 부양인구, 그리고 부양비

이 부양비의 추이는 <그림 2-8>과 같다. 총부양비를 먼저 살펴보면 1960년대까지만 하더라도 이 수치는 80 이상, 즉 100명의 생산연령인구가 80명 이상의 인구를 부양하였지만, 이후 계속 감소해왔다. 2010년대는 과거 및 미래와 비교할 때 한국 사회의 부양비가 가장 낮았던 시기였다. 즉 부양인구 대비 가장 많은 인구가 생산활동 연령대에 있었다. 유소년 및 고령가구를 위한 연금 등 공적 부조는 이와 같은 인구구조의 산물일 수 있다. 주목할 점은 이 수치가 2010년대 후반부터 다시 늘어나며, 이후 계속 증가세를 보인다는 점이다. 그래서 100명의 생산연령인구가 부양해야 할 인구가 2056년에는 100명을 넘게 되며, 2072년에는 119명에 이른다. 부양비가 40명에도 미치지 못했던 시기에 당연하게 생각했던 각종 재정지원 프로그램은 이 시기에 사라질 가능성이 높다.

더 주목할 사실은 부양비의 구성이다. 생산연령인구의 관점에서 유소년인구에 대한 부양은 이들로부터 향후 부양을 받는다는 점에서 적극 협조가 이루어질 수 있다. 그러나 고령인구에 대해서는 생산연령인구의 이와 같은 협조를 기대하기 어렵다. 부양비 중에서 노년부양비 비중이 증가한다는 것은 이 점에서 긍정적이지 않다. 1980년 전까지만 하더라도 총부양비에서 노년부양비가 차지하는 비중은 10% 미만이었다. 그러나 이는 2017년 50%를 넘어섰으며, 2027년 70%, 2035년 80%를 돌파, 2069년에는 88.2%로 정점에 이를 것으로 전망된다. 노년부양비는 1960년 5.3명에서 시작, 2000년 10명, 2019년 20명을 넘어선 뒤 2026년 30명, 2036년 50명, 그리고 2066년에 100명을 넘어설 예정이다. 2066년에는 생산연령인구만큼 고령인구가 존재하게 된다.

그림 2-9. 유소년부양비와 노년부양비의 추이

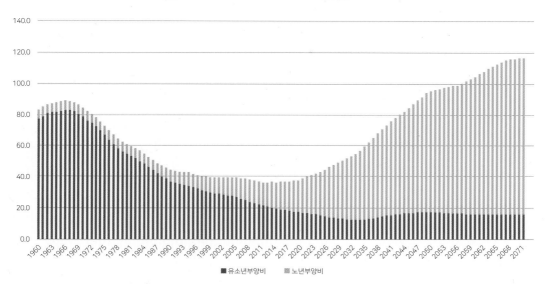

*자료: 통계청, 장래인구추계(2022년 기준) (국가통계포털)

　　이는 유소년인구 1백명당 고령인구의 수를 나타내는 노령화지수를 통해서도 확인할 수 있다. 이것이 증가하면 전술한 것처럼 인구부양의 지속가능성이 점차 낮아짐을 시사한다. 1970년대 중반까지도 10을 넘지 않았던 노령화지수는 1990년 20을 넘어 2006년에 50, 그리고 2017년에 100을 넘어섰다. 이후 2026년 200, 2030년 300, 2035년 400, 그리고 2050년에는 500을 넘을 전망이다. 실제 한 때 등장했던 공익광고에서도 노령화지수는 250으로 곧 다가올 미래의 모습을 보여주기도 한다[그림 2-11]. 이와 같은 상황에서 고령인구에 대한 공적 지원은 대거 감소할 수밖에 없음을 예상할 수 있다.

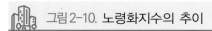 그림 2-10. 노령화지수의 추이

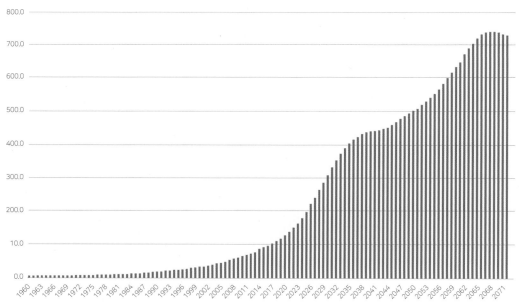

*자료: 통계청, 장래인구추계(2012년 기준) (국가통계포털)

그림 2-11. 노령화지수에 기초한 공익광고

이와 같은 인구 변화의 모습들을 종합적으로 관찰할 수 있는 것이 인구피라미드이다. 이는 독자들이 초중고 시절에 한 번씩 접해봤을 것이다. 조금 더 학술적으로 접근하자면 앞서 언급한 코호트가 인구피라미드를 구성하는 하나의 막대가 된다. 인구피라미드의 구성 원리는 가장 아래에는 가장 낮은 연령의 인구코호트가 위치하며 위로 올라갈수록 코호트의 연령이 높아진다. 코호트는 연령뿐만 아니라 성으로도 구분한다고 앞에서 언급한 바 있다. 이에 따라 인구피라미드는 왼쪽 막대들을 남자의 코호트로, 오른쪽 막대들을 여자의 코호트로 구성한다. 결국 인구피라미드는 한 나라(혹은 한 지역)의 인구코호트 구성을 보여주는 그림이다.

이 인구피라미드의 주요한 관전 포인트가 있다. 바로 피라미드 밑단의 상대적 크기이다. 외부에서 인구가 크게 유입되지 않는 이상 한 번 형성된 밑단은 점차 줄어들 수밖에 없다. 1세 이상의 인구는 출생할 수 없기 때문이다. 따라서 현재 밑단이 상대적으로 넓을수록 인구성장의 잠재력이 존재하지만, 반대로 밑단이 상대적으로 좁으면 인구가 점차 정체하거나 감소할 수밖에 없음을 의미한다. 이 경우 고령화율은 높아져 인구성장을 토대로 한 경제발전을 기대할 수 없게 된다. 적어도 현재의 생산연령인구보다 조금이라도 넓게 유지되어야 현재 인구가 갖는 경제적, 사회적 영향력을 유지할 수 있는 것이다.

그림 2-12. 인구피라미드의 유형

이 인구피라미드가 우리나라에서 지금까지 어떻게 변해왔는지, 또 어떻게 변해갈지는 <그림 2-13>를 통해 확인할 수 있다. 1960년은 완벽한 성장형의 모습을 갖고 있었으나, 1990년부터 밑단이 생산연령인구보다 좁은 모습을 보이기 시작하였다. 이는 2022년부터 더 벌어져 2072년까지 전체 인구가 줄어들게 된다. 다가올 미래, 우리의 인구피라미드는 쇠퇴형으로 전망된다.

한 가지 유의할 것은 상황은 이 예측보다 더 심각해질 가능성이 높다는 것이다. 인구추계를 할 때 전술한 것처럼 출산율에 대해 가정을 한다. 현재 추계치는 출산율이 2022년 0.78에서 2056년 0.82[저위], 1.08[중위], 1.34[고위] 범위에 있을 것으로 가정할 때의 결과이다[통계청, 2023: 44]. 그러나 합계출산율은 2017년 1.05에서 2022년 0.78로 계속 줄어들고 있는 추세로[통계청 인구동향조사], 중위 시나리오의 1.08까지 상승한다고 단언하기가 결코 쉽지 않다. 향후 인구피라미드의 밑단은 이보다 더 좁아진다고 봐야 할 것이다.

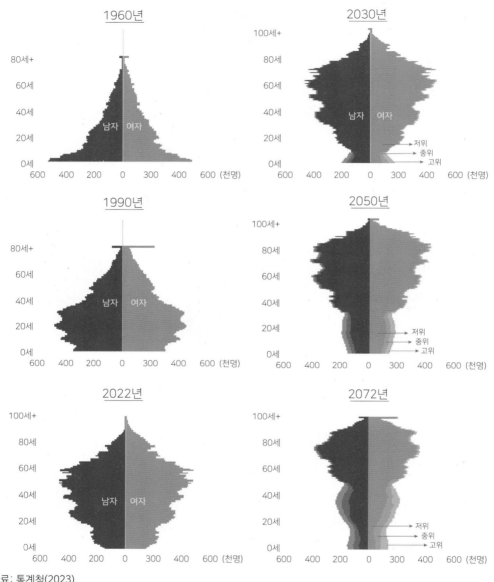

그림 2-13. 인구피라미드의 변화

1960년

1990년

2022년

2030년

2050년

2072년

*자료: 통계청(2023).

　한편으로는 고령화는 전세계에 공통적으로 일어나는 현상일 수 있으므로 너무 심각하게 받아들일 필요가 없다고 여길 수도 있다. 과연 우리에게 다가올 고령화는 다른 나라들과 동일한 수준인가? <그림 2-14> ~ <그림 2-16>은 이에 대해 답을 제공한다.

UN[2020]에 따르면 2019년과 2065년 사이 고령인구 비중이 가장 크게 늘어나는 국가가 바로 한국으로 무려 23%p가 늘어날 것으로 예상된다. 통계청[2023]에 따르면 OECD 국가들 중 한국이 2022년에 총부양비가 가장 낮았지만 2072년을 기준으로 할 때는 가장 높다. 2022년을 기준으로 할 때 전체 국가들 중 순위가 가장 낮음을 감안하면 향후 50년 동안 고령화의 속도가 가장 큼을 확인할 수 있다. 노년부양비만 구분하자면[UN, 2020], 2019년에는 10위권에도 들지 못하였으나 2050년에는 일본에 이어 2위를 차지할 것으로 전망된다. 통계청[2023] 역시 노년부양비가 2022년 기준 OECD 하위 10위 수준이지만, 2072년에는 가장 높은 수준으로 전개될 것으로 보고 있다. 이처럼 세계 어느 나라에서도 경험하지 못할 고령화가 향후 50년 국내에서 전개될 것이다.

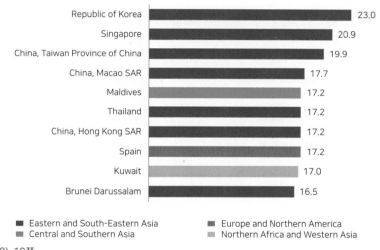

그림 2-14. 2019~2050년 기간내 고령인구 비율의 증가폭(%p)

Republic of Korea	23.0
Singapore	20.9
China, Taiwan Province of China	19.9
China, Macao SAR	17.7
Maldives	17.2
Thailand	17.2
China, Hong Kong SAR	17.2
Spain	17.2
Kuwait	17.0
Brunei Darussalam	16.5

■ Eastern and South-Eastern Asia   ■ Europe and Northern America
■ Central and Southern Asia   ■ Northern Africa and Western Asia

*출처: UN(2020), 10쪽.

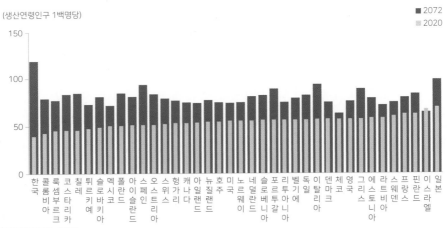

그림 2-15. OECD 국가별 총부양비 비교 – 2022년과 2072년

(생산연령인구 1백명당)

■ 2072
■ 2020

*자료: 통계청(2023), 19쪽.

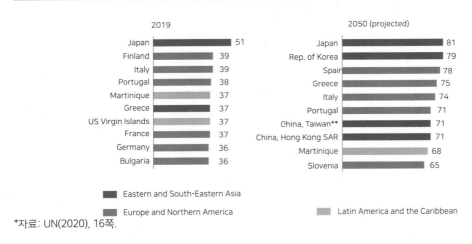

그림 2-16. 2019년 및 2050년 기준 노년부양비가 가장 높은 10개 국가

2019

Japan	51
Finland	39
Italy	39
Portugal	38
Martinique	37
Greece	37
US Virgin Islands	37
France	37
Germany	36
Bulgaria	36

2050 (projected)

Japan	81
Rep. of Korea	79
Spain	78
Greece	75
Italy	74
Portugal	71
China, Taiwan**	71
China, Hong Kong SAR	71
Martinique	68
Slovenia	65

■ Eastern and South-Eastern Asia
■ Europe and Northern America
■ Latin America and the Caribbean

*자료: UN(2020), 16쪽.

③ 고령가구의 추이

고령화에 대한 논의는 고령인구의 규모나 비중이 향후 크게 늘어날 것이라는 결론에서 그치는 경우가 대부분이다. 그러나 부동산시장, 특히 주택시장에 대한 영향을 확인

하기 위해서는 고령가구에 대한 추이까지 더 살펴보아야 한다. 주택을 소비하는 단위는 인구가 아니라 가구이기 때문이다. 향후 크게 늘어나는 고령인구가 어떻게 가구를 형성하는지에 따라 주택시장에 대한 영향은 달라지기 때문이다.

전술한 대로 통계청은 장래인구추계뿐만 아니라 장래가구추계의 결과도 제공한다. 다만 인구추계보다 가구추계는 예측의 기간이 짧게 제공된다. 가구추계는 가구주율 headship rate 이 사용된다. 이는 전체 인구를 성, 연령, 그리고 혼인상태까지 구분해 나눈 다음, 각 집단에 가구주인 인구의 비율을 적용해 가구수를 측정하는 방식이다.

표2-2. 성 및 연령별 가구주율, 2020-2050

(단위: 인구100명당 가구주수)

	남녀전체				남자				여자			
	2020	2030	2040	2050	2020	2030	2040	2050	2020	2030	2040	2050
계	42.3	47.9	50.7	52.3	57.9	61.0	61.9	62.0	27.1	35.1	39.8	42.6
15-19세	3.3	3.1	3.4	3.7	3.0	2.7	2.9	3.1	3.5	3.5	3.9	4.3
20-24세	20.0	22.7	23.9	23.0	18.8	20.5	21.6	20.6	21.0	24.7	26.0	25.1
25-29세	32.1	37.9	38.6	39.0	34.7	39.2	39.5	39.8	29.2	36.6	37.6	38.1
30-34세	43.2	48.1	49.1	50.1	56.4	56.4	56.1	56.8	29.2	39.1	41.8	43.3
35-39세	49.3	51.5	52.1	52.5	69.8	64.3	61.9	60.7	28.2	37.3	41.8	44.0
40-44세	52.2	53.4	53.7	53.7	74.8	69.1	64.5	62.4	29.1	36.7	42.0	44.7
45-49세	54.6	55.2	55.4	55.3	78.4	73.1	67.6	65.0	30.5	36.7	41.8	45.0
50-54세	57.4	58.1	58.8	59.3	82.9	77.2	72.7	69.7	32.1	38.7	43.9	48.2
55-59세	58.6	60.1	61.1	62.5	84.6	79.3	75.4	72.5	32.8	40.8	46.4	51.5
60-64세	59.2	60.0	61.5	63.2	85.3	80.0	76.6	74.2	34.2	40.4	46.5	51.6
65-69세	58.3	59.0	60.2	61.6	84.1	79.9	76.7	74.6	34.6	38.9	44.1	48.5
70-74세	60.7	60.5	61.1	62.5	85.2	81.1	78.6	76.7	39.3	41.9	44.7	48.6
75-79세	61.9	65.1	65.9	67.1	84.4	86.0	86.1	85.6	44.9	47.5	47.7	49.7
80세 이상	60.1	66.9	68.3	68.8	81.2	84.0	85.3	85.7	48.6	55.5	55.4	55.2

*자료: 통계청(2022)

이 방식을 통해 산정된 고령가구의 규모는 <그림 2-17>과 같다. 여기에서 고령가구는 가구주의 연령이 만 65세 이상인 가구를 뜻한다. 또 가구주는 호주, 세대주 등과 관계없이 실질적으로 가구를 대표하는 사람을 지칭한다. 고령가구는 2017년 400만을 넘었는데, 이후 2022년에는 500만, 2039년에는 1,000만 가구를 넘을 것으로 예상된다. 2022년 기준 수도권에 약 1,090만 가구가 거주하고 있는데, 2045년에는 국내 고령가구가 이 수도권 가구만큼 존재하게 된다는 것이다.

그림 2-17. 고령가구의 규모

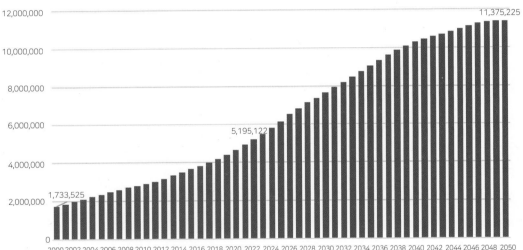

*자료: 통계청, 장래가구추계 (국가통계포털)

전체 가구에서 고령가구가 차지하는 비중은 <그림 2-18>과 같다. 2000년만 하더라도 약 12%에 불과하였으나 이후 지속적으로 상승, 2017년에 20%를 넘었다. 가구추계에 따르면 이 비중은 2027년 30%, 2037년 40%, 그리고 2050년에는 약 50%에 이를 것으로 예상된다. 현재 가구주가 만 65세 이상인 가구가 24% 정도인 사회가 2050년에는 그 가구가 50%를 차지하는 사회로 바뀐다는 것이다.

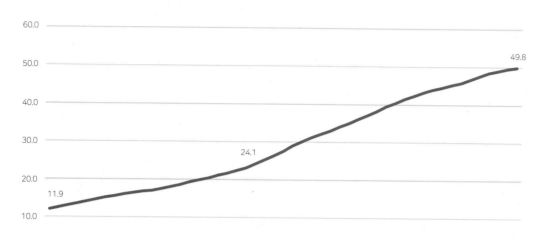

그림 2-18. 고령가구가 전체 가구에서 차지하는 비중 추이

*자료: 통계청, 장래가구추계 (국가통계포털)

　　고령가구 내에서 연령 구성도 예상해볼 수 있다. 고령인구의 연령 구성에 기초하자면 고령가구의 연령 구성도 크게 변화할 것으로 기대된다. 예상대로 가구주 연령이 85세 이상인 가구는 2020년까지만 하더라도 40만 가구를 넘지 않았으나, 2034년에는 100만 가구, 그리고 2046년에는 200만 가구를 돌파할 것으로 보인다. 가구주 연령이 85세 이상인 가구가 차지하는 비중 역시 2027년 10%를 넘어 2050년에는 약 21%에 이를 것으로 전망된다.

　　장래가구추계 결과에서는 고령가구의 혼인상태 분포도 확인할 수 있다. 눈에 띄는 변화는 유배우 및 사별 고령가구의 감소이다. 유배우, 즉 배우자가 있는 가구주의 비율은 2000년 57%에서 2050년 47%로 감소한다. 배우자를 사별한 가구주 비율도 2000년 42%에서 2050년 21%까지 감소한다. 반면 미혼 및 이혼 가구주의 비율은 크게 늘어난다. 이혼 상태 가구주 비율은 2000년 0.95%에 불과하였으나, 2050년에는 약 19%에 달할 것으로 보인다. 미혼 고령가구주 역시 2013년까지는 1% 미만이었으나, 2050년에는 13%를 넘을 것으로 보인다.

그림 2-19. 고령가구의 연령 구성

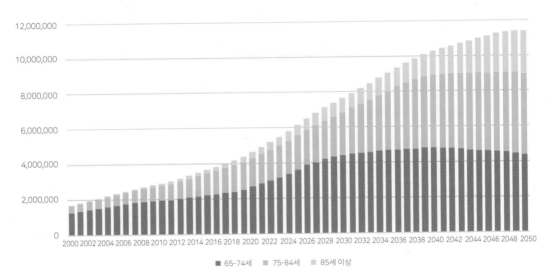

■ 65-74세   ■ 75-84세   ■ 85세 이상

*자료: 통계청, 장래가구추계 (국가통계포털)

 그림 2-20. 고령가구 내 가구주 연령이 85세 이상인 가구의 비중 추이

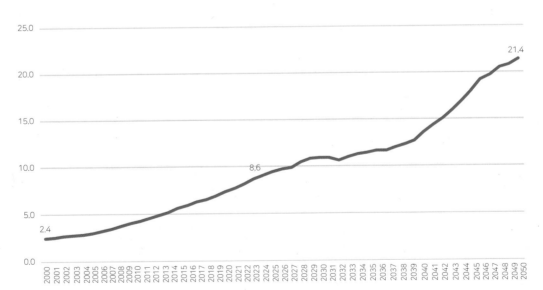

*자료: 통계청, 장래가구추계 (국가통계포털)

그림 2-21. 고령가구의 혼인상태 분포 추이

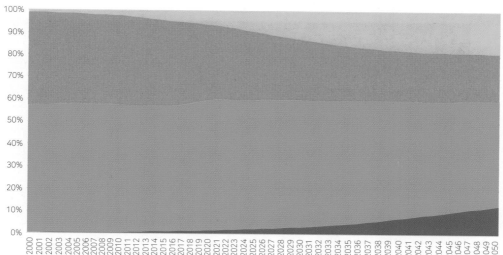

■미혼 ■유배우 ■사별 ■이혼

*자료: 통계청, 장래가구추계 (국가통계포털)

　고령가구의 가구원수 분포도 전망할 수 있다. <그림 2-22>에 따르면 향후 1인 및 2
인 가구의 비중은 증가할 것으로 보인다. 반면 3인 이상 가구의 비중은 감소한다. 물론
고령가구 전체가 크게 늘어나므로 3인 이상 고령가구 규모는 늘어난다. 구체적으로 고령 1
인가구는 2022년 약 188만 가구이지만, 2050년에는 약 467만 가구가 될 것으로 예상된다.
고령 2인가구 역시 2022년에 231만 가구에서 2050년에는 517만까지 증가한다. 갑절 이
상으로 늘어나는 고령 1~2인 가구에 대한 사회 전반의 대응이 필요함을 짐작할 수 있다.

그림 2-22. 고령가구의 가구원수 분포 추이 - 비중(위) 및 규모(아래)

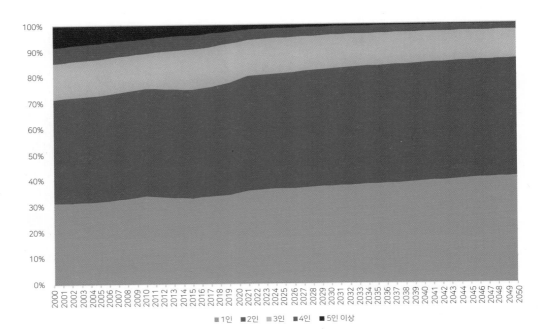

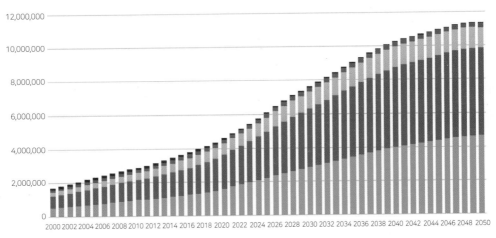

*자료: 통계청, 장래가구추계 (국가통계포털)

2인 이상으로 구성된 가구에 대해서는 그 가구구성 유형에 대한 전망도 가능하다. 1인가구는 그 정의상 구성을 논할 수 없기 때문에 제외된다. 가구구성 유형은 크게 부부로 구성된 경우, 자녀와 함께 구성된 경우, 고령자의 부모와 함께 구성된 경우, 자녀 및 부모 등 3세대로 구성된 경우 등으로 구분된다. 추계결과 부부로 구성된 가구는 2022년 183만 가구에서 2050년 396만 가구까지 늘어난다. 부부와 자녀로 구성된 가구 역시 2022년 77만 가구에서 2050년 147만 가구까지 늘어난다. 반면 고령자의 부모와 세대를 구성한 경우, 그리고 부모 및 자녀 세대와 함께 3세대로 구성된 가구는 감소한다. 그리고 이와 같은 정형화된 유형에 포함되지 않는 기타 유형의 가구는 2022년 62만 가구에서 2050년 121만 가구까지 늘어난다.

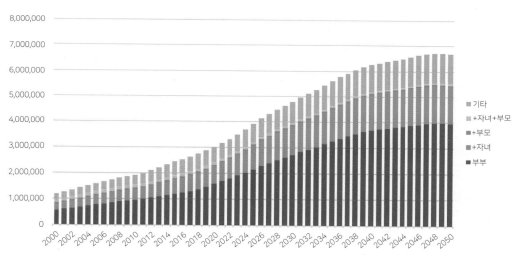

그림2-23. 고령가구(2인 이상)의 가구유형 분포

*자료: 통계청, 장래가구추계 (국가통계포털)

이 고령가구의 증가 역시 타 국가들을 능가하는 수준이다. <그림 2-24>에 따르면 현재 고령가구의 비중은 영국, 일본에 비해 크게 낮은 수준이다. 그러나 2040년을 기준으로 할 때 이 비중은 영국을 능가하며, 일본과 거의 비슷한 수준에 있을 것으로 전망된다.

그림 2-24. 국가별 65세 이상 가구 구성비

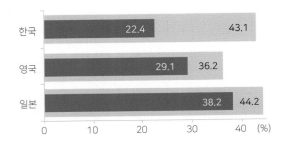

■ 2020 ■ 2040

	2020	2040
한국	22.4	43.1
영국	29.1	36.2
일본	38.2	44.2

*자료: 통계청(2022)

4 고령화의 지역적 맥락

지금까지 국내에서 고령화가 향후 엄청난 속도로 진행될 것임을 살펴보았다. 그러나 이 고령화는 결코 전국에 걸쳐 동일하게 전개되지는 않는다. 인구학으로 설명하자면 인구의 자연적 변화, 사회적 변화 등의 요인이, 그리고 가구의 형성 및 해체 요인이 지역마다 다를 수밖에 없기 때문이다. 부동산시장 역시 전국 시장이 아니라 지역 시장^{local} market이다. 부동산이라는 상품은 '부동^{不動}', 즉 움직이지 않고 공간적으로 고정되어 있으므로 수요는 국지적으로 형성되며, 이 수요는 그 지역 내의 공급을 통해 해소될 수 있다. 공간에 따라 차별적으로 전개되는 고령화의 양상을 반드시 고려해야 하는 이유가 여기에 있다. 다행스럽게 통계청은 장래인구 및 가구추계를 전국뿐만 아니라 각 시도에 대해서도 제공하고 있다.

먼저 시도별 고령인구의 규모 변화는 <그림 2-25>와 같다. 모든 시도에 걸쳐 고령인구는 크게 늘어난다. 특히 원래 고령인구가 많던 서울과 경기 등 지역에서 고령인구는 대규모로 증가한다. 2020년과 2050년 사이, 서울은 148만 명에서 293만 명으로, 경기는 172만에서 522만 명으로 증가한다. <그림 2-26>에 따르면 2020~2050년 기간 사이 늘어나는 고령인구의 약 52%는 수도권에 분포할 것으로 보인다. 특히 경기 지역이 전체 고령인구 증가분의 32%가 집중될 것으로 예상된다. 그 결과 전체 고령인구의 지역별 비중은 경기도에서 크게 늘어난다^{그림 2-28}. 인천, 울산, 세종, 충북, 충남, 제주 등도 고령인구의 비중이 늘어날 지역이다.

그림 2-25. 시도별 고령인구 규모 전망

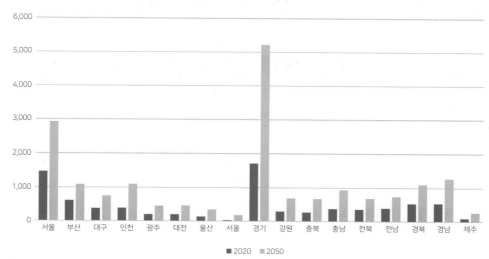

*단위: 천 명
*자료: 통계청, 장래인구추계 - 시도

그림 2-26. 2020-2050년간 늘어나는 고령인구의 지역별 분포

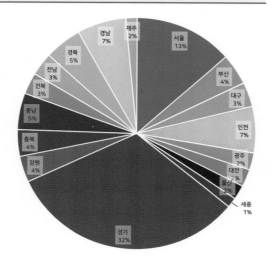

*자료: 통계청, 장래인구추계 - 시도

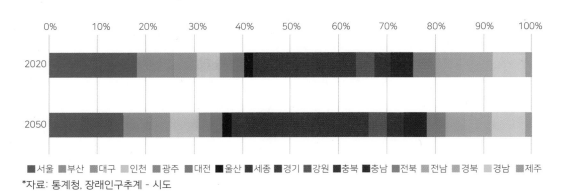

그림 2-27. 고령인구의 지역별 비중 변화(2020, 2050년)

■서울 ■부산 ■대구 ■인천 ■광주 ■대전 ■울산 ■세종 ■경기 ■강원 ■충북 ■충남 ■전북 ■전남 ■경북 ■경남 ■제주
*자료: 통계청, 장래인구추계 - 시도

　　각 지역의 전체 인구에서 고령인구가 차지하는 비중 변화는 <그림 2-27>과 같다. 모든 지역에서 고령인구 비중은 크게 늘어난다. 2020년을 기준으로 고령인구 비중이 25%를 넘는 곳은 한 곳도 존재하지 않았으나, 2050년에는 모든 시도가 25%를 넘는다. 현재 가장 고령인구의 비중이 높은[22.9%] 전남은 2050년에 약 50%까지 도달할 것으로 전망된다.

그림 2-28. 시도별 고령인구 구성비의 추이

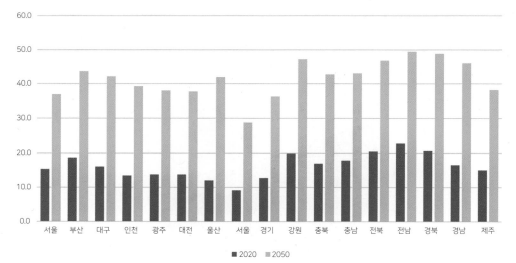

■ 2020　■ 2050
*자료: 통계청, 장래인구추계 - 시도

초고령인구 역시 모든 시도에서 큰 규모로 증가한다[그림 2-29]. 특히 서울, 경기에서 초고령인구는 크게 늘어날 것이다. 2020년 29만 명에 불과하던 서울의 초고령인구는 2050년 122만 명으로 늘어난다. 경기는 같은 기간 내 초고령인구가 39만 명에서 205만 명으로 증가할 것이다.

2020~2050년 사이 늘어난 초고령인구의 약 28%는 경기도에, 그리고 16%는 서울시에 분포하는 등 전체 초고령인구 증가분의 절반[49.9%]이 수도권에서 등장한다[그림 2-30]. 초고령인구의 지역별 비중은 대부분 유지되지만 경기도는 20.6%에서 26.3%로 크게 늘어난다[그림 2-31]. 전체 인구 대비 초고령인구의 비중 역시 전체 시도에서 큰 폭으로 늘어난다[그림 2-32]. 2020년 기준 가장 높은 비중[6.5%]을 보인 전남은 2050년에도 20.8%로 역시 비중이 가장 큰 지역들 중 하나이다. 2050년 기준 초고령인구 비중이 가장 높은 곳은 경북으로 21.2%에 이른다.

그림 2-29. 시도별 초고령인구 규모의 변화

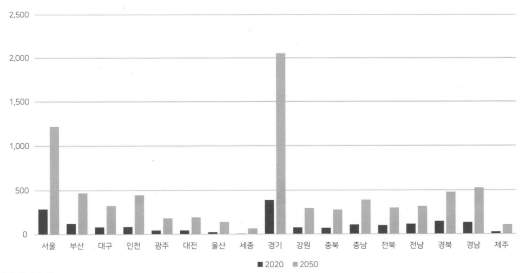

*단위: 천 명
*자료: 통계청, 장래인구추계 - 시도

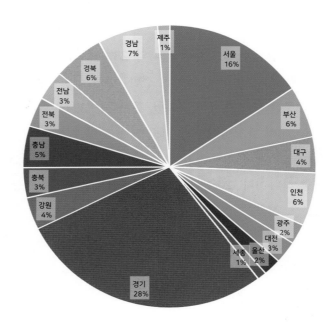

그림 2-30. 2020~2050년 내 늘어난 초고령인구의 지역별 분포

*자료: 통계청, 장래인구추계 - 시도

그림 2-31. 전체 초고령인구의 지역별 분포(2020, 2050년)

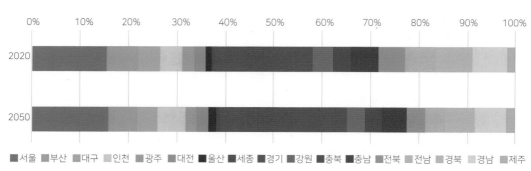

*자료: 통계청, 장래인구추계 - 시도

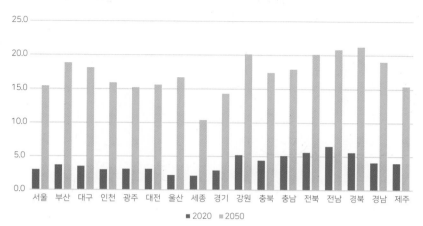

그림 2-32. 시도별 전체 인구 대비 초고령인구 비중의 변화

*자료: 통계청, 장래인구추계 - 시도

<그림 2-33>은 생산연령인구 대비 고령인구의 규모를 나타내는 노년부양비의 변화를 시도별로 나타낸 것이다. 노년부양비는 2020년을 기준으로 할 때 모든 지역에서 40을 넘지 않았으나, 2050년 기준으로는 40을 넘지 않는 지역이 전무하다. 특히 부산, 경남은 90을 초과하며 강원, 전북, 전남, 경북은 100을 넘는다. 2050년 전남에는 100명의 생산연령인구가 114명의 고령인구를 부양해야 함을 뜻한다.

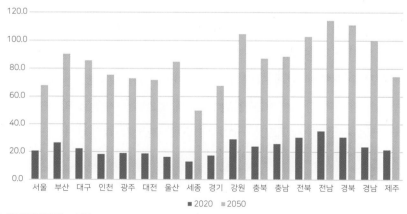

그림 2-33. 시도별 노년부양비의 변화

*자료: 통계청, 장래인구추계 - 시도

유소년인구 대비 고령인구 규모를 나타내는 노령화지수는 2020년에도 세종, 울산, 경기를 제외한 대부분의 지역에서 100을 넘어섰다. 그러나 2050년에 이 수치는 대부분의 지역에서 300을 넘는다. 세종만 유일하게 219로 가장 낮은 값을 보인다. 전남, 경북, 강원, 전북의 노령화지수는 600을 넘는다. 역시 전남의 상황이 가장 심각한 것으로 나타나는데 2050년 기준으로 유소년인구 100명 대비 고령인구는 무려 702명이 존재할 것으로 예상된다.

그림 2-34. 시도별 노령화지수의 변화

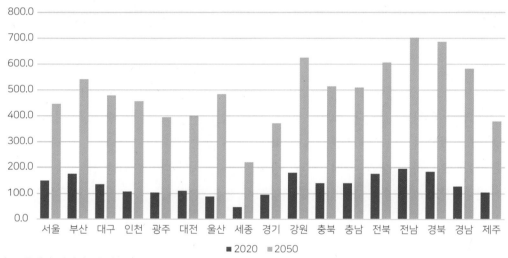

*자료: 통계청, 장래인구추계 - 시도

장래인구추계뿐만 아니라 장래가구추계도 시도별로 제공, 이를 활용해 고령가구의 지역별 추이를 확인할 수 있다. 먼저 고령가구의 규모 변화를 살펴보면^{그림 2-35}, 고령인구와 마찬가지로 모든 시도에 걸쳐 고령가구는 크게 늘어날 것으로 전망된다. 특히 수도권의 증가가 두드러지는데 경기에서는 90만 가구에서 280만 가구로 약 189만 가구가 늘어난다. 서울도 83만 가구에서 172만 가구로 약 90만 가구가 늘어난다.

그림 2-35. 시도별 고령가구의 규모 변화

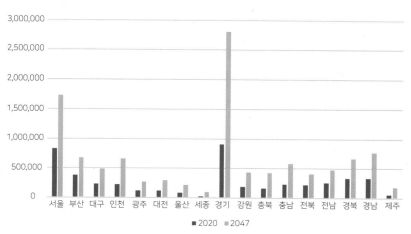

*자료: 통계청, 장래가구추계 - 시도

그 결과 전체 가구에서 고령가구가 차지하는 비중도 대부분의 시도에서 크게 늘어
난다^{그림 2-36}. 2047년을 기준으로 할 때 고령가구의 비중이 50%가 넘는 지역도 등장한다.
여기에는 전남, 경북, 강원, 전북, 경남, 충북, 충남 등 도 지역뿐만 아니라, 부산, 대구
등 일부 광역시까지도 포함된다.

그림 2-36. 시도별 전체 가구 중 고령가구 비중의 변화

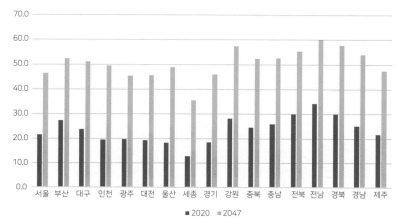

*자료: 통계청, 장래가구추계 - 시도

초고령가구도 모든 시도에 걸쳐 크게 늘어날 것으로 보인다[그림 2-37]. 수도권에서 상대적으로 더 크게 늘어나는 현상도 동일하다. 특히 경기 내 초고령가구는 18만 가구에서 94만 가구로 약 77만 가구가 늘어난다. 서울도 16만 가구에서 63만 가구로 약 47만 가구가 늘어난다. 초고령가구의 비중도 모든 시도에 걸쳐 증가한다. 2020년 기준 초고령가구의 비중은 모든 시도에 걸쳐 10% 이하이다. 그러나 2047년을 기준으로 세종을 제외한 모든 시도에서 초고령가구의 비중은 15%를 넘는다. 충북, 경기를 제외한 도 지역은 모두 20%를 넘게 된다.

그림 2-37. 시도별 초고령가구 규모의 변화

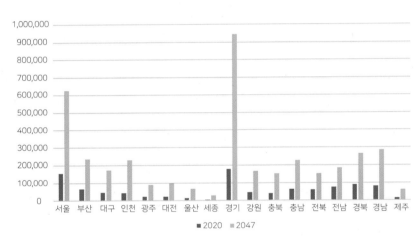

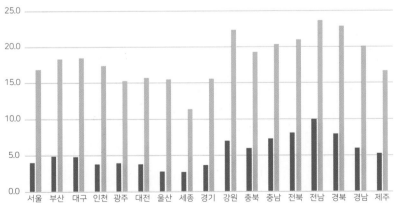

*자료: 통계청, 장래가구추계 - 시도

<그림 2-38>은 시도별 가구원수의 분포 변화를 나타낸다. 고령가구가 모든 지역에서 큰 폭으로 늘어나기 때문에 가구원수로 구분하더라도 각 집단별로 고령가구의 규모가 늘어나는 것은 동일하다. 그러나 규모로 볼 때 가구원수 3인 이하의 가구 내에서 고령가구는 2배 수준의 증가를 경험한다. 예를 들어 1인가구는 경기에서 28만 가구에서 99만 가구로 3.6배, 인천에서 7만 가구에서 25만 가구로 3.5배 늘어난다. 그러나 가구원수 4인 이상의 경우 고령가구임에도 불구하고 증가율이 상대적으로 적거나 오히려 부산과 같이 감소하는 지역도 등장한다.

그림 2-38. 시도별 고령가구의 가구원수 분포 변화

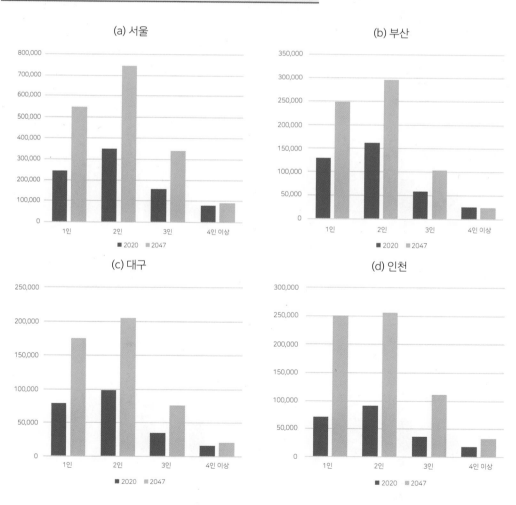

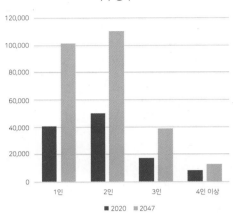

(e) 광주

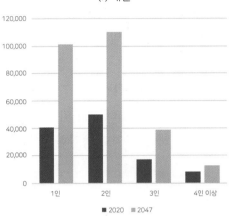

(f) 대전

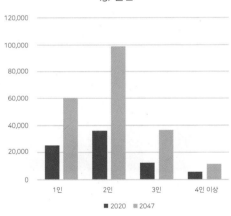

(g) 울산

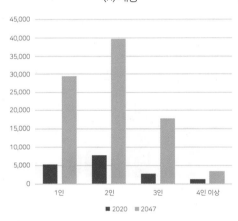

(h) 세종

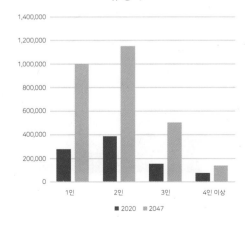

(i) 경기

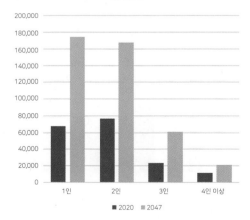

(j) 강원

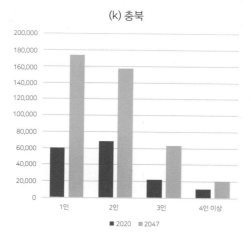

(k) 충북

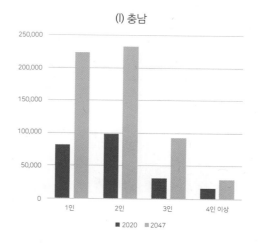

(l) 충남

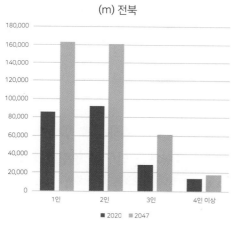

(m) 전북

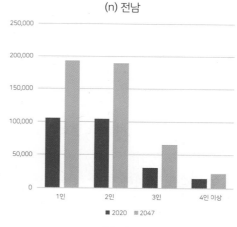

(n) 전남

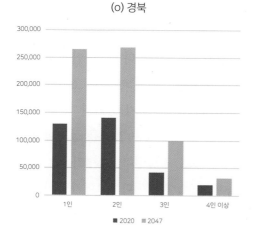

(o) 경북

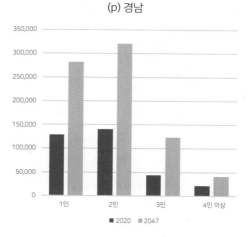

(p) 경남

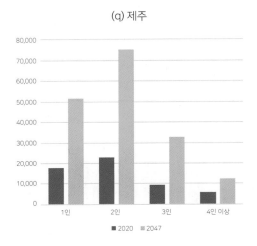

(q) 제주

■ 2020 ■ 2047

*자료: 통계청, 장래가구추계 - 시도

 소결

　　부동산시장에 미치는 고령화의 영향에 대해 본격적으로 논의하기에 앞서 과연 고령화라는 현상이 무엇인지 정확히 이해할 필요가 있다. 고령화는 인구의 연령대가 전반적으로 높아짐을 의미하지만, 통계청의 장래인구추계 및 장래가구추계 등의 자료를 활용하면, 이 변화의 실체를 명확히 파악할 수 있다.

　　추계결과를 통해 확인할 수 있는 가장 주요한 사실은 고령인구, 초고령인구, 그리고 고령가구, 초고령가구는 엄청난 규모로 늘어날 것이라는 점이다. 전국을 기준으로 고령인구는 2020년 815만 명에서 2050년 1,900만 명까지 증가한다. 고령인구의 비중은 2025년 20%를 넘어선 뒤 2069년 47%까지 이를 전망이다. 80세 이상의 초고령인구 역시 2021년 200만 명을 넘어선 뒤, 2063년에는 무려 875만 명까지 증가할 전망이다. 초고령인구가 차지하는 비중도 2018년 3%를 넘어선 뒤 2060년에는 20%를 돌파할 것으로 보인다. 이와 같은 고령인구의 증가는 고령가구의 증가로 귀결된다. 고령가구는 2022년 500만을 넘은 뒤 2039년 1,000만 가구까지 넘을 것으로 전망된다. 고령가구의 비중은 2017년 20%를 넘어 2050년에 50%에 이를 것이다. 가구주의 연령이 만 85세 이상인 가구도 2020년 40만을 넘지 않았으나, 2046년에는 200만 가구를 돌파할 것이다.

이와 같은 고령인구의 증가는 한국 사회의 모습을 크게 바꿔놓을 것이다. 우선 저출산과 동반, 인구의 허리에 해당하는 연령, 즉 중위연령을 상승시킨다. 이는 2014년 40세를 넘어섰는데, 2064년에는 62세에 이를 것이다. 그 결과 고령인구에 대한 사회의 부양 부담은 크게 늘어날 수밖에 없다. 2019년 20명을 넘어선 노년부양비는 2067년 100명을 돌파한다. 유소년인구 대비 고령인구의 비중인 노령화지수는 2017년 100을 넘어선 뒤, 2055년에는 500을 초과할 것이다. 이는 밑단이 크게 축소하는 인구피라미드의 변화를 통해서도 확인할 수 있다.

물론 이와 같은 고령화는 전세계적으로 관찰되는 현상이다. 그러나 한국의 고령화 추세는 다른 어떤 나라들보다 강력하다. 2070년 기준 한국의 고령인구 비중은 OECD 국가들 중에서 가장 높아진다. 2019~2050년 사이 고령인구 비중 증가폭 1위도 한국이다. 2050년 노년부양비는 일본에 이어 2위이다. 현재 고령가구의 비중에서 일본과의 차이 17%p는 2040년에 대부분 소진될 것으로 전망된다.

늘어나는 고령가구는 이전과는 다른 특성을 보일 수 있다. 고령가구 내에서 유배우 및 사별 가구주의 비율은 감소하고, 미혼 및 이혼 가구주의 비율이 증가하기 때문이다. 가구원수에 있어서도 1-2인 가구의 비중은 크게 늘어나는 반면, 4인 이상 가구의 비중은 감소한다. 가구유형의 경우, 고령자의 부모와 세대를 구성하거나 부모 및 자녀 세대와 함께 3세대를 구성한 가구는 감소하는 반면, 비정형화된 유형에 해당하는 가구의 비중은 늘어날 것으로 예상된다.

이와 같은 패턴은 개별 시도 단위로 나누어 살펴보아도 대체적으로 유사하다. 눈여겨볼 것은 수도권, 특히 서울과 경기 지역에 고령인구, 초고령인구, 고령가구, 초고령가구의 규모가 매우 큰 폭으로 늘어난다는 점이다. 2020년과 2050년 사이 늘어나는 고령인구, 초고령인구 절반이 수도권에 분포할 것이라는 전망을 기억할 필요가 있다. 반면 강원, 전북, 전남, 경북은 노년부양비가 100을 넘어 고령인구에 대한 사회적 부담이 크게 과중될 것이다.

여기까지가 인구추계 및 가구추계를 통해 예측할 수 있는 '정해진 미래'이다. 고령인구와 고령가구가 규모나 비중 모두에서, 그리고 우리나라 전역에 걸쳐 늘어난다는 점은 부동산시장에서 향후 30년 동안 근본적인 변화가 일어날 것임을 시사한다. 일반 가구와 다른 고령가구의 부동산 소비의 패턴이 부동산시장에 막강한 영향력을 미치게 될 것이다.

그렇다면 과연 고령가구가 일반 가구와 어떻게 다른지 살펴볼 필요가 있다. 가구구성의 차원에서, 소득과 자산에서, 그리고 건강의 관점에서 고령가구는 일반가구와 어떻게 다른가? 이것이 고령가구의 부동산 소비 및 활용을 이해하는데 중요한 사실 기반이 될 수 있을 것이다.

복습문제

1 다음 중 인구의 사회적 증가에 해당하는 것은?

① 출생
② 사망
③ 전입
④ 전출

2 2050년을 기준으로 전체 인구에서 고령인구의 비중은 어느 정도로 예상되는가?

① 10%
② 20%
③ 30%
④ 40%
⑤ 50%

3 다음 중 향후 예상될 고령화의 내용으로 보기 어려운 것은?

① 초고령인구의 비중이 늘어난다.
② 중위연령이 높아진다.
③ 부양비가 증가한다.
④ 노령화지수가 증가한다
⑤ 인구피라미드의 밑단이 넓어진다.

4   다음 중 향후 증가하는 고령인구가 가장 많이 분포하는 지역은?

① 서울

② 경기

③ 인천

④ 세종

⑤ 충북

5   2022년 기준 합계출산율은?

① 0.78

② 0.88

③ 0.98

④ 1.08

⑤ 1.18

3

고령가구의 이해

제3장

고령가구의 이해

1 인구학적 특성

지난 장에서 우리는 국내에서 진행될 고령화가 구체적으로 무엇을 의미하는지 확인하였다. 고령화는 인구에서 고령인구가 차지하는 비중의 증가를 뜻하며, 이는 곧 고령인구 중심으로 구성되는 고령가구의 비중 증가를 의미한다. 고령화가 부동산시장에 나타나는 현상을 이해하기 위해서는 이 고령가구가 일반 가구와 어떠한 차이점을 갖는지 명확하게 이해할 필요가 있다. 이에 본 장에서는 크게 인구학적 특성, 경제적 특성 및 기타 특성들로 구분하여 고령가구가 갖는 차이점을 살펴보고자 한다.

앞 장에서 '가구주'는 호주, 세대주 등과 관계없이 실질적으로 가구를 대표하는 사람이라고 언급한 바 있다. 이 가구주와 고령자와의 관계는 <그림 3-1>과 같다. 65세 이상 고령자 본인이 가구주이거나 가구주의 배우자인 경우는 85.2%이다. 구체적으로 가구주인 경우가 61.0%, 가구주의 배우자인 경우

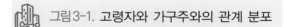

그림3-1. 고령자와 가구주와의 관계 분포

배우자의 부모
1.8
가구주의 부모
24.2
가구주의 배우자
24.2
가구주
61.0

*자료: 통계청, 인구총조사(2022년)

가 24.2%로 나타난다. 고령자가 가구주의 부모이거나 가구주 배우자의 부모인 경우는 11.8%이다. 나누어 살펴보면 가구주의 부모일 때가 10.1%, 가구주 배우자의 부모일 때가 1.8%이다. 고령자와 가구주와의 관계의 97%는 이를 통해 설명된다. 실질적으로 가구를 대표하는 것이 경제적 관점에서 결정된다고 가정한다면, 전체 고령자의 약 12%는 자녀로부터 부양을 받으며 동거하는 상황으로 판단할 수 있다.

고령가구의 가구원수별 분포는 <그림 3-2>와 같다. 고령가구 중에서 2인 가구가 44.2%로 가장 많으며, 다음이 1인 가구가 37.0% 이다. 1-2인 가구는 고령가구 내에서 81.2%를 차지하고 있다. 3인 가구, 4인 가구, 5인 이상 가구 등 가구원수가 많아질수록 그 비중은 감소하고 있다. 가구주의 연령으로 나누어보아도 고령가구 내에서 가구주의 연령이 높아질수록 1인 가구 비중이 현격히 늘어나는 것을 재차 확인할 수 있다. 구체적으로 1인 가구 비율은 65-69세 집단에서 31.9%이지만 점차 늘어나 85세 이상에서는 무려 53.2%에 이른다. 가구주 연령이 85세를 넘을 경우 그 가구의 절반은 가구주 1인만으로 구성되어 있다는 것이다. 고령가구의 '고령화'는 1인가구의 증가와 연관성이 큼을 시사하는 대목이다.

그림3-2. 고령가구의 가구원수 분포

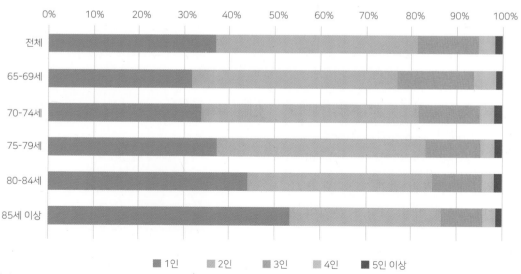

*자료: 통계청, 인구총조사(2022년) - 일반가구

고령가구의 가구원수 분포를 일반 가구와 비교한 결과는 <그림 3-3>과 같다. 가구주의 연령이 34세 이하인 청년가구들을 제외하고는 다른 연령대에 비해 고령가구 내에서 1-2인 가구의 비중이 상대적으로 큼을 확인할 수 있다. 예를 들어 45-54세 연령의 1-2인 가구 비중은 43.8%이지만, 65세 이상에서 1-2인 가구 비중은 81.2%에 달하고 있다. 청년가구도 이 비율은 85.6%로 서로 비슷한 수준이지만, 청년가구에 비해 고령가구는 1인 가구보다 2인 가구의 비중이 더 크다.

그림 3-3. 가구주의 연령대별 가구원수 분포

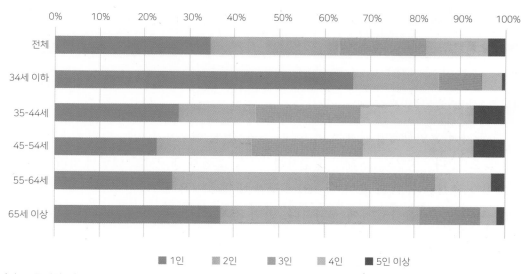

■ 1인　■ 2인　■ 3인　■ 4인　■ 5인 이상

*자료: 통계청, 인구총조사(2022년) - 일반가구

고령가구의 구성에 따른 분포도 확인할 수 있다. <그림 3-4>에 따르면 고령가구 전체에서 차지하는 비중은 1인 가구가 34.2%이며, 부부가 35.0%로 두 유형이 전체 가구의 69%를 차지한다. 다음은 고령자와 미혼자녀로 구성된 가구로 14.6%를 차지하며, 고령자와 손자녀로 구성된 가구는 1.5%, 그리고 고령자와 고령자의 부모로 구성된 가구는 0.8%로 나타난다. 고령가구 내에서도 연령이 높아질수록 부부가구 혹은 고령자와 자녀로 구성된 가구의 비중이 줄어드는 패턴은 분명히 확인된다.

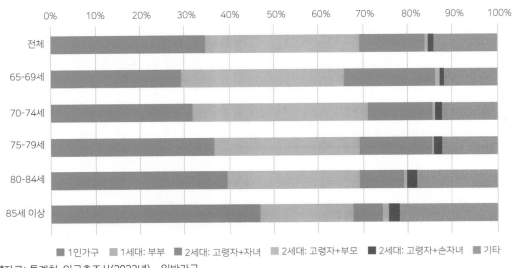

그림 3-4. 고령가구의 세대구성별 분포

■ 1인가구 ■ 1세대: 부부 ■ 2세대: 고령자+자녀 ■ 2세대: 고령자+부모 ■ 2세대: 고령자+손자녀 ■ 기타

*자료: 통계청, 인구총조사(2022년) – 일반가구

　　고령자의 혼인상태별 분포는 <그림 3-5>와 같다. 배우자가 있는 고령자가 63.0%로 가장 많으며, 다음이 사별 상태의 고령자이다[30.1%]. 고령자 내에서도 연령에 따라 그 패턴은 차이가 존재한다. 예를 들어 65–69세 구간 내에서는 유배우자 비율이 75%에 달하는 반면, 사별의 비율은 13.7%에 불과하다. 반면 85세 이상 구간에서는 유배우자 비율이 28.2%인 반면, 사별 고령자 비율이 69.3%에 달한다. 연령이 높을수록 배우자의 사망이 늘어나기 때문으로 해석된다. 이처럼 고령기는 혼인상태의 변화, 그리고 그에 따른 가구원수의 변화가 급격히 진행될 수 있는 시기이다.

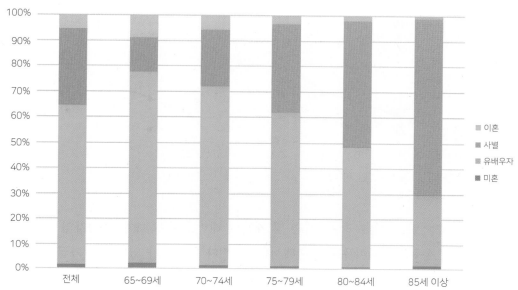

그림 3-5. 고령자의 연령대별 혼인상태 분포

범례:
- 이혼
- 사별
- 유배우자
- 미혼

*자료: 통계청, 인구총조사 (2020년)

　　고령가구와 관련된 최근의 인구학적 특징 중 하나는 이혼 및 재혼의 건수가 증가하고 있다는 점이다. <그림 3-6>에 따르면 65세 이상 남자 및 여자의 이혼 건수가 지속적으로 증가, 전체 이혼 건수에서 이들이 차지하는 비중도 점차 커지고 있는 상황이다. 뿐만 아니라 고령자의 재혼 역시도 2000년대 초반부터 지속적으로 증가해오고 있다. '황혼 이혼', '황혼 재혼'이라는 표현이 자주 등장하는 것은 이와 같은 통계에 비추어 볼 때 충분히 이유가 존재한다.

그림3-6. 고령자의 이혼 건수(왼쪽) 및 재혼 건수(오른쪽) 추이

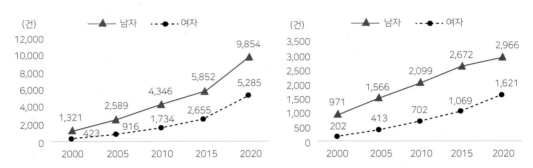

*자료: 통계청, 인구동태통계연보(혼인, 이혼편)
*출처: 통계청(2021b), 26쪽.

<그림3-7> 및 <그림3-8>은 이혼 및 재혼에 대한 견해에 대한 고령자의 응답 결과이다. 이혼의 경우 '어떤 이유로 이혼해서는 안 된다', '이유가 있더라도 가급적 이혼해서는 안 된다'라는 응답의 비중은 지속적으로 감소하는 대신, '경우에 따라 이혼할 수도 있고 하지 않을 수도 있다'나 '이유가 있으면 이혼을 하는 것이 좋다'가 차지하는 비중은 점차 증가하고 있다. 재혼도 마찬가지로 '해도 좋고 하지 않아도 좋다'라는 응답의 비율은 증가하여 2008년 41.6%에서 2020년에는 53.7%에 달하고 있는 상황이다. 이와 같은 추세에 기초할 때, 향후 이혼 및 재혼 건수의 증가 추세는 계속될 것으로 예상된다.

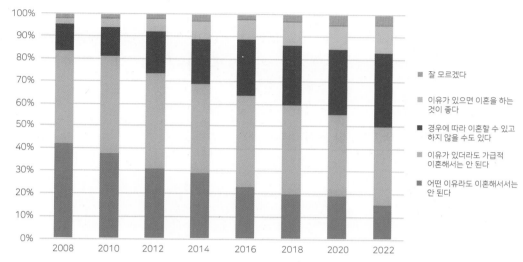

그림3-7. 고령자의 이혼에 대한 견해

범례:
- 잘 모르겠다
- 이유가 있으면 이혼을 하는 것이 좋다
- 경우에 따라 이혼할 수 있고 하지 않을 수도 있다
- 이유가 있더라도 가급적 이혼해서는 안 된다
- 어떤 이유라도 이혼해서는 안 된다

*자료: 통계청, 사회조사 (만 65세 이상)

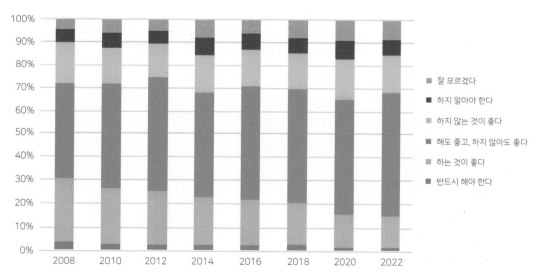

그림3-8. 고령자의 재혼에 대한 견해

범례:
- 잘 모르겠다
- 하지 말아야 한다
- 하지 않는 것이 좋다
- 해도 좋고, 하지 않아도 좋다
- 하는 것이 좋다
- 반드시 해야 한다

*자료: 통계청, 사회조사

<그림 3-9>는 가구주의 연령을 기준으로 부모의 생존 여부, 그리고 부모가 생존하는 경우 동거 여부를 나타내고 있다. 만 60세 이상 응답자 중에서 가구주나 그 배우자의 부모님이 적어도 한 분 이상 살아계신 비중은 약 16%이다. 그리고 만약 부모님이 살아계신 경우 부모님과 현재 함께 거주하고 있는 가구의 비중은 약 12%이다. 다른 연령대와 비교하면, 부모님의 생존 비율은 가장 낮으며, 생존한 부모님과의 동거 비율은 가장 높다.

그림3-9. 부모의 생존(위) 및 동거 여부(아래)

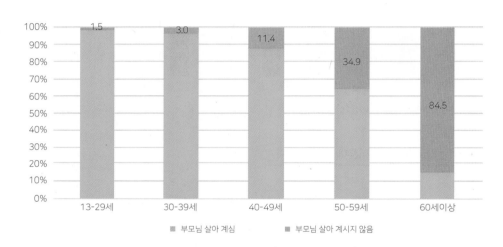

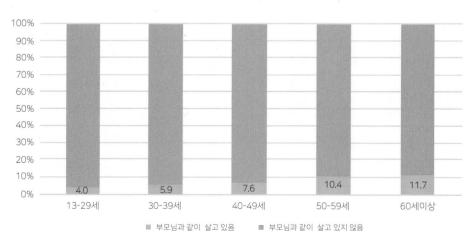

*자료: 통계청, 사회조사(2022년)

부모가 생존하는 경우 부모와 동거인과의 관계는 <그림 3-10>과 같다. 우선 가장 많은 비율을 차지하는 것은 부모님만 따로 살고 있는 경우로 약 48.9%에 달한다. 다음이 부모와 고령자인 자녀가 함께 거주하는 경우로 이 비율은 25.4%를 차지한다.

그림 3-10. 부모와 동거하는 자

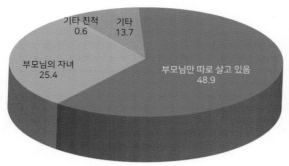

*자료: 통계청, 사회조사(2022년) - 가구주와 배우자 기준

부모가 생존한 경우, 부모의 생활비 마련 방법에 대한 응답은 <그림 3-11>과 같다. 부모가 스스로 해결하고 있다는 응답은 33%이다. 대신 약 60%는 부모님의 자녀, 즉 고령자가 생활비를 마련하고 있다. 정부 및 사회에 의해 생활비가 마련되고 있다는 응답도 7.6%로 나타난다.

그림 3-11. 부모 생활비 마련 방법

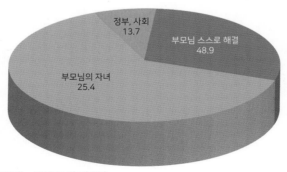

*자료: 통계청, 사회조사(2022년) - 가구주 및 배우자

부모 부양을 누가 하는 것이 적합한지에 대한 65세 이상 응답자들의 생각은 <그림 3-12>과 같다. 2022년을 기준으로 할 때 가족, 정부, 사회가 함께 부양해야 한다는 응답이 약 55%로 가장 큰 비중을 차지한다. 다음이 가족$^{23.6\%}$이며, 그 다음이 '부모 스스로 해결'$^{13.0\%}$로 나타난다. 2008년 이후의 추이를 보면, 가족이 차지하는 비중은 2008년 48.1%에서 지속적으로 감소하고 있다. 반면 가족, 정부, 사회가 차지하는 비중은 2008년 29.9%에서 지속적으로 늘어나고 있는 추세이다. 부모 부양에 대한 고령자들의 인식이 지난 10년간 크게 달라졌음을 확인할 수 있다.

2018년까지의 자료이긴 하지만 <그림 3-12>에서는 만약 가족이 부양을 한다고 할 때 누가 부양하는 것이 가장 적합한지에 대한 응답도 확인할 수 있다. 전 기간에 걸쳐 '모든 자녀'라는 응답이 가장 높게 나타난다. 특히 2012년부터는 60% 내외의 비율을 지속적으로 유지하고 있다. '장남 또는 맏며느리'라는 응답은 2008년까지만 하더라도 33%를 차지하였다. 그러나 이는 지속적으로 감소, 2018년에 12.2%에 불과하다. 대신 '자식 중 능력있는 자'라는 응답의 비중은 20.9%까지 늘어나고 있다.

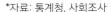 그림3-12. 부모 부양에 대한 견해(업데이트, 2023년 9월)

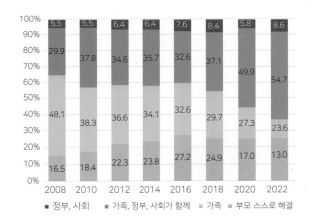
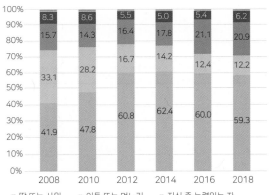

*자료: 통계청, 사회조사

통계청의 사회조사는 자녀와 같이 살고 있는 비율에 대한 통계를 구체적으로 제공한다. 만 60세 이상을 대상으로 자녀가 있는 경우, 자녀와 같이 살고 있는지 질의한 결과는 <그림 3-13>과 같다. 2021년 기준으로 응답자의 30.8%는 같이 살고 있으며, 69.2%는 같이 살고 있지 않다. 연령으로 나누어 살펴보면 60-64세에서 자녀와 함께 거주하는 비율이 높게 나타나며, 이에 비해 65-69세, 70-79세는 낮은 비율을 보인다. 그러나 다시 80세 이상에서 이 비율은 높아지는 것으로 나타난다.

그림 3-13. 자녀와 동거 여부

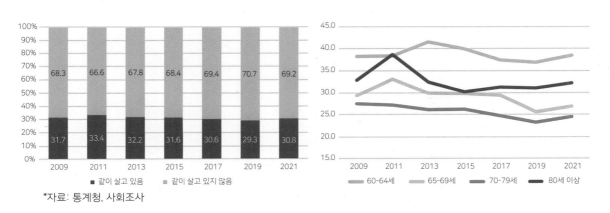

*자료: 통계청, 사회조사

자녀와 같이 살고 있는 경우 그 주된 이유에 대해서도 질의하였다. 그 결과 자녀나 부모 모두 독립할 수 있지만 그럼에도 불구하고 같이 살고 있는 경우가 36.1%로 가장 많은 비중을 차지하고 있다. 이는 2009년 이후 지속적으로 그 비율이 상승하고 있다. 자녀의 독립생활이 불가능하기 때문이라는 응답도 2009년 24.8%에서 2021년 30.3%로 상승, 높은 비중을 차지하고 있다. 반면 본인의 독립생활이 불가능하다는 응답은 22.5%로 이보다 낮으며, 2009년에 비해 점차 낮아지고 있는 추세이다. 다만 자녀가 독립하기 어렵다거나, 자녀가 아직 학생 또는 미성년이라는 이유로 혹은 손자녀의 양육 및 자녀의 가사를 돕는 등 자녀의 필요로 인해 자녀와 동거한다는 응답은 모두 합산하면 약 40%에 달한다. 자녀가 성년이 된 이후에도 동거를 통한 자녀에 대한 지원이 계속 이루어짐을 확인할 수 있다. 주된 응답이 아니라 복수응답에 대한 분석결과에서도 마찬가지로 확인할 수 있다.

사회조사는 자녀와 동거하는 이유도 질의하고 있지만, 자녀와 동거하지 않는 이유도 묻고 있다. 이에 대한 응답 분포는 <그림 3-14>와 같다. 고령자 본인이 따로 사는 것이 편해서 자녀와 동거하지 않는다는 응답이 32.8%로 가장 많은 비중을 차지한다. 이와 유사한 비율이 독립생활이 가능하기 때문이라는 응답이며(31.8%), 이 응답의 비중은 2009년 21.8%에서 31.8%로 크게 상승하였다. 자녀에게 부담이 될까봐 동거하지 않는다는 응답도 20.1%를 차지한다. 본인 또는 자녀의 직장, 학업을 위해 동거가 포기되기도 한다(14.3%). 복수 응답의 분포를 살펴보면, '자녀에게 부담이 될까봐'라는 응답이 '독립생활이 가능하므로' 응답보다 더 높은 비중을 차지한다.

그림 3-14. 자녀와 동거하는 이유 – 주된 응답(위), 복수 응답(아래)

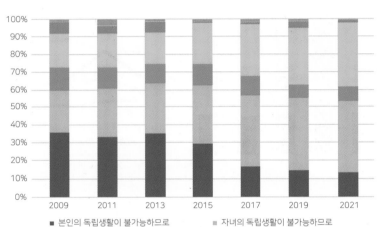

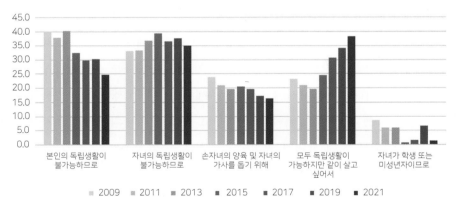

*자료: 통계청, 사회조사

그림3-15. 자녀와 동거하지 않는 이유 - 주된 응답(위), 복수 응답(아래)

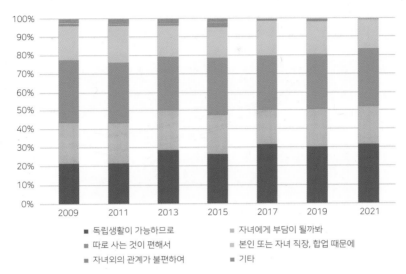

■ 독립생활이 가능하므로　　　　■ 자녀에게 부담이 될까봐
■ 따로 사는 것이 편해서　　　　■ 본인 또는 자녀 직장, 합업 때문에
■ 자녀외의 관계가 불편하여　　　■ 기타

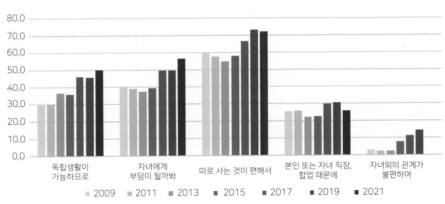

■ 2009　■ 2011　■ 2013　■ 2015　■ 2017　■ 2019　■ 2021

*자료: 통계청, 사회조사

　　만 60세 이상에 대해 향후 자녀와의 동거의향을 질의한 결과, 2021년 기준으로 22.8%가 같이 살고 싶다고 응답한다(그림 3-15). 이는 현재의 동거 비율인 30.8%보다 낮은 수준으로, 현재 동거를 하고 있는 고령자 중 일부는 자녀와의 동거를 계속 하고 싶지 않음을 의미한다. 2009년 37.1%에 비해 이 비율이 낮아지고 있다는 점도 주목할 만하다. 연령대로 나누어서도 점차 낮아지는 패턴은 동일하지만 연령이 높을수록 자녀와 동거하려는 의향이 더 커진다는 점도 동일하다.

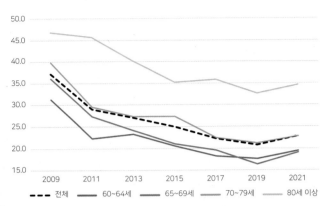

그림3-16. 향후 자녀와의 동거 의향

*자료: 통계청, 사회조사

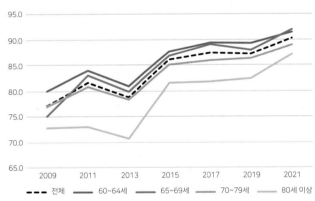

그림3-17. 자녀와 같이 거주하지 않을 때 향후 거주하고 싶은 곳이 자기 집인 비율

*자료: 통계청, 사회조사

사회조사에서는 자녀와 함께 살지 않는다면, 어디에 살 것인지에 대한 질의도 포함하고 있다. <그림 3-16>에 따르면 2021년 기준으로 자기 집에 계속 살겠다는 응답은 90.3%, 그리고 양로·요양시설이 9.6%로 나타난다. 고령기에 접어든다고 해서 자녀와 동거하면서 자녀로부터 부양을 받는다거나 양로·요양시설로 이동하기보다, 독립된 주거 상태를 유지하려는 성향이 큼을 확인할 수 있다. 이 비율은 2009년 77.1%에 비해 점차 커지고 있는 추세이다. 다만 연령이 높아질수록 이 비율은 다소 줄어드는 것으로 나타난다. 예를 들어 60-64세 집단에서는 91.5%의 비율을 보이지만, 80세 이상에서는 87.2%이다.

 **경제적 특성**

지금부터는 고령자 혹은 고령가구의 경제적 특성을 살펴보고자 한다. 먼저 <그림 3-18>은 전체 및 연령대별 총자산과 순자산, 그리고 부채를 보여주고 있다. 60세 이상 집단은 50대 다음으로 순자산 규모가 가장 높다. 총자산의 경우 50대 다음으로 40대가 높게 나타나지만, 40대는 60세 이상에 비해 부채가 많아 순자산은 약간 낮게 나타난다. 65세 이상 가구의 총자산 평균은 5억 원이며 부채는 약 5천만 원으로, 순자산은 4억 5천만 원이다.

🏢 그림 3-18. 가구주의 연령대별 총자산, 순자산 및 부채

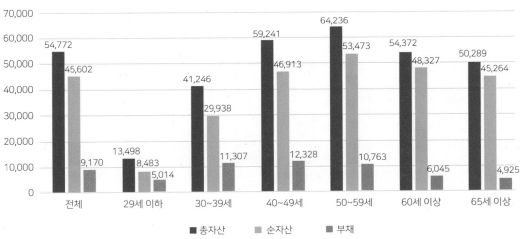

*자료: 통계청, 가계금융복지조사(2022년)

총자산을 금융자산과 실물자산으로 나누어 살펴보면 <그림 3-19>와 같다. 가구주 연령이 65세 이상인 가구들은 금융자산을 평균 9천 2백만 원, 실물자산을 평균 4억 5천만 원 보유하고 있다. 가구주의 연령이 높아질수록 자산이 많아지지만, 그 자산은 금융자산보다 실물자산일 가능성이 높음을 확인할 수 있다. 전체 자산에서 실물자산이 차지하는 비중이 29세 이하에서는 약 43%에 불과하지만, 이 비중은 60세 이상에서는 약 83%까지 높아진다. 가구주 연령이 65세 이상인 가구 내에서 실물자산의 비중은 85.1%이다.

그림3-19. 가구주 연령별 금융자산·실물자산의 규모(위) 및 구성비(아래)

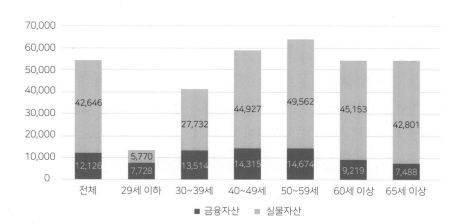

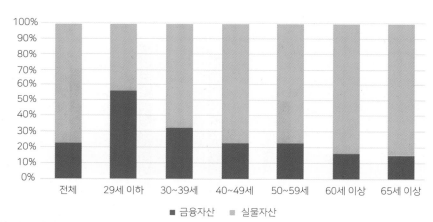

*단위: 만 원, 백분율(%)

*자료: 통계청, 가계금융복지조사(2022년)

자산의 내역을 저축액, 현 주택의 전월세보증금, 거주주택, 거주주택 이외 부동산, 기타 실물자산 등으로 보다 자세히 나누어 볼 수 있다. 가구주 연령이 만 65세 이상인 가구 내에서 가장 많은 비중을 차지하는 것은 거주주택 자산으로 약 49%를 차지한다. 다음이 거주주택 이외 부동산으로 약 33%의 비중을 갖는다. 금융자산으로 분류가 되지만 사실 부동산으로 볼 수 있는 전월세보증금까지 고려하면, 고령가구의 부동산 자산 비중은 84.9%에 달한다. 저축액은 12.4%로 부동산 자산의 5분의 1에도 미치지 못한다. 이는 사실 고령가구의 특성만으로 보기는 어렵다. 60세 이상 가구보다 낮기는 하지만 다른 연령대에서도 부동산자산의 비중은 80% 수준으로 분포한다.

그림3-20. 가구주 연령별 금융자산·실물자산의 규모(위) 및 구성비(아래)

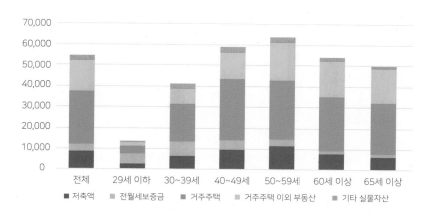

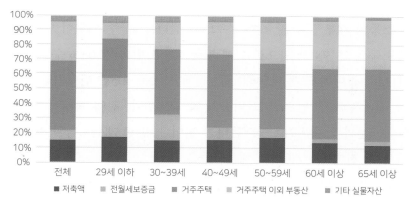

*단위: 만 원, 백분율(%)
*자료: 통계청, 가계금융복지조사(2022년)

전술한 통계청의 사회조사는 1년 전과의 부채 변화에 대한 질문도 포함되어 있다. <그림 3-21>에 따르면 만 65세 이상 고령자 중 1년 전과 비교할 때 부채가 동일하다는 응답은 85.7%, 부채가 늘어났다는 응답은 10.1%이며, 줄어들었다는 응답은 4.2%로 나타난다. 다른 연령에 비해 부채가 변화하였다는 응답은 상대적으로 비중이 낮으며, 부채가 동일하다는 응답의 비중은 상대적으로 높다. 고령가구는 부채 등 경제 상황에 있어 큰 변화가 나타나지 않는 것으로 해석할 수 있다.

그림3-21. 1년 전과 비교할 때 부채의 변화

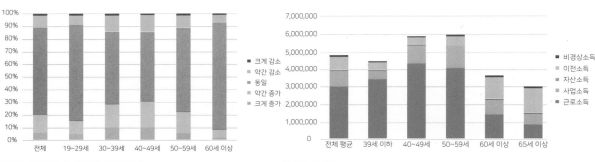

그림3-22. 가구주의 연령에 따른 소득 및 그 구성

　　고령가구의 자산, 부채에 이어 이번에는 소득, 소비 등을 살펴본다. 소득은 통계청의 가계동향조사와 가계금융복지조사를 통해 확인할 수 있다. 가계동향조사에 따른 연령대별 가구소득의 세부 구성은 <그림 3-22>와 같다. 가구주 연령이 만 65세 이상인 가구의 월평균소득은 약 300만 원으로 전체 평균 479만 원의 약 63% 수준이다. 특히 근로소득은 전체 평균에 비해 크게 미달하는데, 전체 평균은 303만 원이지만 65세 이상 가구의 근로소득 평균은 84만 원으로 그 비중이 약 28%이다. 전체 평균에 비해 고령가구의 근로소득은 약 3분의 1 미만으로 줄어든다는 것이다. 반면 재산소득과 이전소득은 큰 폭으로 늘어나는데, 전체 평균에 비해 재산소득은 1.6배, 이전소득은 1.9배 높다.

　　가계금융복지조사에서 조사된 연령대별 소득 수준은 <그림 3-23>과 같다. 조사시점에서 전년도 전 기간에 걸친 소득을 질의하고 있으므로 가계동향조사의 결과와 시차가 존재한다. 가구주 연령이 65세 이상인 가구의 한 해 총소득은 3,749만 원이다. 이는 전체 평균(6,414만 원)의 약 58%, 그리고 직전 연령대인 50대의 약 46%에 해당하는 수준이다. 다른 연령대보다 상대적으로 줄어드는 고령가구의 소득수준은 이 자료에서도 재차 확인된다.

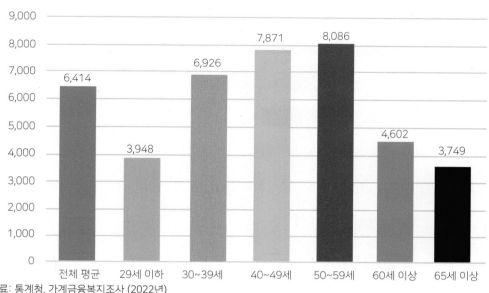

그림 3-23. 가구주의 연령에 따른 연간 경상소득

*자료: 통계청, 가계금융복지조사 (2022년)

통계청 사회조사에서는 생활비 마련 방법에 대해 질의하고 있다. 만 60세 이상 인구를 대상으로 한 조사결과에 따르면, 본인 및 배우자 부담이 약 72.5%로 가장 높게 나타나며, 다음이 자녀 또는 친척의 지원(14.1%), 정부 및 사회단체(13.4%)의 순서로 나타난다. 본인 및 배우자가 부담하는 경우에도 연금, 퇴직금이나 재산소득, 예적금이 차지하는 비중보다 근로소득, 사업소득이 차지하는 비중이 더 크다. 이는 고령임에도 실제 경제활동을 수행함으로써 생활비를 마련하고 있을 가능성이 큼을 시사한다. 시기별·연령대별로 나누어 살펴보면, 2011년 이후 근로소득·사업소득에 대한 의존도가 점차 커지는 경향을 보인다. 연령이 높아질수록 이 비율은 낮아지지만 80세 이상에서도 근로소득·사업소득에 의존하는 고령자 비율이 29%에 이르고 있다.

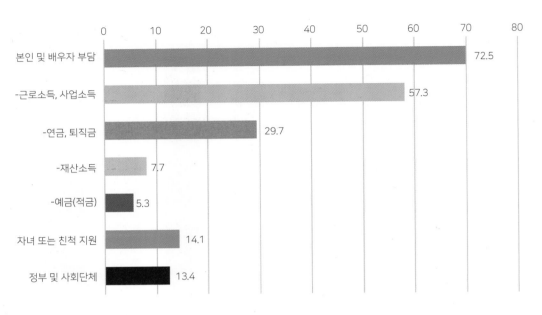

그림 3-24. 고령가구의 생활비 마련방법(위) 및 근로소득 · 사업소득 응답의 비중(아래)

본인 및 배우자 부담	72.5
-근로소득, 사업소득	57.3
-연금, 퇴직금	29.7
-재산소득	7.7
-예금(적금)	5.3
자녀 또는 친척 지원	14.1
정부 및 사회단체	13.4

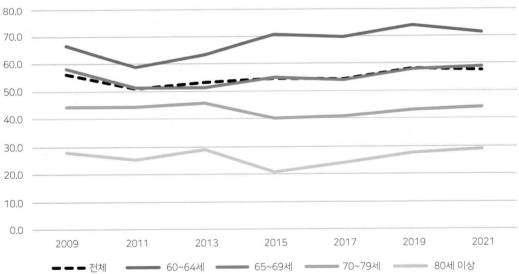

- - 전체 ── 60~64세 ── 65~69세 ── 70~79세 ── 80세 이상

*단위: %

*자료: 통계청, 사회조사

가구소득이 1년 전과 비교할 때 어떻게 변했는지에 대한 조사도 존재한다^{그림 3-24}. 65세 이상 가구주의 경우 1년 전과 동일하다는 응답이 72.4%로 가장 많으며, 감소하였다는 응답은 23.0%, 증가하였다는 응답은 4.5%로 나타난다. 다른 연령대에 비해 증가하였다는 응답은 크게 낮게 나타나, 주로 소득이 유지되거나 감소하는 것이 고령기임을 확인할 수 있다.

그림 3-25. 1년 전과 비교할 때 소득의 변화

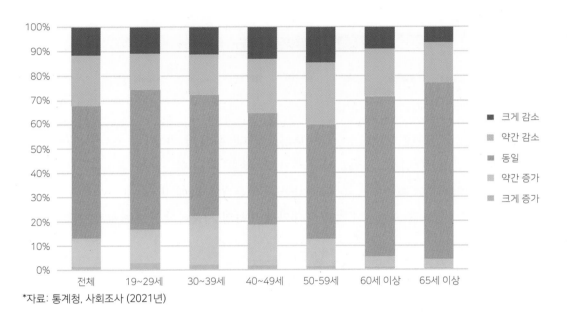

*자료: 통계청, 사회조사 (2021년)

이와 같은 소득에 대한 만족도의 조사결과는 <그림 3-25>와 같다. 고령가구는 다른 연령대에 비해 소득 만족도가 상대적으로 낮게 나타난다. 만 65세 이상 가구주 내에서 소득에 만족한다는 응답은 15.7로 가장 낮으며, 이는 가장 높은 40대의 28.1%와 큰 차이를 보인다. 반면 소득에 불만족한다는 응답은 45.9%로 역시 가장 낮은 비율(39.6%)을 보이는 40대와 적지 않은 차이가 존재한다.

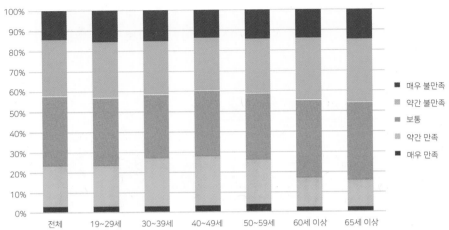

그림 3-26. 가구주의 연령에 따른 소득만족도

범례:
- 매우 불만족
- 약간 불만족
- 보통
- 약간 만족
- 매우 만족

*자료: 통계청, 사회조사 (2021년)

다음으로 소비 관련 통계들을 살펴보기로 한다. 통계청 가계동향조사에 따르면 가구주 연령이 만 65세 이상 가구의 월평균 가계지출은 평균 약 223만 원이다. 이는 전체 가구 평균의 약 61% 수준이다. 즉 고령가구는 다른 가구들에 비해 약 5분의 2 정도 소비를 줄이고 있다. 가장 지출액이 많은 40대와 비교하면 지출액의 규모는 46% 수준이다.

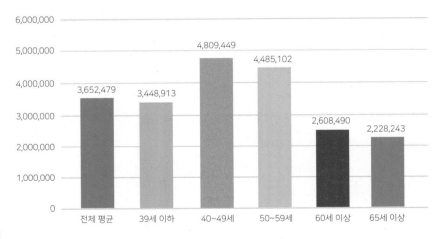

그림 3-27. 가구주의 연령에 따른 월평균 가계지출액

전체 평균	39세 이하	40~49세	50~59세	60세 이상	65세 이상
3,652,479	3,448,913	4,809,449	4,485,102	2,608,490	2,228,243

*단위: 원
*자료: 통계청, 가계동향조사 - 전국, 1인 이상, 전체가구 (2023년 2/4분기)

이는 각 지출항목으로 나누어 살펴볼 수 있다. 만 65세 이상 고령가구가 가장 많이 지출하는 항목은 비소비지출(약 44만 원)인데, 이는 가구간 이전지출, 조세, 사회보험, 비영리단체로 이전, 이자비용, 연금기여금 등을 포함하고 있다. 다음이 식료품·비주류음료, 주거·수도·광열, 보건 등의 항목으로 이 세 항목의 지출은 월 20만 원을 넘는다. 10만 원대 지출 항목은 음식·숙박, 교통, 기타상품·서비스, 오락·문화 등이다. 기타상품·서비스에는 보험, 이미용서비스, 위생서비스 등이 포함되어 있다. 이와 같은 지출이 많고 적은지 판단하기 위해 항목별 전체 가구의 평균 지출액과 비교해 보았다. 그 결과 상대적으로 비용이 더 투입되는 항목은 보건 항목으로 약 1.2배 이상 더 많이 지출하고 있다. 의약품, 외래의료 및 입원서비스 등에 전체 평균보다 더 많은 비용이 들어가는 것이 이 시기인 것이다. 식료품·비주류음료 등의 항목은 전체 평균과 거의 유사하다 (95.7%). 고령기라도 식비는 크게 달라지지 않음을 의미한다. 그 외 항목들은 전체적으로 지출이 상대적으로 작은 상황이다. 특히 교육비 지출은 전체 평균 대비 6.5%에 불과하다. 교육서비스를 제공할 자녀가 독립, 분가하였기에 나타난 당연한 결과이다.

이처럼 상대적으로 작은 금액으로 이루어지는 지출에 대해 고령자들은 과연 만족하고 있는가? <그림 3-28>에 따르면 현재 소비생활에 만족한다는 응답은 만 65세 이상에서 11.2%로 가장 낮게 나타난다. 반면 소비생활에 불만족한다는 응답은 만 65세 이상에서 39.1%로 가장 높게 나타난다. 줄어든 소비에 대해 고령가구의 불만이 강하게 존재하는 상황이다.

그림 3-28. 항목별 고령가구의 지출액(위) 및 전체 가구 평균 대비 비중(아래)

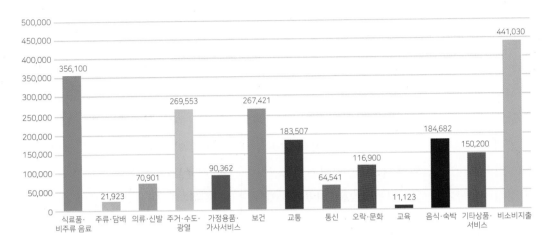

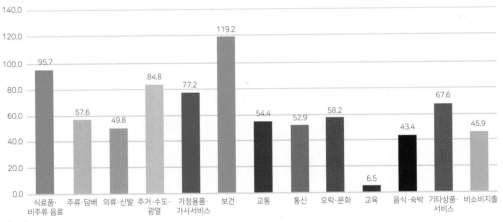

*단위: 원, %

*자료: 통계청, 가계동향조사 - 전국, 1인 이상, 전체가구 (2023년 2/4분기)

　　그럼에도 불구하고 소득이 줄어드는 것이 고령기의 특징이므로, 그에 대응해 소비
는 축소하여야 한다. 그렇다면 고령자들은 과연 어떠한 항목부터 줄이려 할까? 이에 대
한 조사 역시 사회조사에서 이루어지고 있다. <그림 3-30>에 따르면 만 65세 이상 응답
자 중에서는 상대적으로 식료품비, 보건의료비, 연료비 등을 줄이겠다는 응답이 높은 비
중을 차지한다. 이는 다른 항목에서는 이미 줄일 여지가 없을 만큼 지출이 낮은 상황에
있음을 뜻한다. 그래서 줄여야 하는 식료품비, 보건의료비, 연료비 등은 대부분 가계의

그림 3-29. 가구주의 연령별 소비생활 만족도

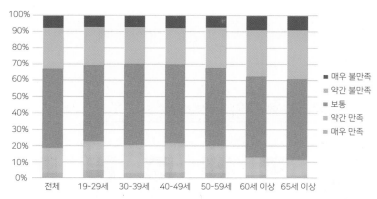

그림 3-29. 가구주의 연령별 소비생활 만족도

*자료: 통계청, 사회조사 (2021년)

가계의 필수적 소비에 해당된다. 이들 항목을 줄일 수밖에 없다면 결국 고령자 삶의 질은 악화될 수밖에 없다.

그림 3-30. 재정상황이 악화될 때 우선적으로 줄일 지출항목

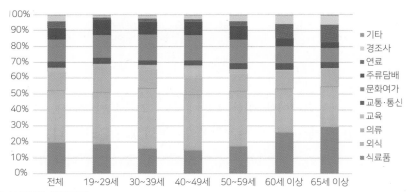

*자료: 통계청, 사회조사 (2021년)

현재 소득수준에 대한 주관적 평가도 이와 같은 맥락에서 해석할 수 있다. 연령대별 비중을 비교하면, 현재 소득이 여유있다는 응답은 만 65세 이상에서 7.9%로 전체 연령대에 걸쳐 가장 낮은 값을 보인다. 반면 소득이 부족하다는 응답은 61.1%로 전체 연령대에서 가장 높은 값을 보인다. 기본적인 필요를 감안할 때 고령기의 소득 감소는 생각했던 것보다 부담이 큼을 시사한다.

그림 3-31. 가구주의 연령에 따른 주관적 소득수준 평가

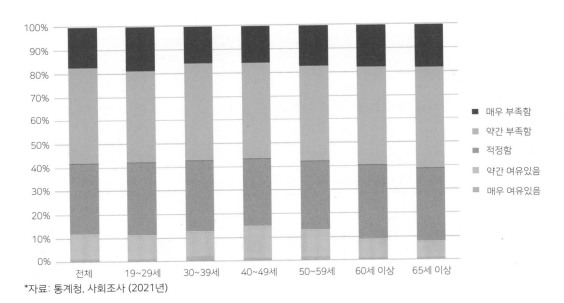

■ 매우 부족함
■ 약간 부족함
■ 적정함
■ 약간 여유있음
■ 매우 여유있음

*자료: 통계청, 사회조사 (2021년)

이는 향후 가구의 살림살이에 대한 전망에서도 그대로 반영된다. 내년 재정상태에 대한 전망에 대해 만 65세 이상 가구주들의 약 3분의 2는 올해와 다르지 않을 것으로 응답하였다. 올해보다 좋아질 것이라는 응답은 8.5%, 올해보다 나빠질 것이라는 응답은 21.7%이다. 좋아질 것라는 기대가 차지하는 비중은 전체 연령대에서 가장 낮은 수치로, 20대의 34.1%, 30대의 34.7%와 큰 차이를 보인다. 특히 바로 전 연령대인 50대에서 24.5%로 나타나는 것과 비교할 때, 재정상태에 대한 전망은 고령가구 내에서 급격히 악화된다.

그림 3-32. 내년 가구의 재정상태에 대한 전망

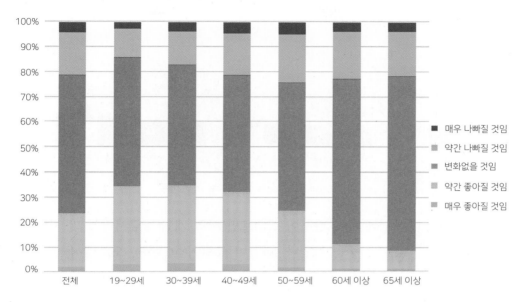

*자료: 통계청, 사회조사 (2021년)

앞서 고령기임에도 불구하고, 근로소득 및 사업소득이 소득에서 적지 않은 비중을 차지함을 확인한 바 있다. 그렇다면 과연 전체 고령자 중 일을 하고 있는 고령자의 비율은 어느 정도인가? <그림 3-32>에 따르면 이 비율은 34.9%이다. 취업하지 않은 고령자는 65.1%이다. 즉 은퇴 이후로 인지되고 있는 시기임에도 불구하고 전체 고령자의 3분의 1은 일을 하고 있음에 주목할 필요가 있다.

그림3-33. 고령자의 경제활동 추이

■ 65세 이상 인구   ■ 취업자   ─○─ 고용률

*자료: 통계청, 경제활동인구조사
*출처: 통계청(2022b), 37쪽.

　　이를 취업자의 산업에 따라 나누어 살펴보면 사업·개인·공공서비스 및 기타가 약 44%를 차지, 가장 높은 비중을 보인다. 다음이 농림어업(25.0%), 도소매·음식·숙박업 (13.1%) 등의 순서로 나타난다. 전체 취업자 비중과 비교할 때 농림어업, 사업·개인·공공 서비스 산업의 비중이 상대적으로 높은 상황이다.

표3-1. 산업별 취업자 분포

(단위: 천 명, %)

	취업자	소계	농림 어업	광· 제조업	제조업	사회 간접자본 및 기타 서비스업	건설업	도소매 ·음식 숙박업	사업·개 인·공공 서비스 및 기타	전기· 운수· 통신· 금융업
2017	2,166	100.0	27.4	6.8	6.6	65.8	3.3	16.1	39.7	6.7
2018	2,311	100.0	27.4	6.7	6.6	65.9	3.6	15.4	39.9	7.1
2019	2,538	100.0	25.6	6.4	6.3	68.0	3.7	14.6	42.8	7.0
2020	2,774	100.0	25.1	6.1	6.0	68.9	3.9	14.1	43.2	7.7
2021	2,992	100.0	25.0	5.7	5.7	69.3	4.3	13.1	44.0	7.8
전체 (2021년)	27,273	100.0	5.3	16.1	16.0	78.6	7.7	20.0	38.6	12.3

*자료: 통계청, 경제활동인구조사
*출처: 통계청(2022b), 38쪽.

고령 취업자의 직업별 분포를 살펴보면 단순노무종사자가 37%로 가장 많은 비중을 차지한다. 다음이 농림어업숙련종사자(24.2%), 서비스·판매종사자(16.8%), 기능·기계조작 종사자(14.1%) 순이다. 전체 취업자와 비교할 때 단순노무 및 농림어업숙련 종사자의 비중이 월등히 높다. 반면 관리자·전문가, 사무 등이 차지하는 비중은 전체 평균에 비해 훨씬 낮다.

🏢 표3-2. 직업별 취업자 분포

(단위: 천 명, %)

	취업자	소계	관리자·전문가	사무종사자	서비스·판매종사자	농림어업숙련종사자	기능·기계조작종사자	단순노무종사자
2017	2,166	100.0	4.8	2.5	17.0	25.9	12.7	37.0
2018	2,311	100.0	5.1	3.0	17.0	26.0	13.2	35.7
2019	2,538	100.0	5.5	3.0	17.7	24.6	13.5	35.8
2020	2,774	100.0	5.3	3.4	17.5	24.2	13.5	36.0
2021	2,992	100.0	4.8	3.4	16.8	24.2	14.1	36.6
전체 (2021년)	27,273	100.0	21.9	17.4	21.4	5.1	9.7	14.4

*자료: 통계청, 경제활동인구조사
*출처: 통계청(2022b), 38쪽.

만 55세 이상 79세 이하 인구에 대해 장래 근로의사가 있는지에 대한 응답 결과는 <그림 3-34>와 같다. 2023년 기준 이 수치는 68.5%로, 은퇴 시기에 해당하는 인구 중 3분의 2는 계속 근로를 희망한다는 것이다. 2005년 이후 이 수치가 계속 높아진다는 점 역시 확인할 수 있다.

<그림 3-34>의 하단에서는 장래 근로를 원하는 이유에 대해 확인할 수 있다. 근로를 희망하는 고령자의 약 56%는 '생활비에 보탬'이라는 응답을 선택하였으며, 다음이 '일하는 즐거움'으로 약 36%의 비중을 보였다. 즉 은퇴 시점 이후 일을 계속 하려는 이유가 일하는 즐거움 때문이라기보다 부족한 생활비를 충당하려는 목적이 더 강하다는 것이다. 이 비율은 2000년대 중반부터 비슷한 수준을 계속 유지하고 있다.

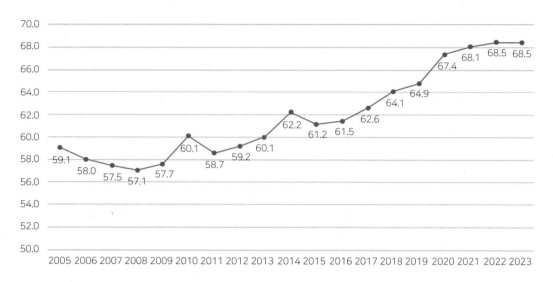

그림3-34. 장래 근로 희망 비율(위) 및 희망 이유(아래)

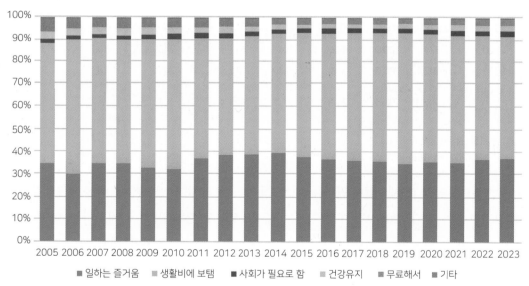

■ 일하는 즐거움 ■ 생활비에 보탬 ■ 사회가 필요로 함 ■ 건강유지 ■ 무료해서 ■ 기타

*단위: %

*자료: 통계청, 경제활동인구조사 고령층 부가조사 (55-79세 인구)

　　장래 근로를 희망하는 응답자에 대해 일자리 선택 기준을 질의한 결과는 <그림 3-35>와 같다. 가장 중요한 것은 일의 양과 시간대로 전체 응답자의 29.6%가 선택하였 다. 다음은 임금수준(20.5%), 계속 근로가능성(16.2%), 일의 내용(13.1%), 과거 취업경험과

의 연관성(10.6%) 순이다. 신체 및 건강의 문제로 일의 양과 시간대를 고려할 수밖에 없다는 고령가구의 특성 다음으로 임금수준을 중요하게 생각하는 까닭 역시 생활비 충당의 목적이 크기 때문으로 보인다. 2000년대 중반과 비교할 때 임금수준이 차지하는 비중은 점차 줄어드는 반면, 일의 양과 시간대, 일의 내용 등이 차지하는 비중은 계속 늘어나고 있는 추세이다.

그림 3-35. 일자리 선택 기준

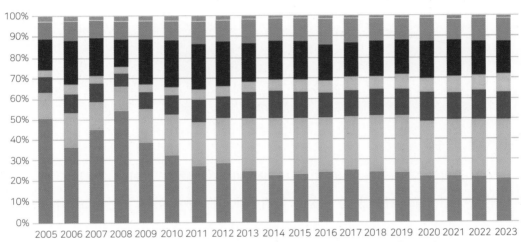

단위: %
자료: 통계청, 경제활동인구조사 고령층 부가조사

통계청 사회조사는 "노후를 위하여 준비를 하고 있으십니까(준비가 되어 있으십니까)?"라는 질문을 포함하고 있다. 65세 이상 응답자에게 있어서는 현재가 노후에 해당되므로, 이를 준비가 되어 있는지에 대한 질문으로 보고 그 결과를 해석해보기로 한다. 65세 이상 가구주 중에서 준비가 되어 있다는 응답의 비중은 58.5%로 나타나며, 가구주뿐만 아니라 전체 65세 이상 응답자를 대상으로 할 때에는 56.7%로 나타난다. 이는 응답자 5명 중 2명은 노후 준비가 되어 있지 않은 상황에서 노후를 맞이하고 있음을 시사한다. 다만 시계열을 볼 때, 노후에 대한 준비 정도는 점차 개선되고 있다.

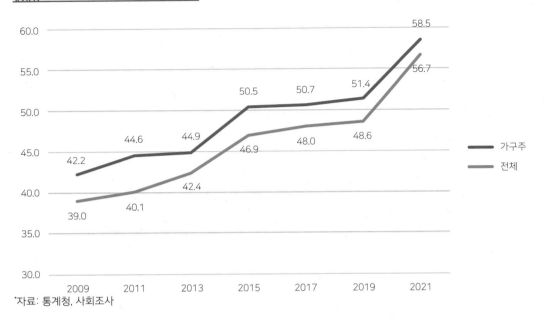

그림 3-36. 노후 준비 여부

- 가구주
- 전체

가구주: 42.2, 44.6, 44.9, 50.5, 50.7, 51.4, 58.5
전체: 39.0, 40.1, 42.4, 46.9, 48.0, 48.6, 56.7

2009 2011 2013 2015 2017 2019 2021

*자료: 통계청, 사회조사

　　노후 준비가 되어 있는 경우, 그 준비 방법이 무엇인지도 확인할 수 있다. 조사결과 국민연금이 51.5%로 가장 높은 비중을 차지한다. 가구주가 아니라 전체 고령자를 대상으로 해도 이 비율은 48.4%이다. 다음이 예금, 적금, 저축성보험으로 16.1%(전체 기준으로는 17.1%)를 차지한다. 다음이 직역연금(11.0%)이며, 이와 비슷한 비중으로 노후 준비를 위해 사용되는 것은 부동산 운용이다. 이는 가구주를 기준으로 할 때 9.2%, 전체를 대상으로 할 때 9.9%의 비중을 갖는다. 뒤에서 언급할 주택연금도 가구주 기준 3.8%, 전체 기준 4.1%의 비중을 보인다.

　　노후 준비가 되어 있지 않은 응답자에 대해서는 왜 준비를 하지 않았는지 그 이유를 질의하였다. 그 결과 만 65세 이상 고령 가구주의 약 3분의 2는 '준비할 능력이 없다'를 선택하였다. 전체를 기준으로 할 때에도 이 비율은 59.1%에 달한다. 앞으로 준비할 계획이라는 응답이 9.1%, 아직 생각하고 있지 않다는 응답이 3.5%로 나타남을 볼 때, 고령기에도 소득을 충당하려는 노력은 계속될 것임을 시사한다. 한편 노후 준비가 되어 있지 않은 이유로 '자녀에게 의탁'을 선택한 응답자는 약 22.6%(전체 기준 29.0%)이다. 이는 일부 고령가구의 노후 준비의 미흡이 자녀의 부양 부담으로 이어질 수 있음을 시사한다.

그림 3-37. 노후 준비의 방법

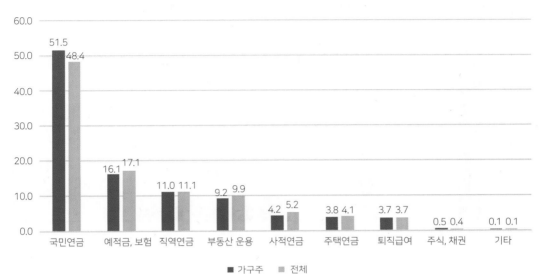

*자료: 통계청, 사회조사(2021년)

　　노후를 준비할 핵심 수단이어야 할 연금은 아직 국내 고령자에게 일반화되지는 않
은 것으로 보인다. 55-79세 고령자 중 연금수령자는 2023년 기준으로 50.3%로 절반에
그치고 있는 상황이기 때문이다. 여기에서 연금은 국민연금, 사학연금, 군인연금 등의
공적연금뿐만 아니라 기초연금, 개인연금 등 노후생활 안정을 위해 정부 또는 개인에 의
해 조성되어 수령되는 모든 금액을 지칭한다. 많은 고령자가 향후 근로를 할 수밖에 없
는 이유는 이를 통해 설명된다. 연금수령액의 평균은 75만 원으로, 2009년 이후 계속 증
가하는 추세이다.

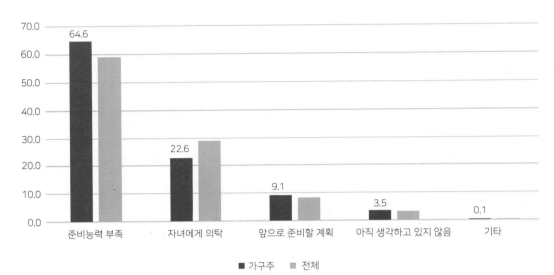

그림3-38. 노후 준비를 하지 않는 이유

■ 가구주   ■ 전체

*자료: 통계청, 사회조사(2021년)

　심지어 고령가구 내에서 빈곤의 문제도 증가하고 있는 상황이다. 2021년 기준 국민
기초생활보장 수급자인 만 65세 이상 고령자는 85만 2천 명이다. 이는 전체 수급자 중에
서 약 38%의 비중에 해당된다. 시계열을 살펴보면 2016년 이후 고령 수급자는 그 규모
및 비중 모두 증가 추세에 있다.

그림 3-39. 연금수령자의 비중 및 월평균 수령액

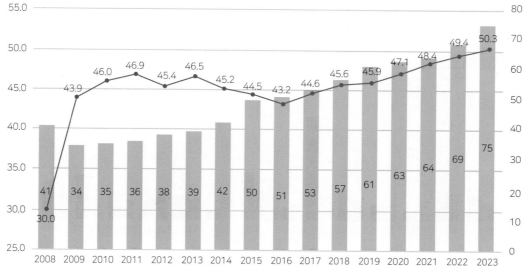

*단위: %, 만 원
*자료: 통계청, 경제활동인구조사 고령층 부가조사

 그림 3-40. 국민기초생활보장 수급자 중 고령자 및 그 비중

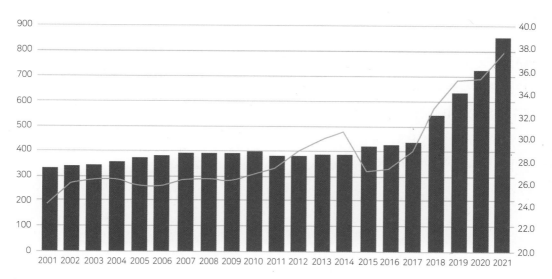

*단위: 천 명, %
*자료: 보건복지부, 국민기초생활보장수급자현황

사실 국내 고령가구의 빈곤율은 전세계적으로 볼 때 월등히 높은 수준에 있다. <그림 3-41>에서 보는 것처럼 우리나라 은퇴연령층의 상대적 빈곤율은 43.2%로 경제협력개발기구^{OECD} 가입국 중 가장 높은 수준이다.

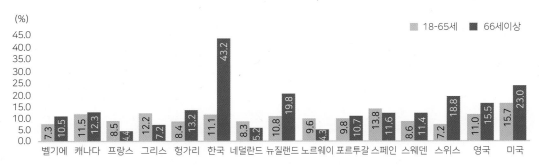

그림3-41. 국민기초생활보장 수급자 중 고령자 및 그 비중

*자료: OECD, 'Social and Welfare Statistics' (2022년 9월 4일 기준)
*출처: 통계청(2022b), 35쪽.

3 신체적, 사회적 특성

마지막으로는 고령자의 신체적, 사회적 특성들을 살펴보도록 한다. 신체적 특성 중에서 가장 먼저 확인이 필요한 것은 기대수명^{life expectancy at birth}이다. 이는 해당 연도의 출생자가 향후 생존할 것으로 기대되는 평균 생존년수를 뜻한다. 1970년 60세 전후였던 기대수명은 2024년 현재 남자 81.4세, 여자 87.1세이며, 2072년에는 남자 89.5세, 여자 92.7세에 도달할 것으로 예상된다. 평균이 80세를 넘는다는 것은 곧 노력 여하에 따라 얼마든지 '백수^{白壽}'가 가능함을 뜻한다.

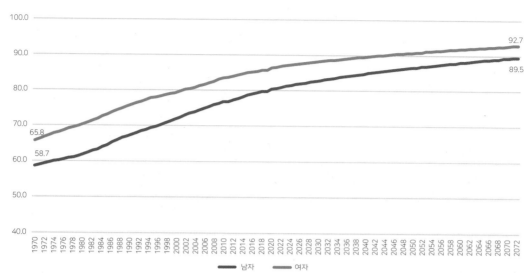

그림 3-42. 기대수명

*자료: 통계청, 장래인구추계 (2022)

    다만 오래 산다는 것이 오래 건강하게 산다는 것을 보장해주지는 않는다. 늘어나는 수명이 유의미하기 위해서는 아프지 않고 사는 것이 중요하다. 은퇴 이후에도 사회활동에 적극 참여하는 액티브 시니어^{active senior}가 되기 위해서 건강은 필수조건이다. <그림 3-43>은 이와 같은 고령자의 상황을 유병률로 보여준다. 유병률은 지난 2주간 아팠던 적이 있다고 응답한 사람의 비율을 뜻한다. 전체 평균은 26.5%로 나타난다. 그러나 50대부터는 평균보다 높아지며(28.6%), 60세 이상은 56.7%, 65세 이상은 64.7%로 나타난다.

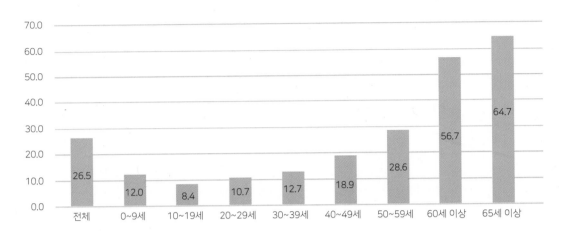

그림 3-43. 연령대별 유병률

*자료: 통계청, 사회조사(2022년)

　　유병률 대신 주관적 건강평가에서도 그 패턴은 크게 다르지 않다. 65세 이상 응답자 중에서 본인의 건강상태가 '좋다'고 생각하는 비율은 27%이며, 반대로 '나쁘다'고 생각하는 비율은 약 33%이다. 매우 나쁘다는 응답도 4.4%를 차지한다. 전반적으로 '나쁘다'는 응답이 '좋다'보다 약간 더 많다. 연령이 높아질수록 건강이 좋다는 응답의 비중은 감소하며, 건강이 나쁘다는 응답은 증가한다. 13−19세 응답자의 비중인 80.1%, 1.4%와 비교할 때 80세 이상의 수치(16.0%, 55.3%)는 큰 차이를 갖는다.

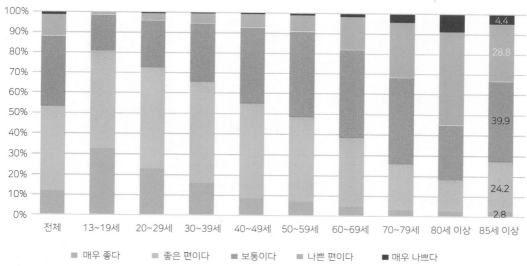

그림 3-44. 주관적 건강평가

범례: ■ 매우 좋다 ■ 좋은 편이다 ■ 보통이다 ■ 나쁜 편이다 ■ 매우 나쁘다

*자료: 통계청, 사회조사(2022년)

　　양호하지 않은 건강은 의료서비스의 높은 이용으로 연계된다. 통계청 사회조사에서 "지난 1년 동안 몸이 아팠을 때 의료 기관을 이용한 적이 있습니까?"라는 질문으로 조사된 의료서비스 이용률은 65세 이상에서 91.5%로 나타난다^{그림 3-45}. 이는 전체 연령대에서 가장 높은 수준으로 20대(68.2%)와 비교할 때 약 23%p의 차이를 갖는다. 의료 기관을 이용한 적이 있을 때 주로 이용하는 의료기관을 질의한 결과 병원, 의원이 차지하는 비중은 60대 이후 계속 증가한다^{그림 3-46}.

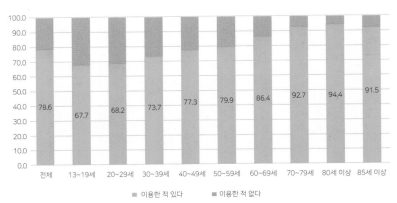

그림 3-45. 주관적 건강평가

■ 이용한 적 있다   ■ 이용한 적 없다

*자료: 통계청, 사회조사(2022년)

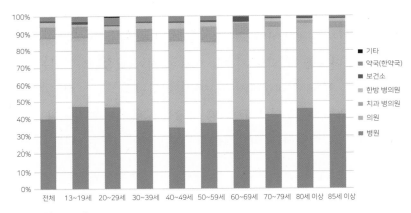

그림 3-46. 의료서비스 이용률

■ 기타
■ 약국(한약국)
■ 보건소
■ 한방 병의원
■ 치과 병의원
■ 의원
■ 병원

*자료: 통계청, 사회조사(2022년)

다음으로 고령자의 여가에 대해 살펴보기로 한다. 통계청 사회조사는 "노후에 주로 무엇을 하며 보내고 싶으십니까?"라는 질문을 포함하고 있다. 65세 이상 응답자 내에 서는 취미 활동이 가장 많은 비중(44.8%)를 차지하고 있으며, 다음이 여행 및 관광 활동 (22.4%)이다. 눈여겨볼 것은 노후의 여가에 대한 질문임에도 불구하고 소득창출 활동을 하고 싶다는 응답이 10.9%로 여행 및 관광 활동 다음의 순위를 차지한다. 이는 전체 평 균(12.7%)과 유사한 수치이다. 고령기의 소득에 대한 부족, 불만 등이 노후에 하고 싶은 활동에도 영향을 미치는 것으로 보인다. 같은 고령자 내에서도 연령이 높을수록 취미활동이나 종교활동의 비중은 높아지지만, 여행·관광, 자원봉사활동, 소득창출활동 등은 감소하는 것도 눈여겨볼 만하다. 가족돌봄 활동은 65세 이상에서 4.7%에 불과하지만, 연령이 높을수록 그 비중이 커지는 것도 특기할 부분이다.

그림 3-47. 노후에 하고 싶은 활동

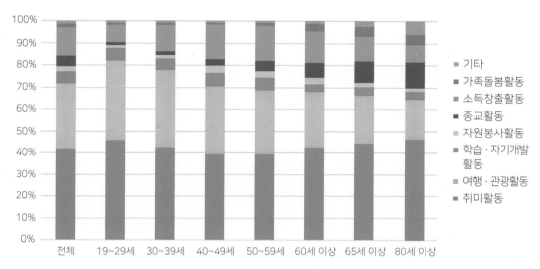

*자료: 통계청, 사회조사(2023년)

여가시간으로 한정해서 고령자가 이를 어떻게 활용하는지 살펴보기로 한다. <그림 3-47> 및 <그림 3-48>은 주중 및 주말 여가시간에 하는 활동을 연령별로 구분해 보여주고 있다. 주중 주된 활동을 기준으로 하면 65세 이상 응답자는 TV 등 동영상 콘텐츠 시청을 가장 많이 하고 있으며(56.4%), 다음이 휴식 활동(25.7%)이다. 휴식활동의 비중은 전체 평균(20.0%)을 상회하며, 특히 10대(11.1%), 20대(12.5%)의 두 배를 넘는 수준이다. 사회활동 역시 타 연령대보다 상대적으로 높은 비중을 보인다(3.8%). 복수응답을 기준으로 할 때 동영상 콘텐츠 시청의 비중은 86.1%까지 상승하며 다음이 휴식활동(79.5%), 취미·자기개발활동(16.6%) 순서이다. 휴식활동, 사회활동이 전체 평균에 비해 그 비중이 높다는 점은 마찬가지이다. 주말 여가시간은 주중과 유사하나, 다른 연령대에 비해 동영상 콘텐츠 시청 비율이 매우 높게 나타난다. 노후를 주로 취미나 여행·관광활동 등을 통해 보내기를 희망하지만, 실제 고령자들은 동영상 콘텐츠 시청이나 휴식 등 보다 정적인 유형의 여가를 보내는 것으로 나타난다.

그림3-48. 여가시간에 주로 하는 것(주중) – 주된 응답(위) 및 복수 응답(아래)

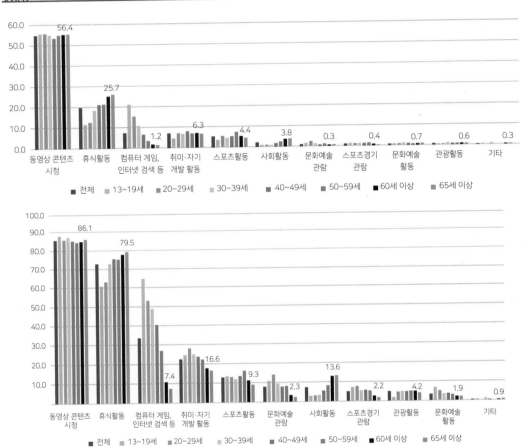

*자료: 통계청, 사회조사(2023년)

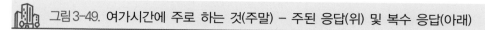
그림 3-49. 여가시간에 주로 하는 것(주말) – 주된 응답(위) 및 복수 응답(아래)

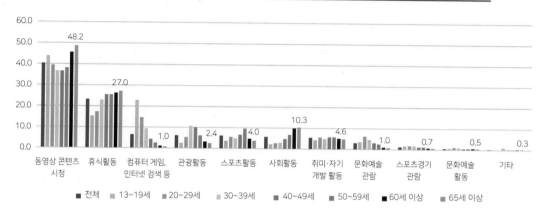

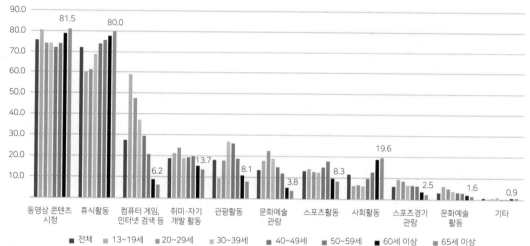

*자료: 통계청, 사회조사(2023년)

만 65세 이상에서 이와 같은 여가생활에 대해 만족한다는 응답의 비중은 22.9%이며, 만족하지 않는다는 응답은 24.2%이다. 다른 연령과 비교할 때 만족도 비중은 가장 낮으며 불만족의 비중은 가장 높다.

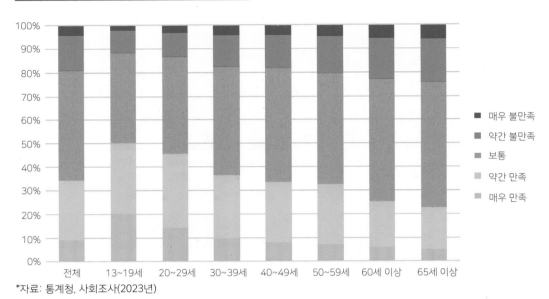

그림 3-50. 여가생활에 대한 만족도

범례:
- 매우 불만족
- 약간 불만족
- 보통
- 약간 만족
- 매우 만족

*자료: 통계청, 사회조사(2023년)

경제적 부담(42.0%)과 건강 및 체력 부족(39.2%)으로 이 두 항목이 전체응답의 81%를 차지한다. 타 연령대에서도 경제적 부담은 가장 큰 비중을 차지하며, 오히려 고령자 내에서는 이들에 비해 그 비중이 낮은 편이다. 상대적으로 고령자 내에서 높게 나타나는 것은 '건강, 체력 부족' 그리고 '여가를 함께 즐길 사람이 없어서'이다.

앞으로 하고 싶은 여가활동으로 고령자는 관광을 가장 많이 선택하고 있다(39.8%). 다음이 동영상 콘텐츠 시청(13.8%), 휴식활동(13.8%)로 그 비율은 도일하게 나타난다. 전체 평균에 비해 고령자 내에서는 동영상 콘텐츠 시청, 휴식활동, 사회활동 등의 비중이 높게 나타난다. 이 역시 경제적, 신체적 제약이 큰 특성 때문으로 이해할 수 있다. 복수응답에서는 휴식활동(47.0%)이 동영상 콘텐츠 시청(33.6%)보다 비율이 높게 나타난다는 점을 제외하고는 대체적으로 그 패턴은 동일하다.

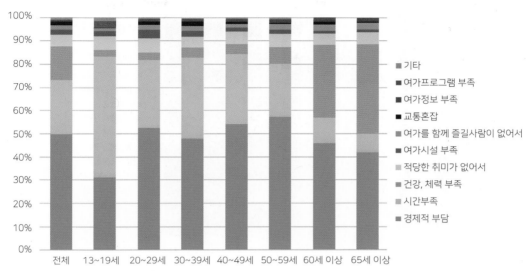

그림 3-51. 여가생활 불만족 원인

범례 (위에서 아래로):
- 기타
- 여가프로그램 부족
- 여가정보 부족
- 교통혼잡
- 여가를 함께 즐길사람이 없어서
- 여가시설 부족
- 적당한 취미가 없어서
- 건강, 체력 부족
- 시간부족
- 경제적 부담

*자료: 통계청, 사회조사(2023년)

　　고령자의 사회적 관계에 대한 문항들도 사회조사에 포함되어 있다. "평소 대면, 인터넷, 전화 등의 방식으로 교류하는 사람이 있습니까? 교류는 전화, 우편, 대면 등의 방식으로 다른 사람과 개인적으로 이야기를 나누는/의사소통하는 것을 말합니다"라는 질문이 활용된다. 만 65세 이상 응답자 중에서 가족 및 친척과 이와 같은 교류를 하고 있다는 응답은 74.7%이며 없다는 응답은 25.3%이다. 교류하는 가족 및 친척이 없다는 응답은 전체 평균보다 높을 뿐만 아니라, 전체 연령대에서도 10대 및 20대와 함께 가장 높은 집단에 해당된다.

그림 3-52. 앞으로 하고 싶은 여가활동 – 주된 응답(위) 및 복수 응답(아래)

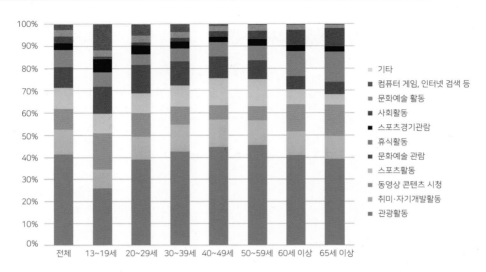

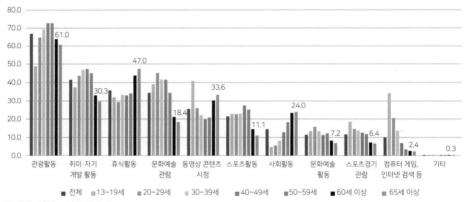

*자료: 통계청, 사회조사(2023년)

　　가족 및 친척 이외의 사람과 업무 외 목적으로 교류하는 비중은 만 65세 이상 응답자에서 65.8%로 나타난다. 교류하지 않는 응답자의 비중은 34.2%이다. 이 34.2%의 비중 역시 전체 평균에 비해 높을 뿐만 아니라, 전체 연령대에 있어서 가장 높은 비중에 해당된다. 특히 바로 전 연령에 해당하는 50대가 22.5%임을 감안하면, 고령자에 있어 가족 및 친척 이외 사람과의 교류는 크게 줄어드는 것을 알 수 있다.

그림 3-53. 가족 및 친척과 교류하는지 여부

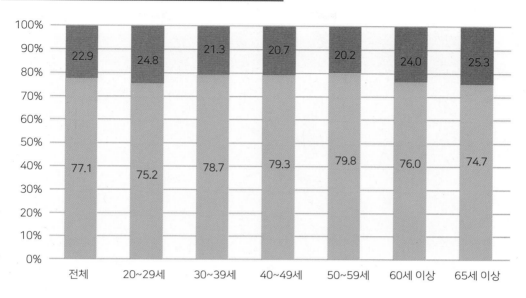

*자료: 통계청, 사회조사(2023년)

<그림 3-54>는 단체활동에 대한 참여 여부를 연령으로 나누어 보여주고 있다. 만 65세 이상은 다른 연령대에 비해 단체활동 참여율이 크게 낮다(57.1%). 단체활동 참여자 내에서 세부 활동 내용을 살펴보면 고령 응답자는 친목 및 사교활동 단체에 참여하고 있는 응답자가 74.7%로 가장 많으며, 다음이 종교 단체(38.2%), 취미, 스포츠 등 여가활동 단체(38.1%)로 서로 유사한 비중을 보인다. 반상회 등 지역사회모임(18.8%)은 그 뒤를 따른다. 다른 연령대에 비해 친목사교 및 취미, 스포츠 및 여가활동 단체의 비중은 낮은 반면, 종교 단체나 지역사회모임 비중이 높은 편이다.

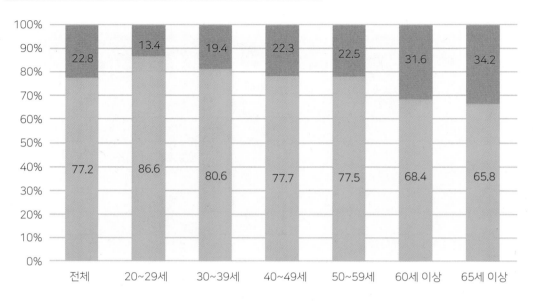

그림3-54. 가족 및 친척 이외의 사람과 교류 여부

■ 가족 또는 친척 - 교류하는 사람 있음 ■ 가족 또는 친척 - 교류하는 사람 없음

*자료: 통계청, 사회조사(2023년)

통계청 사회조사에서는 사회적 관계가 잘 구축되어 있는지 확인할 수 있는 몇 가지 질문들도 함께 포함되어 있다. "몸이 아플 때 도움을 받을 수 있는 사람이 있는가?"라는 질문도 이 중 하나이다. 만 65세 이상에서 몸이 아파 집안일을 부탁할 경우 도움을 받을 수 있다는 응답자는 67.8%이며, 그렇지 않은 응답자는 32.2%이다. 즉 전체 고령자의 약 3분의 1은 몸이 아플 때에도 집안일 등에 대해 도움을 받을 수 없는 상황이라는 것이다. 이는 전체 평균(27.2%)보다 높으며, 전체 연령대 중에서도 가장 높은 수준이다.

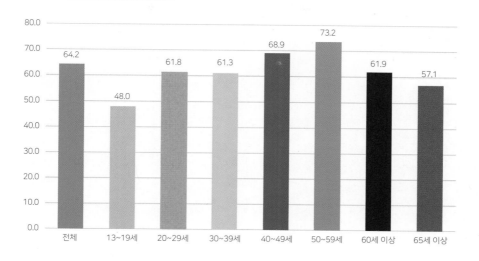

그림3-55. 단체활동 참여

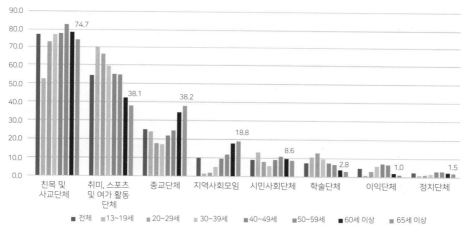

*자료: 통계청, 사회조사(2023년)

　　갑자기 많은 돈을 빌려야 할 경우 도움을 받을 수 있는 사람이 있는지에 대한 질문에 있어서 만 65세 이상 응답자 중 37.3%가 있다고 응답하였으며, 62.7%는 없다고 응답하였다. 도움을 받을 사람이 없다는 응답의 비중 역시 전체 평균(49.9%)보다 높으며 전체 연령대에서 가장 높다. 62.7%는 20대의 수치에 비해 약 23%p나 높다. 이는 갑작스러운 경제적 충격이 가해질 때 위기에 처할 가능성이 고령자 내에서 상대적으로 높음을 시사한다.

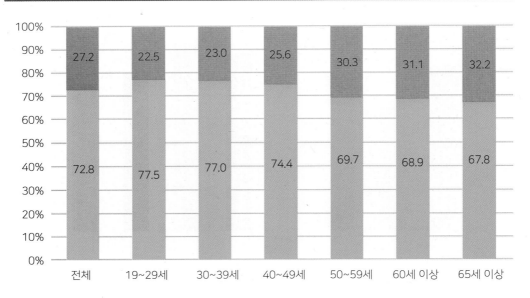

그림3-56. 몸이 아파 집안일을 부탁할 경우 도움을 받을 수 있는 사람이 있는지 여부

■ 몸이 아파 집안일을 부탁할 경우 - 도움을 받을 수 있는 사람 없음

■ 몸이 아파 집안일을 부탁할 경우 - 도움을 받을 수 있는 사람 있음

*자료: 통계청, 사회조사(2021년)

낙심하거나 우울해 대화 상대가 필요한 경우 도움을 받을 사람이 있는지에 대한 질문에 만 65세 이상 응답자 중에서 73.3%가 있다고 응답하였으며, 26.7%는 없다고 응답하였다. 도움을 받을 사람이 없다는 응답자의 비중은 전체 평균(20.4%)보다 6%p 높으며, 전체 연령집단 내에서도 가장 높다.

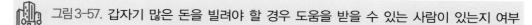

그림3-57. 갑자기 많은 돈을 빌려야 할 경우 도움을 받을 수 있는 사람이 있는지 여부

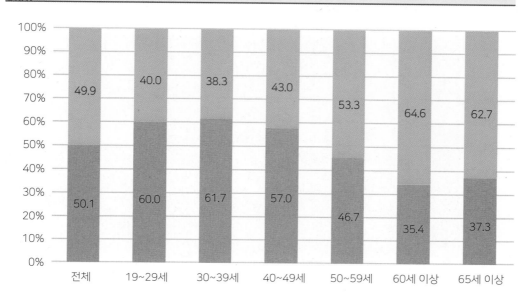

■ 갑자기 많은 돈을 빌려야 할 경우 - 도움을 받을 수 있는 사람 없음
■ 갑자기 많은 돈을 빌려야 할 경우 - 도움을 받을 수 있는 사람 있음

*자료: 통계청, 사회조사(2021년)

    이상의 질문들을 토대로 고령자의 인간관계에 대한 만족도 수준이 어떠할지 예상이 가능하다. 사회조사는 "가족, 친척, 친구, 이웃, 직장 동료 등 개인적 인간관계에 대해 전반적으로 얼마나 만족하십니까?"라는 질문을 포함하고 있는데, 만 65세 이상 응답자 중에서 만족한다는 응답의 비중은 43.9%이다. 이는 전체 연령 집단 내에서 가장 낮은 수치이다. 반면 불만족한다는 응답의 비중은 6.8%로 전체 연령 집단 내에서 가장 높다.

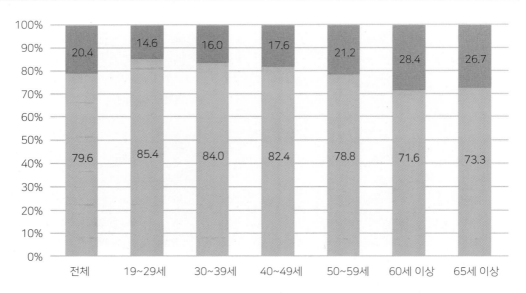

그림 3-58. 낙심하거나 우울해서 이야기 상대가 필요한 경우 도움을 받을 수 있는지 여부

■ 낙심하거나 우울해서 이야기 상대가 필요한 경우 - 도움을 받을 수 있는 사람 없음
■ 낙심하거나 우울해서 이야기 상대가 필요한 경우 - 도움을 받을 수 있는 사람 있음

*자료: 통계청, 사회조사(2021년)

　　이는 가족관계에 대한 만족도로 한정하더라도 크게 달라지지 않는다. 가족관계에 대해 만족한다는 응답자의 비중은 55.0%, 불만족한다는 응답자의 비중은 3.6%로 불만족 응답의 비중은 타 연령대에 비해 높다. 전반적 인간관계뿐만 아니라 가족관계에 대해서도 고령자는 불만이 높은 상황이다.

그림 3-59. 연령별 개인적 인간관계에 대한 만족도

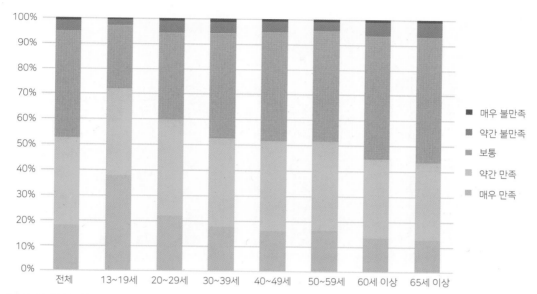

범례:
- 매우 불만족
- 약간 불만족
- 보통
- 약간 만족
- 매우 만족

*자료: 통계청, 사회조사(2021년)

　　현재 삶의 만족도에 대한 응답 결과는 <그림 3-60>과 같다. 만 65세 이상에서 현재 삶에 만족한다는 응답은 25.1%로 나타나는데 이는 전체 연령대에서 가장 낮은 수치이다. 반면 현재 삶에 불만족한다는 응답은 65세 이상에서 25.3%로 나타나는데 이는 전체 연령대에서 가장 높은 수준이다.

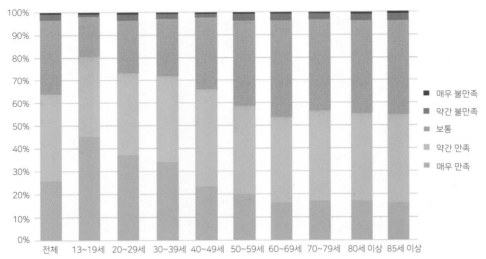

그림3-60. 전반적인 가족관계 만족도

범례:
- 매우 불만족
- 약간 불만족
- 보통
- 약간 만족
- 매우 만족

가로축: 전체, 13~19세, 20~29세, 30~39세, 40~49세, 50~59세, 60~69세, 70~79세, 80세 이상, 85세 이상

*자료: 통계청, 사회조사(2022년)

　　한편 사회조사에서는 지금까지의 성취에 대한 만족도도 질의하였다. "귀하는 지금까지 인생에서 사회경제적으로 성취한 것에 대해 어느 정도 만족하십니까?"라는 문항을 사용하였다. 앞서 살펴본 것처럼 보유자산도 많은 등 경제적으로 큰 성취를 이룩하였음에도 불구, 고령자의 만족도는 높지 않다. 만 65세 이상 응답자 중에서 만족한다는 응답은 23.6%로 20대의 24.9%보다도 낮다. 반면 불만족한다는 응답의 비중은 25.1%로 20대(26.6%)와 함께 가장 높은 수치를 보인다.

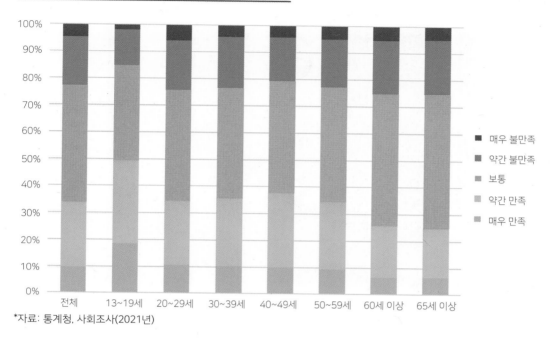

그림3-61. 연령별 현재 삶에 대한 만족도

범례:
- 매우 불만족
- 약간 불만족
- 보통
- 약간 만족
- 매우 만족

*자료: 통계청, 사회조사(2021년)

　　이와 같은 낮은 만족도는 다행히 고령자의 스트레스로 이어지고 있지는 않은 것으로 보인다. 65세 이상 응답자 내에서 전반적인 생활에 대해 스트레스를 느낀다는 비중은 35.8%인데, 이는 전체 평균(44.9%)보다 낮은 수준이다.

그림 3-62. 연령별 지금까지의 성취에 대한 만족도

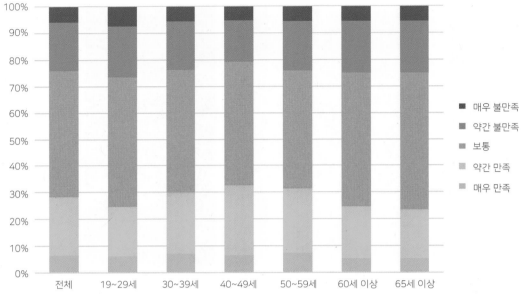

*자료: 통계청, 사회조사(2021년)

자살 충동도 고령자와는 연관성이 높지 않다. 지난 1년 동안 한 번이라도 자살하고 싶다는 생각을 해 본 적이 있는지에 대한 질문에 만 60세 이상 응답자의 5.5%는 그렇다고 응답하였다. 이는 10대를 제외하고는 가장 낮은 수치로 고령자의 낮은 삶의 만족도가 자살 충동로는 이어지지 않고 있음을 시사한다.

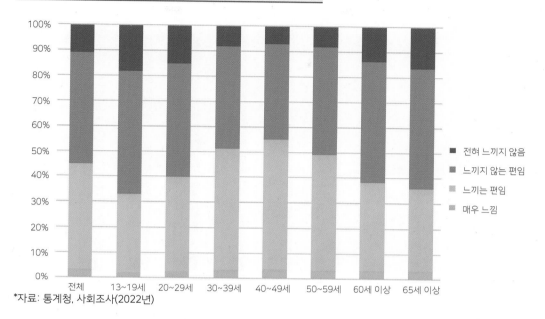

그림 3-63. 전반적인 생활에 대한 스트레스 정도

범례:
- 전혀 느끼지 않음
- 느끼지 않는 편임
- 느끼는 편임
- 매우 느낌

x축: 전체, 13~19세, 20~29세, 30~39세, 40~49세, 50~59세, 60세 이상, 65세 이상

*자료: 통계청, 사회조사(2022년)

　　자살충동을 느끼는 경우 그 이유는 연령에 따라 큰 차이를 보인다. 65세 이상 응답자의 자살충동 이유에 있어서는 '신체적·정신적 질환이나 장애 때문에'(48.6%)라는 응답이 가장 큰 비중을 보인다. 다음이 '경제적 어려움 때문에'으로 24.4%를 차지한다. 경제적 어려움은 10대를 제외한 전 연령에 있어 자살 충동의 주요한 원인이다. 고령자는 여기에 더해 고령기에 더욱 심각해지는 건강 문제가 자살 충동으로 이어진다는 점이 특징이다. '외로움, 고독 때문'이라는 응답 비중(13.0%)이 전체 평균에 비해 높다는 점도 눈여겨볼 만하다.

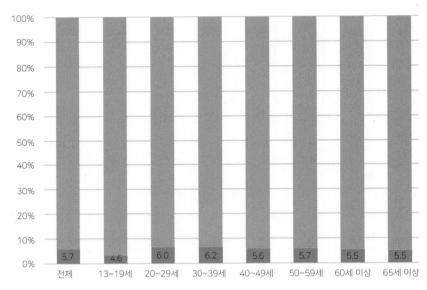

그림3-64. 자살에 대한 충동 여부

*자료: 통계청, 사회조사(2020년)

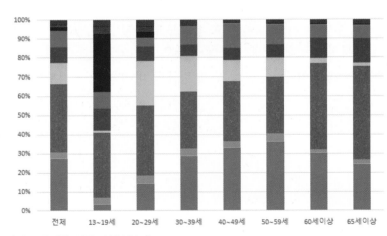

그림3-65. 자살충동의 이유

기타
친구나 동료와의 불화나 따돌림 때문에
학교성적, 진학문제 때문에
가정불화 때문에
외로움, 고독 때문에
직장문제 때문에
신체적·정신적 질환, 장애때문에
연애 상대와 관계가 원만치 않아서
경제적 어려움 때문에

*자료: 통계청, 사회조사(2022년)

4 소결

본 장에서는 통계청 등을 통해 공식적으로 제공되고 있는 주요 통계 지표들을 활용, 고령자 및 고령가구의 특징을 인구학적 특성, 경제적 특성, 신체적·사회적 특성 등으로 구분해 살펴보았다.

먼저 인구학적 특성으로 고령자는 가구주이거나 그 배우자인 경우가 대부분이었으며, 가구주의 부모나 가구주의 배우자의 부모인 경우는 약 12% 수준이었다. 이는 전체 고령자의 약 12%는 부양을 담당하는 자녀와 동거하고 있음을 시사한다. 현재 고령가구는 2인 가구가 가장 많은 비중을 차지하며 다음이 1인 가구이다. 이 1-2인 가구는 전체 고령가구의 약 81%를 차지하고 있다. 고령가구 내에서도 가구주 연령이 높아질수록 1인 가구 비중이 늘어난다는 점도 주목할 필요가 있다. 가구구성에 있어서는 1인 가구와 함께 많은 비중을 차지하는 것이 부부 가구로, 전체 가구의 약 35%에 달한다. 고령자의 혼인상태는 유배우자가 약 63%이며 다음이 사별 상태이다. 물론 가구주의 연령이 높아질수록 사별 고령자의 비율도 높아진다. 최근 고령자 내에서 이혼, 재혼이 늘어나는 경향 역시 통계를 통해 분명히 드러나고 있다. 이혼과 재혼에 대한 주관적 견해 역시 필요하다면 할 수 있는 것으로 의식 전환이 점진적으로 이루어지고 있다.

고령자임에도 불구, 부모가 살아계신 경우도 약 16%이다. 이 부모와 따로 살고 있는 비율이 가장 많으며, 그 다음이 부모와 고령자인 자녀가 함께 거주하는 비율로 나타난다. 부모가 생존한 경우 고령자인 자녀가 부모의 생활비를 마련하는 경우가 약 60%에 달한다. 부모 부양에 대한 의무는 가족이 하기보다는 가족, 정부, 사회가 함께 해야 하는 것으로 인식이 변화하고 있다. 가족이 부양한다고 할 때에는 모든 자녀가 함께 부양해야 한다는 응답이 60%를 유지하고 있다.

고령자가 자녀가 있는 경우, 자녀와 함께 사는 비율은 약 31%로, 나머지 69%는 자녀와 함께 살고 있지 않다. 자녀와 함께 사는 이유로는 자녀나 부모가 독립해 거주하기 어려운 상황임을 제시하였으나, 이 중 자녀가 손자녀의 양육, 가사지원 등을 이유로 부모를 필요로 하는 상황의 비율이 더 크게 나타났다. 자녀와 동거하지 않는 이유로는 고령자가 따로 사는 것이 편해서라는 응답이 가장 높은 비중을 보이고 있다. 향후 자녀와 동거의향을 갖고 있는 고령자는 약 23% 수준이며 나머지 77%는 따로 살기를 희망한다.

따로 살기를 희망하는 가구 중 약 90%는 양로·요양시설이 아닌, 고령자 본인의 집에서 살기를 희망한다.

　고령자의 경제적 특성은 저소득 고자산으로 요약할 수 있다. 많은 자산은 금융자산 보다는 실물자산으로 구성되어 있는데, 실물자산의 비중은 약 85%에 달한다. 실물자산을 세부적으로 살펴보면 거주주택이 가장 큰 비중을 차지하며 다음이 거주주택 이외 부동산이다. 여기에 실제 부동산자산으로 볼 수 있는 전월세보증금까지 합산하면 고령가구의 부동산자산 비중은 약 85% 수준이다. 고령가구의 소득은 전체 평균에 비해 63% 수준으로 줄어드는데, 특히 근로소득은 28% 수준으로 크게 감소한다. 반면 재산소득, 이전소득은 전체 평균보다 높다. 고령자의 약 73%는 생활비를 스스로 부담하고 있다. 여기에서 근로소득, 사업소득이 차지하는 비중이 크다는 점은 고령임에도 실제 경제활동을 수행해 생활비를 충당해야 함을 시사한다. 고령자는 이와 같은 소득수준에 대해 불만족도가 높다. 소비 역시 전체 평균에 비해 61% 수준으로 형성된다. 전체 평균에 비해 더 많이 쓰는 항목은 보건비이며, 식료품 등의 비율도 유사하다. 다만 교육비에 대한 지출은 평균에 비해 크게 감소한다. 소비를 축소해야 할 때에는 상대적으로 식료품비, 보건의료비, 연료비 등 필수적 지출을 줄일 수밖에 없는 상황이다. 현재의 소득수준, 소비생활에 대한 만족도 등이 전체 연령대 중 가장 낮게 나타나는 이유이다. 향후 재정상태에 대해서 고령가구는 더 부정적으로 전망하고 있다.

　부족한 소득을 충당하기 위해 결국 고령임에도 불구, 다시 취업을 시도하는 것으로 나타난다. 전체 고령자 중 3분의 1은 일을 하고 있다. 주로 사업·개인·공공서비스업, 농림어업 등의 분야이다. 직업으로는 단순노무종사자가 차지하는 비중이 가장 크다. 전체 고령자의 3분의 2는 장래 근로의사가 있는 것으로 나타나는데, 그중 절반 이상은 생활비 충당을 이유로 들고 있다. 은퇴 이후로 생각되는 고령시기, 실제 고령자는 부족한 생활비를 충당하기 위해 계속 일을 하게 되는 것이다. 물론 일자리를 선택할 때 고령이기 때문에 일의 양과 시간을 가장 중시하지 않을 수 없다. 그러나 생활비 충당의 목적이 있으므로 임금수준을 그 다음으로 고려한다.

　노후를 위한 준비가 되어 있는 고령자는 약 59%이다. 준비의 수단으로는 국민연금이 가장 높은 비중을 차지하며, 다음이 예금·적금·저축성 보험 등이다. 부동산도 사적연금, 퇴직급여보다 즐겨 사용된다. 노후 준비가 되어 있지 않은 이유로 약 60%는 준비할 능력이 없다고 응답하였다. 자녀에게 의지한다는 응답도 약 23%에 달하는데 이는 노후준비의 미흡이 자녀의 부양 부담으로 연결될 수 있음을 시사한다. 고령자 중 연금수령자는 약 절반 정도이며, 연금수령자의 연금수령액 평균은 약 75만 원이다.

부족한 소득, 노후준비의 미흡 등은 결국 고령가구의 빈곤으로 이어진다. 전체 국민기초생활보장 수급자 중 고령자의 비중은 계속 늘어나는 추세에 있으며, 고령가구의 빈곤율은 다른 OECD 국가들을 월등히 앞서는 1위 수치를 기록하고 있다.

마지막으로 고령자의 신체적, 사회적 특성을 살펴보았다. 기대수명의 증가에 대한 통계는 백세시대가 실질적으로 열리고 있음을 보여준다. 그러나 유병률이 고령자에 있어 높게 나타나는 것을 보면, 기대수명을 곧 건강수명으로 볼 수 없음을 시사한다. 주관적으로도 본인의 건강이 나쁘다는 비율은 33%로 타 연령대보다 높은 수치를 보인다. 양호하지 않은 건강은 의료서비스의 높은 이용률로 이어진다. 병원, 의원의 이용 비중도 상대적으로 더 높다.

고령시기 상대적으로 늘어나는 시간에 대해 고령자는 취미활동, 여행·관광활동을 많이 하고자 한다. 그러나 소득창출 활동을 하겠다는 비중도 적지 않은데, 이는 고령자의 소득이 부족함을 다시 확인시켜준다. 고령자의 여가에 있어 가장 큰 비중을 차지하는 것은 TV 등 동영상 콘텐츠 시청이었다. 이와 같은 여가활동에 대해 불만족 비중은 전체 연령대에서 가장 높다. 불만족의 이유는 경제적 부담, 건강 및 체력 부족 등의 비중이 높게 나타난다. 그러나 앞으로 하고 싶은 여가활동에서도 관광 다음으로 동영상 콘텐츠 시청이 등장한다. 경제적, 신체적 제약을 감안한 고령자의 여가활동에 대한 해법이 필요한 부분이다.

사회적 관계에 있어서도 고령자는 다른 연령대에 비해 폐쇄적 상황에 있는 것으로 보인다. 가족, 친척, 그 외 타인 등에 있어 개인적으로 교류하는 비율은 크게 낮다. 단체활동에 대한 참여도 높지 않다. 몸이 아플 때 도움을 받을 수 있는 사람도, 갑자기 많은 돈이 필요할 때 빌릴 수 있는 사람도, 낙심하거나 우울할 때 대화할 사람도 고령자에게서는 더욱 찾기 어렵다. 이는 가족관계를 포함한 인간관계, 그리고 삶에 대한 만족도를 떨어뜨리는 요인이 되고 있다. 다행스러운 것은 이 낮은 만족도가 스트레스나 자살 충동 등으로는 이어지지 않고 있다는 점이다.

이처럼 고령자, 고령가구는 타 연령대와 구분되는 분명한 특징을 갖는다. 이 특징들은 이후 고령자, 고령가구의 부동산을 논의함에 있어 기초지식으로 빈번히 활용될 것이다.

1   향후 자녀와 같이 거주하지 않으려는 고령가구 중, 자기 집에서 거주하겠다는 가구의 비중
은 대략 얼마인가?

     ① 10%

     ② 20%

     ③ 40%

     ④ 60%

     ⑤ 90%

2   고령가구의 총자산에서 실물자산이 차지하는 비중은 대략 얼마인가?

     ① 10%

     ② 20%

     ③ 40%

     ④ 60%

     ⑤ 80%

3   고령가구의 소득과 소비는 전체 가구의 평균 대비 대략 어느 정도 수준인가?

     ① 20%

     ② 40%

     ③ 60%

     ④ 80%

     ⑤ 100%

4   현재 전체 고령가구 중 부부가구가 차지하는 비중은?

     ① 20%

     ② 35%

     ③ 50%

     ④ 65%

     ⑤ 80%

5   우리나라 고령자 중 취업자의 비중과 가장 가까운 수치는?

     ① 10%

     ② 20%

     ③ 33%

     ④ 66%

     ⑤ 80%

6   우리나라 고령자 중 연금수령자의 비중은?

     ① 10%

     ② 30%

     ③ 50%

     ④ 70%

     ⑤ 90%

7   다음 중 고령자 및 고령가구에 대한 설명으로 옳지 않은 것은?

① OECD 국가들 중 고령가구의 빈곤율이 가장 높은 나라는 한국이다.

② 고령가구 내에서 가구주의 연령이 높아지면 1인가구의 비중도 높아진다.

③ 고령자가 자녀와 함께 사는 것은, 고령자가 독립해 살 수 없기 때문인 이유가 가장 크다.

④ 고령 취업자의 직업 중에서는 단순노무종사자의 비중이 가장 높다.

⑤ 고령임에도 불구하고 일을 하는 가장 큰 이유는 생활비에 보태기 위함이다.

4

고령가구의 주택 다운사이징

REAL ESTATE IN THE AGING SOCIETY

제4장

고령가구의 주택 다운사이징

 1 다운사이징과 주택시장

고령가구의 부동산에 있어 가장 중요한 이슈는 다운사이징이라고 해도 과언이 아니다. 본 장에서는 고령화, 그리고 고령가구에 대한 이해를 기초로 이 다운사이징의 이슈를 살펴보도록 한다. 다운사이징은 보유한 부동산 전반에 대해서 나타날 수 있지만, 논의는 주로 주택시장을 중심으로 전개된다. 이에 우선은 주택의 다운사이징부터 다룬다.

다운사이징^{downsizing}은 업사이징^{upsizing}을 통해 그 개념을 보다 쉽게 이해할 수 있다. 주택의 업사이징은 주택에 대한 소비를 늘리는^{up} 것을 말한다. 반대로 다운사이징은 주택에 대한 소비를 줄이는^{down} 것을 지칭한다. 그러나 이 다운사이징을 실제로 정의하는 것은 생각보다는 쉽지 않다. 주택의 다운사이징에 대해 "일치된 합의가 없는데다 학자들마다 견해가 달라 다소 혼란스러운 측면"이 있다는 지적이 있을 정도이다^{김용진·손재영, 2014: 30-31}.

다운사이징의 정의가 어려운 까닭은 주택의 소비 축소를 정확히 무엇으로 측정할 것인지 쉽지 않기 때문이다. 우선 주택의 소비 축소는 주택에 대한 지출규모를 줄이는 것으로 볼 수 있다. 이는 곧 주택자산을 줄여 그중 일부를 인출하는 것을 의미한다^{Banks et al., 2010: 343}. 주택자산을 줄이는 것은 주거이동을 통해 보다 낮은 가격대의 주택으로의 이동을 수반하는 것이 일반이다. 이 점에서 다운사이징보다 다운프라이싱^{down-pricing}이 더 정확한 표현일 수 있다.

그러나 지출액을 줄이는지 여부를 현실에서 판단하는 것은 생각보다 쉽지 않다. 주택에 대한 지출액을 무엇으로 볼 것인지부터도 그렇다. 주택을 임차하고 있을 경우 임대료를 기준으로 할 수 있지만, 자가의 경우 지출액 측정이 간단하지 않다. 임대료로 한다고 하더라도 동일한 주택의 시장가격이 달라지는 상황에서 주거이동으로 임대료가 늘어난 것인지 줄어든 것인지 판단하기 어렵다.

주택 다운사이징으로 보다 많이 사용되는 기준은 주택 점유형태[housing tenure]의 변화이다. 자가에서 임차로 이동할 때, 즉 자가로 거주하고 있던 주택을 처분하고 주택을 임차해 거주하는 것이 대표적인 주택 다운사이징인 것이다. 소유에서 임차로의 이동을 통한 다운사이징은 주택자산을 현금화하는 대표적인 방식이다.

그러나 실제 주택 다운사이징으로 가장 많이 언급되는 지표는 주택의 실제 크기나 방수이다[Luborsky et al., 2011]. 단어 그대로 주택의 크기[size]를 줄이는[down] 것, 즉 면적이나 방의 개수를 줄이는 것이 다운사이징에 해당된다. 주택소비, 주택지출의 변화보다 주거면적의 변화를 측정하는 것이 훨씬 쉽기에 이 방식이 주택 다운사이징 논의에서 빈번히 활용된다.

전술한 것처럼 주택 다운사이징은 고령사회의 부동산 이슈에 있어 매우 큰 비중을 차지한다. 고령인구, 고령가구가 늘어나고, 이들에 의해 주택 다운사이징이 대거 진행된다면, 주택시장의 구조적 변화가 일어날 수밖에 없기 때문이다. 만약 고령기에 접어들면서 주거면적을 줄인다면 소형주택에 대한 수요는 늘어나고, 반대로 중대형 주택에 대한 수요는 줄어들 것이다. 주택 다운사이징으로 자가에서 임차로 이동이 일반화된다면 주택 매물이 증가, 주택수요가 감소하여 주택가격이 전반적으로 하락하고 주택시장의 장기적 침체로 이어질 수 있다[손경환, 2012: 8-9; 성연동, 2013: 252].

이 가능성은 통계청[2009]도 직접 제기한 바 있다. 베이비붐 세대의 은퇴와 함께 35-54세 인구가 감소하면서 주택가격이 하락한 국외 사례를 열거, 우리나라도 마찬가지로 주택가격이 하락할 가능성이 있다고 전망하였다[그림 4-1]. 이는 소위 '부동산시장폭락론'이 등장하는 직접적 배경이 되기도 하였다.

그렇다면 과연 주택시장의 구조적 변화나 주택가격의 대폭락을 가져올 만큼 고령가구 내에서 주택 다운사이징은 보편적으로 나타날 것인가? 이에 답하기 위해서는 우선 주택 다운사이징의 원인에 대해 탐색하여야 한다.

그림 4-1. 베이비붐 세대 은퇴가 주택시장에 미치는 영향

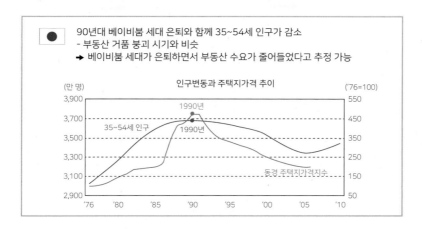

90년대 베이비붐 세대 은퇴와 함께 35~54세 인구가 감소
- 부동산 거품 붕괴 시기와 비슷
➜ 베이비붐 세대가 은퇴하면서 부동산 수요가 줄어들었다고 추정 가능

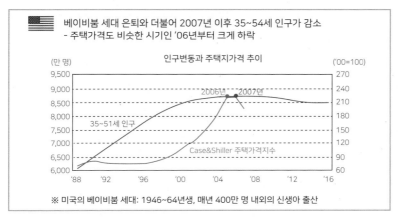

베이비붐 세대 은퇴와 더불어 2007년 이후 35~54세 인구가 감소
- 주택가격도 비슷한 시기인 '06년부터 크게 하락

※ 미국의 베이비붐 세대: 1946~64년생, 매년 400만 명 내외의 신생아 출산

베이비붐 세대가 은퇴하면서 35~54세 인구가 2011년부터 감소
➜ 일본·미국의 행태를 따를지 보다 면밀한 검토 필요

*자료: 통계청(2009)

② 주택 다운사이징의 원인

주택 다운사이징이 나타나는 가장 일차적인 원인은 현재의 실제 소비수준과 가구가 필요한 소비수준이 서로 불일치^{mismatch}하기 때문이다. 이는 사실 주택이라는 재화의 특성에 기인한다. 주택에 대한 가구의 요구, 선호는 시간에 따라 변화하기 마련이다. 그러나 주택의 소비는 시간에 따라 계속 바꿀 수 없다. 특정 시점의 주택에 대한 요구에 기초해 소비가 이루어진다. 따라서 시간이 지나면서 현재 주택의 소비와 필요한 주택의 소비 사이에는 반드시 격차가 생길 수밖에 없다. 주거스트레스$^{housing stress}$ 이론도 여기에서 비롯된다. 주택에 대한 희망 소비 수준과 실제 소비 수준과의 차이가 크면 클수록 주거스트레스가 늘어나며, 어느 순간에는 결국 주거이동으로 이어질 수밖에 없다는 것이다. Rossi[1980]에 따르면 기존 주택에 대한 불만의 원인으로 주거면적을 선택한 가구가 64%로 가장 많으며, 주거이동의 원인으로 주거면적에 대한 불만을 꼽은 가구가 전체의 절반에 달한다.

이러한 맥락에서 업사이징과 다운사이징을 이해할 수 있다[그림 4-2]. 현재 주택소비 수준에 비해 더 많은 주택소비가 필요하다면, 필요한 수준에 맞게 주택소비를 늘리는 행위가 업사이징이다. 반대로 필요한 것보다 현재 더 많이 주택을 소비하고 있다면, 필요한 수준에 맞게끔 주택소비를 줄이는 행위가 다운사이징인 것이다. 이와 같은 주택소비의 조정은 현재 거주하는 주택의 일부를 떼어 내거나 더 붙이는 형태로 진행되지는 않는다. 현재보다 작거나 큰 주택으로 옮겨가는 형태로 이루어지므로, 다운사이징이나 업사이징은 보통 이사, 즉 주거이동을 수반한다.

이 관점에서 보자면 고령가구가 주택 다운사이징을 주목하는 이유는 고령가구의 실제 주택소비 수준이 필요한 수준보다 많기 때문으로 볼 수 있다. 이를 일치시키기 위한 수단이 다운사이징인 것이다. 그렇다면 "왜 고령가구의 현재 주택소비 수준은 필요한 것보다 많은가?"라는 질문이 자연스럽게 이어진다.

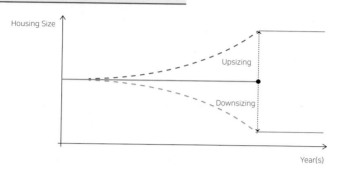

그림 4-2. 업사이징 및 다운사이징의 개념

Housing Size

Upsizing

Downsizing

Year(s)

고령가구의 주택이 필요한 것보다 많아지는 가장 첫 번째 이유는 가구원수가 감소하기 때문이다. 고령기에 접어들면서 가구원수는 줄어들기 마련인데 우선 자녀가 감소한다. 고령기 진입을 전후로 독립, 결혼 등을 이유로 자녀의 분가가 이루어진다. 또 배우자가 있는 가구는 고령기에 접어들면서 배우자가 사망할 확률이 증가한다. 그 결과 고령가구는 다른 연령대에 비해 상대적으로 가구원수가 적을 수밖에 없다. 이는 수치로도 확인된다. 통계청 인구총조사에 따르면^{그림 4-3}, 가구주 연령이 40대일 때 평균 가구원수는 2.8명이다. 그러나 이를 기점으로 평균 가구원수는 점차 감소, 가구주 연령이 만 65세 이상일 때 가구원수는 평균 2.0명 이하로 나타난다. 이는 사실 3장에서도 고령가구 내에서 1−2인 가구의 비율이 타 연령대에 비해 높다는 점을 통해 확인한 바 있다^{그림 3-3}. 자녀의 분가나 배우자의 사망 등에 따른 가구원수의 감소는 해당 가구원이 사용하던 방이 불필요해지는 것을 뜻할 뿐만 아니라, 거실이나 식사실 등 공용공간의 필요면적도 줄어드는 것을 뜻한다.

그림 4-3. 가구주의 연령에 따른 평균 가구원수

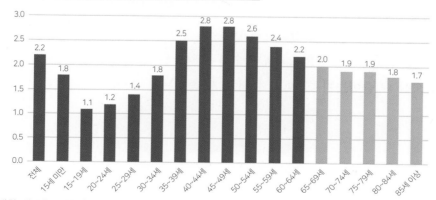

*자료: 통계청, 인구총조사(2022년) - 일반가구

그러나 엄밀히 따지고 보면 필요한 것보다 더 많은 면적을 줄이지 않고 그대로 소비할 수도 있다. 그럼에도 불구하고 왜 주거면적을 줄이는지에 대해서는 생애주기$^{\text{life-cycle}}$ 가설이 답을 제공한다. Ando & Modigliani[1963]가 가구의 소득, 소비, 저축을 설명하기 위해 제안한 이 이론에 따르면 한 해의 소비는 그 해의 소득만으로 결정되지 않는다. 가구는 평생에 걸친 소득의 흐름을 예상하고 이에 기초하여 소비규모를 결정한다는 것이다. 그렇게 해야만 하는 까닭은 소비는 생애주기 전반에 걸쳐 일정하거나 서서히 증가하는 경향이 있다. 반면 소득은 유년기와 노년기에 상대적으로 낮게 나타난다. 따라서 소득이 많이 유입되는 시기에 저축률을 높여 소득이 줄어들지만 소비는 비슷하거나 더 많이 필요할 고령기에 대비한다는 것이다. 이는 곧 은퇴 이전 소득의 일부를 저축, 자산으로 축적한 뒤 은퇴 이후 이를 처분하여 부족한 소득을 충당함을 의미한다. 주택 등 부동산자산도 이와 같은 자산의 일종이다. 따라서 은퇴 이전 여유 소득은 거주주택 자산으로 축적되며, 은퇴 이후 소득이 부족해짐에 따라 이 자산을 처분, 필요한 소비에 활용해야 한다. 주택 다운사이징이 바로 이 행위에 해당하는 것이다.

3장에서 살펴본 바에 따르면 고령가구의 전체 자산에 있어 부동산 자산의 비중은 약 85%이며, 거주주택 자산은 약 49%이다$^{\text{그림 3-20}}$. 저축액 등 금융자산이 차지하는 비중보다 주택 등 부동산자산의 비중이 압도적인 것이 우리나라 고령가구의 자산 특성이다. 예적금을 인출해 사용하는 것과 마찬가지로 주택 다운사이징을 통해 주택자산의 일부를 인출하는 행위가 고령가구에게서 빈번히 나타날 수밖에 없다.

남영우[2017]는 거주주택의 규모를 줄여 이주한 뒤 그 차액을 오피스텔 등 수익형 부동산에 투자하는 상황을 가정, 그 수익률을 모의실험한 바 있다$^{\text{표 4-1}}$. 주택의 규모를 줄일 때 원래 거주한 규모의 주택가격 상승률과 이주한 주택의 규모별 주택가격 상승률의 차이도 고려하였다. 만약 새로 이주한 주택의 규모별 주택가격 상승률이 낮다면 손해가 발생할 수도 있다. 분석결과, 수익률은 3.4~8.8% 범위 내에서 존재하였으며 광역시일수록, 그리고 중소형에서 소형으로 전환할수록 수익률은 높아졌다. 이를 통해 고령가구가 주택의 규모를 왜 줄이는지, 그리고 왜 더 크게 줄이는지 그 이유를 확인할 수 있다.

표4-1. 다운사이징에 따른 기대수익률

(단위: 만 원)

구분	구분	투자가능 금액	오피스텔 투자 시 수익	가격상승차이	조정수익	조정수익률
전국	대형→중대형	30,096	1,655	27	1,629	5.4%
	중대형→중형	16,805	924	-7	932	5.5%
	중형→중소형	10,770	592	-171	764	7.1%
	중소형→소형	6,962	383	-168	551	7.9%
서울	대형→중대형	67,733	3,725	-490	4,215	6.2%
	중대형→중형	26,511	1,458	253	1,205	4.5%
	중형→중소형	16,114	886	-179	1,065	6.6%
	중소형→소형	12,148	668	-311	979	8.1%
수도권	대형→중대형	41,700	2,293	134	2,160	5.2%
	중대형→중형	18,003	990	387	603	3.4%
	중형→중소형	11,857	652	-58	710	6.0%
	중소형→소형	7,434	409	-140	549	7.4%
5대 광역시	대형→중대형	14,221	782	-0.65	783	5.5%
	중대형→중형	13,281	730	-393	1,124	8.5%
	중형→중소형	9,631	530	-307	837	8.7%
	중소형→소형	7,010	386	-235	620	8.8%

*단위: 만 원
*자료: 남영우(2017), 278-279쪽.

3 주택 다운사이징의 반론

생애주기 가설의 시각에서는 너무나 당연해 보이는 고령가구의 주택 다운사이징이지만, 그에 대해서 반론도 존재한다. 반론의 초점은 과연 고령가구가 주거면적을 줄이는 선택을 하는지 여부에 있다.

고령가구는 곧 은퇴 가구일 가능성이 높다. 은퇴는 곧 더 이상 직장에 나가지 않음을 의미하며, 이는 집에서 머무르는 시간의 증가를 의미한다. 실제 통계청의 생활시간조사에 따르면 근로연령대에 비해 고령자의 일, 학습, 이동 등의 시간은 감소하는 반면 TV시청, 가정관리, 교제 및 참여활동 등의 시간은 크게 늘어난다. 40대 대비 60대 이상의 시간 비중은 일 47%, 학습 25%, 이동 73% 수준이다. 반면 TV시청은 202%, 가정관리는 115%, 교제 및 참여활동은 154%의 수치를 보인다. 이처럼 실제로도 외부에서 활동하는 시간은 대체적으로 줄어들지만, 집에서 활동하는 시간은 늘어난다. 이는 단순히 취사와 수면 중심으로 사용했던 은퇴 이전과는 달리, 은퇴 이후에는 다양한 활동을 위한 공간으로서 주택이 활용되어야 함을 시사한다. 설령 자녀의 분가 등으로 공실이 생기더라도 이 새로운 활동을 위해 필요한 공간으로 전용함으로써 기존 주택의 규모를 유지하거나 오히려 늘리는 선택을 할 수도 있는 것이다. 즉 기존에는 "단순히 침실과 주방, 욕실만으로 구성된 평면이 충분하였다면, 이제는 서재나 작업실, 텃밭 등이 더 필요해질 수있다"[김준형·한정훈, 2012: 160].

주택소비는 하방경직성을 갖는다는 점도 주목할 필요가 있다. 즉 주택의 소비규모를 늘리는 결정은 쉽게 이루어지지만, 반대 방향, 즉 주택의 소비규모를 줄이는 결정은 상대적으로 쉽게 이루어지지 않는다. Clark *et al.*[1984]은 네덜란드 틸버그시의 주거이동가구를 분석하였는데, 주거이동 이후 1인당 주거면적은 평균 25~30% 늘어나고 있었다. 미국에서도 주거이동을 통해 주거면적을 증가시키는 가구의 비중은 72%였으며, 가구는 주거이동을 통해 1인당 방수를 평균 0.17개 늘리고 있었다[Clark & Dieleman., 1996: 59].

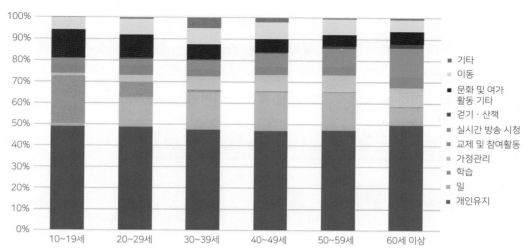

그림 4-4. 연령별 주요 행동의 활동시간

범례:
- 기타
- 이동
- 문화 및 여가활동 기타
- 걷기·산책
- 실시간 방송 시청
- 교제 및 참여활동
- 가정관리
- 학습
- 일
- 개인유지

*자료: 통계청, 생활시간조사(2019)

주택소비가 하방경직성을 갖는 까닭은 좁은 주택보다 넓은 주택에 대한 선호가 분명하게 존재하기 때문으로 볼 수 있다. 동일한 가구원수가 더 넓은 면적에 거주한다는 것은 더 낮은 밀도, 더 높은 쾌적성을 의미한다. 가구원 각자가 누리는 공간을 더 많이 확보함으로써 얻게 되는 자유로움, 편안함이 이 분명한 선호를 설명한다. 가구 등의 내구재가 이유가 되기도 한다. 주거면적을 줄이는 결정은 기존의 내구재를 더 이상 사용할 수 없음을, 그리고 새로운 내구재를 구입해야 함을 의미할 수도 있다. 내구재 교체까지 부담으로 가해진다면 더 작은 주택으로의 이동은 더 어려워질 수 있다.

1가구 1주택에 대한 다양한 세제 혜택도 요인이 될 수 있다. 정부는 재산세, 종합부동산세 등의 보유세나 양도소득세 등 거래세에 걸쳐 1가구 1주택을 우대하는 세제를 갖고 있다. 이 세제 혜택의 규모는 소형주택에 적용될 때보다 중대형주택에 적용될 때 더 크기 마련이다. 동일한 자산이라면 소형주택을 여러 채 보유하는 것보다 중대형주택을 한 채 보유하는 것을 선호할 수밖에 없는 이유이다.

중대형주택과 소형주택의 차이는 단순히 주거면적의 차이만을 의미하지 않는다. 우리나라의 주택유형에서 아파트와 다세대, 연립 등 공동주택이 차지하는 비중이 높음을 감안하면, 중대형주택에 산다는 것은 이웃들 대부분이 중대형주택에 거주할 확률이 높음을, 그리고 소형주택에 산다는 것은 이웃들 대부분이 소형주택에 거주할 확률이 높음을 의미한다. 결국 주택의 크기는 이웃의 특성, 그리고 이 이웃으로 인해 결정되는 주거환경의 질로 이어질 수 있다. 이는 국토교통부 주거실태조사 분석을 통해 확인할 수 있다. 주거면적이 클수록 청소 및 쓰레기처리 상태, 그리고 치안, 범죄 등 방범상태에 대한 주거만족도가 높아진다[그림 4-5, 그림 4-6]. 뿐만 아니라 주거면적이 클수록 이웃과의 관계에 대한 만족도도 높아진다[그림 4-6]. 작은 주택으로의 이동은 중대형주택과 연계된 이와 같은 근린환경의 질을 포기하는 것일 수 있기에 쉽게 이루어지기 어려운 것이다.

그림 4-5. 주거면적별 청소 및 쓰레기 처리 상태에 대한 만족도

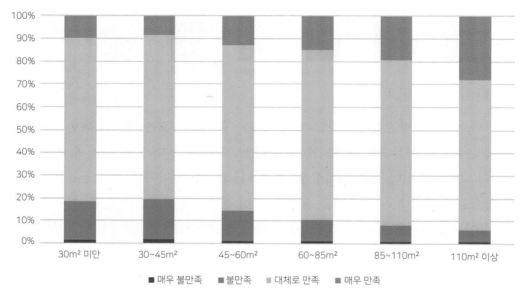

■ 매우 불만족 ■ 불만족 ▨ 대체로 만족 ■ 매우 만족

*자료: 국토교통부, 주거실태조사(2018년)

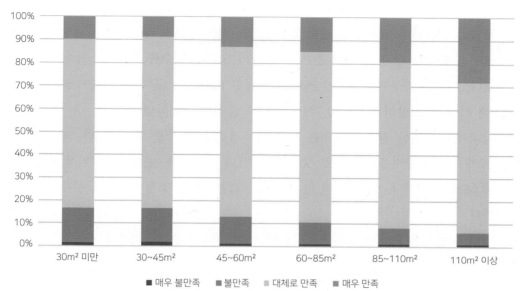

그림 4-6. 주거면적별 치안, 범죄 등 방범상태에 대한 만족도

■ 매우 불만족 ■ 불만족 ■ 대체로 만족 ■ 매우 만족

*자료: 국토교통부, 주거실태조사(2018년)

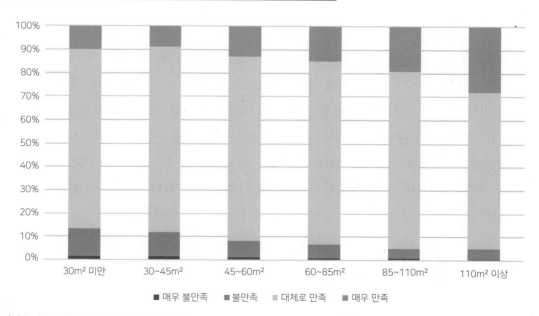

그림 4-7. 주거면적별 이웃과의 관계에 대한 만족도

■ 매우 불만족 ■ 불만족 ■ 대체로 만족 ■ 매우 만족

*자료: 국토교통부, 주거실태조사(2018년)

4 실증연구의 결과

국외의 실증분석 결과들을 먼저 살펴보도록 하자. Clark *et al.*[1986]은 네덜란드 전국 주택조사를 분석한 결과, 연령이 높은 경우 방의 수가 많을수록 주거이동이 늘어남을 발견하였다. 미국의 가구패널자료인 PSID를 분석한 Banks *et al.*[2010]은 고령가구가 이주 전에 비해 이주 이후 방의 개수를 0.7배 수준으로 줄임을 확인하였다.

국내에서 유사한 결과를 보이는 연구로는 정호성 외[2010]를 들 수 있다. 베이비붐 세대의 소형주택 거주비율은 0.59로 50대[0.61]과 거의 유사하다. 반면 60대 이상에서 이 비율은 0.68로 높아진다. 이를 통해 장기적으로 고령가구가 소형주택으로 이주할 것으로 예측한다.

반면 고령가구 내에서 소형주택으로의 이동 경향이 존재하지 않는다는 연구결과도 적지 않다. 김기용·이창무[2010]는 한국노동패널조사[KLIPS] 자료로 맨큐-웨일[Mankiw-Weil] 모형을 분석한 결과, 고령화에 따른 주거면적의 감소경향이 만 79세까지 존재하지 않음을 보고한다. 즉 은퇴를 한다고 해서 주거면적이 급격하게 감소하지 않는다는 것이다. 가구구성의 효과를 포착하기 위해 포함된 더미변수들에서 가구주 연령이 65세 이상인 1인 및 2인 가구의 더미는 다른 연령대의 1인 및 2인 가구 더미보다 더 큰 양[+]의 값을 보이며 통계적으로 유의하다. 이는 고령가구의 은퇴와 함께 나타나는 가구원수의 감소로 인해 오히려 가구당 주거면적의 감소 경향이 완화될 수 있음을 시사한다.

국토교통부의 주거실태조사를 통해 실제 고령가구과 주거면적 간의 관계를 분석할 수 있다. 거실, 식당은 제외하고 원룸은 방 1개로 설정해 사용방수를 산정, 이를 가구주의 연령에 따라 구해보면 65세 이후 사용방수가 점차 줄어드는 패턴이 나타난다[그림 4-8]. 사용방수가 2개 이하인 가구의 비율은 65-74세 34.6%, 75-84세 42.1%, 85세 이상 49%로 점차 증가한다. 그러나 사용방수 1개를 기준으로 할 때에는 65세 이상이 다른 연령대보다 오히려 더 낮게 나타나며, 연령이 높아지더라도 이 비율이 늘어나지는 않는다.

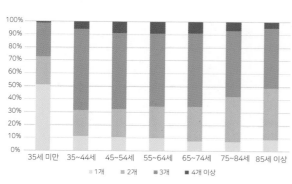

그림4-8. 가구주의 연령대에 따른 사용방수의 분포

그림4-9. 가구주의 연령대에 따른 주거면적의 분포

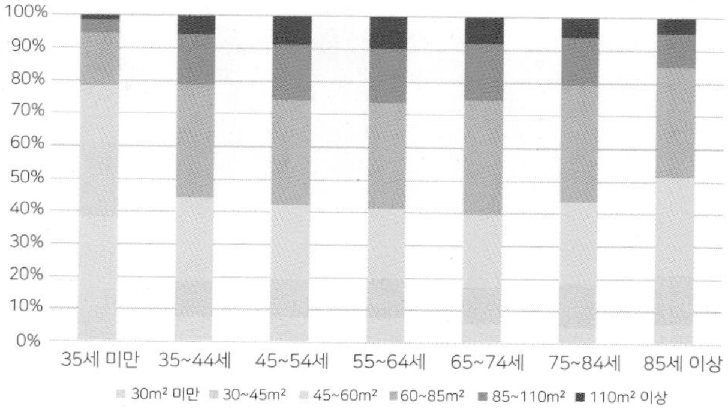

*자료: 국토교통부, 주거실태조사(2018년)

*자료: 국토교통부, 주거실태조사(2018년)

주거면적을 기준으로 분석해도 유사한 결과가 나타난다^{그림4-9}. 이때 주거면적은 주택사용면적으로 산정하였다. 이는 가구가 실제 사용하는 면적으로 아파트를 기준으로 말하자면 분양면적에서 공용면적을 제외한 전용면적을 의미한다. 30㎡ 미만 가구의 비율은 전체 연령대에서 고령가구가 가장 낮으며, 고령가구 내에서 연령이 높아지더라도 그 비율이 늘어나지 않는다. 45㎡ 미만을 기준으로 보더라도 고령가구의 비율이 더 높다고 보기는 어려운 상황이다. 85세 이상에서만 65세 이전 연령대에 비해 다소 높은 수준으로 나타난다(55-65세 19.8%, 85세 이상 21.0%). 65㎡ 미만을 기준으로 할 때 85세 이상에서 그 비율이 상대적으로 높아진다. 그러나 65-84세 내에서 그 비율이 상대적으로 높다고 보기는 어렵다.

방당 인원수도 유용한 척도가 될 수 있다^{그림4-10}. 방당 인원수가 1명 미만인 것은 1인이 방 1개를 쓰고도 남는 방이 있음을 뜻한다. 35세 미만에서 이 비율은 19.2%, 35-44세에서 17.2%에 불과하다. 그러나 가구주의 연령이 높을수록 이 비율은 상승, 65-74세에서 63.7%, 75-84세는 71.7%, 85세 이상은 76.2%에 이르고 있다. 방당 인원수를 1이 아닌 0.6을 기준으로 할 경우 35세 미만은 11.4%, 35-55세는 7.9%로 나타난다. 반면 65-74세는 30.5%, 75-84세는 44.8%, 85세 이상은 56.3%에 달하고 있다.

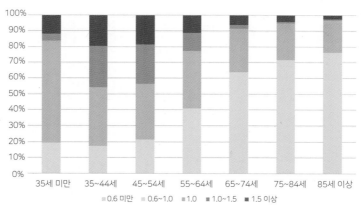

그림 4-10. 가구주의 연령대에 따른 주거면적의 분포

*자료: 국토교통부, 주거실태조사(2018년)

1인당 주거면적도 빈번히 활용되는 기준이다[그림 4-11]. 1인당 주거면적이 50㎡ 이상인 가구의 비율은 35세 미만 5.6%, 35-44세 4.5%로 나타난다. 그러나 고령가구에서 이 비율은 크게 증가, 65-74세 23.9%, 75-84세 32.9%, 85세 이상 38.8%로 나타난다. 주거면적을 35㎡로 조정하더라도 결과는 크게 다르지 않다. 35-44세에서 이 면적을 초과하는 가구의 비율은 15%이지만, 고령가구 내에서 이 비율은 50%를 상회한다. 구체적으로 65-74세는 54.5%, 75-84세는 62.4%, 85세 이상은 67.9%로 산정된다.

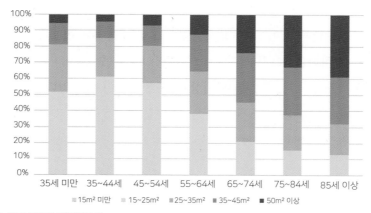

그림 4-11. 가구주의 연령대에 따른 1인당 주거면적의 분포

*자료: 국토교통부, 주거실태조사(2018년)

이와 같은 결과는 고령가구 내에서 주거면적의 축소가 원활히 진행되지는 않음을 시사한다. 오히려 가구원수가 줄어들고 있음에도 기존 주거면적을 그대로 유지하기에 1인당 주거면적이 늘어나거나 방당 인원수가 감소하는 현상이 관찰되는 상황이다.

김준형·김경환[2011]은 KLIPS자료를 사용, 고령가구 내에서 주거면적의 감소가 나타나는지 보다 직접적으로 분석하였다. 이들은 표본가구를 대상으로 반복조사가 진행되는 KLIPS에서 2차년도(1999년) 및 11차년도(2008년)에 동시 응답한 가구를 대상으로 주거면적이 어떻게 변화하는지 분석하였다. 여기에서 소형은 66㎡ 미만, 중형은 66~99㎡, 그리고 대형은 99㎡ 이상으로 설정하였다. 분석을 위해 '대형유지율'이라는 지표를 개발하였는데, 이는 분석 시작시점(2차년도)에 대형 주택에 거주하고 있는 가구 중 종료시점(11차년도)에도 계속 대형 주택에 거주하고 있는 가구의 비율을 뜻한다. 여기에서 대형 주택 대신 중대형 주택을 사용하여 '중대형유지율'도 산정하고 있다.

분석결과는 <표4-2>와 같다. 은퇴 시기로 볼 수 있는 55-65세의 대형유지율은 72.5%이다. 이는 이전 연령대와 유사한 수준으로 은퇴 시기를 전후해 주거면적을 줄이는 현상이 나타난다고 보기 어려운 근거가 된다. 이는 중대형유지율에서도 마찬가지이다. 다만 65세 이상에서는 대형유지율이 감소된다. 구체적으로 55-64세 72.5%에서 65-74세 58.3%, 75세 이상 45.5%로 줄어든다. 다만 중대형유지율은 큰 차이를 보이지 않는다. 55-65세의 비율(86.4%)은 75세 이상(87.0%)과 거의 유사하다. 1999~2008년이 아니라 2004~2008년을 기간으로 분석하면 55~64세의 대형유지율, 중대형유지율은 오히려 더 높게 나타난다[표4-3]. 은퇴 시기를 전후하여 주거면적의 감소가 나타날 것으로 보기 어려운 이유이다. 그러나 65세 이후 대형유지율은 72%로 감소하며, 중대형유지율 역시 80%대로 감소한다. 물론 대형, 중대형을 유지하는 가구가 대부분이라는 사실은 변하지 않는다.

표4-2. 대형 및 중대형유지율(시점: 1999년, 종점: 2008년)

구분	대형주택 거주가구 기준			중대형주택 거주가구 기준		
	과거거주가구	현재거주가구	대형유지율	과거거주가구	현재거주가구	중대형유지율
전체	844	595	70.6	2,093	1,824	87.1
35세 미만	59	33	55.9	235	205	87.2
35~45세	203	152	75.3	580	512	88.3
45~55세	257	194	75.5	556	504	90.6
55~65세	207	150	72.5	470	406	86.4
65~75세	96	56	58.3	206	157	76.2
75세 이상	22	10	45.5	46	40	87.0

※ 단위: 가구, %. 연령구분은 1999년 기준
*출처: 김준형·김경환(2011), 66쪽.

표4-3. 대형 및 중대형유지율(시점: 2004년, 종점: 2008년)

구분	대형주택 거주가구 기준			중대형주택 거주가구 기준		
	과거거주가구	현재거주가구	대형유지율	과거거주가구	현재거주가구	중대형유지율
전체	1,255	989	78.8	2,696	2,418	89.7
35세 미만	101	75	74.3	336	307	91.4
35~45세	274	212	77.4	661	595	90.0
45~55세	344	286	83.1	670	612	91.3
55~65세	311	254	81.7	546	500	91.6
65~75세	175	126	72.0	368	310	84.2
75세 이상	50	36	72.0	115	94	81.7

※ 단위: 가구, %. 연령구분은 2004년 기준
*출처: 김준형·김경환(2011), 66쪽.

5 소결

　지금까지 고령화와 부동산시장과의 관계를 주택 다운사이징을 중심으로 살펴보았다. 고령화의 영향과 관련, 다운사이징은 매우 중요한 주제인데 늘어나는 고령인구 내에서 주택 다운사이징이 일반적으로 전개되면 주택수요의 축소, 주택시장의 침체로 연결된다는 이른바 '부동산대폭락론'의 배경이 되기 때문이다. 주택 다운사이징은 그 개념적 범위가 넓다는 점 역시 유의하여야 한다. 본 장에서 논의한 주거면적의 축소뿐만 아니라 점유형태의 변화, 주택에 대한 지출액 감소 등을 모두 포함한다. 핵심은 '주택자산의 현금화'에 있으며, 주거면적 이외 나머지 다운사이징의 유형은 이후 장에서 계속 다룰 것이다.

　다운사이징의 원인은 실제 주거면적과 필요한 주거면적의 불일치에서 비롯된다. 필요한 면적과의 불일치가 주거이동을 유발하는 것은 주거스트레스 이론에서도 활용된다. 고령가구는 가구원수가 감소해서 필요한 주거면적이 실제 주거면적보다 작아질 가능성이 높기 때문에 이를 일치시키기 위해 주거면적을 줄이는 다운사이징이 일어나게 된다. 넓은 주택을 그대로 사용하지 않고 왜 줄이는지 설명하는 이론으로 생애주기 가설도 살펴보았다. 가구의 생애주기 관점에서 볼 때 소득은 동일하지 않으나 소비는 일정하거나 증가하는 경향을 갖는다. 이를 고려, 소득이 많을 때 축적해서 소득이 없는 시기에 이를 사용한다. 거주주택은 이렇게 소득을 축적한 자산의 형태 중 하나이며, 이 거주주택의 다운사이징은 생애주기 가설에서 볼 때 매우 당연한 현상인 것이다.

　그러나 다운사이징에 대한 반론도 충분히 가능하다. 고령가구는 은퇴 이후 집에서 보내는 시간이 늘어나는 특징을 갖는다. 그에 따라 다양한 기능이 주택에 새롭게 요구될 수 있다. 이는 곧 필요한 면적의 증가를 의미하므로 주거면적을 좁히는 선택, 즉 다운사이징이 어려워질 수 있는 것이다. 주택소비가 하방경직성을 갖는다는 점, 그래서 주택소비를 늘리기는 쉬우나 줄이는 것이 어렵다는 점도 주택 다운사이징의 장애물로 작동한다. 1가구 1주택에 대해 제공되는 다양한 세제 혜택도 다운사이징을 막을 수 있다. 자산이 있다면 여러 주택을 보유하는 것보다 1개의 주택을 보유해서 1가구 1주택자에 대한 세제 혜택을 누리는 것이 합리적이기 때문이다. '똘똘한 한 채'에 대한 논의도 이 맥락에서 얼마든지 해석할 수 있다. 대형과 소형주택에 대한 선택은 단순히 주거면적에 대한 선택이 아니라 주거환경과 이웃에 대한 선택이 될 수 있다는 점도 고려하여야 한다. 대형주택을 선택하는 것은 보다 양질의 주거환경과 양호한 이웃관계에 대한 선택일 수 있다. 이와 같은 점들을 고려한다면 주택 다운사이징은 기대만큼 그렇게 원활히 진행되지 않을 수 있다.

실제 주거실태조사를 분석한 결과에서도, 그리고 국내에서 진행된 실증분석에서도 주거면적을 줄이는 주택 다운사이징이 일반적으로 관찰되지는 않는다. 이는 단순히 고령사회로 진입한다고 해서 중대형 중심의 주택시장이 소형 중심으로 재편될 것이라 주장하기는 어려움을 시사한다. 고령가구가 주택자산에서 현금을 인출함에 따라 주택시장에서 수요가 급감하고, 이로 인해 주택시장 침체, 주택가격 하락이 나타날 것이라는 예측은 그 근거가 충분하지 않다. 물론 전술한 것처럼 주택 다운사이징은 주거면적의 감소로만 전개되지는 않는다. 다른 경로들이 가능한지 여부는 다음 장에서 계속 살펴보도록 한다.

복습문제

1   다음 중 주택 다운사이징에 해당하지 않는 것은?

   ① 자가에서 임차로의 이동
   ② 대형 면적에서 소형 면적으로의 이동
   ③ 비싼 주택에서 싼 주택으로의 이동
   ④ 단독주택에서 아파트로의 이동

2   고령가구 내에서 다운사이징이 일어나는 이유로 보기 어려운 것은?

   ① 자녀가 분가하기 때문에
   ② 배우자가 사망하기 때문에
   ③ 소득이 부족해지기 때문에
   ④ 소비가 감소하기 때문에

3   고령가구 내에서 다운사이징이 원활히 진행되지 못하는 이유가 아닌 것은?

   ① 집에서 머무는 시간이 늘어나기 때문에
   ② 주택소비는 하방경직성을 갖기 때문에
   ③ 다주택자보다 1주택자에게 존재하는 세제혜택 때문에
   ④ 대형주택이 소형주택에 비해 이웃관계가 상대적으로 양호하므로
   ⑤ 대형주택보다 소형주택이 수익률이 더 높으므로

4   다음 중 소비가 부족할 때를 대비하여 가구는 소득을 저축함을 지칭하는 개념은?

   ① 생애주기가설
   ② 업사이징
   ③ 다운프라이싱
   ④ 주거스트레스 이론
   ⑤ 부동산시장폭락론

고령가구의 주택 점유형태

제5장

고령가구의 주택 점유형태

1 주택 점유형태와 그 결정

주택 다운사이징은 지난 장에서 살펴본 주거면적의 감소에만 국한되지 않는다. 주거면적은 다운사이징의 발생 여부를 판단할 수 있는 가장 간편한 기준이지만 그 외의 형태로도 다운사이징은 가능하다. 그중의 하나가 점유형태의 변화이다. 이번 장에서는 점유형태 변화를 중심으로 고령가구의 주택 다운사이징 이슈를 계속 살펴보기로 한다.

본격적인 논의에 앞서 먼저 주택 점유형태에 대한 이해가 필요하다. 주택 점유형태 housing tenure는 거주주택에 대한 비용을 어떻게 지불하고 있는지에 따라 결정된다. 점유형태는 크게 자가own와 임차rent로 구분된다. 자가는 거주주택에 대한 소유권을 확보해 거주하는 경우를 의미하며, 이를 자가소유homeownership로 그리고 자가소유로 주거를 영위하는 자를 자가소유자homeowner로 부른다. 반면 임차는 거주주택에 대한 소유권은 갖고 있지 않으면서 비용을 지불하고 있는 것을 의미한다. 즉 다른 사람이 보유하고 있는 주택에 거주하면서 그 비용을 소유자에게 지불하는 방식이다. 이와 같은 가구를 임차자renter 혹은 임차가구라고 하며, 임차는 차가라고도 불린다.

통계청은 이를 보다 상세하게 여섯 가지로 구분한다. 자가소유는 그대로 자가소유, 즉 '자기집'으로 구분하며 법률상 소유 여하를 불문하고 실제 집이 가구원 소유로 되어 있을 때를 지칭한다. 집을 구입한 후 대금이 완불되지 않은 경우도 자가로 구분한다. 임차는 더 세분되는데, 가장 대표적인 것이 '전세'이다. 이는 일정액의 현금 또는 기타 방법으로 전세금을 내고 계약기간 동안 사용하는 것을 뜻한다. 별도의 월세를 내지 않는 것이 전세 계약의 특징이다. 만약 전세금과 같은 보증금을 일정액 내면서 동시에 매달 집세를 낸다면 이는 '보증부월세'로 구분된다. 보증금 없이 매월 일정한 액수의 집세를 내는 것도 가능한데 이는 '무보증월세'라고 불린다. 보증금은 없지만 몇 개월치의 집세를 한꺼번에 내고 그 금액에서 매월 집세를 공제하는 '사글세'도 존재한다. 관사 또는 사택이나 친척집 등에서 보증금이나 월세 등을 부담하지 않고 거주하는 '무상'의 유형도 가능하다.

임차의 유형은 이처럼 다양하지만 <그림 5-1>과 같은 하나의 스펙트럼으로 쉽게 이해할 수 있다. 임차의 비용은 저량^{stock}으로도 지불할 수 있으며 유량^{flow}으로도 지불할 수 있다. 저량만으로 지불하는 방식이 바로 전세이며, 유량만으로 지불하는 방식이 무보증월세, 그리고 저량과 유량을 결합해 지불하는 방식이 보증부월세이다. 사실 국외에서 임대료는 거의 대부분 유량으로 지불된다. 설령 보증금이 있더라도 월세의 3배 이내의 규모이다. 전세는 인도나 볼리비아 등을 제외하고는 세계적으로 찾아보기 어려운 우리나라만의 독특한 방식이다[김진유, 2017]. 임대인은 제도권 금융이 발달하지 않은 상태에서 임차인의 전세금을 활용하면 적은 자금으로도 집을 구입할 수 있기 때문에, 그리고 임차인 역시 계약기간 동안 별도의 월세 부담이 없기 때문에 전세가 우리나라에서 대중적인 점유형태로 자리잡고 있다.

그림 5-1. 임차가구 주거비부담의 스펙트럼

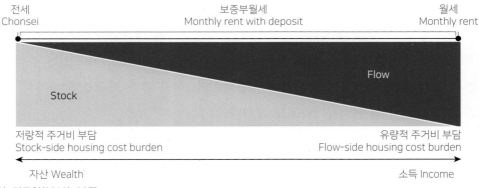

*출처: 김준형(2019), 98쪽.

국내 가구의 점유형태 분포는 <그림 5-2>와 같다. 전국을 기준으로 자가가구의 비율은 57%이다. 임차가구는 약 39%이다. 이 중에서는 보증금 있는 월세가 가장 많으며 (21.0%) 다음이 전세(15.5%)이다. 시도별로 살펴보면 대부분 지역에서 자가점유율은 50% 이상의 수치를 보이지만, 서울은 44%에 불과하다. 모든 지역에서 보증금 있는 월세가 전세보다 더 많은 비중을 보이지만, 그 차이는 서울에서 0.5%p, 광주에서는 11.8%p로 지역 간 차이가 크다. 제주는 무보증월세나 사글세 등이 약 11%로 상대적으로 비중이 높다는 점이 특징이다.

그림 5-2. 국내 가구의 주택 점유형태 분포

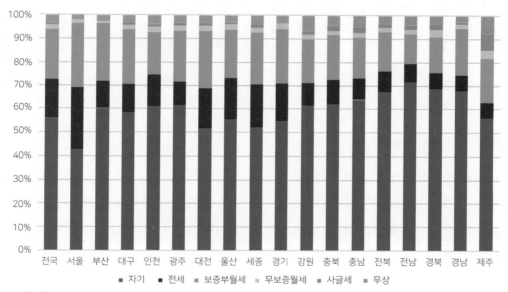

*자료: 통계청 인구총조사 (2020년)

자가거주율을 해석함에 있어 한 가지 유의하여야 할 것은 이 수치가 현재 거주주택을 기준으로 산정된다는 점이다. 현 거주주택은 임차로 있지만 다른 곳에 있는 주택을 보유하고 있을 수 있다. 실제 관련 연구에 따르면 소유한 주택과 거주하는 주택이 불일치할 가능성은 무시하기 어려운 수준이다*Kim et al.,* 2009; 강은택 · 마강래, 2009. 따라서 자가거주율보다 이 주택까지 감안한 '주택보유율'이 더 정확할 수 있다. 통계청 주택소유통계를 통해 산정한 전국 및 시도별 주택보유율은 <그림 5-3>과 같다. 전국 기준으로 약 56%이다.

앞서 <그림 5-2>의 자가거주율보다 낮게 나타난 것은 전수조사(주택소유통계)와 표본조사(인구총조사)의 차이 때문으로 해석된다. 대부분의 지역에서 50% 이상의 비율을 보이지만 서울만 이에 미달한다는 점은 여기에서도 다르지 않다.

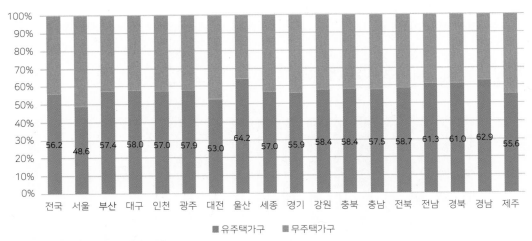

그림 5-3. 국내 가구의 주택보유율

*자료: 통계청, 주택소유통계(2022년)

　　주택 점유형태에서 가장 많은 관심을 받는 주제는 자가와 임차 간의 선택이다. 왜 가구는 주거를 영위하기 위해 특정 점유형태를 선택하는가? 주택을 임차해서 거주할 수 있음에도 불구, 왜 훨씬 더 많은 금액을 투입해 자가거주를 선택하는가? 이에 대해서는 여러 가지 설명이 가능하다김준형·신재섭, 2016. 우선 장기 거주의 가능성을 들 수 있다. 주택을 임차하여 거주한다면 거주기간은 짧게는 수개월에서 길게는 최대 2년 혹은 4년(계약갱신청구권 행사 시)에 불과하다. 물론 재계약을 통해 거주기간을 연장할 수 있으나 이 과정에서 임대료가 조정될 가능성이 크다. 이 조정은 대개는 임대료의 상승을 의미하며, 만약 이 임대료가 부담된다면 다른 주택으로 이주할 수 있다. 반면 자가를 선택하면 가구는 원하는 기간 동안 그 주택에 계속 거주할 수 있다. 월세나 보증금 등의 주거비지출이 늘어날 위험이 없으며, 비자발적으로 다른 주택으로 떠나야 하는 상황은 좀처럼 발생하지 않는다. 이처럼 원하는 만큼 계속 거주할 수 있기에 자가는 임차보다 안정적인 점유형태로 여겨진다. 이는 국토교통부 주거실태조사 분석 결과에서도 확인할 수 있다. 현재 주택에서 10년 이상 거주한 가구의 비율은 자가가구 내에서 50%를 넘지만, 임차가구에서는 20%를 넘지 않는다[그림 5-4].

그림 5-4. 주택 점유형태별 현재 주택의 거주기간 분포

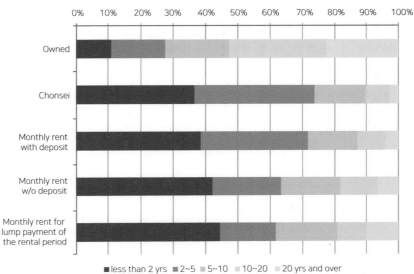

*자료: 김준형·신재섭(2016), 155쪽.

　　반면 임차라는 점유형태는 주거비용 상승에 대한 부담을 포함한다. 임차가구는 주택소유자에게 임대료를 지불하여야 하며, 이에 대해 임차가구는 부담을 느낄 수 있다. 설령 현재는 느끼지 않더라도 향후 비용 상승에 대해 우려를 느낄 수 있다. 이 부담과 우려를 벗어날 목적으로 가구는 더 이상 임대료를 내지 않아도 되는 자가거주를 선택한다는 것이다.

　　Sinai & Souleles[2005]는 가구의 자가소유 선택이 이와 같은 임대료 부담에서 기인하는 것으로 보았다. 가구의 자산포트폴리오 구성요소에 있어 주택은 그 가격의 변동성이 큰 위험자산이다. 그렇다고 해서 자가를 선택하지 않고 임차로 거주하면 이때 지불하는 임대료 역시 매년 변하므로 여전히 가격변동성의 위험에 노출된다. 이 점에서 자가소유는 가구에게 "이미 알려진 선불가격[up-front price]으로 미래 주거서비스를 보장하는 장기자산을 구입하면서 임대료의 불확실성을 피하는" 유용한 수단이 된다[76쪽]. 저자들은 이 근거로 임대료 변동성이 높은 지역에서 자가율이 높아지는 현상을 제시하였다.

그러나 엄밀히 말하자면 자가라고 해서 주거비용이 없는 것은 아니다. 이후 언급하겠지만 주택구입자금에 대해 기회비용이 발생한다. 예를 들어 주택을 구입하지 않고 그 금액을 은행에 맡겼을 때 발생하는 이자수익이 자가의 비용인 것이다. 자가소유에 대해 특별히 발생하는 취득세, 보유세 등의 세금이나 유지보수비 역시 자가만의 비용이다. 구입한 주택이 시간이 지날수록 노후화가 진행되면서 가치를 잃는 감가상각도 보이지 않는 비용이다. 그러나 가구는 주택을 소유할 때 발생하는 이와 같은 암묵적이거나 비정기적인 지출보다 주택을 임차할 때 발생하는 직접적이고 정기적인 지출에 민감하게 반응하는 경향이 있다. 주거실태조사에서 "주거비용에 대해 부담을 느끼는가?"라는 질문에 그렇다는 응답의 비중은 자가가구에서 낮게 나타나며, 임차가구 중에서도 보다 빈번하게 비용을 부담하는 월세가구가 전세가구보다 비용 부담을 더 크게 느낀다는 점이 이를 뒷받침한다^{그림 5-5}. 주거비부담이 이처럼 크게 느껴진다면 가구는 임차보다는 자가를 선택할 가능성이 높다.

그림 5-5. 주택 점유형태별 현재 주거비용에 대한 부담

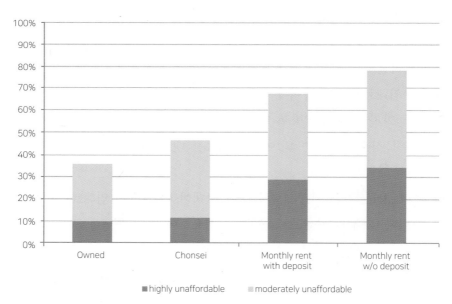

*자료: 김준형·신재섭(2016), 155쪽.

임차보다 자가로 있을 때 주거환경의 조정 및 개선을 더 자유롭게 할 수 있다는 것도 장점으로 꼽을 수 있다. 거주하는 동안 주택은 노후화를 겪으며, 그에 따라 주거서비스의 품질은 악화될 수 있다. 또 시간이 경과하면서 가구가 필요로 하는 주거서비스가 새롭게 생겨날 수도 있다. 이에 따라 주택의 성능을 개선하거나 거주가구의 필요에 부합하도록 주택을 개보수하는 것은 주택소비의 효용을 유지함에 있어 필수적이다. 그러나 일반적으로 임차가구는 거주주택에 대해 개보수를 자유롭게 할 수 없다. 그 결과 거주기간 동안 현재의 주택소비와 희망하는 주택소비와의 간극이 커질 수밖에 없다. 지난 장의 내용에 기초하자면 주거스트레스를 경험할 가능성이 커지는 것이다. 반면 자가가구는 '거주자'로서 갖는 불만을 해소하기 위해 해당 주택의 '소유자'로서 직접 개보수를 수행, 이 스트레스로부터 벗어날 수 있다. 물리적 개선에 대한 투자로서 향후 상승하는 자산가치도 온전히 누릴 수 있다. 이 역시 주거실태조사 분석결과에서 확인할 수 있다. 주거실태조사 분석결과에 따르면 현재 거주주택을 개보수한 가구의 비율은 임차가구는 16.8%이지만, 자가가구는 52.4%에 이른다.

임차보다 자가를 선택하는 가장 중요한 이유 중 하나는 바로 자가소유가 가구의 자산을 축적하거나 증식하는 주요 수단이라는 점이다. 주택은 내구성, 그리고 공급의 비탄력성과 같은 특징으로 인해 다른 재화와 달리 향후 가격이 상승할 가능성이 높다. 이는 거주주택을 소유하면 임대료 부담에서 벗어날 뿐만 아니라 향후 상승한 가격에 되팔아 자본이득을 창출할 수 있음을 의미한다. 실제 국내 가구를 대상으로 한 실증연구는 자가소유가 가구의 자산 증대에 기여하는 중요한 수단임을 확인하였다^{김준형·최막중, 2010}. 주택가격의 상승은 임차가구에게는 주거비부담을 가중시키는 요인이 되지만, 자가가구에게는 자산규모를 키우는 기회가 된다. 가격이 크게 상승하지 않고 물가상승률 이상만 유지하더라도 무방하다. 이때 주택은 인플레이션 헷지^{inflation hedge} 역할을 한다. 일반적으로 물가는 시간이 지날수록 상승한다. 가구의 자산을 금융자산에 투자할 경우 투자자산이 이와 같은 물가상승에 영향을 받아 그 실질가치가 감소한다. 이를 인플레이션 위험이라고 한다. 이 위험에 대비하기 위해서는 물가가 상승할 때 적어도 그 이상으로 가격이 상승하는 재화로 자산을 보유하고 있어야 한다. 대표적인 재화가 바로 부동산이며 주택인 것이다. 이에 가구는 임차로 있으면서 자산을 금융자산으로 보유하기보다, 자가로 있으면서 자산을 주택자산, 부동산자산으로 보유하는 것을 선호하게 된다.

정부의 제도나 정책도 임차보다 자가를 유도하는 측면이 있다. 많은 국가들은 국민들의 자가소유를 촉진하거나 지원하기 위한 다양한 세제혜택을 마련하고 있다. 자가소유자에 대해 재산세나 주택을 매각하는 과정에서 발생하는 양도소득세 등을 감면하거나 면제하는 것이다. 주택소유를 통해 발생하는 소득이나 주택구입대출에 따른 상환액을 과세대상소득에서 공제하기도 한다. 이처럼 점유형태에 중립적^{neutral}이기보다 자가소유에 편향된 정책들을 집행하는 것이 일반적이며, 이에 많은 가구들이 임차보다는 자가를 선택하게 된다.

이상의 내용은 주택의 사용자비용^{user cost of housing}으로 요약해 설명할 수 있다. 이는 주택의 자가거주에 들어가는 비용으로, 다음의 식으로 표현된다:

$$UC = (i + \tau + m + \delta - g)V$$

여기에서 i는 이자율, τ는 재산세 실효세율, m은 수선유지비, δ는 감가상각률, 그리고 g는 자산가격의 기대상승률을 의미한다. 주택구입금액에 대한 기회비용(이자수익), 세금, 수선유지비, 감가상각 등이 모두 자가의 비용이 된다. 유일한 수입은 자산가격의 상승으로 여기에서 음의 부호로 결합된다. 즉 자가에 대한 이 비용요인들과 자산가격 상승이라는 수입요인이 비교되어 자가의 비용이 결정된다는 것이다. 이 틀 내에서 세제혜택을 준다는 것은 결국 τ를 낮춤으로써 자가의 비용을 줄여 자가를 지원하는 역할을 하게된다.

◈2 고령가구의 주택 점유형태 변화

고령가구에게 있어 주택 점유형태의 변화는 자가에서 임차로의 변화가 대부분이다. 물론 고령가구에서도 임차에서 자가로의 변화가 가능하지만, 연령이 높을수록 자가율이 높아짐을 감안한다면 임차에서 자가보다는 자가에서 임차로의 변화가 보다 빈번할 수밖에 없다. 그렇다면 고령가구에게 있어 자가에서 임차로의 변화는 왜 일어나는가? 고령가구는 왜 임차로 이동하는가?

가장 손쉬운 해설은 역시 생애주기 가설이다. 고령일 때 부족해지는 소득을 충당하기 위해 그간 축적한 자산을 활용할 수밖에 없다. 면적을 줄이는 방법도 가능하지만 가장 자산을 많이 활용할 수 있는 방식은 자가에서 임차로 전환하는 것이다. 주택시장의 상황에 따라 다르겠지만 전세 유형을 선택한다면 현재 거주주택 자산의 약 절반 정도는 현금화할 수 있다.

그러나 뒤에서 살펴보겠지만 자가에서 임차로 이동하는 결정에는 단순히 나이가 많다는 것이 아니라, 고령기에 나타나는 주요한 사건들이 영향을 준다. 건강의 악화, 배우자 사별 등에 따른 독거 등이 이 주요 사건들에 해당된다. 먼저 건강 악화는 의료서비스에 대한 지출을 늘리는 요인이 된다. 또한 건강이 악화되면 추가 경제활동을 하기 어려워진다. 즉 건강 악화는 소득을 감소시키고 소비도 늘림으로써 자산을 유동화해야 할 필요성을 더 키운다. 이는 보유주택을 처분할 가능성을 더욱 높인다. 배우자 사별도 유사한 영향을 준다. 부부로 구성된 가구와 비교할 때 독거가구는 주택소비, 점유형태 등에 대한 선호가 달라지기 쉽다. 소득이 줄어들 가능성도 크며, 배우자로부터 받아왔던 돌봄을 대체할 수 있는 입지를 더 희망할 수 있다. 이 요인들이 보유주택을 처분하고 임차로 이동하게 만들 수 있는 것이다.

만약 이러한 이유로 자가 고령가구가 대거 임차로 이동한다면 고령화는 주택시장에 상당한 영향을 줄 수밖에 없다. 주택매매수요가 감소할 뿐만 아니라 이들이 내놓은 주택들이 늘어나면서 주택가격은 하락할 수밖에 없다. 장기적인 주택시장 침체로 이어질 가능성이 커지게 된다.

그러나 반대로 고령가구가 자가를 계속 유지하며 임차로 쉽게 전환하지 않을 것이라는 전망도 존재한다. 첫 번째 이유는 고령가구의 이동성에서 찾는다. 가구가 이주할 가능성, 즉 이동성^{mobility}은 연령이 높아질수록 감소한다. 이는 이웃, 지역사회와의 유대감이 커지기 때문일 수도 있으며, 이사 이후 새로운 환경에 적응하기가 보다 어려워지기 때문일 수도 있다. 자주 이동할 때에는 임차가 경제적인 선택이지만 이렇게 한 곳에 오래 머무르는 경우에는 자가가 더 경제적이다. 이에 임차보다는 자가를 선택할 가능성이 높다는 것이다.

고령가구는 보유주택을 처분할 자산으로 아예 생각하지 않는다는 주장도 있다. 주택을 보유하고 있는 것 자체가 계속 풍요를 누린다는 상징일 수 있다[박재룡 외, 2010]. 또한 보유주택은 고령가구에게 있어 예비적 저축$^{precautionary\ savings}$의 원천일 수 있다$^{Skinner,\ 1996}$. 생애의 마지막까지 일어날지도 모르는 만약의 사태에 대비해 최대한 갖고 있어야 하는 최후의 저축이 보유주택이라는 것이다. 또한 고령가구에게 있어 보유주택은 처분해서 이용할 자산이 아니라 마지막까지 갖고 있다가 자녀에게 물려주어야 할 자산일 수도 있다. 그렇기 때문에 부족한 소득에 대응해 주택을 처분하는 것보다 자녀에게 지원을 받는 것이 더 현명한 선택일 수 있다. 고령가구가 이렇게 판단한다면 주택자산은 전체 자산들 중 가장 늦게 처분되는 자산이 되는 것이다$^{정의철,\ 2013:\ 120}$.

이후 보다 상세하게 언급할 역모기지$^{reverse\ mortgage}$도 임차로의 이동을 막는 요인이 될 수 있다. 역모기지는 보유하고 있는 주택을 담보로 연금을 받는 금융기법이다. 우리나라에서는 주택연금이라는 이름으로 등장, 가입자가 크게 늘어나고 있다. 역모기지는 현재의 자가주택에 계속 거주하면서 그 주택의 지분을 현금화, 매달 연금처럼 쓸 수 있게 해준다. 은퇴 이후 생활비 충당을 목적으로 보유주택을 처분하지 않고 역모기지를 활용할 수 있으므로, 역모기지의 보급 및 확대가 임차로의 이동을 막을 수 있는 것이다.

처분하려고 결정하더라도 실제 처분이 쉽지 않은 것이 주택의 특징이기도 하다. 주택은 매수자와 매도자가 가격에 대해서 쉽게 합의하기 어려운 재화이다. 그렇기에 일반 재화보다 유동성이 상대적으로 낮다. 특히 그 주택에 오래 거주한 고령가구는 주택에 심리적 가치를 고려하거나 손실회피$^{loss\ aversion}$의 성향까지 더해 가격을 책정하며, 이는 거래를 더 어렵게 만든다. 주택은 중개수수료, 세금 등 다른 자산에 비해 거래비용도 더 큰 편이다. 자가에서 임차로 이동하겠다는 결심이 실제 결행으로 이어지기 쉽지 않은 이유들이다.

3 실증연구의 결과

이처럼 자가로 거주하고 있는 고령가구는 자가를 유지할 수도 있지만 임차로 이동할 수도 있다. 그렇다면 실제 고령가구는 주택 점유형태를 어떻게 변화시키고 있는가? 먼저 국외 실증연구들을 살펴보도록 한다. Feinstein & McFadden^{1989}은 미국 PSID$^{Panel\ Study\ of\ Income\ Dynamics}$ 자료를 분석, 55세 이상 가구의 주거이동 확률은 10%를 넘지 않으며,

이 중에서 점유형태가 자가에서 임차로 바뀌는 가구는 11%에 불과함을 보고하였다. Crossley & Ostrovsky[2003]는 캐나다를 대상으로 3개의 미시자료를 통해 생성된 18개의 횡단면자료를 분석하였다. 이를 토대로 은퇴 이후 자가보유율은 급격히 떨어지지 않음을 확인하였다. 구체적으로 자가보유율은 50-55세에서 80%로 정점에 이르고, 이후 80세에 65%에 이르기까지 완만하게 감소한다. Hirayama[2010]도 일본을 대상으로 연령이 증가할수록 오히려 자가보유율이 상승함을 보고하였다.

Costa-Font et al.[2010]은 스페인의 고령가구를 대상으로 현재 거주하고 있는 주택을 매각할 의도가 있는지 질의하였다. 분석결과 소득이나 자산, 연령 변수들은 통계적으로 유의하지 않다. 즉 연령이 높아진다고 해서 보유 중인 주택을 매각하지는 않는다는 것이다. 대신 현재의 주거만족도가 통계적으로 유의한 영향을 미친다. 즉 현재 거주주택에 만족하는 한 그 주택을 매각할 가능성은 낮다. Chiuri & Jappelli[2010]는 15개 OECD 회원국의 60개 미시자료를 토대로 30만 명 크기의 표본을 구축하였다. 이에 따르면 고령층의 자가보유율은 70세부터 감소하고, 75세 이후에서는 연간 1%p씩 감소한다.

Venti & Wise[2000, 2001]도 75세 이전에 자가보유율이 하락한다는 증거는 발견하지 못하였다. 75세 이후에는 자가보유율이 매년 1.76%p씩 하락한다. 배우자의 사망, 건강 문제 등 특별한 사건을 겪게 된 가구는 이 수치가 8%p까지 상승한다. 이는 역으로 매우 고령기에 접어들기 전이거나, 배우자의 사망, 건강 문제 등을 경험하기 전까지는 주택 소유를 포기하지 않음을 뜻한다.

그렇다면 국내의 경우는 어떠한가? 실증연구를 보기에 앞서 주요 통계를 먼저 살펴보자. 앞서 예상한 것처럼 가구주의 연령이 높을수록 자가가구의 비율이 증가한다. 전체 가구의 평균은 약 57%이지만 55세 이상에서는 이를 크게 상회한다. 65-74세는 73.9%, 75-84세는 77.0%까지 상승한다. 그러나 85세 이상에서 이 비율은 73.8%로 약간 하락한다.

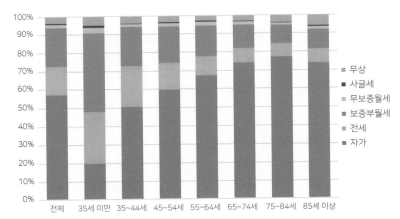

그림5-6. 가구주 연령에 따른 점유형태의 분포

*자료: 통계청, 인구총조사(2020년)

전술한 것처럼 자가거주율과 함께 자가보유율도 함께 살펴볼 필요가 있다. 통계청의 주택소유통계 자료를 분석한 결과 전체 가구에 대한 주택보유율은 56.2%이다. 그러나 이 비율은 60대에서 67.7%, 70대에서 70.4%로 역시 평균을 상회한다. 다만 80대 이상에서는 61.2%로 자가거주율과 마찬가지로 감소하는 경향을 보인다.

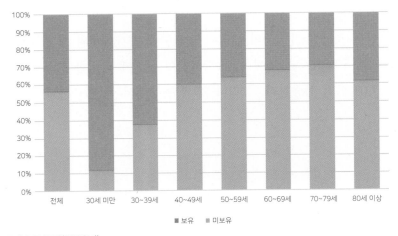

그림5-7. 가구주 연령에 따른 주택보유율의 분포

*자료: 통계청, 주택소유통계(2022년)

국내 실증연구로는 우선 지난 장에서도 살펴본 김준형·김경환[2011]을 들 수 있다. 이 연구는 전국 도시지역에 거주하는 가구를 대상으로 한 한국노동패널조사 자료에서 2차 년도(1999년) 및 11차년도(2008년)에 동시 응답한 가구를 추출하였다. 이를 대상으로 시작 시점(1999년)에 자가로 거주하고 있는 가구 중 종료시점(2008년)에도 계속 자가로 거주하고 있는 가구의 비율, 즉 자가유지율을 산정하였다. 이 자가유지율을 가구주의 연령대를 구분해 도출, 고령가구의 자가유지율이 타 연령대에 비해 높은지 낮은지 여부가 분석의 주요 초점이다. 다른 연령대에 비해 고령가구가 낮다면 고령가구 내에서 자가에서 임차로의 이동을 통한 다운사이징이 활발함을 의미할 수 있기 때문이다. 현재 거주주택의 자가여부뿐만 아니라 거주주택이 아니더라도 주택을 보유하고 있는지를 기준으로 한 계속보유율도 산정해 비교하였다.

자가유지율 분석결과는 <표5-1>과 같다. 은퇴 연령에 해당하는 55-64세의 자가유지율은 85.7%로 나타난다. 이보다 높은 연령에서도 이 비율은 81.3%, 87.0%로 타 연령대에 비해 낮다고 보기는 어렵다. 시작시점을 1999년이 아니라 2004년으로 조정하더라도 이와 같은 결과는 크게 다르지 않다.

표5-1. 가구주 연령별 자가유지율

구분	1999~2008년			2004~2008년		
	과거거주가구	현재거주가구	자가유지율	과거거주가구	현재거주가구	자가유지율
전체	2,109	1,771	84.0	2,533	2,216	87.5
35세 미만	138	97	70.3	190	133	70.0
35~45세	516	425	82.4	519	439	84.6
45~55세	583	513	88.0	668	603	90.3
55~65세	530	454	85.7	581	534	91.9
65~75세	273	222	81.3	424	381	89.9
75세 이상	69	60	87.0	151	126	83.4

※ 단위: 가구, %. 연령구분은 왼쪽은 1999년, 오른쪽은 2004년 기준
*출처: 김준형·김경환(2011), 67쪽.

계속보유율의 산정 결과는 <표5-2>와 같다. 55-64세의 계속보유율은 87.2%로 낮은 연령대의 가구들과 유사한 수준을 보인다. 65세 이상 연령대에서 계속보유율은

84.1%, 88.4%로 이보다 높은 수준으로 나타난다. 시작시점을 2004년으로 조정하더라도 이 결과는 크게 달라지지 않는다.

표5-2. 가구주 연령별 계속보유율

구분	1999~2008년			2004~2008년		
	과거보유가구	현재보유가구	자가보유율	과거보유가구	현재보유가구	자가보유율
전체	2,237	1,941	86.8	2,676	2,381	89.0
35세 미만	169	129	76.3	217	165	76.0
35~45세	571	497	87.0	577	500	86.7
45~55세	606	546	90.1	702	646	92.0
55~65세	546	476	87.2	598	548	91.6
65~75세	276	232	84.1	430	392	91.2
75세 이상	69	61	88.4	152	130	85.5

※ 단위: 가구, %. 연령구분은 왼쪽은 1999년, 오른쪽은 2004년 기준
*출처: 김준형·김경환(2011), 67쪽.

　　이는 일반적인 은퇴 시기로 논의되는 55-64세 혹은 그 이후의 고령가구가 다른 연령대에 비해 자가거주율을 크게 줄인다거나 자가보유율을 크게 낮춘다는 증거가 존재하지 않음을 의미한다. 지난 장의 주거면적은 75세 이상에서 다운사이징 비율이 늘어났음을 감안한다면, 주택 점유형태의 다운사이징은 이보다 더 일반적이지 않음을 시사한다. 즉 고령가구 내에서 자가에서 임차로의 점유형태 변화는 국내에서 일반적으로 관찰되는 현상으로 보기는 어렵다.

　　정의철[2013]의 연구 역시 한국노동패널조사 자료에 기초하고 있다. 7차년도[2004년] ~ 11차년도[2008년]의 자료를 활용, 2004년 기준 가구주 연령이 55세 이상이고 거주주택을 소유한 가구를 선정, 2008년까지 점유형태 변화를 분석하였다. 분석에는 콕스[Cox]의 비례위험모형이 사용되었다. 모형의 추정결과는 <표5-3>과 같다.

　　이에 따르면 가구주 연령이 55세 미만인 가구에 비해 55세 이상 가구가 주택소유를 유지할 가능성이 더 높다. 이 연구는 고령가구 내에서도 연령효과를 분석하고 있는데, 65-74세 가구에 비해 75세 이상 가구가 임차로 전환할 위험은 더 높게 나타난다. 배우자가 없는 가구주에 비해 배우자가 있는 가구주가 임차로의 전환 위험이 낮게, 즉 자가

를 유지할 가능성이 더 높게 나타난다. 가구주의 혼인상태가 기혼에서 이혼으로 바뀔 경우 임차로 전환될 가능성이 증가한다. 또한 가구주나 배우자의 건강상태가 좋지 않으면 임차로 전환할 위험이 커진다. 이에 대해서 "가구주나 배우자의 건강상태가 좋지 않으면 상대적으로 높은 의료비용이 발생할 것이고 이에 따라 지출이 높아져 여타 조건이 일정하다면 가구주나 배우자의 건강상태가 양호한 가구에 비해 보다 빠른 시점에서 소유주택을 매각하여 필요한 자금을 충당할 수밖에 없을 것"[129쪽]으로 해석하고 있다. 기존 가구주의 사망 등으로 가구주가 바뀔 때에도 임차로 전환될 위험이 커진다.

소득은 통계적으로 유의하지 않게 나타난다. 즉 소득이 낮다고 임차로 전환될 것으로 예상하기는 어렵다. 거주주택 자산이나 부채가 많을수록, 총자산에서 거주주택 자산의 비중이 클수록, 그리고 총자산에서 금융자산의 비중이 낮을수록 임차로 전환할 가능성이 높아진다. 이는 금융자산이 많다면 이를 먼저 사용하고 주택처분은 나중에 함을 의미한다. 이를 토대로 우리나라의 고령가구에 대해서는 생애주기가설을 적용하는 것보다 정신적 자산계정, 예비적 저축, 자녀로의 상속 유인 등을 적용하는 것이 보다 적합하다고 주장하였다[134쪽].

고진수·최막중[2012]은 앞서 두 연구와 달리 국토해양부(현 국토교통부)의 2007년 주거실태조사 자료를 사용하였다. 이 조사는 고령자를 주제로 한 특수조사로 진행, 전국의 65세 이상 고령자 20,000가구, 기타 5,000가구 등 총 25,000가구를 표본으로 하고 있다. 여기에서 저자는 자녀와 동거하지 않으면서 가구원수가 2인 이하, 그리고 고령자가 가구주인 가구를 추출하였다.

표 5-3. 모형의 추정결과

설명변수	모형(3)		모형(4)		
	추정계수	t-값	추정계수	t-값	Odds Ratio
2005년	-3.338***	-6.74	-3.188***	-6.32	
2006년	-3.401***	-6.95	-3.256***	-6.51	
2007년	-3.759***	-7.55	-3.593***	-7.10	
2008년	-4.513***	-8.47	-4.372***	-8.08	
가구주 연령 65세 미만	-0.142	-0.57	-0.185	-0.73	
가구주 연령 65~75세 미만	0.405*	-1.70	-0.444*	-1.84	0.64
가구주 남성	0.048	0.13	-0.044	-0.12	
가구주 기혼	-0.738*	-1.93	-0.741*	-1.93	0.48
가구주 건강상태 안 좋음	0.675***	3.41	0.518**	2.40	1.68
배우자 건강상태 안 좋음	0.464*	1.85	0.482*	1.91	1.62
가구주 상용직 취업자	0.491	-1.27	-0.663*	-1.66	0.52
가구 총소득	0.007	0.33	0.007	0.36	
(거주주택자산/총자산)*100	0.009**	2.11	0.009**	2.13	1.01
(금융자산/총자산)*100	-0.020*	-1.81	-0.021*	-1.89	0.98
(부채/총자산)*100	-0.001	-0.46	-0.001	-0.41	
수도권	-0.087	-0.34	0.164	0.74	
지방 대도시	0.156	0.71	-0.120	-0.45	
가구주 건강상태 악화			-0.533	-1.39	
가구주 취업상태 악화			0.790**	2.17	2.20
가구주 이혼			2.476*	1.92	11.90
가구주 사별			-1.165	-1.26	
기존 가구주 존재하지 않음			1.731**	2.10	5.64
LogL(0)	-2,480.77		-2,480.77		
LogL(β)	-521.09		-514.379		
LR test stat.	3,919.37		3,932.79		
X^2stat. (1%)	35.72		42.80		
McFadden's R^2	0.790		0.793		
예측확률	71.4%		74.6%		

주: ***은 유의수준 1%에서 통계적으로 유의, **은 유의수준 5%에서 통계적으로 유의, *은 유의수준 10%에서 통계적으로 유의함.

*출처: 정의철(2013), 132쪽.

이 연구의 가장 핵심은 고령화가 점유형태에 미치는 영향을 연령효과, 건강효과, 독거효과로 나누어 살펴보는데 있다. 연령효과는 연령이 많아져서 나타나는 영향을, 건강효과는 건강이 약해져서 나타나는 영향을, 그리고 독거효과는 사별 등으로 혼자가 되어 나타나는 영향을 지칭한다. 각각의 효과를 보기 위해 표본을 구성하였는데 연령효과를 보기 위해서는 배우자가 있는 건강한 가구로 구축, 이들 내에서 가구주 연령이 65세 이상일 때(고령가구)와 50세 이상 65세 미만일 때(장년가구)를 비교하였다. 건강효과와 독거효과를 살펴보기 위해서는 고령가구를 다음의 네 집단으로 구분하였다: 건강상태가 양호한 부부가구, 건강이 악화된 부부가구, 배우자와 사별하였지만 건강한 독거가구, 사별하였으며 건강이 악화된 독거가구[그림 5-8].

그림 5-8. 분석대상 집단의 분류

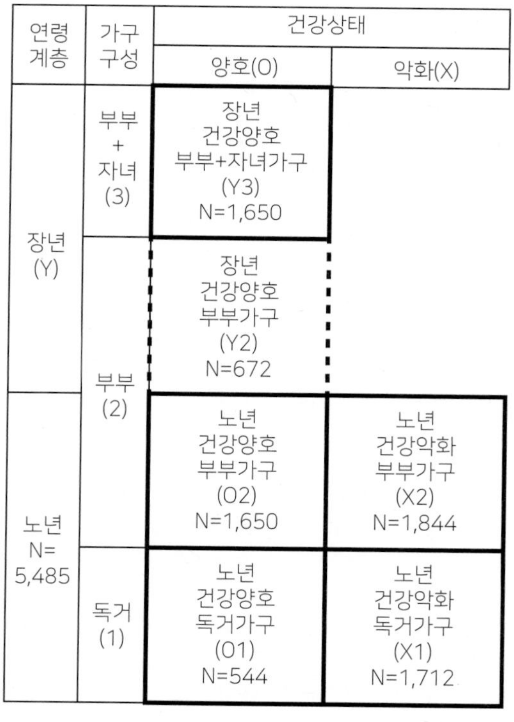

연령 계층	가구 구성	건강상태	
		양호(O)	악화(X)
장년 (Y)	부부 + 자녀 (3)	장년 건강양호 부부+자녀가구 (Y3) N=1,650	
	부부 (2)	장년 건강양호 부부가구 (Y2) N=672	
노년 N= 5,485		노년 건강양호 부부가구 (O2) N=1,650	노년 건강악화 부부가구 (X2) N=1,844
	독거 (1)	노년 건강양호 독거가구 (O1) N=544	노년 건강악화 독거가구 (X1) N=1,712

*출처: 고진수·최막중(2012), 239쪽.

분석결과, 장년가구에 비해 고령가구의 자가비율은 2.18배 증가하였다. 이에 대해 저자는 "연령이 증가함에 따라 심리적으로 차가로 인한 잦은 주거이동에서 벗어나 자가로의 전환을 통해 주거 안정성을 꾀하려는 움직임"으로, 그리고 "노년이라도 건강을 유지하고 있는 한 여전히 주택에 대한 투자수요가 작동"하는 것으로 해석하고 있다[245쪽]. 고령가구 내로 한정하면, 건강이 악화될 때 자가비율은 1.25배 감소하고, 독거상태가 되면 자가비율은 2.93배 감소한다. 이는 건강이 악화되거나 독거하게 될 때 주택을 소유할 확률이 낮아짐을 시사한다[244쪽].

 표5-4. 점유형태 선택함수 추정결과

종속변수: 차가=0, 자가=1		전체
노년O2+장년Y3	ln(상대가격)	-0.617***
	ln(소비지출) (만 원/월)	0.521***
	연령(O2=0, Y3=1)	-0.779***
	상수	0.525
	표본수	2,751
	분류정확률(Count R²)	0.908
노년O2+장년Y2	ln(상대가격)	-0.259***
	ln(소비지출) (만 원/월)	0.375**
	연령(O2=0, Y2=1)	-0.119
	상수	0.889***
	표본수	1,856
	분류정확률	0.920
노년O2+X2+O1+X1	ln(상대가격)	-0.518***
	ln(소비지출) (만 원/월)	0.752***
	건강(양호=0, 악화=1)	-0.225*
	독거(부부=0, 독거=1)	-1.075***
	상호작용(건강+독거=1)	0.065
	상수	-0.571**
	표본수	5,215
	분류정확률(Count R²)	0.836

* $p<0.1$, ** $p<0.05$, *** $p<0.01$
*출처: 고진수·최막중(2012), 244쪽.

이 연구에서는 주거면적에 대해서도 연령효과, 건강효과, 독거효과 등을 분석하고 있다[표 5-5]. 건강효과와 독거효과를 배제할 때 장년가구보다 고령가구의 주거면적이 넓은 것으로 나타난다. 즉 연령이 높아진다고 해서 주거면적을 줄인다고 보기는 어렵다. 그러나 고령가구 내에서 건강효과와 독거효과는 존재하는 것으로 나타난다. 즉 고령가구가 건강이 나빠지거나 독거하게 되면 주거면적은 줄어든다.

표 5-5. 주거면적 추정결과

종속변수: ln(주택면적) (m²)		전체	자가	차가
노년O2+장년Y3	ln(단위가격) (만 원/m²)	-0.019**	-0.034***	-0.076**
	ln(소비지출) (만 원/월)	0.257***	0.262***	0.235***
	연령(O2=0, Y3=1)	-0.184***	-0.185***	0.094
	상수	3.369***	3.453***	3.203***
	표본수	2,942	2,608	334
	조정결정계수	0.086	0.091	0.156
노년O2+장년Y2	ln(단위가격) (만 원/m²)	-0.033***	-0.037***	-0.208***
	ln(소비지출) (만 원/월)	0.279***	0.278***	0.258***
	연령(O2=0, Y2=1)	-0.130***	-0.122***	0.003
	상수	3.333***	3.396***	3.639***
	표본수	1,970	1,78	192
	조정결정계수	0.099	0.109	0.177
노년 O2+X2+O1+X1	ln(단위가격) (만 원/m²)	-0.049***	-0.019***	-0.253***
	ln(소비지출) (만 원/월)	0.293***	0.236***	0.275***
	건강(양화=0, 악화=1)	-0.063***	-0.053***	-0.067
	독거(부부=0, 독거=1)	-0.193***	-0.053**	-0.300***
	상호작용(악화+독거=1)	-0.018	-0.024	0.000
	상수	3.336***	3.507***	3.747***
	표본수	5,215	4,315	900
	조정결정계수	0.200	0.139	0.310

* $p<0.1$, ** $p<0.05$, *** $p<0.01$
*출처: 고진수·최막중(2012), 243쪽.

4 소결

　　지금까지 주택의 점유형태를 중심으로 고령가구의 다운사이징을 살펴보았다. 먼저 주택 점유형태의 개념 및 유형을 살펴보았다. 거주주택의 비용을 지불하는 방식에 따라서 크게는 자가와 임차로, 그리고 임차는 다시 전세, 보증부월세, 무보증월세로 구분한다. 다양한 임차의 유형은 주거비용의 저량과 유량에 대한 조합으로 이해할 수 있다.

　　상당한 비용을 마련해야 함에도 불구하고 자가를 선택하는 이유를 다양하게 찾아보았다. 장기거주의 가능성, 주거비용 상승에 대한 부담 완화, 주거환경의 조정 및 개선에 대한 권한 확보, 자산축적 및 증식의 수단, 정부의 제도 및 정책 등에서 그 원인을 찾을 수 있다.

　　고령가구에게 있어 주택 점유형태 결정이 갖는 의미에 대해서도 점검하였다. 고령가구는 더욱 임차로 이동할 필요가 클 수 있는데, 역시 생애주기 가설이 주효하다. 자가에서 임차로 이동함으로써 주택에 묶인 가구자산을 현금화시킬 수 있다. 특히 건강이 악화되거나 배우자와 사별을 하게 된다면 소득, 소비의 성향이 달라지는데 이것이 임차로의 이동을 촉진할 수 있다.

　　반면 한 지역에 머물 가능성이 큰 고령가구에게 있어 임차보다는 자가가 유리한 선택일 수 있다. 고령가구에게 있어 주택자산은 예비적 저축이자 상속자산으로서 처분해야 할 자산으로 구분되어 있지 않을 가능성도 높다. 주택연금은 소유권을 포기하지 않고도 주택자산을 인출할 기회를 제공해준다는 점에서 자가를 유지하는 것을 돕는다. 주택 그 자체의 특성으로 인해 설령 처분을 결심하더라도 실제 처분되기가 어렵다는 점도 이유가 될 수 있다.

　　실제 국내외 실증분석 결과들을 통해서 자가율은 은퇴 이후 상당 기간 동안 높은 수준을 유지하는 것으로 나타났다. 후기 고령기에 줄어드는 주거면적과 비교할 때 자가율은 쉽게 낮아지지도 않는다. 이는 임차의 요인들보다 자가의 요인들이 고령가구에게서 실질적으로 더 강하게 작동함을 뜻한다. 즉 주택은 고령가구에게 있어서 예비적 저축이나 상속 자산으로서 여전히 강하게 자리잡고 있다. 이 상태에서 주택의 처분은 고령이라는 이유만으로 나타나기보다는 고령일 때 나타나는 사건들, 예를 들어 건강 악화나 배우자와의 사별이 결정적 동기가 되는 것으로 봐야 한다. 부부 모두 건강한 상태가 계속된다면, 이른바 액티브 시니어^{active senior}가 일반적인 고령가구의 모습이라면 이들은 임차보다 자가를 유지할 가능성이 높다.

복습문제

1 **다음 중 저량만으로 주거비용을 지불하는 점유형태는?**

① 자기집
② 전세
③ 보증부월세
④ 무보증월세
⑤ 사글세

2 **다음 중 저량과 유량을 동시에 주거비용을 지불하는 점유형태는?**

① 자기집
② 전세
③ 보증부월세
④ 무보증월세
⑤ 사글세

3 **다음 중 임차보다 자가를 선택하는 이유로 보기 어려운 것은?**

① 자주 이사를 할 때 임차보다 자가가 이익이므로
② 자가를 할 경우 주거비용 상승 부담이 줄어들기에
③ 자가를 할 때 주거환경을 쉽게 개선하고 조정할 수 있으므로
④ 자가를 통해 자산을 축적하거나 증식할 수 있으므로
⑤ 정부의 제도나 정책이 임차보다 자가 선택을 지원하므로

4 **자가로 거주하고 있던 고령가구가 임차로의 이주를 꺼리는 이유로 보기 어려운 것은?**

① 고령가구가 거주할 임대주택이 많지 않으므로
② 주택소유가 사회적으로 더 높은 지위와 신분을 의미하므로

③ 생애 마지막까지 무슨 일이 일어날지 모르기에 자산이 필요하므로

④ 주택자산은 처분하는 것이 아니라 자녀에게 상속해야 할 자산이므로

⑤ 주택연금이 도입되어 자가를 유지하더라도 부족한 소득을 충당할 방법이 있으므로

5 **우리나라의 점유형태 통계에 대한 설명으로 옳지 않은 것은?**

① 가구주의 연령이 높을수록 자가거주율은 대체적으로 상승한다.

② 자가거주율은 가구주 연령 65-74세 구간에서 가장 높다.

③ 자가보유율은 개념적으로 자가거주율보다 높아야 한다.

④ 가구주의 연령이 높을수록 자가보유율은 대체적으로 상승한다.

⑤ 우리나라 가구의 자가보유율은 가장 최근 통계로는 약 56%이다.

6 **우리나라의 점유형태 통계에 대한 설명으로 옳지 않은 것은?**

① 가구주의 연령이 높을수록 자가거주율은 대체적으로 상승한다.

② 자가거주율은 가구주 연령 75-84세 구간에서 가장 높다.

③ 자가보유율은 개념적으로 자가거주율보다 높아야 한다.

④ 가구주의 연령이 높을수록 임차가구 중 전세거주율이 대체적으로 상승한다.

⑤ 우리나라 가구의 자가보유율은 가장 최근 통계로는 약 56%이다.

7 **주택의 사용자비용에 대한 설명이다. 옳지 않은 것은?**

① 주택의 자가거주에 대한 비용과 수입을 종합적으로 고려할 수 있는 방법이다.

② 재산세는 비용요인으로 더해진다.

③ 수선유지는 비용요인으로 더해진다.

④ 감가상각은 수입요인으로 차감된다.

⑤ 자산가격 상승은 수입요인으로 차감된다.

6

고령가구의 부동산자산

REAL ESTATE IN THE AGING SOCIETY

제6장

고령가구의 부동산자산

지금까지는 다운사이징에 대한 논의를 주택자산으로 한정해 살펴보았다. 그러나 거주주택은 고령가구가 보유할 수 있는 여러 부동산자산 중 하나의 유형이다. 거주주택 이외에도 거주하지 않은 주택, 주택 이외의 건물, 토지 등 기타 부동산 등을 보유할 수 있다. 고령가구의 다운사이징은 이와 같은 보유 부동산 전체의 관점에서도 접근할 수 있다. 본 장은 이 부동산자산의 다운사이징을 집중적으로 살펴본다. 이를 위해 먼저 가구의 자산구조 결정에 대한 이론들을 검토한다. 나아가 고령가구는 자산구조를 어떻게 변화시킬 것인지 관련 이론들을 살펴본다. 마지막으로 실제 고령가구의 부동산자산 변화에 대한 실증연구들을 검토, 부동산자산의 다운사이징에 대한 증거를 탐색한다.

 ## 자산구조의 결정

가구는 향후 일어날 다양한 상황에 대비하기 위해, 또 가구가 희망하는 재무적 목표를 달성하기 위해 자산을 여러 형태로 모으고 축적한다. 여기에서 다양한 상황은 실업 등으로 갑작스럽게 소득이 사라지는 경우, 질병·사고 등으로 갑작스럽게 소비가 필요한 경우 등이 될 수 있다. 가구가 희망하는 재무적 목표의 예는 주택 구입, 노후 대비나 자녀 교육 및 자녀에게 물려줄 재산 마련 등이다. 가계의 특성에 따라 가계의 재무적 목표가 달라지고 이에 따라 자산의 구성도 달라지기 마련이다^{정운영, 2008: 86}. 이때 여러 형태로 나누어 투자된 자산을 자산의 포트폴리오^{portfolio}라고 한다. 가계포트폴리오는 가구의 자산을 여러 형태로 나누어 투자한 것을 지칭한다. 그렇다면 이 가계포트폴리오는 어떻게 구성되는가? 가구는 가계포트폴리오를 어떻게 결정하는가?

이를 위해서는 다양한 자산의 종류를 먼저 살펴볼 필요가 있다. 가계가 보유한 자산에 대한 가장 대표적인 조사는 통계청의 가계금융복지조사를 들 수 있는데, 이를 통해 자산의 다양한 형태를 이해해 보기로 한다. 크게 자산은 실물자산과 금융자산으로 구분한다. 실물자산은 다시 부동산자산과 기타 실물자산으로 구분한다. 부동산자산은 현재 살고 있는 주택과 현재 살고 있는 주택 이외 부동산으로 나눌 수 있다. 현재 살고 있는 주택 이외 부동산은 현재 살고 있지 않은 주택, 비주거용 건물, 토지, 해외부동산 등이 있다. 기타 실물자산으로 가장 대표적인 자산은 자동차이다. 자동차 이외 실물자산으로는 자영업자의 설비와 재고자산, 건설용 및 농어업용 장비, 동물과 식물, 골프, 콘도 등의 회원권, 귀중품, 시가 300만 원 이상의 내구재, 오토바이, 보트 등의 차량, 지적재산권, 특허권 등이 있다. 권리금도 기타 실물자산에 포함될 수 있는데 이는 '차량, 상가 등에 딸린 고객이나 영업 방식을 이어받는 대가로 지급하는 돈'을 뜻하며 차량은 택시, 승합차, 트럭 등 영업용 번호판의 가격, 상가 등 영업장은 음식점, 헬스클럽 등의 영업권 가치의 가격을 지칭한다.

금융자산의 대표는 현금이며, 현금과 동일한 기능을 하는 상품권도 금융자산이다. 예치금액, 예치기간 등에 아무런 제약이 없이 수시로 입출금이 가능한 예금 형태, 즉 입출금이 자유로운 저축도 금융자산의 유형이다. 저축예금, 가계당좌예금, 시장금리부 수시입출금식예금, MMF^{Money Market Fund}, 종합자산관리계좌^{Cash Management Account, CMA}, 당좌예금 등이 있다. 일정 금액을 정기적으로 내고 만기일에 원리금을 받는 적립식 형태의 저축, 계약할 때 저축기관에 일정 금액을 예치하는 예치식 저축도 포함된다. 저축뿐만 아니라 펀드도 존재한다. 펀드는 증권회사 등 투자전문기관이 운영하고 여기에서 올린 수익을 나누어주는 방식으로 원금이 보장되지는 않으며, 적립식 및 예치식 형태가 가능하다. 보험도 여기에 포함되며 장기저축성보험, 개인연금보험, 변액연금보험, 종신보험, 일시납즉시연금보험, 장애인전용보험, 장기주택마련저축보험, 연금저축보험, 교육보험 등이 있다. 가구가 직접 투자한 주식이나 채권도 포함된다. 선물·옵션, 농수협 출자금 등도 여기에 해당된다. 그 외 다른 사람에게 빌려준 돈, 타인의 부동산 또는 동산을 빌리는데 사용한 임차보증금, 곗돈을 아직 타지 않은 경우 현재까지 낸 곗돈도 금융자산의 일종이다. 현 거주지의 전월세보증금은 실물자산에 해당될 것처럼 보이지만, 임차보증금의 한 유형으로 보고 금융자산으로 분류된다.

그렇다면 가구는 포트폴리오를 어떻게 구성하는가? 동일한 유형의 자산이라고 하더라도 각 가구가 어떻게 가치를 부여하고 얼마만큼 기대하는지가 서로 다르기 때문에 동일하게 구성하지 않을 수 있다. 그렇지만 포트폴리오를 어떻게 구성하느냐에 따라 투자결과는 다르게 나타날 수밖에 없다. 이 점에서 가구의 포트폴리오 선택은 매우 중요하다.

수익성이 가장 중요한 기준일 수 있다. 어떠한 자산에 투자할지 결정이 각 자산의 예상수익률에 기초한다는 것이다. 수익률이 높은 자산에 투자하면 가계의 소득이 더 많이 창출되며, 자산과 부가 더 원활히 축적된다. 특히 저금리일 때는 저축 등 전통적 금융자산보다 수익률을 높이기 위한 대안의 탐색이 적극적으로 시도된다[정운영, 2008: 82]. 또 다른 중요한 기준은 안전성이다. 안전하지 않은 것을 위험하다고 볼 수 있기에 안전성은 위험성으로도 표현할 수 있다. 자산의 안전성은 자산이 계속 그 가치를 유지할 가능성과 연동되어 있다. 목표한 수익률을 달성하지 못할 가능성과도 연관된다.

가구는 포트폴리오를 구성하면서 수익성뿐만 아니라 안전성도 함께 고려한다. 가구에게 있어 자산은 안전자산과 위험자산으로 구분된다. 은행 예금, 적금, 저축성 보험 등은 안전자산으로, 주식 등은 위험자산으로 분류된다. 위험자산을 얼마나 가지고 있는지는 위험자산의 수익률이 중요한 영향을 준다. 위험자산의 수익률 자체가 불확실해지면 위험자산의 보유를 줄이고 안전자산의 보유를 늘리지만, 위험자산의 수익률이 높아지면 안전자산 대신 위험자산에 더 많이 투자한다[정운영, 2008: 84].

일반적으로 위험자산은 안전자산에 비해 수익률이 높다. 이는 '위험이 높을수록 수익률이 높다High risk, High return'는 일반의 상식, 그리고 자본자산가격결정모형Capital Asset Pricing Model, CAPM 등의 이론 모형에 기초한다. 만약 가구가 위험회피도가 낮아(위험을 선호하여) 위험자산 중심의 포트폴리오를 선택하면 높은 수익률로 인해 많은 순자산을 축적할 수 있게 된다. 실제 여윤경·주소현[2009]은 위험회피도의 감소가 가계 순자산의 증가에 크게 기여함을 실증한 바 있다.

또한 가구는 한 가지 대상에 집중투자하기보다 여러 자산에 분산투자하는 것을 선호한다고 알려져 있다. 분산투자할 때 가구가 가진 재정적 문제를 보다 잘 해결하거나,

재정 목표를 보다 잘 달성할 수 있기 때문이다[배미경, 2006: 124]. 또 포트폴리오효과, 분산효과 등으로 알려진 것처럼 하나의 자산에 집중투자할 때보다 여러 자산에 분산투자할 때 개별 자산의 고유요인에 의해 발생되는 위험이 제거, 투자 수익을 감소시키지 않으면서 위험을 줄일 수 있다.

가구가 안전자산과 위험자산 중 무엇을 어떻게 선택할지는 가구의 특성이 영향을 준다. 우선 위험에 대한 가구의 선호가 영향을 줄 것이다. 소득의 불확실성도 중요한 요인인데, 소득 불확실성이 커지면 안전자산에 대한 선호가 증가한다. 직업과 자산과의 관계도 이를 통해 설명하기도 한다. 자영업자가 급여생활자에 비해 주식을 더 적게 보유하는 이유는 소득 불확실성이 크기 때문이라는 설명이다. 보유자산이 많을수록 위험자산은 늘어나는 것으로 알려져 있다. 박주영·최현자[1999]는 대우경제연구소의 한국가구패널조사 5차년도(1997년) 자료를 분석한 결과, 고자산계층이 타 자산계층에 비해 실물자산 비중이 높았고, 중간계층은 위험금융자산의 비중이, 그리고 저자산계층은 안전자산의 비중이 높게 나타나는 것을 확인하였다. 여윤경·주소현[2009]도 순자산이 높은 계층에서 주식이나 투자부동산 비중이 증가, 순자산이 높을수록 위험회피도가 낮아지는 증거로 보고 있다. 교육수준도 영향을 미친다. 교육수준이 높을수록 저축보다 주식과 채권을 더 많이 소유하며[King & Leape, 1998], 교육수준이 높을수록 위험자산에 더 많이 투자한다는 것이다[양정선, 1996]. 이는 위험자산에 투자하는데 필요한 정보의 접근성, 활용능력에 있어 높은 학력이 유리하게 작용함을 시사한다.

가구의 생애주기 관점에서는 안전자산이 먼저 축적된 다음 위험자산이 축적되는 경향이 발견된다. 한국 가계의 저축 및 금융자산의 구성은 은행예금, 보험 등 안전자산에 집중되어 있으면서 주식 등 위험자산의 비중은 상대적으로 낮다[정운영, 2008: 82]. 국내 가구도 실물자산을 마련한 다음 다른 자산을 보유하는 순서를 보인다[정운영, 2008: 90]. 임경묵[2004]도 유사한 결과를 확인하고서, 그 원인을 국내 주택정책에서 찾고 있다. 즉 무주택가구 상당수가 아파트를 분양받기 위하여 주택청약저축 등에 가입하려는 성향이 강하다는 것이다. 주택을 보유하게 되면 그 필요성이 없어지기 때문에 주식 등 위험자산에 본격적으로 투자할 수 있게 된다.

<그림 6-1>은 국내 가구의 자산구성을 순자산 분위로 나누어 보여주고 있다. 통계청 가계금융복지조사의 항목 중 위험자산으로 볼 수 있는 것은 금융자산 중 '기타저축'

이다. 흥미로운 것은 순자산이 높아진다고 해서 이 비중이 늘어나지 않는다. 오히려 순자산 1분위에서 1.37%로 가장 높으며 이후 1% 수준을 유지하며, 순자산 5분위에서는 0.60%로 절반 수준으로 낮아진다. 반면 부동산자산의 비중은 순자산이 많을수록 더 커진다. 거주주택의 경우 순자산 1분위에서는 11.6%를 차지하지만, 이 비율은 점차 증가하여 순자산 4분위에서 약 52.5%에 이른다. 다만 순자산 5분위에서 이 비율은 45.9%로 하락한다. 거주주택 이외 부동산을 모두 합친 부동산자산의 비중은 순자산 1분위 약 20.7%에서 계속 증가, 순자산 5분위에서는 80.0%의 값을 보인다. 현 거주주택의 전월세보증금까지 감안하면 순자산 5분위의 비중은 83%에 이른다.

그림 6-1. 순자산분위별 가구의 자산구성

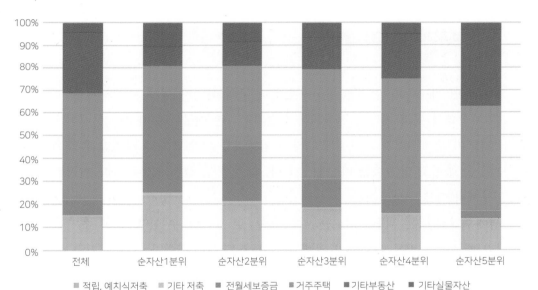

■ 적립, 예치식저축 ■ 기타 저축 ■ 전월세보증금 ■ 거주주택 ■ 기타부동산 ■ 기타실물자산

*자료: 통계청, 가계금융복지조사 (2022년)

<표6-1>을 통해 한국의 실물자산 및 금융자산의 비중을 다른 국가들과 비교할 수 있다. 미국, 일본, 영국, 호주 등과 비교할 때 국내 가구의 실물자산 비중이 가장 높은 것을 알 수 있다. 특히 금융자산의 비중과 실물자산의 비중은 미국의 가구와 한국의 가구가 거의 반대의 모습을 보인다. OECD 국가들 중에서 금융자산에 대한 통계가 가능한 국가들 대부분은 부동산을 포함한 실물자산의 비중이 70%를 넘지 않는다[박은혜 · 정순희, 2013].

국내 가구의 실물자산 비중은 다른 나라와 비교할 때 분명히 특기할 만하다.

 표6-1. 실물자산과 금융자산의 상대적 비중

	한국	미국	일본	영국	호주
실물자산	73.2%	29.3%	39.9%	50.4%	60.4%
금융자산	26.8%	70.7%	60.1%	49.6%	39.6%

주: 한국은 2014년, 미국은 2013년, 일본과 영국은 2012년, 호주는 2013년 2Q 기준
자료: 통계청(2014 가계금융·복지조사), 각국 중앙은행, "주요국 가계 금융자산 비교", 금융투자협회(2014)에서 재인용
*출처: 연태훈(2015), 10쪽.

2 고령가구의 자산구조 결정

　그렇다면 가구주의 연령은 자산구조의 결정에 어떠한 영향을 미치는가? 안전자산 및 위험자산의 선택과 어떻게 연관되어 있는가? 기존 연구들에 따르면 연령이 높아짐에 따라, 가구의 생애주기가 이행됨에 따라 위험자산을 더 보유하려 하지만 은퇴 이후에는 위험자산을 줄이고 안전자산 비중을 늘린다. 그 이유는 생애주기에 따라 재정적 욕구와 목표, 문제가 다르기 때문이다.

　생애주기에 따른 위험회피도는 <그림 6-2>로 요약할 수 있다. 생애 초기에는 소득이 적기 때문에 소비를 유지하기 위해 차입을 하는 등 부^{wealth}가 거의 없거나 매우 미미한 수준이다. 중장년기에는 소득이 증가하면서 본격적으로 부를 축적할 수 있다. 손실이 발생하더라도 이를 회복할 수 있는 기간이 상당히 있으므로 위험자산에 투자하는 비중을 높여 자산의 기대수익률도 높일 수 있다. 위험회피도가 낮아진다는 것이다. 은퇴 시기가 가까워오면 손실회복을 위한 자산이나 기간이 점차 감소, 위험회피도는 다시 증가한다.

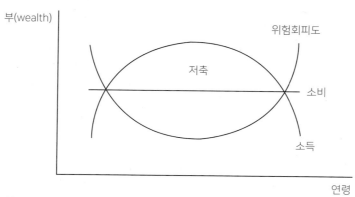

그림 6-2. 위험회피도와 연령과의 관계

부(wealth)

위험회피도

저축

소비

소득

연령

*출처: 여윤경·주소현(2009), 2112쪽.

그렇다면 고령가구는 부동산자산을 줄일 것인가? 유지하거나 늘릴 것인가? 지난 장까지의 논의를 토대로 할 때 줄여야 할 이유도 있고, 그렇지 못할 이유도 있다. 줄여야 하는 이유는 대표적으로 생애주기 가설에서 찾을 수 있다. 은퇴 이후 부족한 소득을 충당하기 위해 그간 여유소득으로 축적한 자산을 사용하며, 이 자산 중 하나가 부동산자산이 될 수 있다는 것이다. 고령기 부족한 소득을 충당하는 주된 출처가 부동산자산이기에 고령가구의 부동산자산은 점차 줄어들게 된다.

그러나 반드시 이렇게 흘러가지 않을 수 있음을 앞서 확인한 바 있다. 부동산자산은 고령가구가 급하다고 사용하는 자산이 아니라 자녀에게 물려주어야 할 자산으로, 급한 비용은 자녀에게 지원을 받더라도 부동산자산은 계속 보유하려 할 수 있다. 부동산자산, 특히 거주주택 자산은 가구가 혹시나 있을 큰 지출에 대비하여 생애 마지막까지 가지고 있어야 할 자산일 수 있다. 이러한 이유로 부동산자산 혹은 거주주택 자산은 일반 자산 계정과 다른 별도의 정신적 자산계정에 존재할 수 있다.

국내 가구에게 있어 부동산자산이 안전자산인지, 위험자산인지에 대한 논의도 중요하다. 만약 위험자산이라면 고령가구가 줄이려 하겠지만 안전자산이라면 늘리는 것이 바람직하기 때문이다. 이에 대해 김대환[2017]은 최적포트폴리오 이론에 기초해 자산의 위험 및 위험 대비 수익률을 분석하였다. 주택자산은 주식에 비해 낮은 위험도를 지니지만, 다른 자산에 비해 위험 대비 수익률은 높은 것으로 나타났다. 주택자산으로의 분산

투자 혜택은 매우 크며, 이는 연간 은행이자율이 1%p 높아지는 것과 동일한 결과를 가져다주고 있다. 실증분석을 통해 구한 주택자산의 최적 비중은 73%에 이른다. 즉 70%가 넘는 비중을 차지한다고 하더라도 이를 지나치게 높은 비중으로 보기 어렵다는 것이다. 이처럼 주택자산은 안전자산이면서도 수익률이 높기 때문에 가구자산에서 많은 비중을 차지하는 것이 당연하다는 결론에 이르고 있다.

고령가구가 부동산자산을 선호하는 까닭으로 부동산자산을 통해 자산이 더 늘어날 수 있다는 이유를 들 수 있다. 우선 부동산을 임대함으로써 임대소득을 얻을 수 있다. 뿐만 아니라 부동산은 보유기간 동안 가격이 오를 가능성이 있으므로, 가격상승에 따른 시세차익도 얻을 수 있다[최효비 외, 2016: 149]. 특히 현재의 고령가구는 과거 지속적인 부동산가격 상승을 경험한 세대이기 때문에, 부동산을 통해 수익을 창출할 수 있다는 강한 믿음을 가질 공산이 크다[신지호·최막중, 2013]. 게다가 부동산자산 중 주택자산은 이 시세차익과 함께 주거서비스도 제공한다. 자산으로서 부동산이 갖는 매력은 더 커지는 것이다.

이와 관련, 부동산시장의 가격 변화를 사람들이 어떻게 전망하는지 이해할 필요가 있다. 크게 두 가지 방법이 있다[최영걸 외, 2004]. 먼저 적응적 기대 가설로서, 이는 일정 기간 새로운 정보를 습득하면서 미래 예측의 과오를 알고, 예측상의 오차를 일정 부분 수정 또는 적응시켜가는 것을 뜻한다. 주택시장에 적용하자면 향후 기대가격은 과거로부터 현재까지의 가격 추세에 의해 결정되는 것으로 본다. 현재 주택시장에 영향을 미칠 수 있는 경제적 요인보다는 이 추세에 의해 향후 가격이 결정된다는 것이다. 그렇게 된다면 가격이 상승할 때 미래 가격도 상승할 것으로 기대, 그로 인한 시세차익을 목표로 한 수요가 생길 수 있으며, 이로 인해 다시 가격이 상승하는 순환 구조로 인해 가격 거품[bubble]이 체계적으로 나타날 수 있다. 이와 달리 합리적 기대 가설에 따르면 경제주체들은 각자가 보유하고 있는 포괄적인 경제정보를 기반으로 적합한 경제이론에 입각, 그들의 경제행위를 반영하는 경제모형과 일관되도록 기대가격을 설정할 수 있다. 과거로부터의 가격 추이는 향후 가격에는 영향을 주지 못한 채 오로지 현재의 수급 상황에 의해 가격은 결정된다. 이로 인해 시장에서 균형가격은 신속히 도달될 수 있는 것이다. 최영걸 외[2004]에 따르면 이 중 서울 주택시장에서 지배적으로 확인되는 가설은 적응적 기대 가설로 나타났다. 외부의 경제 충격이 있을 때를 제외하고 국내 부동산가격은 지속적인 상승 기조를 유지하였기 때문에 가구는 계속 가격상승을 전망함을 뜻하며, 이는 고령가구가 부동산자산을 계속 보유하게 만드는 요인으로 작동하게 된다.

부동산자산에 대한 고령가구의 선호는 소득수준에 따라 달라질 수도 있다. 고소득 가구는 여유소득이 있기 때문에 생계를 위해 부동산자산을 처분하지 않아도 된다. 그러나 저소득가구는 당장의 부족한 소득을 충당할 다른 대안이 없기 때문에 부동산자산을 처분할 수밖에 없다는 것이다. 가구소득이 이처럼 차별적 영향을 가하는지도 신중히 살펴볼 필요가 있다.

3 실증연구의 결과

앞서 <그림 3-20>을 통해 통계청 가계금융복지조사 자료를 기초로 가구주 연령에 따른 세부자산의 규모 및 구성비를 살펴본 바 있다. 가구주의 연령이 높을수록 순자산의 규모는 커지지만 60세 이상에서는 다소 감소한다. 그리고 가구주의 연령이 높을수록 거주주택, 거주주택 이외 부동산자산의 증가가 확인된다. 부동산자산의 증가는 구성비를 통해 보다 분명히 나타난다. 29세 이하에서는 저축액, 전월세보증금 등이 높은 비중을 보였으나, 이후 부동산자산의 비중이 크게 늘어난다. 부동산자산 비중은 29세 이하에서는 37.7%에서 30대에서는 61.9%로 크게 증가하며, 이후 연령대에서도 계속 높아져 60세 이상에서는 79.7%에 이른다.

실제 고령가구가 부동산자산을 줄이는지 살펴본 연구로는 지난 장부터 계속 언급하고 있는 김준형·김경환[2011]을 들 수 있다. 한국노동패널조사자료에 포함된 가구들을 대상으로 총자산, 부동산자산 및 부동산자산의 비중을 2차년도[1999년] 및 11차년도[2008년] 시점을 기준으로 산정, 비교하였다. 그 결과 은퇴시기나 그 이후 부동산자산은 규모나 비중이 더 상승하는 것으로 나타났다[표 6-2]. 분석기간을 2004~2008년으로 조정하더라도 결과는 마찬가지이다. 55세 이후 가구에 있어 부동산자산은 그 규모나 비중 모두 이 기간에 늘어난다[표 6-3].

표6-2. 가구주 연령대별 부동산자산의 변화(1999~2008년)

구분	1999년			2008년			변화	
	총자산	부동산 자산	비중	총자산	부동산 자산	비중	총자산	부동산 자산
전체	8,022	6,656	78.7	22,227	20,232	88.9	8,816	8,640
35세 미만	5,296	4,163	72.2	18,877	17,031	85.5	9,004	8,739
35~45세	7,271	5,822	77.9	21,926	20,213	89.8	9,339	9,387
45~55세	9,818	8,169	79.0	27,629	24,903	88.9	11,113	10,697
55~65세	9,304	7,888	80.5	22,757	20,734	89.6	7,936	7,816
65~75세	7,696	6,831	86.0	15,682	14,263	90.0	4,185	3,982
75세 이상	7,261	6,559	86.1	15,735	14,528	89.0	4,660	4,447

주: '비중'은 부동산자산이 총자산에서 차지하는 비중의 평균으로 산정
*단위: 만 원, %. 연령구분은 1999년 기준
*출처: 김준형·김경환(2011), 68쪽.

표6-3. 가구주 연령대별 부동산자산의 변화(2004~2008년)

구분	2004년			2008년			변화	
	총자산	부동산 자산	비중	총자산	부동산 자산	비중	총자산	부동산 자산
전체	13,339	11,753	85.2	22,227	20,232	88.9	5,475	5,321
35세 미만	7,002	6,070	80.2	18,877	17,031	85.5	6,290	5,714
35~45세	12,267	10,778	84.9	21,926	20,213	89.8	5,788	5,701
45~55세	16,319	14,727	88.2	27,629	24,903	88.9	5,103	5,033
55~65세	17,370	14,947	87.0	22,757	20,734	89.6	6,920	6,687
65~75세	12,446	11,023	83.3	15,682	14,263	90.0	3,669	3,673
75세 이상	10,973	9,627	85.0	15,735	14,528	89.0	2,649	2,946

주: '비중'은 부동산자산이 총자산에서 차지하는 비중의 평균으로 산정
*단위: 만 원, %. 연령구분은 2004년 기준
*출처: 김준형·김경환(2011), 69쪽.

조성호·정의철[2014]은 통계청 가계금융복지조사 자료를 사용, 부동산자산, 거주주택 자산, 거주주택 외 부동산자산, 그리고 총자산 대비 부동산자산 비중, 총자산 대비 거주주택 자산 비중, 총자산 대비 거주주택 외 부동산자산의 비중 등에 영향을 미치는 요인들을 파악하고자 하였다. 분석결과 연령은 부동산자산, 거주주택 자산, 거주주택 외 부동산자산 모두에서 통계적으로 유의한 양의 값으로 추정되었다. 이는 연령이 많을수록 이 자산들이 모두 증가함을 의미한다. 연령제곱항의 추정계수는 음으로 추정되는데, 이는 연령이 높을수록 많아지지만 그 증가 정도는 점차 감소함을 뜻한다. 연령이 미치는 영향은 부동산자산은 91세, 거주주택 자산은 94세, 그리고 거주주택 이외 부동산자산은 74세를 기준으로 연령의 영향이 음의 값으로 바뀐다[표6-4]. 부동산자산의 규모뿐만 아니라 전체 자산에서 차지하는 비중에 대해서도 연령은 양의 값으로 추정된다. 이는 연령이 높을수록 부동산자산에 대한 의존도가 높아짐을 의미한다[표6-5].

표6-4. 추정결과

설명변수	총부동산자산		거주주택자산		거주주택외 부동산자산	
	추정계수	t-값	추정계수	t-값	추정계수	t-값
상수항	-213.80***	-34.47	-105.36***	-34.24	-343.59***	-31.06
연령	4.19***	18.87	1.99***	18.23	6.87***	17.82
연령제곱	-0.02***	-11.45	-0.01***	-10.69	-0.05***	-13.01
성별(남성=1)	3.63**	2.58	1.85***	2.67	6.42***	2.72
교육수준	6.72***	19.50	3.35***	19.81	6.96***	12.90
혼인상태(배우자있음=1)	13.73***	9.55	7.40***	10.47	18.07***	7.55
가구원 수	0.54	1.20	1.43***	6.45	-1.60**	-2.22
소득	6.22***	41.59	2.06***	28.20	6.63***	29.52
소득제곱	-0.04***	-19.52	-0.01***	-14.33	-0.04***	-14.20
거주지역(수도권=1)	7.90***	8.87	5.24***	11.94	-1.25	-0.87
σ_ε	54.23***	158.61	26.17***	142.18	73.01***	105.07
log-likelihood	-75,472		-58,946		-41,038	

주: *** p<0.01, ** p<0.05, * p<0.1
　가구주 교육수준은 무학 1, 초등학교 2, 중학교 3, 고등학교 4, 전문대학 5, 4년제대학 6, 대학원 7로 측정함.
*출처: 조성호·정의철(2014), 33쪽.

표 6-5. 추정결과

설명변수	총부동산자산 비율		거주주택자산 비율		거주주택외 부동산자산 비율	
	추정계수	t-값	추정계수	t-값	추정계수	t-값
상수항	-132.27***	-23.32	-115.48***	-17.75	-254.20***	-28.55
연령	3.75***	18.39	2.82***	12.12	5.69***	18.38
연령제곱	-0.02***	-11.46	-0.01***	-7.06	-0.04***	-13.93
성별(남성=1)	5.58**	4.29	4.16**	2.80	6.71***	3.53
교육수준	2.11***	6.46	0.44	1.18	4.03***	9.09
혼인상태(배우자있음=1)	19.83***	14.79	16.63***	10.89	17.89***	9.26
가구원 수	3.33***	7.84	5.11***	10.61	-0.99*	-1.69
소득	1.93***	13.50	0.83***	5.11	3.29***	17.23
소득제곱	-0.02***	-8.50	-0.01***	-3.86	-0.02***	-9.11
거주지역(수도권=1)	-9.16***	-10.90	-9.58***	-9.99	-10.02***	-8.48
σ_ε	52.51***	147.89	57.94***	135.90	61.49***	95.70
log-likelihood	-76,854		-68,956		-40,923	

주: *** p<0.01, ** p<0.05, * p<0.1
　　가구주 교육수준은 무학 1, 초등학교 2, 중학교 3, 고등학교 4, 전문대학 5, 4년제대학 6, 대학원 7로 측정함.
*출처: 조성호·정의철(2014), 34쪽.

　　신지호·최막중[2013]은 김준형·김경환[2011]과 마찬가지로 한국노동패널조사자료를 사용하였다. 역시 유사하게 2차년도(1999년)와 12차년도(2009년) 자료를 비교, 10년간의 변화를 분석하였다. 다른 연구와 달리 은퇴 여부를 연령이 아닌 주당 노동시간 30시간을 기준으로 사용하였다. 구체적으로 1999년 시점에 50~69세에 해당하는 중고령자를 추출하였으며, 두 시점 모두 주당 노동시간이 30시간 미만일 때 은퇴자, 두 시점 모두 주당 노동시간이 30시간 이상일 때를 비은퇴자로 구분하였다. 이들 두 집단 간의 자산 변화는 <표 6-6>과 같다. 은퇴집단 내에서는 약 3천 6백만 원의 순자산 증가가 나타났다. 비율로서는 19.7%의 증가이다. 금융자산은 16.7%가 감소한 반면, 부동산자산은 17.7% 증가한다. 액수로 보면 부동산자산은 1억 8천만 원에서 2억 1천만 원으로 약 3천 2백만 원이 증가하였다. 부동산자산을 거주주택과 거주주택 이외 부동산으로 구분하면 거주주택은

1억 3천만 원에서 1억 8천만 원으로 약 4천 9백만 원(38.4%) 증가한다. 반면 거주주택 이외 부동산은 5천 5백만 원에서 3천 8백만 원으로 1천 7백만 원(30.1%) 감소한다. 금융자산과 거주주택 이외 부동산자산은 줄이지만, 동시에 거주주택 자산은 늘린다는 것이다.

표6-6. 은퇴집단 및 비은퇴집단의 평균 자산 변화(만 원)

구분		1999	2009	증감	증감율
은퇴집단	총자산	20,137	23,025	+2,888	14.3%
	부채	2,061	1,380	-681	-33.1%
	순자산	18,076	21,645	+3,569	19.7%
	금융자산	1,972	1,642	-330	-16.7%
	부동산자산	18,165	21,383	+3,217	17.7%
	거주주택	12,681	17,549	+4,868	38.4%
	거주주택외 부동산	5,484	3,833	-1,651	-30.1%
참조집단	총자산	21,335	31,452	+10,117	47.4%
	부채	3,670	3,363	-307	-8.4%
	순자산	17,666	28,089	+10,423	59.0%
	금융자산	2,027	2,367	+341	16.8%
	부동산자산	19,309	29,084	+9,776	50.6%
	거주주택	13,319	20,132	+6,813	51.2%
	거주주택외 부동산	5,990	8,952	+2,963	49.5%

*출처: 신지호·최막중(2013), 205쪽.

부동산자산 감소를 종속변수로 한 이항로짓모형을 추정한 결과[표6-7], 은퇴 여부는 통계적으로 유의하지 않았다. 이는 은퇴 자체가 부동산자산의 축소를 야기하지 않음을 뜻한다. 지역주택가격상승률이 낮을수록 부동산자산을 축소하는 것으로 나타나는데, 이는 역으로 가격이 상승하는 지역에서 부동산자산을 계속 보유하려는 경향이 존재함을 뜻한다. 저자는 이를 통해 "부동산가격이 상승할 것으로 기대되는 특정 상황에서는 부동산자산의 유동화를 초래하는 은퇴효과가 보편적으로 발생하기 어려"운 것으로 해석하고 있다[210쪽]. 순자산 자체는 통계적으로 유의하지 않은데, 이는 순자산이 적다고(혹은 많다고) 부동산자산을 축소하지는 않는다는 것이다. 그러나 은퇴 후 순자산이 큰 집단에서는 부동산자산을 축소하기도 한다. 이는 일부 다운사이징이 나타날 수 있다는 증거이다. 소득을 대리하는 지표로 소비지출액을 사용하였는데, 이는 통계적으로 유의하지 않다. 다만 은퇴 시기에는 통계적으로 유의한 음의 영향을 미친다. 즉 은퇴 이후 소득이 낮은 집단에 대해서는 부동산자산 축소 경향이 나타난다는 것이다. 이에 대해 "부동산가격의 상승을 기대하기 어려운 상황에서는 은퇴계층의 부동산자산 처분이 보다 보편적으로 발생할 수 있고, 이는 특히 소득수준이 낮거나 자산수준이 높은 은퇴계층에서부터 보다 극명하게 나타날 수 있음"[210쪽]을 보여주는 증거로 보았다. 그 외 가구원수가 감소할수록, 의료비 지출액이 클수록 부동산자산을 축소하는 것으로 나타났다.

표6-7. 이항로짓분석의 결과

종속변수 부동산자산 감소=1, 증가=0	추정계수	표준오차	VIF
은퇴여부(은퇴=1, 참조=0)	0.1422	0.207	1.08
지역 주택가격상승률(배수)	-0.0440***	0.010	1.91
은퇴*지역 주택가격상승률	-0.0048	0.015	1.89
점유형태(임차=1, 자가=0)	0.3017	0.225	1.22
주택유형(아파트=1, 기타=0)	0.1855	0.232	1.11
순자산(천만 원)	0.0078	0.006	2.39
은퇴*순자산	0.0309***	0.012	2.25
소비지출액(만 원/월)	-0.0006	0.002	2.31
은퇴*소비지출액	-0.0070**	0.004	1.95
미혼자녀수(명)	-0.3229	0.250	1.34
가구원수 변화(명)	-0.1730**	0.087	1.28
배우자 유무(무=1, 유=0)	0.3617	0.243	1.19
의료비 지출액(만 원/월)	0.0301**	0.012	1.05
상수	-0.5759	0.267	
N=521, log likeilihood=-316.64, LR X^2(13)=85.43 Pseudo R^2=0.1189			

*** $p<0.01$, ** $p<0.05$, * $p<0.1$

*출처: 신지호·최막중(2013), 209쪽.

4 소결

지금까지 고령가구의 부동산자산 변화에 대해 살펴보았다. 먼저 가구의 자산구조 결정에 대한 이론을 검토하였다. 가계포트폴리오에 포함될 수 있는 다양한 자산들이 존재하며, 이는 크게 실물자산과 금융자산으로 구분된다. 부동산자산은 실물자산에 포함된다. 가구는 이 포트폴리오를 수익성과 안전성을 기준으로 구성한다. 안전성이 낮은 위험자산은 보통 높은 수익률을 가져다주기에 선호되기도 한다. 안전자산과 위험자산의 배분은 소득, 자산, 교육수준, 가구의 생애주기 등이 영향을 미친다. 순자산이 높을수록 위험자산의 비중이 높아지는 것으로 알려져 있지만, 국내 가구들은 순자산이 높더라도 위험자산의 비중이 높아지지는 않는다. 다른 나라들과 비교할 때 국내 가구의 실물자산 비중은 매우 높으며, 금융자산의 비중은 매우 낮은 편이다.

고령가구는 생애주기가설에 의거, 노후의 부족한 소득을 충당해야 하므로 부동산자산을 줄일 수 있다. 그러나 부동산자산은 예비적 저축이며 상속해야 할 자산으로 별도의 정신적 자산계정에 존재할 수 있다. 부동산자산이 줄어들지 않을 이유이다. 부동산자산은 임대소득, 시세차익 등을 가져다준다는 점에서 고령가구가 더 선호할 수 있다. 게다가 부동산자산 중 주택자산은 주거서비스도 제공한다. 부동산시장의 가격 전망에서 적응적 기대가설이 작동된다면, 미래 가격도 계속 상승할 것으로 예측하므로 부동산을 계속 보유하는 결정을 하기 마련이다. 고령기에 위험회피도가 커지므로 위험자산보다 안전자산의 비중을 늘릴 가능성이 크다. 그러나 부동산자산은 위험자산이라기보다 안전자산에 가깝다. 게다가 수익률도 높다. 부동산자산의 비중이 커질 가능성이 높은 이유이다.

실제 자료를 살펴본 결과, 가구주의 연령이 높을수록 부동산자산의 비중은 늘어난다. 실증연구에서도 은퇴 이후 연령대에서 부동산자산은 그 규모나 비중 모두에서 늘어나는 것으로 나타난다. 연령이 높을수록 부동산자산, 거주주택 자산, 거주주택 이외 부동산자산 모두 증가한다. 그 비중도 마찬가지이다. 은퇴 자체가 부동산자산의 축소를 야기하지는 않는다. 다만 은퇴 이후 소득이 낮은 집단 내에서는 부동산자산 축소가 나타나는 정도이다.

복습문제

1 다음 중 개념과 설명이 잘못 연결된 것은?

① 가계포트폴리오 – 가구의 자산을 여러 형태로 나누어 투자한 것

② 분산효과 – 하나의 자산에 집중투자할 때보다 여러 자산에 나누어 투자할 때 전체 위험이 감소

③ 적응적 기대 가설 – 수급구조를 고려하여 적정 주택가격을 판단. 시장균형이 신속히 달성

④ High Risk High Return – 기대수익과 위험률과의 관계

2 다음 중 실물자산에 포함되지 않는 것은?

① 주택

② 전월세보증금

③ 권리금

④ 자동차

⑤ 부동산 계약금 및 중도금

3 연령의 증가에 따라 나타나는 변화에 대한 일반적 설명이다. 옳지 않은 것은?

① 위험회피도는 높아졌다가 낮아진다.

② 소득은 증가하였다가 감소한다.

③ 소비는 동일한 수준을 유지하고자 한다.

④ 저축은 증가하였다가 감소한다.

4 가장 최신의 통계에 따르면, 우리나라 가구의 실물자산 비중은 대략 얼마인가?

① 28%

② 38%

③ 58%

④ 68%

⑤ 78%

5   고령가구가 부동산자산을 계속 보유하거나 늘리는 이유로 보기 어려운 것은?

① 생애주기 가설

② 상속 유인

③ 예비적 저축

④ 정신적 자산 계정

⑤ 시세차익 및 임대소득

부동산자산의 이전

REAL ESTATE IN THE AGING SOCIETY

제7장

부동산자산의 이전

　　지난 장까지 고령가구의 주택 및 부동산자산의 다운사이징을 살펴보았다. 다운사이징은 주거면적의 감소, 자가에서 임차로의 이동, 그리고 자산규모의 축소 등의 형태로 전개된다. 그러나 이는 어디까지나 다운사이징의 결정을 고령가구로 한정해 접근한 논의이다. 실제로 고령가구의 부동산 다운사이징은 해당 세대의 관점으로만 접근된다고 보기는 어렵다. 특히 자녀 세대는 부모 세대의 부동산 다운사이징 결정에 적지 않은 영향을 미칠 수 있다. 이 맥락에서 본 장에서는 고령가구의 부동산자산의 활용 및 처분을 자녀 세대까지 넓혀 살펴보고자 한다. 무엇보다도 자녀 세대에게 고령가구의 주택자산이 증여나 상속 등을 통해 원활히 이전되는지 여부가 논의의 초점이다.

　　이 역시 고령화가 부동산시장에 미치는 영향과 밀접하게 연관되어 있다. 부동산자산이 증여, 상속을 통해 자녀에게 원활하게 이전된다면, 고령화가 심화되더라도 부동산시장이 크게 침체되지 않을 것이다. 반대로 부동산자산이 자녀 세대에게 이전되기보다 부모 세대의 부족한 생활비를 충당할 목적으로 사용된다면, 그러한 부모 세대가 늘어나는 부동산시장은 침체를 경험할 수 있다. 과연 현재 우리의 상황은 어떠한가?

1 자산이전에 대한 이론

부모 세대의 자산은 자녀 세대로 얼마든지 이전될 수 있다. 이전은 현금이나 현물 자산과 같이 금전적 형태로도 이루어지며, 시간이나 교육 등 서비스와 같이 비금전적 형태로도 이루어진다. 자산 이전은 부모가 사망한 뒤 '상속'으로 이루어질 수 있으며, 부모가 생존한 기간 내 '증여'로도 가능하다. 물론 자원이 늘 부모 세대에서 자녀 세대로만 이전되는 것은 아니다. 자녀 세대가 경제적으로 어려운 부모 세대를 지원하기 위해서도 자산을 이전할 수 있으며, 부모 세대와 자녀 세대 간의 양방향 이전도 얼마든지 가능하다.

앞에서 빈번히 등장한 생애주기 가설은 자녀 세대로의 자산 이전과도 밀접하게 연관되어 있다. 생애주기 가설 내에서 가구는 생애주기 전체에 걸쳐 효용을 극대화한다. 고령기에 소득이 줄어드는 것을 감안, 그 전에 소비지출을 줄이고 저축을 한다. 이를 통해 축적된 자산을 고령기에 인출하여 사용하는 것이다. 이처럼 생애주기 가설은 한 세대의 생애주기 내에서 효용극대화를 추구하는 가구를 가정한다. 이론상으로는 가구의 생애가 종료되는 시점에 모든 자산이 소진된다. 이 가구의 계획대로라면 부동산 등 모든 자산은 자녀 세대에게 이전되지 않는다. "평생 벌고 다 쓰고 떠난다"로 요약가능한 것이다유승동·김주영, 2014. 설령 사망 등으로 인해 자녀 세대로 자산이 이전되더라도 이는 부모세대가 의도하지 않은 우발적accidental 유산상속 가설과 밀접하게 연관되어 있다.

생애주기 가설의 이러한 주장에 대해 비판은 적지 않다. Bernheim[1987]은 생애주기 가설이 맞다면 은퇴 이후 자산이 줄어들어야 한다고 보았다. 미국의 은퇴이력조사Retirement History Survey 자료를 분석한 결과, 은퇴 가구는 자산이 연평균 1~1.5% 감소하였다. 그러나 이는 평균에 불과하였으며, 실제 은퇴한 단독가구 중 42~55%, 그리고 은퇴한 부부가구 중 38~52%는 오히려 자산을 증가시키고 있었다. 은퇴 이후 오히려 자산을 늘리는 가구가 상당한 비율을 차지하는 것은 생애주기 가설로 설명하기 어렵다. 그리고 은퇴 이후에도 자산을 늘리는 이유 중의 하나는 자녀 세대로의 자산 이전 동기로 해석할 수 있다.

Kolikoff & Summers[1981] 역시 생애주기 가설을 비판한다. 생애주기 가설은 '개인이 자산을 받거나 남기기를 기대하지 않는다'라는 가설에 기초해 있다. 그러나 시계열 자료를 분석한 결과, 미국 가구의 자산 대부분이 세대 간 자산이전을 통해 형성됨을 발견, 이

가설에 문제가 있음을 지적하였다. 즉 가구의 저축 등 자산 축적 행위는 단순히 고령기의 생계유지뿐만 아니라 자산의 세대 간 이전을 목적으로도 얼마든지 진행될 수 있다.

McGarry[2001]는 생애주기 가설의 효용함수에 대해 비판을 가하였다. 가구가 생애에 걸친 효용을 극대화한다는 가정이 너무 제한적이라는 지적이다. 부모의 효용 함수 내에는 자녀의 삶도 포함될 수 있다. 부모 세대의 효용뿐만 아니라 자녀 세대의 효용까지 극대화하려는 것이 더 정확할 수 있으며, 이 관점 하에서 가구는 잔여 자산을 다 소진하지 않고 자녀 세대로 이전할 수 있다는 것이다. 실제 독신이나 사별, 이혼한 가구들은 자녀에게 약 38%의 자산을 이전한다는 결과까지 보고하였다.

오히려 부모 세대에서 자녀 세대로 자원이 이전될 수밖에 없음을 설명하는 이론들이 적지 않다. 첫째는 이타주의[altruism] 이론이다. 자녀의 효용은 부모의 효용을 결정하는 중요한 요인이기 때문에, 즉 자녀가 행복하게 산다는 사실만으로 부모는 충분히 행복하기에, 부모는 대가를 바라지 않고 기꺼이 자녀에게 자원을 이전한다는 것이다. 이는 경제적으로 어려운 자녀에게 더 많이 지원하는 요인이 되기도 한다. 실제로 Tomes[1981]에 따르면 부모의 소득 및 교육수준이 일정할 때 자녀소득이 낮을수록 유산상속액이 증가하였다.

한편 부모 세대에서 자녀 세대로의 자산 이전은 철저한 교환[exchange]으로 보기도 한다. 부모가 가진 금전적 자원과 자녀가 가진 시간 자원이 상호 교환된다는 것이다. 자녀의 관심, 방문, 돌봄 등의 '서비스'를 부모가 금전으로 '구매'하는 것으로 본다. 이는 전략적[strategic] 유산상속 가설과 맥을 같이 한다. 자녀들이 부모에게 제공하는 서비스의 대가로 부모가 자신의 소유자산을 이전한다. 아무래도 자녀가 풍족할수록 이와 같은 서비스가 원활히 제공되기 때문에 부모가 상속하는 유산의 규모는 자녀의 경제력이 양호할수록 커진다. 이는 이타주의 이론과 상반된다. 실제 Bernheim et al.[1985]에 따르면 유산상속액은 자녀의 방문횟수가 많을수록 늘어나며, Cox[1987] 역시 유산상속액과 자녀의 소득이 양의 관계를 가짐을 밝히는데 이는 전략적 유산상속 가설을 뒷받침하는 결과이다.

자녀 세대로의 자산 이전이 일종의 보험[insurance]이라는 주장도 있다. 자산 이전이 향후 부모 세대의 소득이 변동할 때 활용할 수 있는 보험 역할을 한다는 것이다. 자녀가 일종의 신용 시장 역할을 할 수도 있다. 미래 기대소득이 현재보다 높지만 이것이 일반 신용 시장에서 인정되지 않을 때, 가족이 이를 대체하여 금전적 자원을 제공하는 것이다. 비교 우위$^{comparative\ advantage}$로도 설명한다. 부모 세대는 상대적으로 금전이 풍부한 반면, 자녀 세대는 상대적으로 시간이 풍부하기 때문에 시간 자원과 금전 자원을 대체하는 것이 서로의 비교 우위에 부합한다는 것이다. 따뜻한 불빛$^{warm\ glow}$ 동기는 부모가 자녀의 필요 여부와 관계없이 도움을 주는 것 자체로 효용을 얻기에 지원한다는 주장이다.

마지막으로는 전술한 우발적 유산상속 가설을 들 수 있다. 계획대로 살 수 있다면 이전할 자산이 거의 없게 되지만, 계획대로 사는 것이 현실적으로 불가능하므로 유산은 우연히 상속된다는 것이다. 이 점에서 유산상속은 비자발적, 우연적 행위이다. Hurd & Mundaca[1989]에 따르면 가장 소득이 높은 집단 내에서 총자산 대비 증여액의 비중은 10%를 넘지 않는다. 반면 유산상속액은 50%를 넘는다. 하나금융그룹[2013]의 PB고객 설문조사에서도 사전증여보다 사후상속을 선호한다. 이는 우발적 상속가설을 지지한다.

자산 이전과 연관된 중요한 이슈는 바로 세대 간 이동성$^{intergenerational\ mobility}$이다. 단어 자체는 부모 세대와 자녀 세대 간의 사회적 지위$^{social\ status}$의 변화를 지칭한다. 만약 부모 세대와 자녀 세대의 사회경제적 지위가 서로 유사하다면 세대 간 이동성은 낮다. 반면 부모 세대와 자녀 세대의 사회경제적 지위가 서로 다르다면 세대 간 이동성은 높다. 세대 간 이동성에 대한 관심은 주로 사회적 지위가 높고 경제적으로 부유한 부모에게서 자란 자녀가 성인이 되는 과정에서 부모의 사회·경제적 자산을 얼마나 획득하는지에 있다. 만약 한 사회의 세대 간 이동성이 낮다면 부모의 자산이 자녀에게 전이됨으로써 자녀 세대의 선발이익$^{head\text{-}start\ advantage}$을 발생시키고, 이로 인해 자녀 세대 내에서 경제적 격차는 더 커지기 마련이다.

Gale & Scholz[1994]에 따르면 미국에서 총자산 축적의 20%가 증여에 의해, 그리고 31%가 유산 상속에 의해 이루어진다. 총자산의 50% 이상이 부모 세대로부터 이전된다는 것이다. Piketty[2014]도 증여에 의한 자산 이전이 유산 상속에 의한 이전만큼 중요하며, 증여의 대부분은 부동산의 형태로 진행됨을 지적하였다. 15년 동안 미국의 가구를 대상으로 진행된 PSID$^{Panel\ Study\ of\ Income\ Dynamics}$를 분석한 Shapiro[2004]에 따르면 백인 부모는 흑인 부모보다 2.4배 많은 부를 보유하며, 이 부가 자녀에게 그대로 이전된다.

김희삼[2009]은 한국노동패널조사 자료를 활용, 세대 간 이동성을 살펴보았다. 이를 통해 아버지의 월평균 임금이 2배일 때 아들의 월평균임금을 14.1% 높이는 효과가 있음을, 그리고 부모의 연소득이 2배인 가구에서 분가한 아들의 연소득이 평균 12.2% 높음을 확인하였다. 그러나 국내의 세대 간 이동성은 영미권보다는 양호한 수준인데, 이에 대해 급속한 경제발전으로 인한 취업기회의 양산, 초중고 교육의 순차적 보편화로 인한 교육기회의 형평성 제고 등을 원인으로 제시하였다. 선행연구들은 공통으로 부모 세대의 소득계층에 따라 자산 이전이 차별적으로 이루어져 계층 재생산 및 사회적 불평등 심화로 이어진다는 문제의식을 갖고 있다[이정우 외, 2015; 최연실 외, 2015].

선행연구들은 자산 이전에 영향을 미치는 여러 요인들도 탐색해왔다. 이는 크게 인구사회학적 특성, 경제적 특성, 그리고 자녀 특성으로 구분할 수 있다. 먼저 인구사회학적 특성으로 교육수준을 들 수 있다. 교육수준이 높을수록 자녀들의 경제적 복지에 더욱 관심을 갖게 되어 세대 간 이전에 적극적이라는 것이다. 배우자도 중요한 요인이다. Deutsch[1997: 148]는 오스트리아 세대 간 조사를 분석, 배우자와 사별할 경우 자산 이전 확률이 높아짐을 보고하였다. 구체적으로 배우자와 사별할 경우 자산 이전이 일어날 확률이 15.6%, 그리고 상당한 규모의 자산 이전이 일어날 확률이 20% 이상 늘어난다. 이는 배우자가 사망할 때 자산을 남은 배우자나 자녀에게 상속하기 때문으로 해석된다. 건강상태도 중요한데, 건강상태가 양호해야 자산 이전이 원활하다. 건강상태가 양호하지 않으면 의료비 지출이 필요하기 때문에 자산을 적극 이전하기 어렵게 된다. 홍공숙 외[1995]는 미국 고령자들을 대상으로 정서적·신체적 건강이 양호할수록 자산 이전의 확률이 높아짐을 확인하였다. 거주지역도 영향을 미치는데 Deutsch[1997]는 부모가 도시에 거주할 경우 자산 이전이 일어날 확률이 13~14% 늘어남을 발견하였다.

고령가구의 자산 이전에는 경제적 특성도 영향을 미친다. 우선 고령기에도 소득이 높거나 자산이 충분하여 생계비를 충분히 마련할 수 있다면 보유 자산은 자녀에게 훨씬 쉽게 이전될 수 있다. 실제 Deutsch[1997]는 소득이 높을수록, 세대구성원 중 추가 소득원이 있을수록, 유동성 자산이 많을수록, 그리고 부채가 적을수록 세대 간 자산의 이전확률이 늘어남을 보고하였다. Altonji et al.[1996]도 부모의 항상소득이 높으면 자녀로의 자산 이전 확률이 증가함을 발견하였다. 특히 가구주 부모의 소득이 배우자 부모의 소득보다 높으면 가구주 부모가 자녀에게 자산을 더 많이 이전하는 것으로 나타난다. 한편 과거의 상속 경험도 자산 이전에 영향을 미친다. Deutsch[1997]에 따르면 부모로부터 주택을 상속받았을 경우 자녀에게 자산을 이전할 확률이 높아진다.

자녀의 특성도 중요한 요인이다. 먼저 Altonji et al.[1996]은 자녀의 항상소득이 낮으면 자녀로의 자산 이전 확률이 높아짐을 보고하였다. Deutsch[1997]는 자녀가 많을수록 세대 간 자산 이전의 확률이 감소하는 것을 발견하였다. 구체적으로 자녀가 2명일 때에 비해 3명일 때 이전 확률은 5~12% 감소하였다. 자녀와 부모와의 관계도 중요하다. Deutsch[1997]에 따르면 부모와 보다 느슨한 관계[weaker ties]를 유지하고 있었던 자녀들은 자산을 이전받을 확률이 훨씬 감소한다. 기존에 부모의 지원을 통해 자가를 구입한 자녀들은 자산을 이전받을 확률이 늘어난다. 자녀와 동거를 희망하는 경우 자산 이전이 더 원활히 이루어지는데, 이는 자녀 세대로의 자산 이전이 자녀 세대로부터 받는 비시장적 서비스의 대가라는 교환 가설의 맥락에서 이해할 수 있다.

 ## 2 주택 및 부동산자산의 이전

이와 같은 자산 이전의 논의를 부동산자산, 주택자산에 적용해 보기로 한다. 부동산이 갖는 중요한 특징은 내구성[durability]이다. 토지뿐만 아니라 주택도 한 세대를 넘게 서비스를 제공할 수 있다. 이는 부모의 주택자산은 자녀에게 주거안전망 및 버팀목이 얼마든지 될 수 있음을 뜻한다[Swartz et al., 2011]. 주택자산의 이전은 자녀의 삶의 질을 높일 뿐만 아니라, 자녀에게 자본 축적의 기회도 제공할 수 있다[Ma & Kang, 2015]. 이로 인해 고령가구가 보유한 주택 등 부동산은 세대 간 이전을 통해 얼마든지 처분되지 않을 수 있다. 실제로 주택은 한 세대에서 다음 세대로 이전되는 현상이 강하게 나타나는 재화로 알려져 있다[Smiths & Mulder, 2008].

부모 세대가 자녀의 주택 및 부동산자산 형성에 중요한 역할을 한다는 증거는 어렵지 않게 찾을 수 있다. 주택자산에 있어 부모 세대의 기여를 확인하기 위해 두 가지 방법이 즐겨 사용된다. 하나는 부모의 주택자산과 자녀의 주택자산 간의 유사성을 살펴보는 것이다. 과연 부모의 주택자산이 많을 때 자녀의 주택자산도 많은지 여부이다. 다른 하나는 부모 세대와 자녀 세대 간 주택 점유형태의 유사성이다. 즉 부모가 자가로 주택을 점유하고 있을 때, 자녀 세대의 주택 점유형태도 자가인지 여부이다. 국외의 연구에 따르면 자가의 부모들은 임차의 부모들에 비해 자녀들의 주택구입을 보조할 가능성이 더 크다[Helderman & Mulder, 2007]. 또한 부모와 자녀는 서로 인접한 곳에 거주할 가능성이 크다

Henretta, 1987. 인접한 지역은 서로 주택시장 형태가 유사하기 쉽다. 그 결과 인접한 지역에 거주하는 부모와 자녀 사이의 주택 점유형태도 유사하게 된다.

한편 부모 세대와 자녀 세대의 주택 점유형태 유사성은 자녀가 부모의 사회경제적 지위를 닮아가는 과정에서 나타난 부수적 효과side effect라는 주장도 있다. 사회경제적 지위가 높은 부모는 자녀에 대한 직간접적 지원을 통해 자녀들의 사회경제적 지위를 높인다. 즉 자녀는 부모를 닮아가는 사회화 과정socialization process을 거친다. 이로 인해 자녀들의 주택 소유가 촉진된다. 부모의 사회경제적 지위를 닮거나 혹은 그 이상을 성취하려는 강한 동기가 자녀 세대 내에 존재한 결과로서 자녀가 주택을 소유한다는 것이다. 즉 부모 세대와 자녀 세대 사이에서 이전되는 것은 사회경제적 지위이며, 주택 점유형태의 유사성은 그 부산물이라는 주장이다.

Engelhardt & Mayer1998에 따르면 젊은 세대가 결혼을 통해 새롭게 주택을 마련하여 분가하는 시점에서는 소득이 높지 않고 자산도 많이 축적되어 있지 않아 일반적으로 자산 이전에 대한 요구가 크다. 실제 생애 첫 주택구입자 조사에 따르면, 부모로부터의 자산 이전이 주택구입을 위한 계약금을 마련하거나 주택담보대출mortgage 조건을 향상하는데 기여하였다.

국내에서는 자산 증여가 자녀가 결혼해 분가할 때 주로 이루어진다김기영 · 박혜인, 2001; 이소영, 2011. 주로 결혼을 통해 가족 및 친족의 자원이 교환되는 것이다. 그 결과 주택 마련이 마치 부모의 역할인 것처럼 간주되기도 한다김주희, 2005. 부모 세대는 대부분 신혼주택 마련을 포함한 자녀의 결혼비용 대부분을 지원하는데, 이는 부모로서의 자녀에 대한 의무감, 그리고 자녀와 배우자 간의 원만한 관계 유지에 대한 희망 등에 기인한다김소영 외, 2014. 또한 국내에서는 신혼부부의 거주지 마련이 신랑 측의 의무라는 인식이 강한 것으로 지적되기도 한다김주희, 2005; 김소영 외, 2014.

이상의 논의와 반대로 주택 등 부동산자산은 고령가구 스스로를 위해 사용된다는 연구도 있다. Munro1988는 영국 글래스고 지역을 대상으로 주택을 포함한 부동산자산의 상속행태를 분석하였다. 부동산자산의 96%는 배우자에게 이전되고 있었고, 약 4%만이 자녀에게 이전되었다. 이 4%의 자녀 역시 충분한 주거경력을 지닌 중고령가구인 경우가 많아, 부모 세대의 부동산자산 이전이 자녀 세대의 주택자산, 부동산자산 형성에 실질적으로 기여한다고 보기는 어려움을 지적하였다.

③ 실증연구의 결과

부동산자산의 이전에 대한 국내 주요 통계들을 살펴보면, 우선 유산상속자산은 거주용 주택(49.3%), 거주용 이외 토지, 임야 등 부동산(42.4%) 등 부동산이 총 91.7%를 차지하고 있다[대우경제연구소, 1997]. 하나금융그룹에 따르면 유산상속의 1순위 수단으로 부동산(48%)이 선택되고 있다[김용진, 2013]. 국토교통부의 주거실태조사에 따르면 신혼 가구의 주택자금 마련 원천이 '부모·친인척 상속'인 경우 7%, '부부자금 및 부모·친인척 상속'인 경우가 13.8%로 총 20.8%가 부모, 친인척의 도움을 받아 주택을 구입하고 있었다[이길제·최막중, 2017]. 한국주택금융공사의 주택연금수요실태조사는 주택을 보유한 고령자를 대상으로 주택의 전부 혹은 일부를 자녀에게 상속할 의사가 있는지 매년 질의해왔다. 최근 자료에 따르면 보유 주택의 일부 혹은 전부를 자녀에게 상속하겠다는 국내 고령가구의 비중은 71.5%에 이르고 있다[그림 7-1].

🏢 그림 7-1. 보유주택 비상속의향 추이

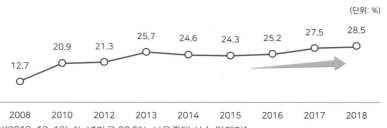

(단위: %)

12.7 · 20.9 · 21.3 · 25.7 · 24.6 · 24.3 · 25.2 · 27.5 · 28.5

2008 2010 2012 2013 2014 2015 2016 2017 2018

*출처: 머니투데이(2018. 12. 18), "노년가구 28.5%, 보유주택 상속 않겠다"

실증연구로는 우선 마강래·권오규[2013]를 들 수 있다. 1998~2008년까지의 한국노동패널조사 자료를 활용, 각 시점별 부모 세대에서 분가한 자녀 세대를 추출, 분가 시점의 부모 세대와 자녀 세대의 주택유형, 점유형태 등을 살펴보았다. 분석결과, 부모 세대와 자녀 세대는 주택유형 간 유사성을 갖는 것으로 나타났다[표 7-1]. 구체적으로 부모 세대가 아파트에 거주할 경우 자녀 세대는 아파트에 거주하는 비율이 가장 높았으며, 반면 부모 세대가 연립·다세대에 거주할 경우 자녀 세대도 연립·다세대에 거주하는 비율이 가장 높게 나타났다. 부모 세대와 자녀 세대는 점유형태도 유사하게 나타났다[표 7-2]. 부모 세대가 자가나 전세일 경우 자녀 세대의 점유형태는 전세, 자가, 월세의 순서로 나타났다. 반면 부모 세대가 월세일 경우 자녀 세대도 월세, 전세, 자가의 순서로 나타났다.

표7-1. 부모 세대와 자녀 세대의 주택유형 간 유사성

(단위: 가구 수, %)

구분			자녀세대			
			단독주택	아파트	연립·다세대	합계
부모세대	단독주택	가구 수	56	179	76	311
		비율(%)	18.0%	57.6%	24.4%	100.0%
	아파트	가구 수	16	91	41	148
		비율(%)	10.8%	61.5%	27.7%	100.0%
	연립·다세대	가구 수	18	34	35	87
		비율(%)	20.7%	39.1%	40.2%	100.0%
	합계	가구 수	90	304	152	546
		비율(%)	16.5%	55.7%	27.8%	100.0%

*출처: 마강래·권오규(2013), 176쪽.

표7-2. 부모 세대와 자녀 세대의 점유형태 간 유사성

(단위: 가구 수, %)

구분			자녀세대			
			단독주택	아파트	연립·다세대	합계
부모세대	자가	가구 수	112	283	55	450
		비율(%)	24.9%	62.9%	12.2%	100.0%
	전세	가구 수	15	40	9	64
		비율(%)	23.4%	62.5%	14.1%	100.0%
	월세	가구 수	3	14	15	32
		비율(%)	9.4%	43.8%	46.9%	100.0%
	합계	가구 수	130	377	79	546
		비율(%)	23.8%	61.7%	14.5%	100.0%

*출처: 마강래·권오규(2013), 177쪽.

이어 자녀 세대의 거주부동산자산 규모를 종속변수로 한 다중회귀모형을 추정하였다[표7-3]. 여기에서 거주부동산자산이란 자가인 경우 해당 주택의 시가총액을, 임차일 경우 거주부동산 관련 보증금을 사용하였다. 모형 추정결과 자녀 세대의 거주부동산자산 규모는 자녀 세대 가구주의 직업, 총근로소득, 가구원수, 주택유형뿐만 아니라 부모 세대의 주택유형과 거주부동산자산에 영향을 받는 것으로 나타났다. 구체적으로 부모 세대의 주택유형이 아파트일 때, 부모 세대의 거주부동산자산이 많을 때 자녀 세대의 부동산자산 규모가 더 늘어나고 있었다.

표7-3. 자녀 세대의 거주부동산자산 규모에 대한 다중회귀모형 추정결과

종속변수		자녀세대 거주부동산자산			
독립변수		추정계수	표준오차	값	p-value
상수항		-1746.37	3121.93	-0.56	0.5761
자녀세대	나이	-45.40	76.27	-0.6	0.5519
	교육받은 기간	125.69	118.57	1.06	0.2896
	전문관리사무직여부	994.48	507.94	1.96	0.0508*
	가구 총근로소득	0.48	0.15	3.2	0.0014***
	거주부동산 이외 순자산	0.04	0.06	0.67	0.5059
	가구원 수	927.36	320.49	2.89	0.0040***
주택유형 (ref. 아파트)	단독주택	-1022.84	669.18	-1.53	0.1270
	연립·다세대	-2064.42	568.52	-3.63	0.0003***
부모세대	나이	49.43	48.14	1.03	0.3050
	교육받은 기간	103.85	72.47	1.43	0.1525
	전문관리사무직여부	672.66	768.62	0.88	0.3819
	가구 총근로소득	0.11	0.11	0.97	0.3325
	거주부동산 이외 순자산	0.01	0.01	1.09	0.2750
주택유형 (ref. 아파트)	단독주택	-1690.26	573.81	-2.95	0.0034***
	연립·다세대	77.09	759.16	0.1	0.9192
거주부동산자산		0.08	0.01	6.22	<.0001***
R²		0.2366			
Adj. R²		0.2135			

* p<0.1, ** p<0.05, *** p<0.1
*출처: 마강래·권오규(2013), 180쪽.

저자들은 자녀 세대의 주택 점유형태를 종속변수로 한 다항로짓모형도 추정하였다. 월세 대신 자가를 선택할 확률, 월세 대신 전세를 선택할 확률은 <표7-4>로 확인할 수 있다. 부모가 집을 소유하고 있을 때 자녀 세대는 월세보다는 자가를 선택할 확률이 증가한다. 부모가 전세인 경우에도 자녀 세대는 월세보다 자가나 전세일 확률이 높다. 부모 세대의 직업이나 총근로소득은 오히려 통계적으로 유의하지 않다. 이와 같은 결과를 토대로 "세대 간 전이가 활발하게 진행되고 있"으며, 그리고 "이러한 전이가 다음 세대에도 계속될 수 있"다는 결론에 이르고 있다[185쪽].

표7-4. 자녀 세대의 주택 점유형태에 대한 다항로짓모형 추정결과

종속변수			자녀의 주택점유형태 자가 (v.s. 월세)		자녀의 주택점유형태 전세 (v.s. 월세)	
독립변수			추정계수	X²값	추정계수	X²값
Intercept			-8.962	14.31***	-6.599	10.89***
자녀세대	나이		0.133	5.2**	0.115	5.04**
	교육받은 기간		0.111	1.78	0.091	1.68
	전문관리사무직여부		-0.002	0	-0.107	0.12
	가구 총근로소득		0.237	3.33*	0.248	4.23
	거주부동산 이외 순자산		-0.020	0.15	0.024	0.27
	가구원 수		1.088	20.16***	0.717	11.55***
	주택유형 (ref. 아파트)	단독주택	-1.589	11.53***	-1.490	12.93***
		연립·다세대	-2.288	28.04***	-1.405	15.8***
부모세대	나이		0.011	0.11	0.022	0.53
	교육받은 기간		0.041	0.52	0.037	0.51
	전문관리사무직여부		-0.478	0.67	-0.186	0.13
	가구 총근로소득		0.049	0.37	-0.028	0.16
	거주부동산 이외 순자산		0.012	1.04	0.008	0.5
	주택유형 (ref. 아파트)	단독주택	-0.891	4.29**	-0.410	1.14
		연립·다세대	-0.628	1.36	-0.370	0.62
	점유형태 (ref. 월세)	자가	1.831	5.75**	1.219	6.13***
		전세	1.675	3.74*	1.105	3.36**
-2 Log L(Intercept Only)			1003.792			
-2 Log L(Intercept and Covariates)			855.471			

* p<0.1, ** p<0.05, *** p<0.1
*출처: 마강래·권오규(2013), 183쪽.

이길제·최막중[2017]도 역시 한국노동패널조사 자료를 분석하고 있다. 이들은 6차년도 (2003년)부터 15차년도(2012년)까지 10년 동안 결혼으로 분가한 가구를 추출하였다. 이들 가구의 정보에 분가 전 원래 속해 있던 가구의 정보도 찾아 결합하였다. 총 419가구의 분가한 자녀 가구를 최종적으로 추출, 이들의 거주부동산자산 규모에 미치는 변수들이 무엇인지 살펴보았다. 그 결과 다른 변수의 영향을 통제할 때 부모의 자산이 많을수록 자녀 가구의 거주부동산자산이 늘어나는 것으로 나타났다. 이는 "부모의 경제적 지원이 자녀의 주택자산 형성에 기여"함에 대한 증거로 볼 수 있다[47쪽]. 표준화계수로 그 영향력 을 비교할 때에도 부모의 자산은 총부채 다음으로 가장 영향력이 크게 나타났다.

표 7-5. 다중회귀모형의 추정결과

구분		종속변수: 자녀 거주부동산 자산(만 원)				
		추정계수	t값	p>t	표준화계수	VIF
자녀	항상소득(만 원)	0.485	2.140	0.033**	0.106	1.780
	총금융자산(만 원)	-0.147	-0.490	0.622	-0.031	1.070
	총부채(만 원)	0.557	4.350	0.000***	0.234	1.040
	교육년수(년)	285.174	1.940	0.053*	0.095	1.670
	출생순위	-106.661	-0.430	0.665	-0.022	1.080
	지역 (기타=0) 서울	2,925.972	3.030	0.003***	0.175	1.370
	수도권	1,224.228	1.880	0.060*	0.093	1.430
	광역시	603.641	1.020	0.310	0.048	1.400
	주택유형 (기타=0) 아파트	3,393.631	6.380	0.000***	0.288	1.180
부모	순자산(만 원)	0.028	3.020	0.003***	0.145	1.150
상수		-2,994.266	-1.48	0.139		
n, R-Sq		n=419, R²=0.288				

주: *** p<0.01, ** p<0.05, * p<0.1
*출처: 이길제·최막중(2017), 48쪽.

이와 같은 결과는 다중회귀모형이 아니라 경로모형을 통해서도 유사하게 확인된다
그림 7-2. 부모의 순자산은 자녀의 거주부동산자산을 직접적으로 늘리기도 하지만, 자녀의
교육수준을 높여 자녀 소득을 늘리고, 이로 인해 자녀의 거주부동산자산을 늘리는 간접
적인 영향도 존재하였다. 다만 직접효과는 0.223, 간접효과는 0.019로 직접효과가 간접
효과에 비해 훨씬 크다.

그림 7-2. 경로모형의 추정결과

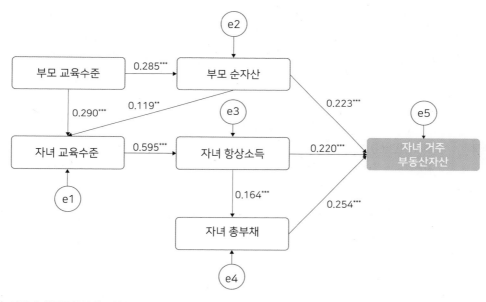

*출처: 이길제·최막중(2017), 53쪽.

자녀 가구의 거주부동산자산에 미치는 영향은 남성 자녀와 여성 자녀 사이에 뚜렷
한 차이가 존재한다. 남성은 부모 가구의 순자산이 통계적으로 유의한 양의 영향을 미치
지만, 여성은 그 영향이 통계적으로 유의하지 않다. 이에 대해 저자는 "전통적으로 신혼
주택 마련 등의 경제적 책임이 남성 또는 남성 부모의 역할로 인식되어온 한국의 사회문
화적 특성에 기인한 결과"로 해석하고 있다[50쪽].

표7-6. 남녀집단 각각에 대한 다중회귀모형 추정결과

구분		종속변수: 자녀 거주부동산 자산(만 원)					
		남성집단			여성집단		
		추정계수	p>t	표준화 계수	추정계수	p>t	표준화 계수
자녀	항상소득(만 원)	0.146	0.670	0.031	0.803	0.012**	0.182
	총금융자산(만 원)	0.128	0.593	0.027	-0.388	0.390	-0.084
	총부채(만 원)	0.571	0.001***	0.261	0.658	0.000***	0.250
	교육년수(년)	293.427	0.198	0.092	252.146	0.226	0.087
	출생순위	50.199	0.885	0.011	-253.945	0.427	-0.045
	지역 — 서울	3,182.126	0.066*	0.180	2,873.026	0.013**	0.179
	지역 — 수도권	225.818	0.797	0.017	2,045.232	0.036**	0.157
	지역 — 광역시	577.360	0.453	0.046	495.168	0.589	0.039
	주택유형 — 아파트	3,900.183	0.000***	0.331	2,907.979	0.000***	0.247
부모	순자산(만 원)	0.047	0.004***	0.220	0.017	0.119	0.096
상수		-2,897.660	0.359		-3,011.593	0.247	
n, R-Sq		n=198, R²=0.314			n=221, R²=0.298		

주: *** p<0.01, ** p<0.05, * p<0.1
*출처: 이길제·최막중(2017), 49쪽.

    김용진[2013]은 앞의 연구들과 달리 국민연금공단 국민노후보장패널조사 4차년도(2011년) 자료를 활용하였다. 만 50세 이상 가구원을 가진 전국 가구를 우선 추출하였고, 주택을 소유하지 않은 가구 등을 제외해 최종 1,125가구를 분석하였다. 유산의 상속을 원할 때 1, 그렇지 않을 때 0의 값을 갖는 더미변수를 종속변수로 한 프로빗모형을 추정하였다. 그 결과는 <표7-7>과 같다.

표 7-7. 프로빗모형의 추정결과

변수		추정계수	t값	p-value
상수		2.183	5.35**	0.025
인구학적 특성	연령	-0.015	-0.54	0.337
	교육 수준(대학 이상)	0.163	4.29**	0.039
	결혼 상태(배우자 있음)	0.091	2.25*	0.081
	수도권 거주 여부(수도권 거주함)	-0.207	-0.52	0.552
	상속 경험 여부(상속 경험 있음)	0.757	6.01***	0.007
경제적 특성	(ln) 연소득	0.252	3.87**	0.046
	(ln) 주택지분	1.113	7.68***	0.005
	(ln) 기타 부동산자산	0.291	2.80**	0.047
	(ln) 예/적금 및 적립식/거치식 펀드	0.182	2.42*	0.071
	(ln) 개인연금 및 저축성 보험	-0.170	-2.17*	0.080
	(ln)주식, 회사채 및 국공채	0.061	2.05*	0.093
직업 관련 특성	고용 여부(고용돼 있음)	0.755	2.39*	0.078
건강 관련 특성	정신적 건강	0.007	0.22	0.807
	신체적 건강	0.431	3.39**	0.032
자녀 관련 특성	자녀 동거 희망 여부(동거 희망함)	0.851	6.96***	0.006
	자녀 서비스(자녀 도움 받음)	0.010	1.28	0.125
	자녀와의 관계	0.289	3.56**	0.041
Log-L(b)			-57.7	
Log-L(0)			-86.6	
chi-squared			57.86	
자유도			17	
N			1,126	

* $p<0.1$, ** $p<0.05$, *** $p<0.01$

*출처: 김용진(2013), 91쪽.

우선 부모의 교육수준이 높을수록 상속 가능성이 높아지고 있었다. 이에 대해 교육수준이 높을수록 "세대 간의 상호작용을 중요시 여기며 자녀들의 경제적 복지를 개선하려는 이타주의적 태도를 취하"기 때문으로 해석하고 있다[90-91쪽]. 배우자가 있을수록 상속 가능성이 증가하고 있는데, 이에 대해서는 "부부가구가 가족가치에 보다 큰 의미를 두는 경향"이 있기 때문으로 보고 있다[91쪽]. 소득과 자산은 전반적으로 유산상속 가능성을 높인다. 우선 연소득이 많을수록 유산상속 가능성이 증가한다. 또 주택지분이 클수록, 기타 부동산자산이 많을수록 유산상속 가능성이 증가한다. "주택 등 부동산은… 여전히 중요한 유산상속 수단이기 때문"에 이와 같은 결과가 나타나는 것으로 본다[92쪽]. 금융자산도 유가증권자산이나 예적금, 펀드평가액 등이 많을수록 유산상속 확률이 높아진다. 반면 개인연금, 저축성보험이 많을수록 유산상속 가능성은 낮아졌다. 고용 여부도 유산상속 가능성을 높인다. 소득과 자산이 전반적으로 유산상속 가능성을 높이는 이유로 "소득 및 자산이 많지 않은 부모 역시 자녀의 경제적 안정을 유지하도록 도와주고 싶지만, 자산이 없기 때문에 상속 가능성이 낮"기 때문으로 보고 있다[92쪽].

신체적 건강상태가 안좋을수록 유산상속 가능성은 낮아지는데 이는 "중대질병에 걸렸을 경우 주택을 다운사이징하여 의료비용으로 충당할 가능성"이 높기 때문으로 보고 있다[93쪽]. 부모로부터 상속을 받은 경험이 있는 가구들이 자녀에게 유산을 상속할 가능성이 높은 것으로 나타나는데, 이는 앞에서 논의한 내용과도 일치한다.

자녀와 동거를 희망할 경우, 자녀와의 관계에 만족할 경우 유산상속의 가능성은 높아진다. 동거의 희망은 곧 "노후시기에 봉양받기 위한 목적"이 대부분이므로, 이 봉양을 한 자녀에게 유산을 상속할 가능성이 높아지는 것이다[93쪽]. 자녀와의 관계의 유의성은 높은 왕래빈도, 부모에 대한 순종 등에 대한 교환의 대가로 유산상속이 이루어진다는 것으로 현실에서 전략적 유산상속동기가 작동하고 있음을 시사한다.

한국주택금융공사의 2012년 주택연금수요실태조사를 분석한 유승동·김주영[2014]의 연구도 고령가구의 자산이전을 다루고 있다. 전국 고령가구 2,000세대를 대상으로 한 이 조사에서 상속에 대한 의향을 종속변수로 설정, 순위형 로짓모형을 추정하였다. 그 결과 대학을 졸업한 고령가구는 주택을 상속하지 않으려는 경향이 강하다. 은퇴한 가구는 주택을 상속하지 않으려 하며 이는 주택 특성을 통제하여도 동일하다. 부동산자산의 규모가 클수록 상속의향이 큰데, 이는 생애주기가설이 보유자산이 많은 가구에게는 적용되지 않음을 의미한다. 소득이 높을수록 상속 유인은 낮아지지만 이는 통계적으로 유의하지 않다. 주택관련 대출이 있는 고령가구가 주택을 상속하려 하지 않는 경향도 확인된다.

표 7-8. 순서형 로짓모형의 추정결과

변수	모형 1(이론모형)		모형 2		모형 3	
	추정계수	z값	추정계수	z값	추정계수	z값
ln(i)(소득)	-.264***	-2.72	-.149	-1.40	-.153	-1.40
ln(w)(자산)	.134***	2.93	.165***	3.50	.137***	2.89
age(나이)	-.048	-0.26	-.048	-.25	-.067	-.35
age2(나이제곱)	-.000	0.50	-.000	.49	.000	.58
high(고등학교졸업)			.213	1.73	.162	1.29
col(대학교졸업)			-.471**	-2.46	-.468**	-2.42
sp(배우자)			-.171	-1.14	-.214	-1.42
dep(부양가족)			.074	1.46	.073	1.41
ret(퇴직여부)			-.237**	-2.13	-.253**	-2.24
apt(아파트거주)					-.134	-.83
det(단독주택거주)					.170	1.04
ln(size)(주택규모)					.353***	2.57
loan(대출여부)					.056***	-3.73
cut1	-2.559		-2.08		-1.82	
cut2	-1.587		-1.09		-.82	
Log likelihood	53.17		75.60		107.19	
obs	1,455		1,455		1,455	

* p<0.1, ** p<0.05

*출처: 유승동·김주영(2014), 68쪽.

마지막으로 살펴볼 연구는 고진수 외[2015]이다. 다른 연구와 달리 이 연구는 고령가구의 부동산자산 이전을 살펴보기 위해 서울 지역에 거주하면서 평균 이상의 부동산을 보유하고 있고 또 자녀가 1명 이상 있는 부모 세대를 대상으로 별도 설문을 진행하였다. 최종 유효표본의 크기는 236가구이다.

우선 주택자산 이전에 대한 가구의 결정은 <그림7-3>을 통해 일괄 확인할 수 있다.

전체 가구 중 주택자산을 이전하였거나 향후 이전할 의사가 있는 가구는 약 58%, 그렇지 않은 가구는 약 42%로 산정된다. 이는 "가구의 생애주기 말미에 주택자산이 자연스럽게 자녀세대에게 이전되는 것으로 보기는 어려운 상황"임을 뜻한다[53쪽].

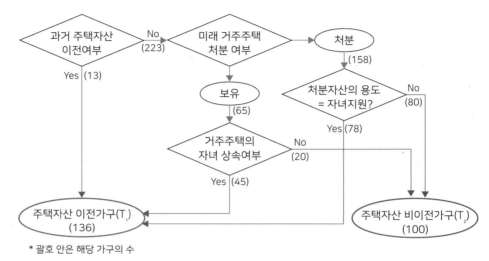

그림 7-3. 주택자산 이전에 대한 가구의 결정

* 괄호 안은 해당 가구의 수

˙출처: 고진수 외(2015), 47쪽.

    과거에 주택자산을 이전하였거나, 현재 주택자산을 이전할 의향이 있으면 1, 아니면 0을 갖는 더미변수를 생성, 이를 종속변수로 한 이항로짓모형을 추정하였다. 그 결과 가구주의 성별이나 연령, 자녀 수 등 인구사회학적 특성은 주택자산 이전에 통계적으로 유의한 영향을 미치지 못하고 있다. 경제적 특성으로는 소득이 많을수록 주택자산 이전 확률이 증가한다. 이는 곧 "소득수준이 낮은 중고령가구에게 있어 주택자산은 자녀세대로 이전할 대상이기보다 계속 보유하거나 처분함으로써 부족한 소득수준을 보완할 수단"으로 보는 것이 적합함을 시사한다[53쪽]. 부동산 소유 여부도 통계적으로 유의한 양의 영향을 미치는데, 이는 "주택자산은 부모 세대가 2채 이상의 주택을 보유하고 있을 때 자녀에게 쉽게 이전"됨을 시사한다[53쪽]. 자녀 요인의 경우, 자녀로부터 경제적 지원을 많이 받을수록 주택자산을 자녀에게 이전할 확률이 증가한다. 이는 곧 "국내 가구의 주택자산에 있어서 상속동기로서 교환가설이 작동하고 있음"을 의미한다[52쪽]. 한편 과거 자녀에게 이미 주택자산을 이전한 경험이 있을수록 향후 주택자산을 이전하지 않는 것으로 나타난다. 이는 "자산이 한정되어 있기 때문에 과거의 이전 경험과 미래의 이전 계획 사이에 상호보완적 관계가 존재한 결과"로 해석될 수 있다[52쪽].

이와 같은 결과는 고령가구의 주택자산이 자녀 세대로 이전되는지 여부를 쉽게 예단하기 어려움을 시사한다. 높은 소득수준, 다주택 소유, 자녀로부터의 경제적 지원 등과 같은 특정한 조건이 충족될 때 고령가구의 자산이 원활히 이루어질 수 있다는 것이다.

표 7-9. 이항로짓모형의 추정결과

구분		모형 1-1		모형 1-2		모형 1-3		모형 2	
		비표준화	표준화	비표준화	표준화	비표준화	표준화	비표준화	표준화
인구사회학적특성	가구주의 성별(남성=1)	-0.143	-0.038	-0.100	-0.026	-0.266	-0.070	-0.351	-0.093
	연령	0.016	0.053	-0.000	-0.001	-0.014	-0.046	-0.000	-0.001
	자녀의 수	0.062	0.024	0.119	0.045	0.111	0.042	0.142	0.054
경제적특성	소득	0.409	0.253***	0.387	0.239***	0.416	0.257***	0.453	0.280***
	순자산(로그)	-0.161	-0.061						
	금융자산(로그)			-0.183	-0.144	-0.138	-0.109	-0.159	-0.126
	주택 외 부동산 자산(소유=1)			0.768	0.187**	0.749	0.182**	0.707	0.172**
	부모로부터의 상속경험	0.189	0.052	0.137	0.038	0.185	0.051	0.265	0.073
주택특성	점유형태(자가=1)			0.594	0.104	0.720	0.126	0.954	0.168**
	주거면적	0.014	0.070	0.012	0.061	0.020	0.103	0.022	0.112
	주택의 위치(동남권=1)	0.095	0.025	0.097	0.026	0.128	0.034	0.022	0.006
	주택가격(로그)			0.185	0.046	0.119	0.030	0.199	0.049
자녀특성	자녀로부터의 경제적 지원					0.651	0.157*	0.696	0.168*
	자녀에 대한 경제적 지원					0.001	0.000	-0.023	-0.010
	왕래빈도					-0.048	-0.051	0.013	0.014
	친밀도					0.158	0.067	0.105	0.044
	심적 의지 정도					-0.296	-0.125	-0.256	-0.108
	문제상황의 공유 정도					-0.316	-0.135	-0.334	-0.142
	과거 자산이전(이전=1)							-1.184	-0.172**
상수		-0.459	-	-2.650	-	-1.416	-	-3.639	-
관측치의 수		228		228		228		228	
모형적합도	LogLikeli-hood(-2LL)	299.7		291.0		283.1		280.52	
	분류정확률	0.632		0.667		0.691		0.710	
	Max-rescaled R^2	0.067		0.109		0.152		0.182	

주: p-value에 대해 *는 0.1 미만을, **는 0.05 미만을, ***는 0.01 미만을 나타냄
*출처: 고진수 외(2015), 51쪽.

복습문제

1 한국주택금융공사의 주택연금수요실태조사에 따르면 주택을 보유한 고령가구 중 주택을
   자녀에게 상속하려는 가구의 비율은 대략 얼마인가?

   ① 40%

   ② 50%

   ③ 60%

   ④ 70%

   ⑤ 80%

2 다음 중 부동산자산의 이전에 대한 입장이 서로 다른 하나는?

   ① 생애주기가설

   ② 평생 벌고 다 쓰고 떠난다

   ③ 우발적 유산상속 가설

   ④ 낮은 세대 간 이동성

3 세대간 자원 이전의 동기에 대한 설명이다. 설명하는 동기가 다른 것은?

   ① 소득이 낮은 자녀에게 더 많은 자산이 이전된다.

   ② 부모와 자녀가 금전적 자원과 시간 자원을 상호 교환하는 것이다.

   ③ 자녀의 관심, 방문, 돌봄 등을 구매하는 것이다

   ④ 전략적 유산상속동기가설이다.

4 주택이 상속의 대상으로 즐겨 사용되는 이유로 보기 어려운 것은?

   ① 주택은 한 세대를 넘게 서비스를 제공할 수 있다.

   ② 자녀 세대에게 주거안전망 역할을 할 수 있다.

   ③ 자녀 세대에게 자본축적의 기회를 제공할 수 있다.

   ④ 부모의 사회경제적 지위가 높으면 자녀의 사회경제적 지위도 높아지기 때문이다.

8

고령가구와 주택연금

제8장

고령가구와 주택연금

이번 장은 주택연금을 중점적으로 다룬다. 주택연금은 생계를 유지하면서도 동시에 주거안정을 꾀하려는 고령가구를 대상으로 만들어진 특별한 금융상품이다. 이 주택연금의 개념부터 고령가구의 주택연금 가입의 결정요인, 그리고 주택연금의 주요 이슈를 차례대로 살펴보기로 한다.

주택연금 역시 주택시장에 대한 고령화의 영향에 있어 중요한 키워드이다. 이후 상세히 살펴보겠지만 주택연금은 고령가구의 계속된 주택소유를 전제로 한다. 주택연금이 고령가구 내에서 일반화된다는 것은 곧 고령가구의 주택매각 경향이 감소함을 의미한다. 이는 곧 고령화가 심화되더라도 주택수요는 유지되며, 주택가격이 하락하지 않는 이유가 될 수 있다^{손재영, 2010}. 주택연금의 정착 및 확대는 이 점에서 더욱 주목하여야 한다.

1 모기지와 역모기지

주택연금은 역모기지^{reverse mortgage}의 일종이다. 한국주택금융공사가 운영하고 있는 역모기지 프로그램의 상품명이 주택연금이다. 따라서 주택연금을 이해하기 위해서는 역모기지의 개념부터 이해되어야 하며, 또 역모기지는 모기지^{mortgage}와의 비교를 통해 그 개념을 효과적으로 파악할 수 있다.

모기지의 정식 명칭은 모기지론^{mortgage loan}이다. 즉 모기지는 대출^{loan}의 한 유형으로

'장기주택담보대출'로 번역될 수 있다. 주택담보대출 중에서도 5년 이내 등과 같이 단기로 갚는 것이 아니라, 10년, 20년, 길게는 30년까지 장기에 걸쳐 상환하는 대출상품을 지칭한다. 우리나라에서는 IMF위기 이후 본격적으로 늘어났는데, 이는 이 시기를 기점으로 금융기관의 대출 대상이 기업에서 가계로 옮겨갔음에 기인한다. 주택은 가구가 소득이나 보유하고 있는 자산만으로 일시에 지불하기 어려운 상품이다. 그렇기 때문에 주택을 구입할 때 은행으로부터 돈을 빌리는 것이 일반적이다. 보다 학술적으로 표현하자면 주택 구입자금은 가구 스스로가 마련하는 자기자본$^{equity\ financing}$과 금융기관 등으로부터 빌리는 타인자본$^{debt\ financing}$으로 구성된다. 자기자본은 가구가 그동안 모아놓은 자금으로 구입밑천^{downpayment}이라 불리기도 한다. 흔히 이야기하는 LTV$^{Loan\ to\ Value}$는 타인자본 중 금융기관 대출액이 전체 주택가격에서 차지하는 비중을 뜻한다. 10억 주택을 구입하는데 은행에서 4억을 빌린다면 LTV는 40%이다. 이렇게 빌린 대출액을 전체 대출기간에 걸쳐 상환하는 것이 모기지의 기본 구조이다. 물론 상환할 때에는 원금과 함께 복리로 계산된 이자도 상환하여야 한다.

대출에 대한 원금과 이자를 상환하는 방식에 따라 모기지는 몇 가지 유형으로 구분할 수 있다. 먼저 원금거치만기일시상환방식$^{interest-only\ loan}$은 대출기간에 걸쳐 이자만 상환하며, 원금은 만기에 일시상환한다$^{그림\ 8-1}$. 대출기간의 상환액에 비해 만기에 훨씬 큰 규모의 상환을 해야하는데 이를 풍선상환$^{ballon\ payment}$이라고 부르기도 한다.

그림8-1. 원금거치만기일시상환방식의 대출잔고 및 상환액 추이

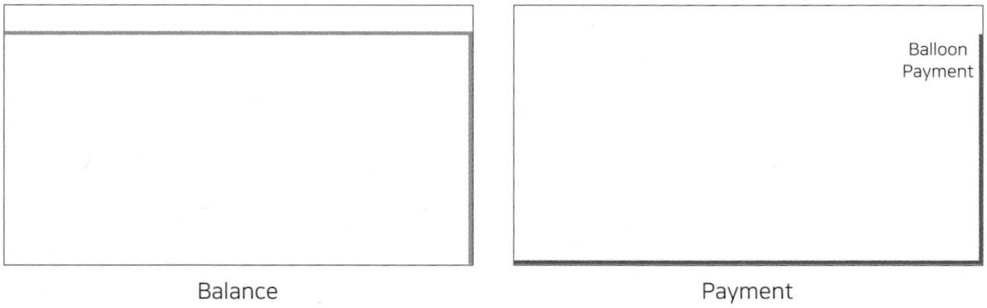

Balance

Balloon Payment

Payment

원금균등분할상환방식$^{Constant\ Amortization\ Mortgage,\ CAM}$은 대출기간 전체에 걸쳐 원금 상환이 이루어진다는 점에서 원금거치만기일시상환방식과 차이를 보인다. CAM방식에서 원금은 대출기간에 걸쳐 균등하게 상환된다. 그러나 대출 초기에는 원금이 많기 때문에 많은

이자를 상환해야 하며, 대출 후기로 갈수록 원금이 줄어들기 때문에 이자 역시 감소, 상환액은 대출기간에 걸쳐 점차 적어지는 형태를 띤다.

그림 8-2. 원금균등분할상환방식의 대출잔고 및 상환액 추이

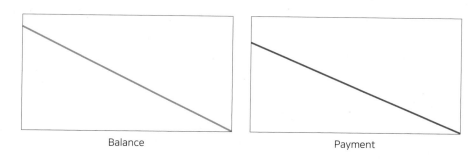

Balance   Payment

이와 유사한 원리금균등분할상환방식$^{Constant Payment Mortgage, CPM}$도 존재한다. CAM과 CPM은 대출기간 전체에 걸쳐 원금 상환이 이루어진다는 점은 동일하지만, CAM은 상환액이 계속 변화하는 반면 CPM은 전체 기간 동안 상환액이 같다('Constant' Payment)는 점에서 차이가 존재한다. CPM은 대출 초기 상환액 내에서 이자상환액이 대부분이며 원금상환액은 일부에 불과하다. 그러나 원금 상환이 일부라도 이루어지기에 시간이 지날수록 이자상환액 비중은 감소하고 원금상환액 비중은 늘어난다. 가구의 입장에서는 상환액이 고정되는 것이 가계 운용에 편리한 측면이 있으므로, 이 방식을 선호하는 편이다. 장기로 운영되는 모기지에서 CPM이 보다 일반적인 까닭도 여기에 있다.

그림 8-3. 원리금균등분할상환방식의 대출잔고 및 상환액 추이

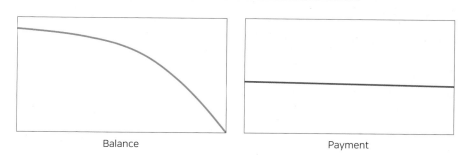

Balance   Payment

대출 이후 원리금을 갚아나가는 방식은 이처럼 다양하지만, 상환을 통해 전체 주택에서 타인자본의 비중은 줄이고 자기자본의 비중은 늘려 최종적으로는 주택을 자기자본 100%로 만들어 간다는 점은 동일하다. 반면 역모기지는 개념이 정반대이다. 주택을 완전히 소유한, 즉 자기자본이 100%인 상태에서 역모기지를 실행한다. 이후 주택소유자는 금융기관으로부터 정기적으로 돈을 빌린다. 대출자^{lender}는 차입자^{borrower}가 소유한 주택을 담보로 돈을 빌려준다. 역모기지 실행 이후 대출잔액은 점차 늘어난다. 주택에서 자기자본은 점차 감소하고, 타인자본은 점차 늘어나는 것이다. 그리고 대출이 종료되는 시점에 금융기관은 주택을 처분함으로써 소유자의 대출원리금을 일시에 상환받게 된다. <그림 8-4>는 앞서 모기지의 그림들에 비해 대출잔고의 그래프가 반대로 0에서 점차 늘어난다는 점, 그리고 상환액^{payment}이 연금^{annuity}으로 바뀌어 돈을 상환하는 것이 아니라 인출한다는 점에서 차이가 있음을 보여준다.

그림 8-4. 역모기지의 대출잔고 및 상환액 추이

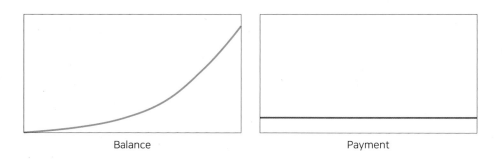

Balance　　　　　　　　　　Payment

이 역모기지는 고령가구의 상황에 매우 부합된다. 앞서 살펴본 것처럼 고령가구의 경제적 상황은 많은 자산, 부족한 소득$^{asset-rich, income-poor}$으로 요약될 수 있다. 기존 소비수준을 유지하기 위해 여유있는 자산을 활용해 소득을 보완할 필요성이 큰 집단이다. 특히 우리나라는 노후의 부족한 소득을 보완할 연금도 충분하지 않다. 앞에서 살펴본 것처럼 전체 고령자 중 연금수령자는 50.3%로 절반에 불과한 상황이다$^{그림 3-40}$. 또한 우리나라 연금의 소득대체율$^{net pension replacement rate}$은 35%로 OECD 평균인 62%와 큰 차이를 보이는 상황이다$^{그림 8-5}$.

그림 8-5. OECD 국가들의 연금 소득대체율 – 남자 기준

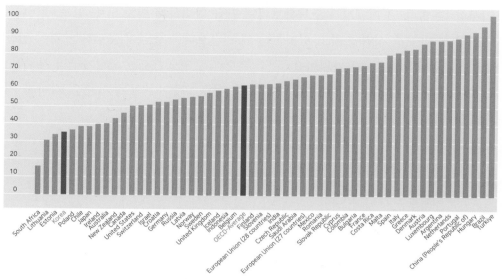

*출처: https://data.oecd.org/pension/net-pension-replacement-rates.htm

　　이와 같이 부족한 소득을 충당하는 방법은 축적된 자산을 유동화^{liquidation}하는 것이다. 앞서 <그림 3-20>에서 살펴본 것처럼 고령가구가 보유한 자산 중 가장 큰 비중을 차지하는 것은 거주주택이다. 그렇다고 거주주택 자산을 유동화하는 것은 쉽지 않다. 뒤에 보다 상세히 다루겠지만 거주주택을 처분하고 다른 주택으로 이주하는 것은 고령일수록 점점 더 어려운 선택이 되기 때문이다. 물론 현재 주택을 매각하고 그 주택을 임차해서 거주하는 선택을 할 수도 있다. 그러나 이는 주택을 원하는 방향으로 개보수할 수 없다는 점에서, 향후 재계약과정에서 임대료 상승으로 인해 계속 거주하지 못할 수 있다는 점에서 매력적인 대안이 되기 어렵다.

　　이와 같은 고령가구에게 있어 역모기지는 최적의 대안이 될 수 있다. 역모기지로 고령가구는 다른 주택으로 이주하지 않고 현재 주택에 계속 거주하면서 매월 일정한 소득을 확보할 수 있다. 주거안정과 소득확보라는 두 마리 토끼를 모두 잡을 수 있는 것이다. 역모기지는 가구가 지속적으로 대출을 하면서도 대출기간 동안 상환의무를 전혀 지지 않는다는 점에서 별다른 소득이 발생하지 않는 고령가구에게 적합하다. 고령가구는 기존 자가주택에 계속 거주하면서 주택지분을 담보로 금융기관으로부터 생활비를 계속 받

는 셈이다. 대출과 연금이 결합된 복합 금융상품[양재환·여윤경, 2019]이다. 특히 뒤에서 소개될 종신형 역모기지는 사전에 정한 대출기간을 초과하더라도 사망시까지 계속 연금을 받으며 거주할 수 있다. 주거안정과 소득확보의 수단을 완벽하게 확보할 수 있는 것이다. 물론 이처럼 공적 보험 성격을 갖고 있기 때문에 민간보다는 공공이 담당하는 것이 일반적이며, 이는 우리나라도 마찬가지이다[김규림·전용일, 2015: 91]. 역모기지는 고령가구의 부족한 소득을 보완할 뿐만 아니라 주거이동을 수반하지 않아 고령가구의 주거안정, 나아가 지역사회의 안정에도 기여할 수 있다[김대진·최막중, 2014: 124].

◆ 2 주택연금의 개념 및 현황

민간 부문에서는 1995년부터 일부 시중은행을 중심으로 역모기지 상품이 도입되고 있었다[김병국, 2020: 8]. 주로 비종신형으로 사망할 때까지 거주를 보장하지 않았으며 연금보다는 대출의 성격이 강한 탓에 가입자가 많지 않았다[김홍대 외, 2014: 63]. 그 상황에서 2007년 7월 한국주택금융공사(이하 HF)에서 주택연금을 출시하였다. 고령화가 크게 진전되고 동시에 고령자의 빈곤 문제가 등장하면서 이를 보완하기 위한 방안으로 등장하였다[임유선 외, 2018: 102]. 이후 지속적으로 가입조건을 완화하고 가입대상을 확대해왔다[김규림·전용일, 2015: 91]. 도입시에는 부부 모두 만 65세 이상만 가능하였으나, 현재는 부부 중 1명이 만 55세 이상일 때에도 가입이 가능하다. 1주택자만을 대상으로 하였으나, 현재에는 다주택자라도 합산가격이 12억 원 이하이거나 12억 원을 초과하는 2주택자가 3년 이내 한 개의 비거주 주택을 처분한다면 가입할 수 있다. 주택가격의 상한은 원래 6억 원에서 2008년 10월에 9억 원으로, 그리고 2023년 10월에 12억 원으로 상향된 것이다. 주택유형은 처음에는 주택만 대상으로 하였지만, 2010년 7월부터는 노인복지주택, 2014년 3월에는 상가주택 등 복합용도주택으로까지 확대되었다. 2015년 8월에는 재건축, 재개발, 리모델링 등에도 적용할 수 있도록 제도가 보완되었다. 그 결과 2007년 512건에 불과하던 주택연금이 2023년 기준 90,685건으로, 그리고 같은 기간 동안 연금지급액은 44억 원에서 9조 1,682억 원 규모로 성장하였다.

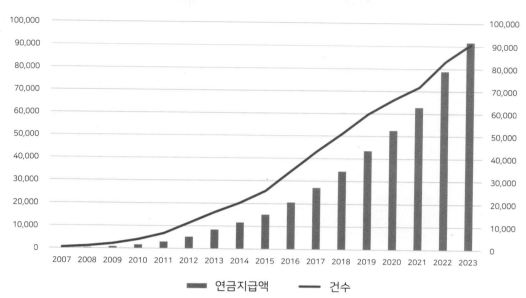

그림 8-6. 주택연금의 잔액 기준 건수(건) 및 연금지급액(억 원)

연금지급액　　　건수

*자료: HF 주택금융통계시스템

　　그럼에도 아직 주택연금이 고령가구에게 대세로 자리잡았다고 보기는 어렵다. 2016년 5월말 기준 주택연금 가입 가능가구의 1%만이 가입하였다는 분석도 있다[신용상, 2016]. 실제 통계청의 주택소유통계에 따르면 2022년 기준 전국의 60세 이상 자가가구는 523만 가구로 가입비율은 1.73%에 불과하다. 상황은 다른 나라도 크게 다르지 않다. 한국보다 10년 일찍 역모기지를 도입한 미국도 적격가구 중 3% 미만이 역모기지 프로그램에 가입한다[Lucas, 2016]. 1981년에 역모기지를 도입한 일본 역시 연간 대출실적은 300건 미만이다[고제헌, 2016].

　　HF 주택연금을 보다 상세히 살펴보자. 주택연금은 만 55세 이상 국민이 소유주택을 담보로 맡기고 평생 혹은 일정 기간 매월 연금방식으로 노후생활 자금을 지급받는 국가 보증의 금융상품이다. HF는 연금 가입자를 위해 은행에 보증서를 발급하고, 은행은 공사의 보증서를 바탕으로 가입자에게 주택연금을 지급한다. 주택연금에 가입하기 위해서는 전술한 것처럼 부부 중 1명이 만 55세 이상이어야 하며, 또 부부 중 1명이 대한민국 국민이어야 한다. 부부 기준 공시가격 12억 원 이하의 주택을 소유하여야 하며, 다주택자라도 합산가격이 12억 원 이하면 가능하다. 12억 원을 초과한 2주택자는 3년 이내

거주하고 있지 않은 주택을 파는 조건으로 가입할 수 있다.

주택연금의 실행 과정은 <그림8-7>과 같다. 먼저 신청인이 HF를 방문, 보증상담을 받고 보증을 신청한다. HF는 신청인의 자격요건과 담보주택의 가격평가 등에 대해 심사를 진행한다. 적격한 것으로 판단되면 HF는 보증약정 체결과 저당권 설정의 과정을 거쳐 금융기관에 보증서를 발급한다. 이후 신청인은 금융기관을 방문, 대출거래약정을 체결한 이후 금융기관에서 주택연금 대출을 실행하게 된다.

그림8-7. 주택연금의 실행 과정

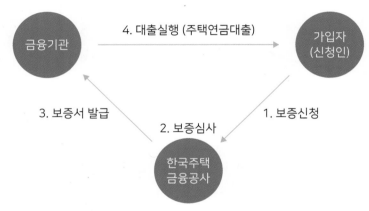

*출처: HF 홈페이지 (https://www.hf.go.kr/hf/sub03/sub01_02_01.do)

부부가 모두 사망하면 주택을 처분해 대출을 청산한다. 상속인 등이 임의매각을 통해 상환할 수도 있으며, 직접 현금 등으로 상환할 수도 있다. 상속인이 상속을 거부하거나 대출금을 상환하지 않는 경우 공사가 법원 경매 등의 방법으로 저당권을 실행해 청산할 수도 있다. 때에 따라서는 그간의 연금수령액이 집값을 초과할 수도 있다. 여기에서 연금수령액은 월지급금의 누계에 수시인출금, 보증료, 대출이자 등의 합계를 뜻한다. 일반 대출에서는 금융기관이 이를 차입자에게 청구할 수 있는 권리, 즉 소구권遡求權을 갖는다. 그러나 주택연금의 경우 초과 연금수령액을 상속인에게 청구하지 않는다. 즉 주택연금은 비소구권non-recourse limit이 적용, 연금수령액이 주택처분가격보다 높아도 상속인이 그 차액을 지불할 의무가 없다. 반대로 연금수령액보다 주택처분가격이 더 많으면 그 차액은 상속인에게 귀속된다.

주택연금은 별도의 가입비 및 보증료를 포함하고 있다. 초기보증료에 해당하는 가입비는 주택가격의 1.5%로, 연보증료는 보증잔액의 연 0.75%로 책정된다. 대출상환방식에서는 각각 1.0%, 1.0%로 요율이 다르게 적용된다. 다만 가입자가 직접 현금으로 납부하는 것이 아니라 금융기관이 가입자 부담으로 공사에 대신 납부하고 이를 연금지급총액에 가산한다.

대출금리는 기준금리와 가산금리의 합으로 결정된다. 기준금리는 3개월 주기의 CD금리나 6개월 주기의 신규취급액 COFIX 금리 중에서 선택한다. 가산금리는 기준금리가 CD금리일 경우 1.1%, COFIX일 경우 0.85%가 적용된다. 대출상환방식일 때는 가산금리가 0.1%p 인하된다. 보증료와 마찬가지로 이자도 연금지급총액에 가산되어 가입자가 직접 현금으로 납부할 필요는 없다. 가입 이후 대출 기준금리의 변경은 불가능하다.

연금을 지급받는 방식은 다양하다. 먼저 월지급금을 사망하기 전까지 지급받는 방식이 있는데 이를 종신방식이라고 한다. 이는 다시 종신혼합방식과 종신지급방식으로 나눈다. 종신혼합방식은 대출한도의 50% 이내의 인출한도를 설정하고, 나머지 부분을 월지급금으로 종신토록 지급받는 방식이다. 종신지급방식은 이와 같은 인출한도 설정 없이 월지급금을 종신토록 지급받는 방식이다. 가입자가 선택한 일정 기간만 월지급금을 지급받는 방식도 있는데, 이를 확정기간방식이라고 한다. 이 내에서 마찬가지로 인출한도를 설정한 후 나머지 부분만 월지급금으로 일정 기간 지원받는 확정기간 혼합방식도 존재한다. 연금을 지급받는 기간을 한정하기 때문에 종신지급방식보다 더 많은 월지급금을 수령할 수 있다. 일례로 70세 기준 3억 원 주택으로 10년의 확정기간 방식을 선택할 때 종신지급방식에 비해 매월 약 65만 원을 더 수령할 수 있다(2024년 2월 기준). 주택담보대출 상환의 목적을 겸하는 대출상환방식도 존재한다. 대출한도 50~90% 범위에서 일시에 사용하고 나머지 부분을 월지급금으로 종신토록 지급받는 방식이다. 마지막으로 우대방식은 주택소유자 또는 배우자가 기초연금 수급자이고 부부 기준 2억 원 미만 1주택 보유시 종신방식에 비해 월지급금을 최대 21% 더 우대하여 지급한다. 인출한도는 담보주택의 선순위 주택담보대출의 상환, 담보주택에 대한 임대차보증금의 반환, 의료비, 교육비, 주택유지수선비 등 노후생활비 등의 용도로 사용할 수 있다.

그림8-8. 주택연금의 지급방식

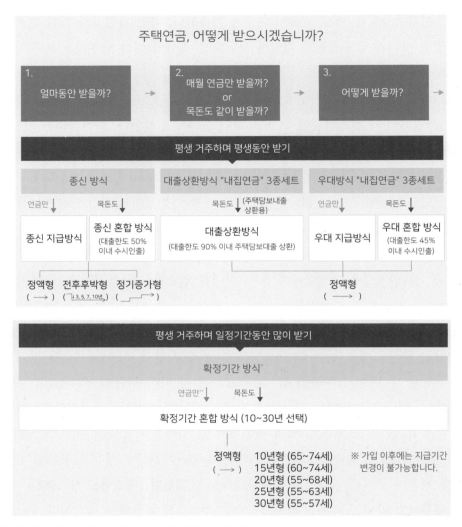

종신방식의 월지급금 지급유형은 정액형, 초기증액형, 정기증가형 중에서 선택한다. 정액형은 월지급금을 일정한 금액으로 고정하는 방식이며, 초기증액형은 가입 초기 일정 기간(3년, 5년, 7년, 10년 중 선택)은 정액형보다 많이 받고, 이후에는 정액형보다 덜 받는 방식이다. 정기증가형은 초기에는 정액형보다 적게 받고, 3년마다 4.5%씩 일정하게 증가한 금액을 수령하는 방식이다. 초기에는 정률증가형, 정률감소형도 존재하였다. 정

률증가형은 처음에 적게 받다가 12개월마다 3%씩 증가하는 방식이며, 정률감소형은 처음에 많이 받다가 12개월마다 3%씩 감소하는 방식이다. 그러니 이 두 방식은 2016년 2월부터 신규 가입이 중단되었다.

🏢 그림 8-9. 종신지급방식(정액형 기준), 일반주택의 월지급금 예시

연령	주택가격											
	1억원	2억원	3억원	4억원	5억원	6억원	7억원	8억원	9억원	10억원	11억원	12억원
50세	112	225	338	451	564	677	790	903	1,016	1,129	1,242	1,355
55세	151	302	453	604	756	907	1,058	1,209	1,360	1,512	1,663	1,814
60세	204	409	614	819	1,023	1,228	1,433	1,638	1,843	2,047	2,252	2,457
65세	246	492	739	985	1,232	1,478	1,724	1,971	2,217	2,464	2,710	2,957
70세	300	601	901	1,202	1,503	1,803	2,104	2,405	2,705	3,006	3,307	3,315
75세	373	746	1,120	1,493	1,867	2,240	2,613	2,987	3,360	3,573	3,573	3,573
80세	476	951	1,427	1,903	2,379	2,855	3,331	3,807	3,972	3,972	3,972	3,972

*단위: 천 원. 2022년 2월 1일 기준
*출처: HF 홈페이지 (https://www.hf.go.kr/hf/sub03/sub01_05.do)

월지급금을 산정하기 위해서는 주요 변수에 대한 가정이 필요하다. 먼저 기대수명은 여자의 경우 2005년 생명표는 81.9세, 2010년은 84.1세, 2011년은 84.5세, 2012년은 84.6세 등이 적용되고 있다. 기대수명의 증가는 월지급금의 감소로 이어진다.

🏢 표 8-1. 월지급액 산정모형에 적용된 주요변수의 가정과 변동 내역

적용 시점	주택가격 상승률(g)	기대이율 (i)	사망률 (q_{a+t}^0)	70세 3억 원 월지급액(pmt)
2007년 7월	3.5%	7.12%	2005년 생명표	1,064,000원
2012년 2월	3.3%	6.33%	2010년 생명표	1,039,000원
2013년 2월	3.0%	6.02%	2011년 생명표	1,007,000원
2014년 1월	2.9%	5.76%(추정)	2012년 생명표	999,000원
2015년 2월	2.7%	5.51(추정)	2013년 생명표	986,000원

*출처: 류근옥·마승렬(2015), 148쪽.

주택연금의 주요 특징 및 유의사항은 다음과 같다. 전술하였지만 부부 중 한 명이 사망하더라도 연금의 감액 없이 100% 동일금액의 지급을 보장하고 있다. 다양한 면세 혜택도 제공하고 있다. 저당권 설정시 등록면허세가 감면되고 농어촌특별세는 면제되며, 국민주택채권 매입의무도 면제된다. 연금 이용시 발생하는 대출이자비용은 연간 200만 원 한도 내에서 소득공제가 되며, 주택연금 가입 주택이 5억 원 이하이면 재산세 25%의 감면 혜택도 받을 수 있다.

주택연금을 이용하는 도중에 이혼을 한 경우 이혼한 배우자, 재혼을 한 경우 재혼한 배우자는 주택연금을 받을 수 없다. 자녀나 형제 등 제3자가 소유한 주택을 담보로 한 주택연금은 불가하다. 처분조건약정을 미이행하거나 주택의 용도 이외로 사용할 때에도 지급이 정지된다. 재개발·재건축이 예정된 경우에도 관리처분계획인가 전이라면 주택연금 가입이 가능하다. 재개발·재건축 기간 내 주택연금 계약이 유지되며, 사업 종료 후 신규 주택에 대해 공사가 마찬가지로 1순위의 근저당권을 설정한다.

주택소유권을 상실하거나 부부 모두 주민등록을 이전하거나 1년 이상 계속하여 해당 주택에 거주하지 않는 경우 주택연금 지급은 정지된다. 주택의 거주 여부는 미거주 사실을 확인한 날로부터 1년 이상 계속 미거주하는지 여부를 방문, 실거주지 추적, 관리사무소 확인 등을 통한 측면조사와 사후관리활동 기록 등으로 파악한다. 주택연금의 이와 같은 실거주요건은 주택연금이 단순히 금융상품이 아니라 고령가구의 주거안정을 위한 공공정책의 성격을 갖고 있음에 기인한다. 다만 질병의 치료, 심신요양 등을 위해 병원이나 요양시설 등에 입원하는 경우, 자녀 등의 봉양을 받기 위해 다른 주택에 장기체류하는 경우, 관공서의 명령에 따른 격리, 수용, 수감의 경우 등 불가피한 사유로 공사가 인정하는 경우에는 주택연금을 계속 이용할 수 있다.

김규림·전용일[2015]은 제7차(2014년) 재정패널 자료를 활용하여 주택연금의 가입 요인을 분석한 바 있다. 이 자료는 2013년부터 주택연금 가입 여부를 질의하고 있는데 응답가구의 약 2%가 주택연금에 가입해 있다. 거주주택 보유자의 연령이 60세 이상이면서 주택가격이 9억 원 이하인 1,126가구를 추출, 이들을 대상으로 주택연금의 가입 여부를 분석하였다.

분석결과 인구학적 특성과 주택 특성의 영향은 미미하였다. 반면 자산과 소득 변수는 주택연금 가입에 유의미한 영향을 주고 있었다. 이는 자산이 낮을수록, 소득이 작을수록 주택연금을 가입할 확률이 높음을 시사한다. 이에 대해 저자들은 "은퇴 이후 정기적 소득을 창출할 수 있는 자산을 확보하지 못하는 고령가구가 소득 역시 낮은 수준에 처했을 경우, 유일한 자산인 거주주택을 주택연금으로 활용하여 주거 안정과 소득을 확보"[108쪽]하는 것으로 해석하고 있다.

자산을 세부적으로 살펴보면 거주주택 자산을 제외한 비금융자산의 규모가 낮을수록 주택연금의 가입확률이 높아진다. 주로 거주주택 이외 부동산으로 구성된 이 자금이 많을수록 안정적인 노후소득을 확보할 가능성이 높음을 시사한다. 금융자산의 영향은 유의하지 않은데, 이에 대해 국내 고령가구의 금융자산 투자 비중이 워낙 낮아 이를 활용한다고 해서 노후 소득을 보완할 수준이 되지 못하는 것으로 해석하고 있다[108쪽]. 소득의 경우 근로소득, 부동산임대소득, 이자 및 배당소득, 사적 이전소득, 연금소득 등이 있을수록 가입확률은 감소한다. 특히 사적 이전소득, 자산 소득이 근로소득보다 더 크게 나타나는데, 이는 사적 이전소득, 자산소득을 충분히 확보한 고령가구에게 있어서 주택연금은 상대적 매력도가 높지 않음을 의미한다.

표8-2. 자산별 주택연금 가입확률에 대한 실증분석

종속변수: 주택연금 가입여부	모델(1)	모델(2)	모델(3)
가구주연령(hage)	0.00042	0.00042	0.000427
결혼여부(hmar)	0.00343	0.00343	0.00333
거주주택자산(hprice)	0.000000557	0.000000557	0.000000544
총자산(asset)	-0.000000291*	-0.000000291***	
금융자산(fasset)			-0.000000173
비금융자산(nonfasset)			-0.000000298***
지역더미(area_dum)	-0.0204	-0.0204	-0.0202
아파트더미	0.0172	0.0172	0.017
상수항	-0.00126	-0.00126	-0.00183
관측치	1,123	1,123	1,123
결정계수(조정 R²)	0.007	0.007	0.007

주: ***는 1% 유의수준, **는 5% 유의수준, *는 10% 유의수준에서 통계적으로 유의함
*출처: 김규림·전용일(2015), 104쪽.

표8-3. 소득원별 주택연금 가입확률에 대한 실증분석

종속변수: 주택연금 가입여부	모델(4)	모델(5)	모델(6)
가구주연령	-0.00020900	-0.00020900	-0.00011400
결혼여부	0.00809000	0.00809000	0.01040000
거주주택자산	0.00000067	0.00000067	0.00000079
총소득	-0.00000637***	-0.00000637***	
근로소득			-0.00000685***
사적이전소득			-0.00001780*
부동산임대소득			-0.00001140**
이자 및 배당소득			-0.00001810**
공적연금소득			-0.00001110*
공적이전소득			-0.00000683
수도권 더미	-0.01250000	-0.01250000	-0.01380000
아파트 더미	0.0226*	0.0226	0.0242
상수항	0.04820000	0.04820000	0.04350000
관측치	1,123	1,123	1,123
결정계수(조정 R^2)	0.01	0.01	0.013

주: ***는 1% 유의수준, **는 5% 유의수준, *는 10% 유의수준에서 통계적으로 유의함
*출처: 김규림·전용일(2015), 106쪽.

이달님 외[2015]는 HF의 2010년, 2012년 주택연금수요실태조사자료로 유사한 분석을 실시하였다. 주택을 보유한 만 60세 이상 고령가구 중에서 주택연금에 가입한 286가구, 가입하지 않은 1,185가구를 활용, 주택연금 가입 결정에 영향을 미치는 요인을 탐색하였다. 분석결과는 <표8-4>와 같다.

김규림·전용일[2015]과 달리 인구사회학적 특성에서도 통계적으로 유의한 변수들이 많이 확인된다. 우선 연령이 높을수록 주택연금에 가입하는 것으로 나타난다. 그러나 80대일 경우에는 주택연금에 가입하지 않는다. 본인과 배우자의 연령 차이가 적을수록 가입하지만 80대의 경우에는 연령 차이가 있을수록 가입한다. 이에 대해 80대이면서 배우

자가 어린 경우 "본인의 갑작스러운 유고에 대비하여 주택연금이라는 보험에 가입"하는 것으로 해석하였다[321쪽]. 그리고 남성일수록, 대졸의 학력을 가질수록 주택연금에 가입하는 것으로 나타났다.

경제적 요인들로 우선 직업이 있는 경우 주택연금에 가입하지 않는 경향이 확인되었다. 김규림·전용일[2015]과 달리 부동산자산이 많아도 가입하는 것으로 나타났다. 그러나 부동산자산의 수익률이 높은 경우 주택연금에 가입하지 않는 것으로 나타나 부동산자산의 많고 적음보다도 소득을 발생시키지 않는 부동산자산의 규모가 중요하다고 지적하였다[321쪽]. 금융소득이 많을수록, 부양비가 많을수록 주택연금에 가입하지 않는 패턴도 나타났다. 주택은 작을수록, 아파트일수록, 그리고 수도권일수록 가입하는 경향이 확인되었다. 그리고 지인이 추천할수록 가입하는 경향이 높은 것으로 나타났다.

표8-4. 이분형 로짓모형의 추정결과

구분		추정계수	표준오차	Wald	유의확률	Exp(B)
사회 인구 학적 특성	본인연령	0.261***	0.037	48.361	0.000	1.298
	본인성별(남=1)	1.373***	0.451	9.280	0.002	3.946
	대학교졸업 이상	0.938**	0.423	4.916	0.027	2.555
	고등학교졸업	0.294	0.365	0.647	0.421	1.341
	연령차이	-.157***	0.049	10.290	0.001	0.855
	80대더미	-1.823***	0.615	8.786	0.003	0.162
	80대더미연령차이	0.156*	0.090	3.010	0.083	1.169
	직업유무(있음=1)	-2.2199**	0.943	5.438	0.020	0.111
	부양가족유무(있음=1)	0.402	0.552	0.530	0.467	1.495
경제적 특성	ln(부동산자산)	1.128***	0.303	13.867	0.000	3.091
	총자산대비부동산자산	1.359	1.568	0.751	0.386	3.891
	ln(근로소득)	0.032	0.066	0.237	0.626	1.032
	연락부동산경상소득률	-26.573*	14.028	3.588	0.058	0.000
	ln(금융소득)	-.094***	0.031	9.536	0.002	0.910
	ln(의료비)	-.004	0.049	0.006	0.937	0.996
	ln(부양비)	-.068**	0.031	4.841	0.028	0.934
주택 특성	ln(주택규모)	-2.168***	0.814	7.093	0.008	0.114
	ln(아파트주택규모)	-1.414	0.939	2.265	0.132	0.243
	주택유형(아파트=1)	8.607**	4.236	4.129	0.042	5472.14
	거주지역(수도권=1)	1.803***	0.435	17.200	0.000	6.069
주택 연금 특성	인식경로_지인	1.485***	0.324	20.956	0.000	4.416
	인식경로_직원	0.027	0.562	0.002	0.962	1.027
	인식경로_광고	0.161	0.385	0.174	0.676	1.175
상수항		-36.320	6.141	34.983	0.000	0.000

N=1,471, -2Log 우도=337.898, Cox와 Snell의 R^2= 0.471, 표본수=1,471.
Nagelkerke R^2= .765, 분류정확=94.0%

* $p<0.1$, ** $p<0.05$, *** $p<0.01$

*출처: 이달님 외(2015), 318쪽.

김홍대 외[2014]에 따르면 주택연금은 고령가구 내 소득불균형을 완화하는 효과도 갖는 것으로 보인다. 2001~2008년 한국노동패널조사자료를 분석한 결과, 주택연금을 반영할 경우 전체 고령가구 및 주택연금가입가능가구의 상대빈곤율은 약 3%p 감소한다. 여기에서 상대빈곤율이란 전 연령의 소득중위값의 50%를 상대빈곤선으로 하여 그룹별로 상대빈곤선보다 낮은 가구수의 비율을 뜻한다. 고령가구 전체의 지니계수는 0.517이었으나, 주택연금 수령 후 0.443으로 감소, 주택연금의 소득불평등 완화 효과도 입증되고 있다.

표8-5. 상대빈곤율

구분		관측치	상대빈곤율
전 연령		12,114	16.39%
만 60세 미만 가구		10,651	14.42%
고령가구	전	1,463	30.69%
	후		27.96%
주택연금가입가능가구	전	867	36.22%
	후		33.33%

*출처: 김홍대 외(2014), 73쪽.

표8-6. 지니계수 및 로렌츠곡선

구분		관측치	지니계수
전 연령		12,114	0.423
청·장년가구 (만 60세 미만)		10,651	0.401
고령가구	전	1,463	0.517
	후		0.443
주택연금가입가능가구	전	867	0.492
	후		0.479

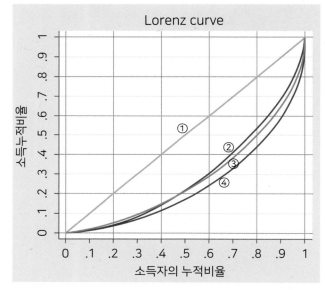

*① 소득균등분포선, ② 전 연령의 로렌츠 곡선, ③ 고령가구의 로렌츠곡선(주택연금수령가능액 반영 후), ④ 고령가구의 로렌츠곡선

*출처: 김홍대 외(2014), 73-74쪽.

3 주택연금의 주요 이슈

　주택연금이라는 금융상품도 다른 금융상품과 마찬가지로 여러 위험이 있음에 유의해야 한다. 이 위험은 금융기관의 입장에서, 그리고 가입자인 고령가구의 입장에서 각각 다르게 정의된다. 금융기관의 입장에서 주택연금은 다양한 불확실성을 내포하고 있는 장기 고위험 금융상품이다[양재환·여윤경, 2019: 2078]. 가장 큰 이유는 실제 주택가격보다 더 많은 대출을 할 위험이 있기 때문이다.

　이는 크게 세 가지로 나누어 설명할 수 있다. 첫째는 장수 위험이다. 앞서 살펴본 것처럼 주택연금은 대출기간이 확정적이지 않다. 물론 확정기간 방식도 있지만 많은 경우 종신지급형으로 가입, 사망 전까지 연금의 안정적인 지급을 선택한다. 만약 금융기간이 가정한 기대수명보다 차입자가 더 오래 생존한다면, 지급된 연금잔액과 이자 등이 주택가격을 얼마든지 초과할 수 있다. 살펴본 것처럼 차입자가 사망할 때 대출잔액이 주택가격보다 클지라도 차입자에게 소구권을 행사할 수 없다. 이 경우 담보주택을 처분하여 대출상계를 한 후 미상환된 대출잔액은 손실로 귀속된다. 따라서 장수는 차입자인 고령가구에게는 혜택이지만 대출기관의 입장에서는 손실이 발생할 큰 위험 요인이다.

그림8-10. 장수위험의 개념

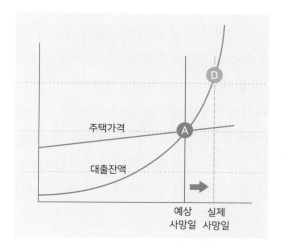

*출처: 김치완(2016)

둘째는 이자율 상승 위험이다. 월지급금을 산정하기 위해서는 특정 이자율을 가정하여야 한다. 이를 기대금리라고 한다면, 실제 대출금리가 더 가파르게 상승한다면 대출잔액이 예상보다 빠르게 증가하여 주택가격을 초과할 수 있다. 주택을 처분해 받을 수 있는 것보다 더 많은 대출을 하는 것이기에 이 역시 금융기관의 손실 위험이 된다.

그림 8-11. 이자율 상승 위험의 개념

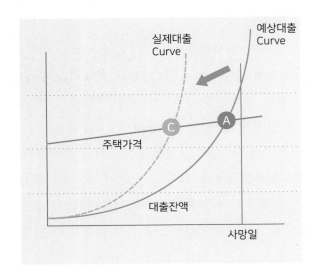

*출처: 김치완(2016)

셋째, 주택가격 하락의 위험도 존재한다. 가입시점에 가정한 미래 주택가격보다 대출을 종결한 시점의 실제 주택가격이 낮게 되어 대출잔액이 담보가치를 초과할 수 있다. 그렇다고 그 초과분을 별도로 청구하지 못하므로 대출잔액을 회수하지 못하는 위험으로 귀결되는 것이다. 이는 금융기관이 미래 주택가격의 변동성을 적절하게 예측하지 못하면 해당 금융기관의 재정건전성에 악영향을 줄 수 있음을 시사한다. 현재 HF는 전국에 대해 하나의 주택가격상승률로 예측하기 때문에 위험이 더 크다는 지적도 제기되고 있다[임유선 외, 2019: 106]. 대출자의 재정건전성을 유지하면서 주택연금을 확대하기 위해서는 가입자의 수명, 시장 금리, 그리고 주택가격에 대한 정확한 예측이 필요하다.

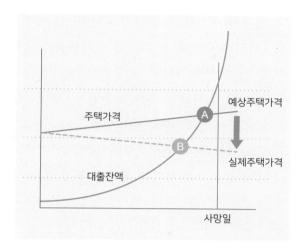

그림8-12. 주택가격 하락 위험의 개념

예상주택가격

주택가격

A

실제주택가격

B

대출잔액

사망일

*출처: 김치완(2016)

대출자가 손실이 발생할 위험에 직면한다는 것은 반대로 차입자에게 예상외의 수익을 확보할 기회를 의미한다. 그렇다고 차입자에게 주택연금의 위험이 전혀 없다고 보기는 어렵다. 차입자 입장에서 문제가 되는 것은 주택가격 상승이다. 일반적으로 주택가격의 상승은 주택담보가치를 증가시켜, 주택보유자는 대출가능금액을 늘릴 수 있고, 이를 토대로 소비수준도 높일 수 있다. 그러나 현재 주택연금의 틀 내에서는 주택가격이 상승하더라도 월지급금은 변하지 않는다. 주택가격이 급등할 때 기존 차입자에 비해 신규 차입자는 월지급금이 훨씬 크게 책정된다. 이것이 기존 차입자의 불만을 가중할 수 있다. 물론 최종적으로는 대출이 종료될 때 주택가격의 상승분은 정산되어 실현될 수 있다. 그러나 주택연금의 대출 종료는 가입자의 사망이므로 이 상승분을 누리는 것은 가입자가 아니라 가입자의 상속인이 된다.

실제 모의실험 결과에서도 주택연금을 계속 유지하는 전략은 기대상속액의 관점에서는 유리하지만, 기대연금액의 관점에서는 매우 불리한 선택이다[양재환·여윤경, 2019: 2093-2094]. 기대효용의 관점에서 분석할 때에도 주택가격이 10%보다 높이 상승할 경우 주택연금을 계속 유지하는 것은 유리한 전략이 아니다.

그러나 금융기관에 비해 차입자의 상황이 나은 까닭은 금융기관은 소구권을 갖지 못하는데 비해, 차입자는 대출을 조기종결할 수 있기 때문이다. 조기종결이란 계약해지,

중도해지, 조기상환 등을 통칭하는 것으로 주택연금의 경우 차주의 기대 여명 전에 대출 계약이 종료되는 것을 의미한다[김병국, 2020: 9]. 조기종결시 관측된 대출잔액과 주택처분가격을 비교하여 금융기관의 손실이 결정된다. 만약 주택가격이 대출잔액보다 클 경우 그 차액을 차주에게 상환한다. 여러 연구들에 따르면 이 조기종결을 야기하는 주요한 원인은 주택가격상승률이다[김정주, 2013; 유선종 · 노민지, 2013; 김경선 · 신승우, 2014; 김병국, 2020].

임유선 외[2018]의 연구에서도 유사한 결과가 확인된다. 주택연금을 해지한 가구들은 주택가격의 누적상승률이 4.235%인데 비해, 주택연금을 유지하고 있는 가구들의 주택가격 누적상승률은 -0.157%이다. 저자 역시 "주택연금 지급액을 수령하기보다는 주택가격 상승분으로 인한 이익을 누리고자 가입을 해지한 것"으로 해석하고 있다[114쪽].

표8-7. 주택연금 해지자와 주택연금 유지자 집단 간의 주택가격 누적상승률 비교

구분	해지자 (n=2,099)		유지자 (n=19,670)		t값	p값
	평균	표준편차	평균	표준편차		
누적상승률	4.235	0.41793	-0.157	6.5265	20.840***	0.000

주: 유의수준 1%(***), 5%(**), 10%(*)
*출처: 임유선 외(2018), 115쪽.

물론 계약 해지가 남발되지 않기 위한 규정이 존재한다. 구체적으로 주택가격이 예상 주택가격상승률 이상으로 올랐을 때 해지하면 동일 주택으로 3년 이내 재가입을 금지하는 조항이 마련되어 있다.

주택연금에 있어 또 다른 이슈는 바로 상속이다. 7장에서 살펴본 것처럼 주택을 보유한 고령가구는 주택을 상속하려는 경향도 적지 않게 갖고 있다. 이는 주택연금 도입 초기, 주택연금의 가입을 지연시키는 요인이 되기도 하였다[김홍대 외, 2014: 63; 김규림 · 전용일, 2015: 88]. 주택연금에 가입하지 않는 고령가구가 주택연금의 단점으로 가장 많이 지적하는 것이 '자녀에게 물려줄 재산이 없어진다'라는 조사결과도 이를 뒷받침한다[여윤경 · 양재환, 2018: 35]. 이선영 · 김영훈[2009]도 예비고령자 및 고령자 모두에게서 자녀에게 주택을 상속할 의향이 있을 때 주택연금 이용 의향이 낮은 것으로 나타난다. 25~33세를 대상으로 한 설문조사에서도 약 62.1%가 부모의 주택연금 가입에 부정적이라는 연구결과도 존재한다[Yoo & Koo, 2008].

그러나 자녀의 이와 같은 입장이 설득력이 있으려면 적어도 주택연금 가입에 따라 부모가 받을 월지급금만큼을 부모에게 지원하여야 한다. 주택연금의 틀 내에서도 부모 사망시 대출잔액과 주택가격 간 차액이 자녀에게 상속된다는 사실 역시 주택연금의 반대 논리를 약화시킨다.

상속과 관련, 주택연금의 한 가지 문제점은 부부 중 한 명이 먼저 사망할 때 남은 배우자에게 주택연금이 지급되지 않을 수 있다는 점이다. 이는 주택연금이 저당권 방식으로 운영되기 때문이다. 즉 주택연금을 가입할 때 소유권은 HF로 이전하지 않은 채 저당권만 설정하고 연금을 받는다. 주택의 소유권은 가입자에게 그대로 존재한다. 이 상황에서 소유권을 가진 고령가구가 사망할 때 주택의 상속 절차가 시작되는데, 주택연금이 계속 유지되기 위해서 남은 배우자 단독으로 상속이 이루어져야 한다. 만약 상속 권한을 자녀가 갖게 되고, 이 자녀가 동의하지 않을 경우 주택연금 지급이 불가능하기 때문이다. 단순히 주택연금을 못받을 뿐만 아니라 기존에 받았던 주택연금과 대출이자, 보증료를 상환하기 위해 거주하고 있는 주택이 매각되어야 한다. 주택연금의 청산 과정에서 남은 배우자가 기존 주택에서 쫓겨나는 상황이 발생하는 것이다.

이 문제점을 개선하고자 2021년 6월부터 신탁방식이 도입되었다. 기존의 저당권 방식과 달리 신탁 방식 내에서 고령가구의 소유권은 HF에 이전되어 신탁된다. 이 방식 내에서는 부부 중 한 명이 사망하더라도 상속은 발생하지 않으므로 자녀 동의와 상관없이 배우자가 주택연금을 승계하여 지급받는다. 신탁방식을 선택하더라도 주택연금을 해지하면 다시 소유권을 확보할 수 있으므로 저당권 방식에 비해 크게 불리한 점도 존재하지 않는다.

표8-8. 주택연금의 담보제공 방식

구분	저당권 방식	신탁방식
담보제공(소유권)	근저당권 설정(가입자)	신탁등기(공사)
가입자 사망시 배우자 연금승계	소유권 이전등기 절차필요	소유권 이전 없이 자동승계
보증금 있는 일부 임대	불가능	가능

복습문제

1   역모기지가 모기지에 비해 다른 점에 대한 설명으로 볼 수 없는 것은?

① 대출기간에 걸쳐 모기지는 자기자본비율을 늘이지만, 역모기지는 자기자본비율을 줄인다.

② 대출기간 동안 모기지는 대출상환액을 지불하지만, 역모기지는 연금을 제공받는다.

③ 대출기간 동안 모기지는 대출잔액이 늘어나지만, 역모기지는 대출잔액이 감소한다.

④ 대출기간 동안 모기지는 이자를 실제 납부하지만, 역모기지는 이자를 실제 납부하지 않는다.

⑤ 모기지는 대출기간이 정해져있지만, 역모기지는 대출기간을 정하지 않을 수도 있다.

2   우리나라에서 연금의 소득대체율은 대략 얼마인가? (2023년 남성 기준)

① 35%

② 45%

③ 55%

④ 65%

⑤ 75%

3   현행 주택연금에 가입할 수 있는 최소 연령 기준은?

① 50세

② 55세

③ 60세

④ 65세

⑤ 70세

4   현행 주택연금에 가입할 수 있는 주택의 최고 가액 기준은?

① 3억 원

② 6억 원

③ 9억 원

④ 12억 원

⑤ 15억 원

5 **주택연금 월지급금을 위한 모형의 가정에 대한 설명이다. 옳지 않은 것은?**

① 주택가격 상승률은 점차 낮아지고 있다.

② 기대이율은 점차 낮아지고 있다.

③ 기대여명은 점차 높아지고 있다.

④ 월지급액은 점차 증가하고 있다.

6 **주택연금 대상가구 중 실제 주택연금을 가입한 가구의 대략적 비율은? (2021년 기준)**

① 1%

② 5%

③ 10%

④ 15%

⑤ 20%

9

고령가구의 주거이동 및 주거입지

제9장

고령가구의 주거이동 및 주거입지

지금까지 고령가구의 주택 다운사이징을 중심으로 살펴보았다. 주목할 사실은 이 다운사이징이 대부분 주거이동을 전제로 한다는 점이다. 중대형주택에서 소형주택으로 '이동'하거나, 비싼 주택에서 저렴한 주택으로 '이동'하거나, 자가주택을 처분하고 다른 주택을 임차해 '이동'함으로써 다운사이징을 실행한다. 물론 예외도 존재한다. 현재 주택의 일부를 매각한 뒤 보다 작아진 주택에서 계속 거주할 수 있다. 자가거주 중인 주택을 매각하면서 동시에 임대차계약을 맺어 그 주택을 계속 임차하는 방법도 있다. 그러나 고령가구의 주택소비 변화에 있어 이와 같은 사례들을 일반적 현상으로 보기는 어렵다. 대부분의 주택 다운사이징은 주거이동을 수반한다.

바로 이 점 때문에 다운사이징이 원활하지 않을 수 있다. 다운사이징은 원하지만 주거이동을 희망하지는 않기 때문에 다운사이징을 포기하고 현재 주택에 계속 거주하는 선택을 할 수 있는 것이다. 따라서 다운사이징이 얼마나 원활하게 나타나는지 살펴보기 위해서는 고령가구의 주거이동에 대해서도 심층적인 이해가 필요하다. 단순히 주거이동 여부뿐만 아니라 주거이동의 목적지도 중요하다. 현재 거주지로부터 가까운 곳으로 가는지 아니면 먼 곳으로 가는지, 비슷한 곳으로 가는지 아니면 새로운 곳으로 가는지, 도시지역으로 가는지 아니면 교외나 전원지역으로 가는지 등 고령가구 주거이동의 주된 목적지도 유심히 살펴볼 필요가 있다. 늘어나는 고령가구가 이동해가는 주된 목적지라면 지역의 주택 및 부동산시장의 활력이 커질 수 있기 때문이다. 과연 고령가구는 이동하는가? 이동한다면 어디로 이동하는가?

1 머무르는가, 이동하는가?

고령가구는 일반적으로 주거이동 가능성이 상대적으로 크지 않은 집단으로 구분된다. 고령일수록 현재 주택에 계속 거주할 가능성이 높아진다는 것이다. 그 이유로 먼저 현재 주택에 만족하고 있거나, 큰 불편을 느끼지 못하기 때문임을 들 수 있다. 그렇기 때문에 굳이 주거이동을 할 필요를 갖지 않는 것이다. 그 까닭으로 앞서 살펴본 것처럼 고령가구 내에서 자가율이 높다는 점을 들 수 있다. 대체적으로 자가가구는 임차가구에 비해 거주주택에 대한 만족도가 높다. 5장에서 살펴본 것처럼 주택을 임차할 때 경험하는 다양한 문제들을 자가가구는 겪지 않아도 되기 때문에 만족도가 높을 수 있다. 설령 주택이 열악하더라도 그 주택을 소유하고 있다는 점에서 높은 만족도를 가질 수 있다. 고령가구를 대상으로 한 인터뷰에서도 이를 확인할 수 있다.

"남의 집에서 살다 보니까 뭐 얼마나 행복해요? 그런데 인제 지금은! 지금은 오막살이고 뭐 거시기 반지하도 지금은 편안해요! 그래서 지금 제일로 편안해요! 잉! 그냥 오막살이 살아도 편해요. 쫍기는 쫍고 어쩔 때는 답답하기도 하지만. 하이고~ 이보다 더 못한 사람도 있으니까." 권오정 외, 2014: 289

고령가구는 현재 주택에서 거주한 기간이 상대적으로 길다. 긴 시간 함께 하면서 다양한 추억과 사연을 지닌 주택에 고령가구는 심리적 애착을 가질 가능성이 크다. 이는 고령가구가 현재 주택에 계속 머무르는 이유로 작동한다.

"이제 나무를 이제 그 마당 얼마 안되지만 빼곡하게 심어서 나무들이 몇십년 되니까 어떻게 보면 울창하게 숲을 이뤘어요... 나는 그 숲이 굉장히 위로가 되고 오히려 그냥 좋았거든요... 살고 있다가 인제 식구들이 다 떠나고 이제 남편도 사별을 하고 아이들도 다 장성하고 혼자 살다시피 사는데도 그... 사람들이 뭐 아파트나 편리한데로 가야 되지 않느냐 이제 그래서 이제 아~ 그런가 하고 이제 가서 보면은 굉장히 좋고 편리하고 그래서 가야지 하고 했다가도 막상 갔다가 우리집에 오면 우리집이 훨씬 마음이 편하고 위로가 되는거예요. 나무들도 이렇게 식구 같고 그래서 그리고 어디를 봐도 어느 이렇게 시야로 봐도 이제 마음이 편하고." 권오정 외, 2014: 291

"할아버지 저... 그 어쨌든 우리는 그 할아버지, 할머니 그리 했으니까[수목장을 의미]. 참 좋아요. 난 나갔다 들어올 때 마다 '성모님~ 잘 다녀왔습니다. 아버지, 어머니 잘 다녀왔어요.' 그라카고 그럼 참 또 그것도 또 하나의 특징적인 게 됐어요" 권오정 외, 2014: 292

오래 거주하였다는 사실은 주택에 대한 심리적 애착뿐만 아니라 지역사회 내에서 긴밀한 사회적 관계가 형성된다는 것을 뜻한다. 이웃과의 관계, 지역에 대한 귀속감 등은 고령가구의 심리적 안정을 가져다주는 중요한 요인일 수 있다. 다른 지역으로의 이동은 가구의 재정적 안정을 가져다줄 수 있지만 이 심리적 안정을 잃게 만드는 선택일 수 있다 조덕호 외, 2004: 6.

나이가 많을수록 새로운 환경에 적응하기가 점점 어려워진다는 점도 간과할 수 없다. 고령가구의 인터뷰에 따르면 예상한 것보다 이 어려움은 큰 편이다. 특히 과거 주거이동의 경험이 부족한 고령가구라면 이 어려움은 이동에 있어 상당한 장애물로 작동한다. 새로운 환경이 치매 등 노인성 질환으로 이어질 것이라는 두려움도 존재한다.

"5년 전쯤에 우리 집사람이 먼저 갔거든요. 그래서 가서 내가 딸이 여섯인데, 딸만 여섯이에요. 아들은 없고. 그래서 근데 제일 큰애가 미국 가있거든요. (…) 걔가 내가 혼자가 되니까 여기는 딸들만 있고 그러니까, 그냥 오라고 미국 와서 같이 살자고. 그래서 미국에 갔었는데 거기 가서 영주권까지 받았는데. 아~ 이거 도저히 못살겠어요. 그 뭐, 그... 좀 잘 산다는, 무슨 촤~악 그런, 경치 좋은데 변두리 막 띄엄띄엄 집을 짓고 사는데 우리 애도 호숫가에다 집을 그렇게 짓고 사는데. 근데 뭐 걔들 다 출근하고 나면 나 혼자 그렇게 큰 집에 그냥 혼자 있으니가 거기는 차도 안 댕기지 사람도 안 댕기지 뭐 볼게, 밤낮 호수만 밖에 보고 있으니 뭐 그러고 있지. 텔레비전도 뭐 저 한국말로 안하고 드라마도 영어고 뭐... 도저히 혼자 있을 수 없어요. 혼자 있을 수 없어서 나와 버렸죠. 그냥 1년 있다가. (…) 그땐 뭐 그럴 줄 모르고서. 아 그전에는 뭐, 큰애가 미국에 있었으니까 몇 번 갔었거든. 미국에 몇 번 가서, 근데 거기서 살아보지는 않았지. 그러니까 미국에 다니러 가면 아주 좋더라고. 다니러갈때는. 뭐 한달... (…) 그래서 그런 희망을 갖고서 가자 그래서 뭣 모르고 다 챙겨가서 다~ 청산하고 쫓아갔다 가서, 가보니까 안되겠어...(작게 너털웃음)" 권오정 외, 2014: 296

"그래가지고 거기서 가까운 데가 여기거던. OO동. 오대 있고. OO동! 그렇거든! 다른 데는 못살어! 난 청량리는 살아보질 않았어! 그쪽으론. 다른 사람들도 없어. 우리 집안에! 요기서만 뺑뺑 돈 게 십년이야" 권오정 외, 2014: 296

"이제 나이들어서 내가 이제 시부모, 또 친정부모 나이보면 다~ 정상적인 그거를 아픈 것 없이 치매없이 가도 다~ 치매가 와요. (...) 그게 만약 환경이 급격히 바뀌거나 감정적으로 이렇게 굉장히 스트레스를 받으면 굉장히 심하고 나빠져요. 그래서 그런 측면에서도 제가 살던 곳에서 그저 편리하게 고쳐서 쪼금 이렇게 사는게 더~ 이렇게 편하게 안심하고 살지 않나 이런 생각이 옛날부터 있었어요. 어디 막 이렇게 좋~은 시설에 편리한데 가는 것이... 음... 더 좋을 것 같지 않다 이런 생각이 들었어요" 권오정 외, 2014: 296-297

한편 여생이 길지 않으며, 그 기간에 기대할 것도 많지 않아 이동으로 삶이 개선될 가능성을 낮게 평가하는 고령가구들도 존재한다. 이 상황에서 무리하게 이동하는 것보다 현 주택에 머무르는 것이 더 나은 결정이라는 체념적 판단도 발견된다. 이들은 주택이나 주변 환경에 문제가 있더라도 이를 고치거나 개선하려는 노력을 불필요하게 여긴다.

"노후 주거는 그냥 뭐... 그냥 뭐 저기... 있는 거 더 먹지만 않구 그냥 그대루 저기했으면 좋겠다 그거죠. 그리고 혼자 사는 사람들, 뭐 모기지론이니 뭐 이런 것들 하고 그러는데 난 그런 거 안 하고, 그냥 살다 죽었으면 좋겠다 그거죠 뭐" 권오정 외, 2014: 296-297

"계획은 없어요. 그냥... 앞으루 그냥, 그냥 사는 데까지 산다하는 거죠. 사는 데까지 살고, 또 아직까지 자식한테 뭐 이렇게 손 벌리구 그런 건 또 없으니깐요, 그냥" 권오정 외, 2014: 297

"뭣 하러 그냥 미리 썩 걱정을 하냐! 아이고, 사는 날까지 살다가 확 떠나버리면 된다! 그냥 그래요. 미리 걱정 안 해요! 그래서 항상 내일 일은 나는 몰라요. 하루하루 살아요" 권오정 외, 2014: 297

"근데 한 가지 걱정되는 거는 집도 노후 되잖아요. 그래서 그렇게 좀 저긴데 그래두 뭐 쯧. 에이 그냥 사는 데까지 살자 하구 사는거지... (점점 작게 한숨쉬듯이)" 권오정 외, 2014: 297

"... 상업시설이 많이 들어선 지역에 살면서 시끄러운 환경에 노출되어 있는 것이 내심 싫지만

안 좋아도 살 수 밖에 없다고 체념하고 있었다" 권오정 외, 2014: 296-297

"글쎄 뭐... 그냥 뭐 나 좋으면 다 좋다고 하는데. 너무 지금은 상인들이 너무 많고 젊은 애그들도 옛날같이 예의를 지키고 사나요? 그러들 않고 살지. 뭐~ 쪼끄마난 애들이나 큰 애들이나 다 담배 펴서 남으 집 앞에다 다 던져 불고 다니고. 뭐 시끄럽게 하고. 뭐 그래요! 그러니까 그냥... 뭐 그냥 그 틈 속에서 사는 거지 어쩌겠어요? 별로 안 좋아도 할 수 없이 사는 거제." 권오정 외, 2014: 297

고령가구가 설령 주거이동을 희망할지라도 이를 실현하지 못하는 것은 경제적 이유도 적지 않다. 주거이동을 위해서는 이사비, 중개수수료 등 다양한 비용을 부담하여야 한다. 소득이 많지 않은 고령가구 입장에서 이 비용에 대한 부담이 존재하는 것이다. 소득이 낮을수록 머무르려는 의사가 강한 것도 이 때문이다.

"이사 한번 하려면 복덕방비 나가야지 뭐 해야지 또 저기하니까 그냥 죽습니다! 하고 살구 그래요" 권오정 외, 2014: 296

DiPasquale & Wheaton[1995]은 이를 다음과 같이 설명하였다. 주거이동으로 인해 주거환경이 개선되면 그에 따른 편익은 향후 계속 발생한다. 그러나 고령가구는 기대여명이 짧으므로 다른 가구들에 비해 총편익은 작다. 반면 이동에 투입되는 비용은 고정되어 있다. 따라서 연령이 높아질수록 주거이동의 비용 대비 편익 비율은 점차 감소한다. 그래서 고령가구일수록 주거이동을 하지 않는다는 것이다.

국외에서 연령이 증가할수록 주거이동성이 감소하는 현상이 발견되는 까닭도 여기에 있다[Long, 1992: 144; Clark & Dieleman, 1996: 50]. 이처럼 고령가구가 기존 주택이나 지역에서 계속 머무르는 현상을 국외에서는 '에이징 인 플레이스(Aging in Place, 이하 AIP)'라고 부른다. 이는 고령기에 보호시설로 이주하는 시설복지에 반대되는 개념으로 즐겨 사용된다[Jones et al., 2008]. 특히 고령가구를 위해 많은 보호시설을 마련하고, 또 여기에서 보호서비스를 제공해야 하는 정부로부터 큰 환영을 받아왔다. AIP가 일반적이라면 기존 주택에 계속 거주하는 고령자에 대해 가족과 지역 주민의 돌봄을 유도함으로써 정부의 재정부담을 완화할 수 있기 때문이다[Davies & James, 2011].

다만 AIP에서 'In Place'의 의미는 다소 불명확하다. 현재 거주하는 주택을 의미할 수도 있지만, 현재 거주하는 지역을 의미할 수도 있다. 실제 가구들은 이를 현재 거주 주택으로 이해하기도 하고 거주 지역으로 이해하기도 한다[Olsberg & Winters, 2005]. 이에 Han & Kim[2017]은 AIP를 'Aging in Home'과 'Aging in Neighborhood'로 구분한 다음과 같은 사분면을 제안한 바 있다. 여기에서 'Aging in Home'은 주거이동 없이 현재 주택에서 계속 거주하는 것을, 그리고 'Aging in Neighborhood'는 지역 내에서 얼마든지 다른 주택으로 주거이동을 하는 것을 지칭한다. 'Aging in Home'과 'Aging in Neighborhood'의 구분이 중요한 까닭은 그에 따라 정책 방향이 다르기 때문이다. 'Aging in Home'이라면 현 거주주택의 개보수가 중요하지만, 'Aging in Neighborhood'라면 지역사회 내에서 고령가구가 이주할 만한 주거복지시설 마련이 더 중요할 수 있다.

그림9-1. 주택 및 근린에 대한 선호를 기초로 한 고령인구의 이동유형

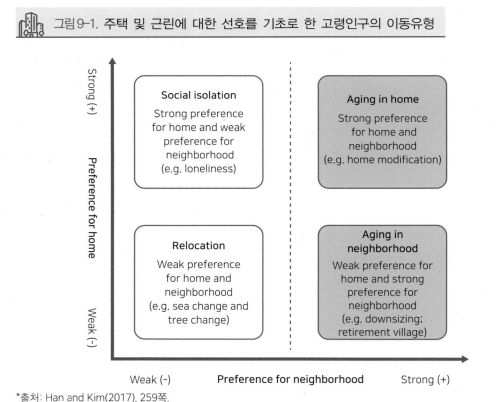

*출처: Han and Kim(2017), 259쪽.

그러나 고령가구에게는 머물러야 하는 이유만큼 움직여야 할 이유도 존재한다. 고령가구 내에서 일어나는 '은퇴'라는 사건은 가구의 주거입지를 결정하는 주요 원인인 직

장이 사라짐을 의미한다. 통계청 인구총조사의 분석결과에 따르면 전국을 기준으로 할 때 현재 거주지와 직장이 같은 읍면동에 있는 통근인구는 52.8%이다. 거주지와 직장이 같은 시군구에 있는 통근인구는 64.8%, 그리고 같은 시도에 있는 통근인구는 87.3%에 이른다. 즉 시도 단위를 기준으로 하면 10가구 중 대략 9가구는 집과 직장의 위치를 일치시킨다. 이처럼 직장의 위치는 주거입지에 있어 매우 큰 영향을 미치는 요인이다. 김준형·한정훈[2012: 159]의 표현을 빌리자면 직장은 주거입지에 있어 "영향력이 큰 닻anchor 중 하나"이다.

그림 9-2. 통근인구의 유형별 비중

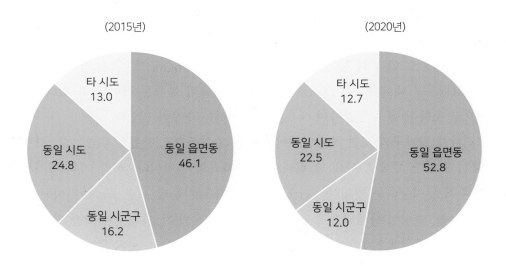

(2015년)

타 시도
13.0
동일 시도
24.8
동일 읍면동
46.1
동일 시군구
16.2

(2020년)

타 시도
12.7
동일 시도
22.5
동일 읍면동
52.8
동일 시군구
12.0

*단위: %
*자료: 통계청, 인구총조사. 15세 이상 취업인구 중 통근을 하고 있는 인구에 대한 백분율

은퇴는 더 이상 직장을 오가는 통근을 하지 않아도 됨을 의미한다. 즉 주거입지에 있어 직장이라는 닻이 사라지는 것이다. 이때 고령가구는 주로 직장과의 접근성 관점에서 결정한 현 주거입지에 대해 다시 검토할 수 있다. 직장 요인이 부재한 상태에서 새로운 주거입지를 탐색할 가능성이 커지는 것이다.

또한 지금까지 다운사이징을 중심으로 살펴본 것처럼 고령가구는 이전보다 소득이 줄어들면서 주택소비를 줄여야 하는 상황에 직면할 수 있다. 반대로 은퇴로 인해 기존보다 집에서 보내는 시간이 늘어나면서 주택에 대해 더 많은 기능을 요구할 수도 있다.

"예를 들어 기존에는 단순히 침실과 주방, 욕실만으로 구성된 평면이 충분하였다면, 이제는 서재나 작업실, 텃밭 등이 보다 더 필요해질 수 있다"[김준형 · 한정훈, 2012: 160]. 어떠한 경우이든 고령가구는 기존 주택소비에 대해 불만을 갖게 된다. 기존보다 주택소비 수준을 낮추거나 늘리는 등의 주거이동을 할 가능성이 커지는 것이다[Clark & Dieleman, 1996; Gobillon & Wolff, 2011].

앞서 언급한 DiPasquale & Wheaton[1995]의 논리로도 이동 사유를 설명할 수 있다. 의료기술의 발달로 건강상태가 개선, 이전에 비해 고령가구의 기대여명이 늘어났다. 이는 동일한 이주비용을 감안할 때 이전보다 이동의 경제성을 늘리는 요인으로 작동한다. 또한 연금제도 등 노후보장의 수단이 늘어나면서 경제적으로 보다 윤택해짐에 따라 이주비용의 부담도 줄어들게 된다. 주거이동을 훨씬 더 편하게 선택할 수 있다는 것이다.

실제로 쾌적한 주거환경을 확보하기 위해 이동하는 고령가구들이 빈번히 존재하는데, Meyer & Speare[1985]는 이를 어메니티 이동amenity mobility이라고 불렀다. 이는 가구주의 연령이 상대적으로 낮을 때 쉽게 관찰된다. Litwak & Longino[1987] 역시 상대적으로 연령이 낮은 고령가구 내에서 은퇴로 인한 주거이동 비율이 높음을 확인한 바 있다. 이들은 상대적으로 소득이 높고 건강하며 배우자와 동거하는 경우가 많았다.

그러나 고령가구의 모든 주거이동이 어메니티 이동으로 분류되지 않는다. 고령가구가 이동하게 하는 주요한 사유 중 하나는 배우자와의 사별이다. 사별 이후 독거하기에 적합한 주거로 이동하는 것이다. Serow[1987]는 여러 국가들의 고령가구 주거이동 사유를 분석하였는데, 연령이 상대적으로 낮은 고령가구는 '은퇴'가 가장 많았지만 연령이 높은 고령가구에게서는 '배우자와의 사별'이 가장 많이 나타났다. Rogers[1988]는 배우자와 동거하지 않는 경우 주거이동 비율이 높아짐을 발견하였다. Ermisch & Jenkins[1999] 역시 배우자와 사별한 시점에서 고령가구의 주거이동이 늘어남을 관찰하였다.

건강의 악화도 고령가구 주거이동의 주요한 배경이다. 건강이 악화되어 독립적인 생활을 영위하기 어려워지고 일상생활에서도 도움이 필요할 때, 이를 위해 주거이동을 하게 된다. 이를 어메니티 이동과 대비하여 지원 이동assistance mobility이라고 부르기도 한다[Meyer & Speare, 1985]. 독거 상태에 있을 때 건강 악화는 더욱 지원을 필요로 하며, 이때 지원 이동은 더 활발히 전개된다. Speare et al.[1991]도 고령가구의 생활기능이 더 약화될수록 주거이동이 늘어남을 관찰하였다. 지원 이동은 상대적으로 가구주의 연령이 높을 때 일어난다.

이처럼 어메니티 이동뿐만 아니라 지원 이동도 존재하는 탓에 후기 고령기에 다시 주거이동이 늘어나는 현상이 관찰되기도 한다. 이를 '만년 이동[later-life mobility]'이라고 부른다. 미국의 PSID 자료를 분석한 Feinstein & McFadden[1989]에 따르면 고령가구의 이동률은 72세부터 증가한다. 호주에서도 비슷한 패턴이 관찰되는데 이동빈도는 30-34세 연령대부터 계속 감소하지만, 75-79세 연령대부터는 오히려 증가한다. 16%였던 이동빈도는 90세 이상에서 33%까지 이르게 된다[Han & Kim, 2017: 256].

② 이동의 목적지

이동 여부뿐만 아니라 이동의 목적지도 고령가구의 주거이동에 있어 중요한 관심사이다. 앞서 AIP에서 논의한 것처럼 고령가구가 현재 거주하는 곳에 계속 머무르려는 경향이 강하다면, 고령기에 접어들더라도 기존 생활권에 머무를 것으로 예상할 수 있다. 설령 이동하더라도 현 거주지를 크게 벗어나는 선택은 하지 않을 것이다.

그 이유로 현재 거주지역에 대해 크게 만족하기 때문임을 들 수 있다. 다른 곳보다 물가가 저렴하고, 주요 편익시설에 쉽게 접근할 수 있고, 교통이 편리하고, 자연환경이 양호하며, 의료서비스를 신속하게 받을 수 있고, 적합한 주거기회에 접근가능하다면 굳이 다른 지역으로 이주할 필요가 없는 것이다[권오정 외, 2014: 292]. 지역내 병원 등 의료시설, 문화시설, 교육시설, 카페, 레스토랑 등의 상업시설 등의 입지가 주거환경에 대한 만족도를 형성하기도 한다.

"저~기 아주 생각지도 않게 시골 그 동네 속에 까페가 하나 생겼어! (…) 까페가 하나 생겼는데, 피자도 하는 거야~ 난 피자가 가끔 참 좋아하니까 먹고 싶거든! (…) 괜찮아~ 분위기도~ 그래서 내가 아 그 다행이다~ 그런거, 그런 게 하나라도 있으면 좀 진짜! 우리가 가서 한번 커피도 마시고... 내가 집에서도 타묵고 하지만, 왜 그 마시는 맛하고 틀리잖아. 그런 데가 하나 생겨서 너무 좋아졌어!"[권오정 외, 2014: 293]

특히 양호한 교통접근성은 다른 시설로의 이동, 자녀와의 왕래 등을 편하게 함으로써 현 지역에 대한 만족도를 높인다.

"단지 안에 전철도 들어오고... OO동이 참 좋은 거 같애... 살기가... 1번 출구로 나가면은 우리 지하 1층 주차장으로 바로 통해요. 백화점처럼... 바로 들어가요. 이촌역에서요. 여기 보이죠. 안 보이나. 어어... 1번 출구로 나가면 우리 아파트고 4번 출구로 나가면 우리 OO아파트(아들부부 거주)고, 그래서 하루에 4번씩도 왔다갔다해요" 권오정 외, 2014: 293

"수원 여기 처음 와봤어요. 여기 들어올 때, 버스노선이 많아가지고 크게 불편이 없어요. 또 쇼핑같은 거, 영통으로 나가는 건 시간마다 나가는 거 있고. 또 서울 가는 것도 하루에 세 번씩 나가니까 서울 갈 때도 크게 불편 없고, 또 OO대 앞에 가면은 서울 각 방면으로 가는 버스가 다니잖아요. 학교니까. 여기서 한 5분이면 나가요. 여기서 버스타면 나가고 거기서 가면되고 거의 내가 교통적으로 불편하다 별로 안 느껴요. 여기 처음 들어기 전 사람들은 물어본다고. 거기 외져서 불편하지 않냐고. 불편하지 않아요. 비교적 내가 많이 다니는 편인데도, 거의..." 권오정 외, 2014: 293

"그리고 OOOOOO(노인주거복지시설) 가니까 그게 안되더라고. 그렇게~ 거기 사는 분이 이쪽으로 이사 오신 분이 몇 분 계세요. 근데 거긴 그게 안돼. 너무 활동도 없고. 아파트 생활이야 그냥. 그리고 수원이니까 자녀들이 자주 오기가 힘들고. 여기는 뭐 그냥 뭐 시내 잠깐. 지하철 타도 애들도 올 수 있고" 권오정 외, 2014: 293

오래 거주한 주택에 대해 느끼는 친숙함과 안정감, 애착을 오래 거주한 지역에 대해서도 동일하게 느낄 수 있다. 그래서 그 지역 내에서 이동을 선호할 수 있다. 고령가구의 심리적 안정감은 지역사회 내에서 오래 함께 한 주변 사람들과의 관계, 일상적 소통 등에 기초하고, 이들과의 사회적 관계를 유지할 수 있는 범위 내에서 새로운 목적지가 선택된다는 것이다.

"나이 들면 제일 이게 힘든 게 그... 어... 어떤 일상사에 이런 소통이 없는 게 제일 힘들어요. 그니깐 내가 인제 아파트나 이런 데로 뚝 떠나서 못가는 거는 거기가면 어쨌든 혼자 진짜 혼자 살아야 하고 여기서는 뭐 옆집 가게라던지 뭐 허다못해 세탁소라든지 뭐 이런 게 나랑 직접 관계

268
고령사회와 부동산

가 없어도 그냥 일단 편하게 어느 정도에 어떤... 그래서 그냥 나 살던 곳이 좋겠다 싶은 생각이 들어서..." 권오정 외, 2014: 288

기존 지역에서 크게 벗어나지 않는 이유를 여가 장소에서 찾기도 한다. 은퇴 이후 새로운 주거지는 은퇴 이전의 여가 장소와 깊이 연관되어 있다는 것이다. 이 여가 장소는 일반적으로 기존 생활권에서 크게 벗어나지 않는 경우가 많고, 따라서 새로운 주거입지 역시 기존 생활권을 크게 벗어나지 않게 된다. 즉 고령가구의 새로운 목적지에 대한 결정이 다양한 정보를 고려해서 이루어지지는 않음을 의미한다. 이미 알고 있는 친숙한 지역에 한정해 대상지가 탐색될 가능성이 높으며, 그 결과 기존 지역에 머무를 가능성이 높다.

이를 뒷받침하는 국외 실증연구 결과들은 결코 적지 않다. Law & Warnes[1982]에 따르면 영국의 60세 이상 인구 중 원거리로 이동한 인구는 5.5%에 불과하다. 고령가구의 주거이동에서 30km를 넘는 원거리 이동은 일반적이지 않다는 연구도 있다[Morrison & Clark, 2011]. 호주에서 주거이동을 하는 65세 이상 인구의 70% 이상은 지역사회 내에서 이동한다[Clark & Mass, 2015]. 주거복지시설로 이동한다고 하더라도 이 주거복지시설 대부분이 원 거주 주택으로부터 12km 반경 내에 위치해 있다[Howe, 2006].

기존 지역 내 주거이동은 기존 주택을 포기하는 것이 갖고 있는 부정적 이미지를 없애면서, 동시에 소속감을 유지하고 사회적 관계를 확보하는 전략으로 논의되고 있다[Rowles & Bernard, 2013]. 고령자의 주거환경은 정부, 지방정부 및 민간 단체의 지원 아래 고령자가 원한다면 그들에게 익숙한 지역에서 계속 살아갈 수 있도록 도와주어야 하며, 그곳은 고령자가 오랫동안 참여하여 온 지역사회이거나 그들이 풍부하고 정상적이며 안전한 생활을 영위할 기회가 있는 곳이어야 한다는 UN의 권고도 이와 같은 맥락이다[권오정 외, 2014: 285].

한편으로 고령가구는 기존 지역이 아니라 새로운 목적지를 선택한다는 주장들도 존재한다. 현 거주지에 대해 높은 만족도를 갖고 있다면 계속 거주하겠지만, 그렇지 않다면 얼마든지 다른 지역으로의 이주를 선택할 수 있다는 것이다.

다른 지역으로 이주하는 이유로 가장 빈번히 언급되는 것이 의료시설과의 양호한 접근성이다. 이는 전술한 지원 이동에 해당한다. 양로원이나 노인복지시설 등 다양한 돌봄을 제공하는 곳이나 그 인근으로의 이동도 여기에 해당된다[Hugo et al., 2013; Choi & Kang, 2010]. 반드시 의료시설이 아니더라도 일상생활에서 자녀로부터 지원을 받을 수 있도록, 자녀의 집이나 그 인근으로의 이동을 선택하기도 한다[Conway & Rork, 2011]. 자녀의 집에 붙어 있는 노부모의 별채를 뜻하는 'Granny Flat'이라는 단어도 이와 같은 맥락에서 생겨났다.

고령가구는 물가가 보다 저렴한 지역으로 이동한다는 지적도 있다. 이전보다 소득이 줄어드는 상황에서 동일한 생활수준을 유지할 방안이기 때문이다. 이는 서울에서 다른 대도시로, 대도시에서 중소도시로 이동이 이루어질 가능성이 큰 이유가 된다.

"아유 분당이 새로 신도신데 아, 살기가 좋다고. 할 일 없는, 서울서 사실 필요가 없다고. 그러니까 대개 보면 서울서 살다 늙은 이들이 헐 일 없으면 막... 인제 일도 없고 응. 애들도 다 치우고 그럴 것 같으면 거기서. 여기가 싸고 편리하거든 여기가. 그러니까 다 이리로 이사 온다고 서울 집 팔고. 그니까 서울 고아파트를 팔고 그 반값에 또 이리로 왔다고. 그러니까 돈이 남았지, 돈이 남아 있지. 그래서 이리 와서. 여 와서 정착을 한 거야. (...) 환갑이 넘었을 때지"[권오정 외, 2014: 292]

"목포는, 집값이 싸요. 우리 지금 저 건평이 53평에다가, 아니, 대지가 53평에다가 건평이 30평인데... 7500이 다 안 갈 꺼에요. 그렇게 싸요. 어, 그래서 지금 어느 정도... 수리를 해서. 아파트도 32평 정도 돼도 쪼끔 지은지 쪼끔 몇 년 된 거는 5-6000 주면 산다는 거 같더라고요? 예... 뭐 전세 2-3000이면 들어가고 한다고 하니까... 그 지방이 물가도 싸고, 살기는 괜찮은데... 근데... 가면은 인제 저... 내 이제 돈 벌다가 안 버니까 조금 그것이 그러기는 하는데... 애들이 인저 돈 준다고 하니까 가서 살려고 하하하. 애들이 돈 준다고 하니까. 얼마를 줄지는 모르지만"[권오정 외, 2014: 292-293]

앞서 살펴본 것처럼 고령가구의 주거이동은 지원 이동뿐만 아니라 어메니티 이동도 존재한다. 직장과의 접근성을 더 이상 고려할 필요가 없으니 보다 쾌적한 환경을 찾아 적극 이동할 수 있다는 것이다. Glasgow & Beale[1985]은 고령가구가 현재보다 작은 규모로 이동한 이유는 보다 나은 라이프스타일을 추구하기 위함임을 발견하였다. Chen & Rosenthal[2008]은 미국의 센서스 자료를 분석한 결과, 은퇴 이후 가구들은 주거이동을 통해 직장과 관련된 혜택을 늘리기보다 주거 어메니티와 관련된 혜택을 늘리고 있었다.

주거환경의 쾌적함을 차지하는 가장 큰 요인은 양호한 기후인 것으로 보인다. 고령가구의 이동 내에서 햇빛지역[sunny areas]으로의 이동이 두드러지게 관찰되기 때문이다. 영국의 고령가구는 북웨일즈, 요크셔 등의 해안지역으로 이동하는 패턴을 보인다[Law & Warnes,

1982: 54-55. 미국의 은퇴자들은 약 5분의 3이 날씨가 따뜻한 남쪽 지역, 그리고 4분의 1이 해안과 접한 지역으로 이주한다Lee, 1980: 247. 호주에서는 어메니티가 양호한 해안 지역으로의 이동에 대해 'Sea Change', 해안 지역이 아닌 시골이나 산촌 등으로의 이동에 대해 'Tree Change'라는 용어를 일반적으로 사용하기도 한다.

이는 나아가 고령가구의 주거이동이 도시지역에서 비도시지역로 일어날 것이라는 전망으로 이어진다. 실제 고령가구를 대상으로 한 인터뷰에서도 간단한 농작물을 재배하거나, 자연환경을 여가 공간으로 즐길 수 있다는 사실에 만족하고 있음이 확인된다. 현재 고령가구 대부분이 이촌향도를 통해 서울에 거주하고 있으며 원래 고향은 서울 이외 지역이라는 점 역시 이들의 은퇴 후 귀향을 예상케 하는 요인이다.

"우리는! 그거를 인제 우리가 행복한 거야. 우리가 심어서 무공해로 뭐 그렇게 내 친구 한사람은 우리집에서 뭐 주는 걸 너무 좋아해!(흥분하시면서) 너무 좋아해! 그래갖고 막, 그 해묵는 그 친구 얘기가 지금 요즘 같은데 너는 그 여름에는 먹을 수 있는 고추니 딸기니 이런 거 뭐 사묵지 말라 이거라. 지금은 그냥 시래기 먹고 뭐 먹고 이런 거 하지. 근데! 우리는 그걸 다~ 대부분 자급자족해. 무, 또 배추! 다... 그런 게 너무 좋아! 한~번도 안 해봤는데 인제는 베테랑이 됐어!" 권오정 외, 2014: 290

"산에 난 도로를 걸으면, 흙을 밟으면 참 좋아요. 소나무 밭에 이렇게 걸으면.. 그렇게 걷구, 그라구서는 먹는 거는 주로 나물을 잘 먹어요. 나물 잘 먹고! 고기는 먹고 싶을 때만 쯤 먹고 싶다 하면은 고기먹자 하면 애들이 고기 사갖구 오구. 시골... 집이 시골이니까 숯불 펴놓구서 고기 꿔먹구 그래요" 권오정 외, 2014: 293

"이제 내년 봄에는 인자, 요 요 밖에 데크를 하나 조금 늘펴가지고 밖에서 이제 식사도 하고, 차도 마시고, 강을 보며, 우리 전망이 너무 좋잖아요. 지금 여기 이렇게 있으면 하루종일 봐도 지루하지가 않아. 똑같은 거 같애도 수시로 변해요!" 권오정 외, 2014: 293

인구의 고령화, 그리고 고령인구의 귀농·귀촌 경향은 역도시화^{counter-urbanization}의 가능성으로까지 이어진다. 역도시화란 도시화^{urbanization}의 반대 방향^{counter}으로의 변화를 의미한다. 도시화는 이촌향도, 즉 인구가 농촌에서 도시로 이동하는 것을 지칭하며, 반대로 역도시화는 도시로 내몰렸던 인구가 다시 농촌으로 회귀하는 현상을 의미한다. 인구 고령화가 이 역도시화를 촉발할 것이라는 전망이다.

　　실제 은퇴 후 농촌에 거주할 의사에 대한 수많은 설문조사가 이를 뒷받침하기도 한다. 은퇴 이후 농촌에 거주할 의사가 있는 가구의 비율은 김유선 외[2004]에서는 50대의 경우 49.6%, 60대 이상의 경우 40%, 윤순덕 외[2005]는 58.2%, 농림부[2006]는 56.3%, 송미령 외[2007]는 50대의 경우 64.3%, 60대의 경우 54.3%, 서수복[2010]은 30%, 국토해양부[2011]는 45.2% 등으로 나타난다. 여러 연구들에 걸쳐 최소 30%에서 최대 64%에 이르는 귀농 의향이 역도시화에 대한 전망을 지지하고 있다.

　　그러나 귀농·귀촌의 장애요인도 적지 않다. 도시의 고령가구가 이미 도시의 라이프 스타일에 대한 강한 선호를 갖고 있을 수 있다. 농촌 지역이 의료 및 문화시설의 접근성이 양호하지 못하다는 점도 간과할 수 없다. 실제 농촌으로 이주할 때 예상되는 불편 중 가장 큰 것으로 보건의료시설, 문화시설 등 생활편의시설 부족이 지적되기도 한다[윤순덕 외, 2005; 농림부, 2006; 송미령 외, 2007]. 도시의 환경 역시 인구 고령화에 맞게 보다 고령친화적인 형태로 계속 정비되어 간다는 점도 고려하여야 한다. 고령인구가 지내기에 도시라는 공간이 점차 적합해진다는 것이다.

　　무엇보다 국내 고령가구는 여전히 일자리가 필요함을 간과하기 어렵다. 앞서 우리는 전체 고령자 중 연금수령자는 50.3%에 불과하다는 점[그림 3-40]을, 그리고 연금의 소득 대체율도 35%로 OECD 평균보다 낮다는 점을 확인한 바 있다[그림 8-5]. 고령가구의 빈곤율도 43.2%로 OECD 국가들 중 가장 높다[그림 3-42]. 이처럼 은퇴 이후 생활에 필요한 충분한 소득을 확보하기 어렵기 때문에 고령가구는 여전히 일을 하고자 한다. 만 55세 이상 79세 이하 인구 중 장래 근로의사가 있는 인구의 비율은 68.5%이며, 근로를 희망하는 가장 큰 이유는 생활비를 보완하기 위한 목적이다[그림 3-34]. 고령가구가 계속 일을 하고자 한다면 일자리가 많은 곳, 특히 기존 경력과 연관된 일자리가 많은 곳에 거주하고자 할 것이며 이는 상대적으로 도시지역이 될 가능성이 높다. 그렇기 때문에 생각만큼 역도시화가 나타나지 않으며, 오히려 농촌의 고령인구가 도시로 이동하는 현상이 나타날 수 있다[Pinnegar et al., 2012; Marshall et al., 2006].

3 실증연구의 결과

관련 주요 연구로 먼저 김준형·한정훈[2012]을 들 수 있다. 이들은 2001년부터 2010년까지의 통계청의 주민등록인구 및 국내인구이동통계 자료를 사용하였다. 기존 거주지역이 서울인 인구를 기준으로 분석을 진행하였다.

분석은 크게 이동률(이주율)mobility rate에 대한 분석과 이동목적지에 대한 분석으로 나눈다. 이동률은 전체 인구에서 이동한 인구의 비율을 뜻한다. 고령인구뿐만 아니라 일반가구도 연령대로 구분, 고령인구만의 차이가 존재하는지 확인한다. 이동목적지 분석은 전입지역(목적지)을 서울, 수도권(서울 제외), 비수도권 등 행정구역을 기준으로 나누거나, 인구밀도를 기준으로 도시, 교외, 농촌 지역으로 나눈다. 전체 인구 대비 각 유형별 목적지의 이동인구 비중을 분석함으로써 역시 고령인구의 특징을 탐색한다.

먼저 이주율에 대한 분석결과는 <그림 9-3>과 같다. 이주율은 연령이 높아질수록 감소하다가 55-64세를 기점으로 해서 다시 높아지는 경향을 보인다. 앞서 살펴본 '만년이동'이 국내에서도 존재함을 시사한다. 다만 연도별 패턴을 살펴보면 시간이 지날수록 전체 세대에 걸쳐 이동률은 감소하고 있다. 특히 55세 이상 인구 내에서 이 패턴은 두드러지게 관찰된다. 서울에 거주하는 인구만으로 한정할 때, 고령인구가 현 주택에 머무르려는 경향은 점차 심화되고 있다[김준형·한정훈, 2012: 164-165].

🏢 그림 9-3. 연령별 이주율 및 연도별 변화패턴

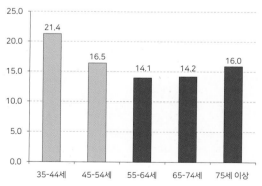

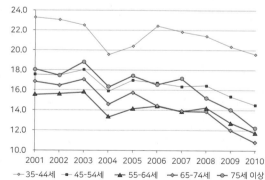

*출처: 김준형·한정훈(2012), 164쪽.

<그림 9-4>는 행정구역 기준 목적지별 이동인구의 비중을 보여준다. 2000년대 중반 이후 서울을 목적지로 삼는 경향이 고령인구 내에서 증가하고 있음이 확인된다. 반면 서울 외 수도권을 택할 가능성은 시간이 지날수록 점차 줄어들고 있다.

그림 9-4. 행정구역 기준 목적지 구분에 따른 연령집단별 시기별 이주목적지 분포

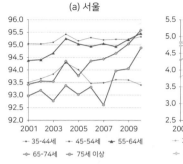
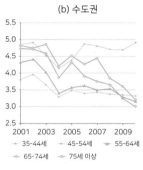
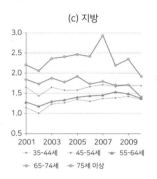

*출처: 김준형·한정훈(2012), 164쪽.

인구밀도를 기준으로 목적지를 구분할 때 이주인구의 비중 분포는 <그림 9-5>와 같다. 여기에서도 최근 도시지역으로 이주하는 인구 비율이 고령인구 내에서 높아지는 패턴이 확인된다. 반면 고령인구가 교외지역으로 이주하는 인구의 비율은 같은 기간 내 크게 감소하고 있다. 농촌지역의 경우 상대적으로 높았던 고령인구의 이주인구 비율이 점차 감소, 연령집단 간 차이가 줄어들고 있다.

그림 9-5. 인구밀도 기준 목적지 구분에 따른 연령집단별 시기별 이주목적지 분포

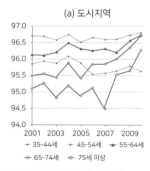
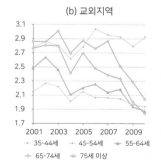
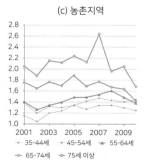

*출처: 김준형·한정훈(2012), 168쪽.

이 연구는 다중회귀모형 추정 결과도 제공하고 있다. 이 모형의 종속변수는 이동인구의 규모이며, 독립변수로 인구밀도 변화를 포함하였다. 이 변수의 추정계수가 양$^+$이면 인구밀도가 높은 곳으로 이동함을, 음$^-$이면 인구밀도가 낮은 곳으로 인구가 이동함을 의미한다. 추정결과$^{그림 9-6}$를 살펴보면, 모든 시기와 집단에 걸쳐 통계적으로 유의한 양의 값이 추정된다. 이는 서울에서 발생하는 모든 인구이동은 인구밀도가 낮은 지역이 아니라 인구밀도가 높은 지역으로 향한다는 것이다. 인구밀도가 높은 곳으로 이동하는 현상은 상대적으로 35-44세, 45-54세 집단에서 강하게 나타나지만, 55세 이상 집단에서도 통계적으로 유의한 양의 값이 나타나는 것은 동일하다. 특히 75세 이상 집단에서 추정계수의 절대값은 55-64세, 65-74세보다 더 높게 나타나는데, 이는 고령인구 내에서도 나이가 많을수록 인구밀도가 높은 지역으로 이동하는 성향이 강해짐을 의미한다. 이는 고령가구가 은퇴 이후 도시지역을 떠나 교외나 농촌으로 이동한다고 보는 것은 그 실증적 근거가 부족함을 시사한다.

그림 9-6. 다중회귀모형의 인구밀도 변화 변수의 추정계수

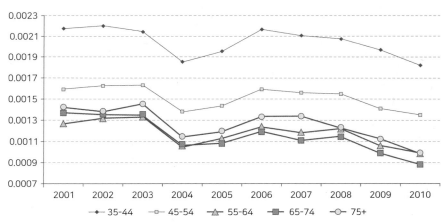

*출처: 김준형·한정훈(2012), 168쪽.

또 다른 실증연구로 고진수·최막중^{2014}을 들 수 있다. 이는 국토교통부의 2007년 주거실태조사 자료에 기초한다. 이 조사는 고령자를 대상으로 한 특수조사인데, 저자는 연령, 건강상태, 결혼상태, 독거 여부 등을 기준으로 고령자를 건강한 노년 부부, 건강하지 않은 노년 부부, 독거노인 등으로 구분하였다.

분석결과 고령가구의 주거이동 희망비율은 4.5%로 장년가구의 주거이동 희망비율 13.7%보다 크게 낮게 나타났다. 이에 대해 저자는 "노년 가구가 장년 가구에 비하여 현재 주택에서 그대로 거주하기를 선호"한다고 보았다[25쪽]. 고령가구 내에서 비교하자면 독거노인 내에서 주거이동 희망 가구의 비율이 가장 높았으며 다음이 건강한 노년부부, 건강이 악화된 노년부부 순이었다[표9-1].

표9-1. 주거이동 선택의 비율

가구 구분		장년 가구		건강 노년 부부		건강 악화 노년 부부		독거노인		전체 노년 가구	
향후 주거 선택		빈도(명)	비율(%)	빈도(명)	비율(%)	빈도(명)	비율(%)	빈도(명)	비율(%)	빈도(명)	비율(%)
주거 이동 X	현재 주택에서 그대로 거주	2,743	81.3	1,204	87.3	1,593	86.5	1,939	86.2	4,736	86.6
	현재 주택을 수선하여 거주	171	5.1	119	8.6	187	10.2	180	8.0	486	8.9
	소계	2,914	86.3	1,323	95.9	1,780	96.7	2,119	94.2	5,222	95.5
주거 이동 O	노인주택	45	1.3	10	0.7	17	0.9	76	3.4	103	1.9
	다른 주택	410	12.1	45	3.3	44	2.4	39	1.7	128	2.3
	자녀 또는 친지 집	7	0.2	1	0.1	0	0.0	15	0.7	16	0.3
	소계	462	13.7	56	4.1	61	3.3	130	5.8	247	4.5
계		3,376	100.0		100.0		100.0		100.0		100.0

※ 노인주택은 고령자전용임대주택, 대규모 유료시설(실버타운), 노인공동생활주택을 포함함
*출처: 고진수·최막중(2014), 25쪽.

이 연구에서도 회귀모형이 추정되는데 여기에서 종속변수는 주거이동을 할 때 1의 값을 갖는 더미변수이다. 분석결과 장년가구에 비해 고령가구는 주거이동을 하지 않는 것으로 명확하게 나타난다. 그리고 건강효과는 주거이동에 큰 영향을 미치지 못하는 것으로 나타난다. 이에 대해 저자는 "건강이 악화되어 가족 등의 도움이 필요해서 이동하는 경우도 존재하지만, 주거이동이 이루어지기 위해서는 일정 수준 이상으로 건강해야 하기 때문"으로 해석하고 있다[26쪽]. 반면 독거효과는 전체 고령가구 및 자가 고령가구에게 있어 통계적으로 유의하다. 즉 혼자 산다는 점은 자가 고령가구 중심으로 주거이동을

할 가능성을 늘리는 요인이 된다.

표 9-2. 주거이동 선택에 영향을 미치는 요인

종속 변수		주거이동(주거이동 선택=1)				
가구 구분		전체 가구			노년 가구	장년 가구
		전체	자가	차가		
독립 변수		추정계수	추정계수	추정계수	추정계수	추정계수
점유형태	점유형태(자가=1)	-1.154***			-1.200***	-1.127***
가구소득	ln(총소비지출)(만 원)	0.418***	0.430***	0.361***	0.376***	0.471***
연령효과	가구 구분(노년 가구=1)	-0.503***	-0.520**	-0.563*		
건강효과	건강 상태(건강 나쁨=1)	-0.172	-0.202	-0.134	-0.167	
독거효과	결혼 상태(독거=1)	0.352	0.542**	-0.085	0.222	
가구주 성별	가구주 성별(남성=1)	-0.052	0.115	-0.273	-0.072	0.379
가구원 수	가구원 수(명)	0.031	0.063	-0.049		0.035
지역	지역(서울=1)	0.638***	0.535***	0.625***	1.274***	0.240**
만족도	주택·시설 노후 만족도(매우 만족=5)	-0.416***	-0.411***	-0.327***	-0.584***	-0.310***
	적정 면적 만족도(매우 만족=5)	-0.020	-0.161*	0.204*	-0.181*	0.051
거주기간	거주기간(월)	-0.001***	-0.001	-0.001	-0.002***	0.003*
주택 유형 (단독주택=0)	연립·다세대·빌라	0.435***	0.859***	-0.042	0.484**	0.496***
	아파트	0.311***	0.772***	-0.438**	-0.077	0.443***
	상수	-3.170	-4.388	-3.372	-2.569	-4.817
	표본 수(n)	8,810	7,277	1,533	5,446	3,364
Pseudo R²	McFadden's R²	0.126	0.113	0.065	0.149	0.061
	Cragg & Uhler's R²	0.069	0.050	0.060	0.056	0.052
	Efron's R²	0.073	0.054	0.060	0.088	0.047
	분류정확률	0.917	0.940	0.821	0.952	0.863

*출처: 고진수·최막중(2014), 26쪽.

한편 고령가구의 주거이동 경향을 도시지역 거주 가구와 비도시지역 거주 가구로 나누어 비교도 진행하였다. 현재 도시지역에 거주하는 고령가구는 장년가구에 비해 도시지역에 계속 거주하기를 희망하는 것으로 나타난다. 또한 비도시지역에서 도시지역으로 이동하기를 희망하는 비율은 장년가구(6.7%)보다 고령가구(16.9%) 내에서 더 높다. 건강이 악화된 경우 이 비율은 19.4%로 가장 높다. 이와 같은 결과들은 마찬가지로 고령인구의 귀농·귀촌이 활성화되기에는 근본적 한계가 존재함을 시사한다.

표9-3. 고령가구의 주거이동지역

이동비율	장년가구 (N=2,880)		건강 노년 부부 (N=1,346)		건강 악화 노년 부부 (N=1,797)		독거노인 (N=2,208)		전체 노년가구	
	도시 지역	비도시 지역	도시 지역	비도시 지역	도시 지역	비도시 지역	도시 지역	비도시 지역	도시 지역	비도시 지역
도시지역	92.6	7.4	96.8	3.2	96.2	3.9	96.2	3.8	96.4	3.6
비도시지역	40.8	59.2	30.9	69.1	35.2	64.8	36.4	63.6	34.7	65.3
지역유지비율	87.1		85.0		78.9		80.8		81.2	
지역변경비율	12.9		15.0		21.1		19.2		18.8	
도시-비도시	6.2		1.9		1.7		2.0		1.9	
비도사-도시	6.7		13.2		19.4		17.2		16.9	

※ 도시지역은 광역시와 시를 의미하며, 비도시지역은 읍과 면을 의미함
※ 지역 변경비율은 현재 지역과 노후 지역이 다른 것을 의미함. 즉 현재는 도시지역(광역시/시)에 거주하지만 노후에는 비도시지역(읍/면)에 거주하기를 희망하는 가구와 현재 비도시지역에 거주하지만 향후에는 도시지역에 거주하기를 희망하는 가구를 합한 후 전체 가구 수로 나눈 수치임

*출처: 고진수·최막중(2014), 27쪽.

복습문제

1 **고령자의 주거이동에 대한 일반적인 설명으로 보기 어려운 것은?**

① 자가소유자일수록 주거이동의 성향이 강하다.

② 거주기간이 길수록 현재 주택에 더 머무르려고 한다.

③ 새로운 환경에 적응하기 어려운 것이 주거이동의 장애물이다.

④ 여생에 대한 체념 및 무계획도 주거이동을 하지 않는 이유이다.

⑤ 기대여명이 길어질수록 주거이동의 경제성이 높아진다.

2 **Aging in Place에 대한 설명으로 옳지 않은 것은?**

① Place가 주택을 뜻하는지, 지역사회를 뜻하는지 명확하지 않다.

② 고령사회에서 정부의 재정지출을 줄일 수 있는 방안으로서 강조된다.

③ 이동을 하더라도 원거리이동보다 근거리이동이 선호된다.

④ 고령자에 대한 지역사회의 지원을 강조한다.

⑤ 주택개조보다 요양시설 등의 정책대안이 보다 효과적이다.

3 **다음 중 지원 이동과 관련성이 낮은 것은?**

① Sea Change

② 양로원 및 노인복지시설

③ Granny Flat

④ Later-life mobility

⑤ 사별 및 건강악화

4 도시의 고령가구가 계속 도시에 머무르는 요인으로 볼 수 없는 것은?

① 의료 및 문화시설에 대한 접근성을 중시한다.

② 고령가구는 여전히 일자리를 필요로 한다.

③ 고령인구 대부분이 농촌에서 태어났다.

④ 도시는 계속 고령친화적으로 정비되고 있다.

⑤ 오랜 기간 도시에 살아, 도시의 라이프스타일을 선호한다.

5 현재 거주지와 직장이 같은 읍면동에 있는 통근인구의 대략적 비율은?

① 30%

② 40%

③ 50%

④ 60%

⑤ 70%

10

고령가구의 주택유형과 주택개조

제10장

고령가구의 주택유형과 주택개조

가구가 거주하는 공간을 넓게는 주택으로 통칭하지만, 실제 주택은 그 유형이 다양하다. 아파트, 단독주택, 연립, 다세대, 오피스텔 등. 그렇기에 고령가구의 주택소비에 있어 또 다른 질문을 제기할 수 있다. 과연 고령가구는 어떠한 유형의 주택을 선호하는가? 독립 거주가 불가능할 정도로 건강이 악화된다면 요양 및 돌봄이 가능한 시설로 이주가 불가피하지만, 만약 그렇지 않고 일반 주택시장에 계속 남는다면 주택유형은 어떻게 결정할 것인가? 기존에 거주해 온 주택유형에 계속 거주할 것인가, 아니면 새로운 주택유형을 선택할 것인가? 만약 새로운 주택유형을 선택한다면 그 주택유형은 무엇일까?

설령 주택유형을 바꾸지 않고 현재 주택에 계속 거주할지라도 고령이기 때문에 필요한 새로운 요구에 부합하여 주택의 세부 사양을 바꾸는 '개보수'가 필요하다. 과연 고령가구를 위한 주택의 개보수는 무엇을 지칭하는가? 이와 같은 개보수는 국내 고령가구 내에서 원활히 이루어지고 있는가? 본 장에서는 이 질문에 대한 답을 탐색하고자 한다.

1 고령가구의 주택유형

1.1. 주택의 유형 및 선택

고령가구의 주택유형에 대해 본격적으로 논하기에 앞서 주택유형의 개념을 보다 명확하게 정의하기로 한다. 통계청도 주택유형을 구분하며,「건축법」,「주택법」등의 법령도 구분한다. 여기에서는 통계청의 기준으로 설명한다.

주택은 크게 단독주택과 공동주택으로 구분한다. 단독주택은 다시 일반단독과 다가구단독, 영업겸용단독으로 구분한다. 일반단독은 통상 한 가구가 살도록 건축된 주택이다. 다른 가구가 세를 살고 있더라도 그 가구가 독립적으로 사용하는 방, 부엌, 독립된 출입구, 화장실 등을 별도로 갖추고 있지 않다면 일반단독으로 분류한다. 다가구단독은 여러 가구가 살도록 설계된 주택이다. 일반단독과 달리 세를 살고 있는 가구도 방, 부엌, 독립된 출입구, 화장실 등이 별도로 확보되어 있다. 다만 분리해서 팔거나 살 수는 없다. 단독주택의 마지막 유형은 영업겸용단독으로 주거용 부분과 영업용 부분이 함께 있는 건물로서, 주거용 부분 연면적이 영업용 부분보다 같거나 더 큰 건물의 주택을 뜻한다. 주거용 부분보다 영업용 부분 연면적이 더 크면 '비거주용 건물 내 주택'으로 구분된다.

공동주택은 다시 아파트, 연립주택, 다세대주택으로 나눈다. 아파트는 5층 이상 공동주택으로 건축 당시 '아파트'로 허가받은 주택을 지칭한다. 4층 이하라도 아파트로 허가를 받은 경우 아파트로 구분한다. 4층 이하 공동주택은 연립과 다세대가 있는데, 동당 건물 연면적이 660㎡를 초과하면 연립, 그렇지 않으면 다세대로 분류한다. 이는 모두 각 호별로 분리하여 매매가 가능하다는 점에서 다가구단독과 차이가 근본적으로 존재한다.

전술한 것처럼 비거주용 건물 내 주택도 존재하는데, 이는 비거주용 건물 내에서 방, 부엌, 독립된 출입구 등 주택의 요건을 갖춘 주거 부분이 있는 경우를 지칭한다. 건물 전체의 주거용 면적은 영업용 면적보다 작아야 한다. 이때에는 주거 부분만 따로 사고 팔 수 없어도 주택으로 구분한다. 상가, 학원 등 영업을 목적으로 지은 집이지만 거주하는 공간이 주택의 요건을 갖추고 있다면, 이 역시 비거주용 건물 내 주택에 해당한다.

주택의 요건을 갖추고 있지 않으나 사람들이 거주하는 공간을 통계청은 '주택 이외의 거처'로 구분한다. 먼저 오피스텔을 들 수 있는데, 원래 개념은 주거시설을 갖춘 사무실이다. 호텔, 여관 등에 장기 거주자가 있는 경우 그 객실도 주택 이외의 거처로 본다.

기숙사, 보육원, 요양원 등과 같이 집단 거주를 위한 구조물도, 판잣집, 비닐하우스 등 주택의 요건을 갖추지 못한 구조물도 주택 이외의 거처이다. 기타 가게 또는 사업장의 잠만 자는 방, 건설공사장의 컨테이너 등 임시막사, 임시 거주를 위한 구조물도 여기에 해당한다. 그렇다면 이와 같은 다양한 주택유형 중에서 가구는 어떻게 선택하는가?

학술적으로는 이 다양한 유형들을 아파트와 비아파트로 구분, 이들 간 선택에 영향을 미치는 요인들에 주로 관심을 가져왔다. 즉 누가 아파트를 선택하고, 누가 아파트 이외의 주택유형을 선택하는지 질문을 던져왔다. 특히 1980년대 이후 아파트가 새로운 주거의 표준이 되면서 아파트에 대한 선호 원인에 연구가 집중되었다.

아파트를 선택하는 요인으로 우선 언급되는 것은 양호한 내부 공간이다. 아파트는 입식 부엌, 온수 욕실, 수세식 화장실 등을 기본적으로 구비, 기존 단독주택과 비교할 때 기본 설비가 우수하다[강인호 외, 1997]. 내부시설뿐만 아니라 외부시설도 단독주택에 비해 양호한 것으로 평가된다. 대부분의 아파트는 어린이놀이터, 노인정, 휴게소, 주차장 등 생활 편의시설을 구비하고 있기 때문이다[강인호 외, 1997]. 특히 주차장이 잘 구비되어 있어 단독주택 지역의 심각한 주거문제를 경험하지 않을 수 있다는 점이 아파트 선호의 중요한 이유로 언급된다[강인호 외, 1997]. 외부공간 면적도 상류층 단독주택 지역보다 더 넓다는 분석결과도 존재한다[강인호 외, 1997]. 프라이버시가 잘 확보되며 보안이 양호하다는 점 역시 아파트의 상대적 매력으로 작동한다. 전세로 아파트에 입주하는 이유로 "주인세대와 완전히 분리되어 독립성이 있어서", "단독주택에 비해 마음 놓고 집을 비울 수 있어서" 등의 응답이 높게 나타나는 것도 이와 같은 맥락이다[강인호 외, 1997]. 아파트처럼 고밀개발이 이루어지는 지역이 단독주택 중심 지역보다 대중교통이나 상업시설 등을 더 충분히 갖추고 있을 가능성이 높은데, 이 역시 주민의 생활 편의성을 향상시키는 요인이다.

특히 1990년대 말부터 아파트시장에 대형 건설사들의 고유 브랜드가 사용되기 시작하였으며, 이를 토대로 2000년대부터 아파트의 품질경쟁이 본격적으로 이루어졌다[신종칠, 2004]. 다른 업체와의 차별성, 경쟁력 등을 확보하기 위해 기존 아파트에 적용되지 않은 품질 요소들을 적극적으로 도입하려 한 것도 이때부터이다. 새로운 내·외부 디자인을 소개하거나, 단지에 색채와 야간 경관조명을 활용하거나, 내진·내풍구조를 적용하거나, 리모델링이 용이한 구조 등으로 바꾸는 것이 그 예이다[배정익 외, 2003]. 단독주택과 달리 아파트가 주거환경에 대한 가구의 선호에 더 신속하게 반응해 온 이유는 여기에서 찾을 수 있다.

아파트는 단독주택에 비해 토지 지분이 상대적으로 작으므로 가격이 보다 저렴할 것으로 기대된다. 그러나 이처럼 국내에서는 주거공간으로서 더 많은 매력을 지닌 탓에 동일 면적의 단독주택보다 아파트가 비싼 것이 일반적이다. 게다가 아파트에 대한 선호가 지속되는 탓에 시간이 지나더라도 아파트의 가격은 떨어지지 않고 오히려 상승한다. 그 결과 아파트는 소비재로서뿐만 아니라 투자재로서의 가치도 확보, 더 많은 수요를 유발한다. 아파트를 선호하는 사람들은 상대적으로 주택의 시장가치, 매매용이성, 투자가치 등을 보다 중시한다는 연구결과는 이를 뒷받침한다[박선영 외, 2005].

단순히 물리적, 경제적 측면 이외에도 사회적 측면에서 아파트의 선호 요인이 존재한다. 아파트에 거주한다는 것 자체가 적어도 중산층 이상의 계층에 속해있다는 신호를 제공하기 때문이다. 아파트가 본격적으로 보급될 때 상대적으로 고학력, 화이트칼라가 집중되면서 아파트는 중산층의 주택유형으로서 자리잡았다[장성수·김진균, 1994]. 지명도 높은 대형 건설사가 브랜드 아파트를 공급하고, 이 아파트들이 보다 높은 가격대로 거래되면서 아파트의 계층효과는 더욱 커졌다. 대졸 이상 가구가 연립, 다세대주택보다 아파트를 선택하거나 교육수준이 높을수록 아파트를 선택한다는 분석결과, 생산직에 비해 사무직이 아파트를 선택하며 임시직이나 자영업은 아파트보다 연립, 다세대주택을 선택한다는 분석결과, 소득이 높을수록 단독주택보다 아파트를 선택한다는 다수의 실증분석 결과 등은 이와 같은 아파트의 계층효과를 입증한다[장성수, 1998; 최막중·임영진, 2001; 문태헌 외, 2008; 김주영·유승동, 2013].

1.2. 고령가구와 주택유형

그렇다면 고령가구는 어떠한 주택유형을 선택할 것인가? 먼저 고령가구는 아파트보다 단독주택을 선호할 수 있는데, 가장 큰 원인은 역시 다운사이징이다. 노후에 부족한 소득을 충당하기 위해 주택자산을 인출하는 주택 다운사이징은 앞서 살펴본 것처럼 여러 방식으로 가능한데, 그중 하나가 아파트에서 단독주택으로 이주하는 것이다. 이는 단독주택이 아파트에 비해 상대적으로 저렴하기 때문이다. 한국부동산원 전국주택가격 동향조사에 따르면 단위면적당 평균주택매매가격은 단독주택이 아파트의 약 30% 수준이다. 이는 동일한 면적에서 아파트에서 단독주택으로 이주하면 주택자산의 약 70%를 현금으로 인출할 수 있음을 뜻한다. 국내 가구에게 있어서 아파트에서 단독주택으로의 이주는 효과적인 다운사이징 수단이 될 수 있는 것이다.

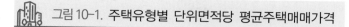

그림 10-1. 주택유형별 단위면적당 평균주택매매가격

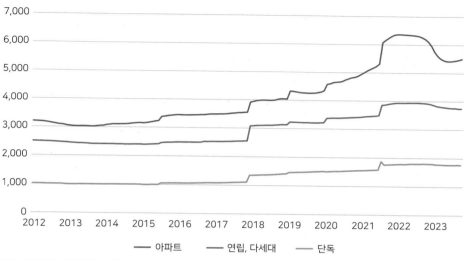

──── 아파트   ──── 연립, 다세대   ──── 단독

*자료: 한국부동산원 전국주택가격동향조사

　아파트에 비해 갖는 단독주택의 물리적, 환경적 특성이 고령가구를 유인할 수도 있다. 은퇴한 고령가구들은 집에서 체류하는 시간이 늘어난다. 그에 따라 프라이버시나 쾌적성에 대한 요구가 커진다. 여유시간에 활용할 공간에 대한 필요도 증가한다. 체류시간이 늘어나면서 고령가구는 주택을 선택할 때 이웃과의 사회적 관계도 중시하게 된다. 단독주택은 이와 같은 새로운 요구들을 충족시킬 수 있는 주택유형이 될 수 있다. 실제 권오정 외[2014]의 연구에서는 이에 대한 고령가구의 인터뷰를 발견할 수 있다.

　"아파트 경험이 한번 조금 있어요. 1년! 그... 먼저 88년도에 집지을 때 목동! 거기 가서 살았는데 너무 불편했어요. 왜냐면... 그때 뭐가 있냐면 이런 집에서는 소리 뭐 이런 물 내려가는 소리 뭐하는 소리 하는 소리들이 이게 다 내가 아는 소리잖아요. 근데 아파트는 남이 내는 소리를 내가 아무 준비 없이 듣더라구요. 아무리 잘 지었다고 사는 사람들이 뭐 자기네들은 뭐 소리 안들리고 좋고 아니예요. 옆에서 속삭이는 소리, 방하고 방하고 부부싸움하는 소리도 들리고 대화하는 소리도 들려요... 이런 데서도 설거지 내가 맨날 새벽 2시에 해도 누가 뭐라 할 사람도 없고 아무 신경 안쓰이고 괜찮아요. 내 그런 데서는 할 수가 없잖아요. 어떤 그런 제약받고 그런 거를 내가 못 견디는 거 같아요. 그래서 그냥 그 단독주택을 선호하는 것 같아요. 개인적으로... 그래서 어릴 적 아마 그런 경험 때문에 그리고 인제 그 아파트 경험이 없으니까 아파트도 못가고 결국 또 이렇게 단독주택 형식으로..." 권오정 외, 2014: 290

"이 집에 온 게 한 6년 정도 된 거 같아요. 근데 살아보니까. 어... 아파트에서 느끼지 못했던 음... 그런 여러 가지를 좀 느낄 수 있는 것 같아요. 첫째는, 아파트는 앞뒤집만 그런 (손으로 설명해주시면서) 문 맞은편 집하고 여기만. 같은 집 얼굴밖에 모르는데. 이 주택에 살다보니까 동네 사람들하고 좀 친해지는 것 같고 또 얼굴도 알고 서로 인사도 나누고. 그것보다는 또 땅을 가깝게 이렇게 하니까 땅내음도 좀 맡을 수도 있고. 좁지만 나무도 좀... 감나무도 몇 그루 있고. 매실도 심었고... 그런 것도 재미가 쏠쏠 해요. 상추도 심고 지금도 어 씨앗, 상추, 쑥갓 이런 씨앗을 파종했거든요" 권오정 외, 2014: 290

한편 단독주택의 이와 같은 매력에도 불구하고 고령가구는 일반 가구와 마찬가지로 아파트에 대한 선호가 강할 것이라는 예측도 적지 않다. 앞서 살펴본 아파트의 상대적 장점, 즉 양호한 내·외부환경, 공동의 유지관리, 높은 접근성, 경제적 가치, 사회적 가치 등은 고령가구에게도 마찬가지로 중요한 주거선택의 요인이기 때문이다. 고령가구가 단독주택을 선호하는 원인으로 프라이버시가 지목되지만, 프라이버시를 이유로 아파트를 선택하는 일반 가구들의 사례도 앞서 언급한 바 있다. 단독주택의 이론과 현실이 서로 다른 탓에 단독주택에 대한 선호가 실제 이주로 이어지지 않을 수 있다.

특히 고령가구는 신체적 노화를 고려한 주택을 필요로 한다. 이후 자세히 살펴보겠지만, 고령가구의 주택은 휠체어가 다닐 수 있는 문턱이 없는 넓은 통로나 경사로, 엘리베이터 등 무장애barrier-free 설계를 요구한다. 최근에 지어진 아파트들은 당연히 구비하고 있는 이 설계를 오래된 단독주택에서 기대하기는 어렵다. 그렇다고 고령가구를 위한 단독주택의 개조가 적극 진행되고 있지도 않다. 이 상황에서 단독주택보다는 아파트가 고령가구에게 있어서 물리적으로 보다 편리한 공간일 수 있다.

9장에서 언급한 AIP Aging in Place 성향도 영향을 미친다. 연령이 높아질수록 주거의 이동성은 급격히 줄어든다. 현재 주택에 문제가 있더라도 새로운 선호가 생기더라도, 주거이동 결정 자체를 하기가 쉽지 않다. 이는 곧 기존에 아파트에 거주하고 있는 고령가구는 계속 아파트에, 그리고 단독주택에 있었던 고령가구는 계속 단독주택에 거주할 가능성이 높음을 뜻한다. 설령 움직이더라도 근거리로 이동할 가능성이 높은데, 아파트 가까이에는 상대적으로 아파트가, 단독주택 가까이에는 상대적으로 단독주택이 있을 확률이 크다. 이 점으로 인해 고령가구의 주택유형 자체가 변하지 않을 가능성도 존재한다.

1.3. 실증연구의 결과

국토교통부의 주거실태조사(2019년) 분석 결과에 따르면[그림 10-2] 현재 거주하고 있는 주택이 아파트인 가구의 비율인 60대가 45%, 70대가 36%, 80대 이상이 30%로 연령이 높을수록 감소한다. 반면 단독주택 거주 가구의 비율은 60대 40%, 70대 51%, 80대 이상 61%로 점차 높아진다. 이와 같은 패턴은 통계청 인구주택총조사 결과에서도 동일하게 나타난다[그림 10-3].

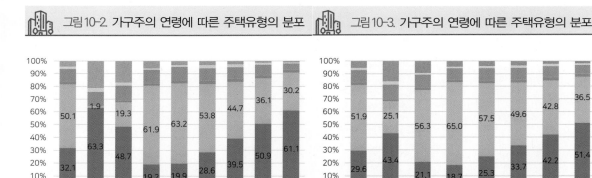

그림10-2. 가구주의 연령에 따른 주택유형의 분포

그림10-3. 가구주의 연령에 따른 주택유형의 분포

■ 주택이외의거처 ■ 비거주용건물내주택 ■ 다세대 ■ 연립 ■ 아파트 ■ 단독

*자료: 국토교통부(2020), 12쪽.

*자료: 통계청 인구주택총조사 – 2022년

고령가구의 주택유형 선택을 확인하는 방법은 전체 가구의 주택유형 선택에 있어 연령 변수의 영향을 살펴보는 방법이 있다. 대표적인 연구가 최막중·김영진[2001], 김주영·유승동[2013]이다. 국토연구원의 '주거만족도 및 주택수요 조사'를 분석한 최막중·김영진[2001]은 연령이 높을수록 단독주택에 대한 선호가 증가함을 확인하였다. 한국주택금융공사의 조사 자료를 분석한 김주영·유승동[2013]에 따르면 단독주택에 대한 선호는 자가주택에 거주하는 60대 이상으로 한정되며, 임대주택을 선호하는 가구들은 모든 연령대에서 단독주택보다 아파트를 선호하였다.

고령가구에 한해 주택유형을 직접 분석한 연구로는 우선 이용석·박환용[2013]을 들 수 있다. 이들은 서울에 거주하고 있는 1955−1963년에 태어난 베이비붐세대를 대상으로 편의표본추출법을 활용해 최종 936부의 표본을 구축하였다. 이들에 대해 노년기 주거이동에 대한 계획을 질의하였는데, 이상향을 실현하기 위해 이사를 계획한다는 응답이 30.3%로 가장 많이 나타났으며, 다음으로 현 주택 유지가 높게 나타났다(19.9%). 주거환경을 변경하거나(18.2%), 주택유형을 바꾸겠다는 응답(17.7%)도 이에 상응하는 수준으로 나타났다.

표 10-1. 응답가구의 주거이동계획

변수	종류	빈도	%
이사계획	현 주택 유지	186	19.9
	주택유형규모 변경	166	17.7
	주거환경 변경	170	18.2
	경제적 이유로 변경	130	13.9
	노년기 이상향 실현	284	30.3
거주희망지	서울	408	43.6
	경기도권	286	30.6
	수도권외 대도시	60	6.4
	농촌지역	182	19.4
합계		936	100.0

*출처: 이용석·박환용(2013), 164쪽.

주거관에 대한 질의도 포함하고 있다. 주거관은 크게 투자성, 경제성, 쾌적성, 접근성 등으로 구분하였다. 분석 결과, 쾌적성이 가장 높으며(4.01), 접근성이 그 다음(3.8)으로 나타난다. 경제성(3.49), 투자성(3.41)은 이보다 낮다. 쾌적성의 하위 요소 중 공원, 녹지가 풍부한 지역이 4.09점, 범죄 등에서 안전한 주거생활을 할 수 있는 지역이 4.09점으로 가장 중요하게 여기는 요소로 나타난다. 기타 향, 통풍, 전망이 좋은 주택(4.04점), 외형 및 내부가 깨끗한 주택(3.96점)의 순이다.

접근성의 하위 요소로 대중교통이 편리하고 주요도로와 가까운 지역이 가장 높게 나타나며(3.95점), 은행, 병원, 공공시설 등 편의시설과 가까운 지역도 높은 편이다(3.93점). 노인정, 문화시설, 운동시설 등 복지시설과 가까운 지역(3.78점), 자녀, 친지, 친구 등 지인과 가까운 지역(3.64점)은 이보다 낮다. 경제성 요소 중에서는 관리비 등 주거비용이 적은 주택(3.79점)이 가장 중요하게 간주되며, 다음이 주택가격이 저렴한 지역(3.41점), 주택 임대료가 저렴한 지역(3.33점) 순이다. 투자성 요소 중에서는 전세, 월세 등 임대수익이 가능한 주택(3.36점)이 가장 높게 나타나며, 다음이 학교 주변 등 수요가 많은 지역(3.10점), 재개발, 재건축 등 개발사업 가능성이 높은 지역(3.02점)으로 나타난다.

본 장에서 다루고 있는 주택유형에 대한 선호도 조사되었는데, 전원주택을 선호하는 주택유형으로 꼽은 가구가 가장 많다(38.7%). 다음이 아파트(26.9%), 단독(20.7%) 순이다. 이에 대해 저자들은 "베이비붐 세대들이 노년기에는 자연과 함께 쾌적한 삶을 영위할 수 있는 전원주택을 선호"하며, "접근성이 좋고, 편리성이 좋은 아파트도 선호하는 것"으로 해석하였다[165쪽].

표 10-2. 응답가구의 주택유형 및 규모 선호

변수	종류	빈도	%
노년기 주택 유형	단독	194	20.7
	연립	22	2.4
	아파트	252	26.9
	도시형 생활주택	62	6.6
	실버타운	36	3.8
	전원주택	362	38.7
	세컨드 하우스	8	0.9
노년기 주택 규모	초소형	12	1.3
	소형	116	12.4
	국민주택규모	316	33.8
	중형	348	37.2
	대형	110	11.8
	초대형	34	3.6
합계		936	100.0

*출처: 이용석·박환용(2013), 165쪽.

임기홍·백성준[2014]도 유사하게 1955년부터 1963년까지 출생한 베이비붐세대 1,300명을 대상으로 설문조사를 진행하였다. 이 연구는 은퇴 전후 주거선택 기준의 차이를 살

퍼보고 있다. 은퇴 이전에는 교통, 쾌적성, 투자성, 편의시설, 교육, 가격 등의 순서로 고려하여 주택을 선택한다. 은퇴 이후에는 쾌적성, 편의시설에 대한 고려는 크게 늘어나지만, 교통, 투자성, 교육에 대한 고려는 크게 감소하는 것으로 나타난다.

그림 10-4. 은퇴 전후의 주거선택기준의 차이

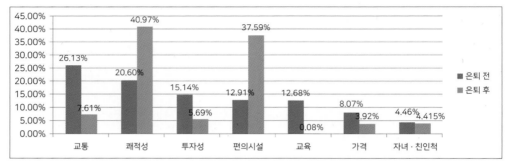

*출처: 임기흥·백성준(2014), 443쪽.

그림 10-5. 은퇴 전후의 선호 주택유형의 차이

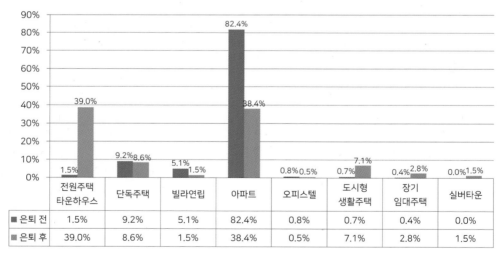

	전원주택 타운하우스	단독주택	빌라연립	아파트	오피스텔	도시형 생활주택	장기 임대주택	실버타운
■ 은퇴 전	1.5%	9.2%	5.1%	82.4%	0.8%	0.7%	0.4%	0.0%
■ 은퇴 후	39.0%	8.6%	1.5%	38.4%	0.5%	7.1%	2.8%	1.5%

*출처: 임기흥·백성준(2014), 444쪽.

은퇴 전후 선호 주택유형도 비교하고 있는데, 은퇴 이전에는 아파트에 대한 선호가 매우 크게 나타난다. 반면 은퇴 이후에는 아파트에 대한 선호 비율이 절반 정도로 감소하는 반면, 전원주택, 타운하우스 등에 대한 선호가 크게 늘어난다.

그러나 이와 같은 설문조사의 결과처럼 고령가구 내에서 전원주택으로의 이사가 원활하게 진행되지 않을 수도 있다. 국토교통부 주거실태조사(2019년)에서 주택유형별로 주요 항목별 만족도를 분석하면 <그림 10-6> 및 <그림 10-7>과 같다. 아파트는 다른 주택유형에 비해 난방 및 단열, 주택 위생 상태, 주택 방범, 화재로부터의 안전성 등에서 만족도가 크게 높다. 주변 환경에 있어서도 아파트가 단독주택에 비해 의료시설, 대중교통 등의 접근 용이성, 치안 및 범죄 등 방범 상태, 이웃과의 관계 등에 있어 높은 만족도를 보인다. 전원주택에 대한 선호가 실제 주거이동으로 이어지려면 비아파트의 주거불만 원인들이 해결되어야 한다.

그림 10-6. 주요 항목에 대한 주택유형별 주거만족도 – 주택의 특성

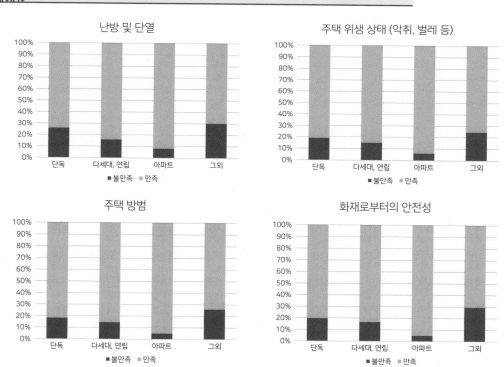

*자료: 국토교통부 주거실태조사(2019년)

그림 10-7. 주요 항목에 대한 주택유형별 주거만족도 – 주변 환경의 특성

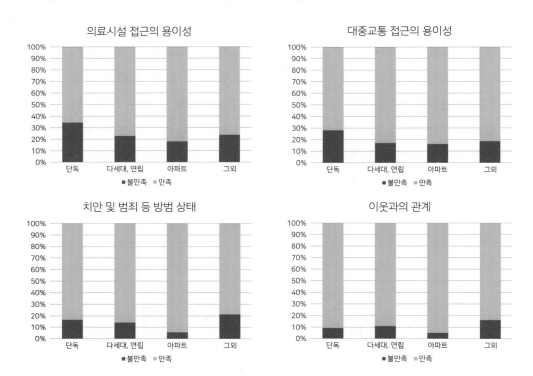

*자료: 국토교통부 주거실태조사(2019년)

황선혜 외[2010]의 연구에서 이를 확인할 수 있다. 이 연구 역시 서울의 베이비붐세대 (1955~1963년생) 150명을 대상으로 설문을 진행하였다. 기존 연구와 다른 점은 서울 강남 및 서초구에 거주하고 있는 가구만으로 표본을 한정하였다는 것이다. 또 은퇴 이후 부부 동거 및 건강 상태에 따른 네 가지 상황을 가정, 이를 중심으로 주거선택의 변화를 살펴 보고 있다는 점도 차별된 내용이다. 이 네 가지 상황은 구체적으로 '부부가 동거하면서 건강할 때', '부부가 동거하지만 건강이 악화될 때', '혼자 있으면서 건강할 때', '혼자 있 으면서 건강이 악화될 때'를 지칭한다.

이 네 가지 상황에서 선호하는 주거유형에 대해 응답하도록 하였다. 주거유형은 일 반단독주택, 일반아파트, 별동형 단독주택, 공동사용주택, 빌라형 연립주택, 노인복지주 택, 요양형 주택, 은퇴자커뮤니티 등 8가지로 나누어 시각적 이미지[그림 10-8]와 함께 제시하 였다. 일반단독주택과 일반아파트는 일반 주택시장 내 단독주택과 아파트를 지칭한다.

별동형 단독주택은 ECHO^{Elderly Cottage Housing Opportunity} 개념으로, 혈연 또는 비혈연 세대가 독립적으로 살 수 있는 두 개의 주택이 한 대문 안에 계획된 주택이다. 공동사용주택은 여러 세대가 하나의 건물에 함께 거주하면서 개인 침실 외 거실, 욕실, 식당 등은 공동으로 사용하는 유형이다. 빌라형 연립주택은 각 세대가 독립적으로 거주하고 관리하는 단독형 주택들이 인접하여 군을 이룬 건물 또는 소규모 주거단지를 의미한다. 노인복지주택은 건강한 노인들을 위한 전용주거시설로 각종 편익시설 및 여가, 문화프로그램, 건강관리 및 가사서비스 등이 제공된다. 이와 달리 요양형 주택은 심신이 노쇠해졌거나 일상생활 및 건강을 관리하기에 제약이 있는 고령자들이 전문 치료진에게 상시서비스를 제공받을 수 있는 주택이다. 마지막으로 은퇴자커뮤니티는 고령자를 위한 다양한 주택형태가 제공되고 편익시설 및 여가문화프로그램, 가사 및 간호간병서비스가 갖추어진 작은 도시를 지칭한다.

그림 10-8. 선택가능한 8가지 주거유형

| 일반단독주택 | 일반아파트 | 별동형 단독주택 | 공동사용주택 |
| 빌라형 연립주택 | 노인복지주택 | 요양형 주택 | 은퇴자커뮤니티 |

*출처: 황선혜 외(2010), 103쪽.

분석결과, 고령가구는 처한 상황에 따라 선호하는 주거유형이 다르게 나타난다. 부부가 모두 건강할 때에는 일반 아파트를 가장 선호하며(50.7%), 다음이 일반단독주택이다(20.0%). 고령자를 대상으로 한 특별한 주거유형보다는 일반 주택시장에 머무르는 것을 선호한다. 특별한 유형 중 별동형 단독주택, 빌라형 연립주택, 노인복지주택이 각각

6.0%의 비중을 보인다. 부부가 건강이 악화될 때에는 일반아파트가 여전히 가장 많은 비중을 차지하지만 그 비율은 감소된다(37.3%). 건강할 때에 비해 일반단독의 비율도 크게 감소하고(3.3%) 대신 노인복지주택이나 요양형 주택 등 의료서비스 접근이 보다 용이한 주거유형 비율이 각각 18.7%, 18.0%로 크게 늘어난다.

혼자이면서 건강할 때 가장 선호하는 주거유형은 역시 일반아파트이다. 부부가 건강할 때에 비해 선호 비율은 오히려 더 높게 나타난다(56.7%). 반면 일반단독의 비율은 훨씬 낮다(6.7%). 부부일 경우에는 단독도 선호되지만 혼자일 때에는 아파트가 훨씬 선호되는 것으로 나타난다. 혼자일 경우 노인복지주택에 대한 선호도 증가하는 것을 볼 수 있다(14.0%). 혼자이면서 건강이 좋지 않으면, 부부이면서 건강이 좋지 않을 때에 비해 아파트를 선택하는 비율이 더 낮다(25.3%). 반면 요양형 주택을 선택하는 비율은 훨씬 높게 나타난다(44.0%).

표 10-3. 선호하는 주거유형

구분	부부/건강		부부/악화		혼자/건강		혼자/악화	
	f	%	f	%	f	%	f	%
일반단독주택	30	20.0	5	3.3	10	6.7	5	3.3
일반아파트	76	50.7	56	37.3	85	56.7	38	25.3
별동형 단독주택	9	6.0	7	4.7	5	3.3	3	2.0
공동사용주택	4	2.7	5	3.3	3	2.0	1	0.7
빌라형 연립주택	9	6.0	10	6.7	10	6.7	3	2.0
노인복지주택	9	6.0	28	18.7	21	14.0	27	18.0
요양형 주택	0	0.0	27	18.0	2	1.3	66	44.0
은퇴자커뮤니티	13	8.7	12	8.0	14	9.3	7	4.7
합계	150	100	150	100	150	100	150	100

*출처: 황선혜 외(2010), 105쪽.

네 가지 상황에 따른 주거유형 선택의 조합에 대한 패턴은 <표 10-4>와 같다. 가장 많은 비중을 차지하는 것은 계속 아파트에 머무르는 것(AAAA)으로 전체 응답의 16.7%를 차지한다. 다음은 아파트에 계속 거주하다가 혼자 있으면서 건강이 악화될 때 요양형 주택으로 이주하는 것(AAAN)으로 이는 4.7%를 차지한다. 상위 7개의 패턴 중 1개를 제외하고는 모두 부부가 건강할 때 아파트 거주를 선택하는 것으로 나타난다. 혼자 있으면서 건강할 때에도 모두 아파트를 선택하고 있다.

표 10-4. 상황에 따른 주거이동의 패턴

구분	부부/건강 (%)	부부/악화%	혼자/건강 (%)	혼자/악화 (%)	순위	순위별 주거이동 패턴 f(%)
① 일반단독주택 (Housing)	20.0	3.3	6.7	3.3		[1] A-A-A-A 25(16.7%)
② 일반아파트 (Apartment)	50.7	37.3	56.7	25.3	[1]	
③ 별동형 단독주택 (ECHO)	6.0	4.7	3.3	2.0		[2] A-A-A-N 7(4.7%)
④ 공동사용주택 (Shared Housing)	2.7	3.3	2.0	0.7		[3] A-R-A-N 5(3.3%)
⑤ 빌라형 연립주택 (Townhouse)	6.0	6.0	6.7	2.0		[4] H-S-A-C 4(2.7%)
⑥ 노인복지주택 (Congregate housing)	6.0	18.7	14.0	18.0	[4] [5]	[5] A-C-A-C 4(2.7%)
⑦ 요양형 주택 (Nursing home)	0.0	18.0	1.3	44.0	[2] [3]	[6] A-C-A-N 4(2.7%)
⑧ 은퇴자커뮤니티" (Retirement Community)	8.7	8.0	9.3	4.7	[6] [7]	[7] A-N-A-N 4(2.7%)
합계	100.0	100.0	100.0	100.0		

*출처: 황선혜 외(2010), 106쪽.

박동하·김준형[2021]은 한국노동패널조사자료를 활용하여 고령가구의 거주 주택유형 변화를 분석하였다. 먼저 아파트에 거주하고 있었던 가구가 이후에도 계속 아파트에 거주하는지(아파트 유지율), 비아파트에 거주하고 있었던 가구가 이후에도 계속 비아파트에 거주하는지(비아파트 유지율), 전체 가구 중 아파트에 거주하는 가구의 비율은 어떻게 달라지는지(아파트 거주가구 변화율) 등을 분석하였다. 아파트 유지율은 1999-2019년 기간 동안 65세 이상 집단에서 평균보다 낮은 수치를 보이는 것을 제외하면 대부분의 구간에서 55세 이상 집단은 평균과 유사한 비율을 보인다. 반면 비아파트 유지율은 55세 이상 집단에서 대부분 평균보다 높은 수치를 보인다. 이를 종합한 아파트 거주가구 변화율을 살펴보면 55-64세 구간, 그리고 65-74세 구간에서는 대체로 평균보다 높은 값을 보인다. 특히 65-74세 구간은 34세 이하와 함께 가장 아파트 거주가구 비율이 증가하는 집단으로 나타난다.

표 10-5. 아파트 유지율(상), 비아파트 유지율(중), 아파트 거주가구 변화율(하)

가구주 연령	2009~2019			1999~2019			2014~2019		
	과거 아파트	현재 아파트	아파트 유지율	과거 아파트	현재 아파트	아파트 유지율	과거 아파트	현재 아파트	아파트 유지율
전체	2,310	1,953	85%	955	720	75%	2,923	2,640	90%
-34	371	303	82%	156	125	80%	313	275	88%
35-44	678	593	87%	410	312	76%	871	798	92%
45-54	599	491	82%	233	169	73%	688	621	90%
55-64	356	300	84%	122	93	76%	527	467	89%
65-74	241	215	89%	29	18	62%	328	306	93%
75-	65	51	78%	5	3	60%	196	173	88%

가구주 연령	2009~2019			1999~2019			2014~2019		
	과거 비아파트	현재 비아파트	비아파트 유지율	과거 비아파트	현재 비아파트	비아파트 유지율	과거 비아파트	현재 비아파트	비아파트 유지율
전체	3,077	2,316	75%	1,947	1,247	64%	3,259	2,688	82%
-34	357	167	47%	295	140	47%	338	202	60%
35-44	518	331	64%	504	301	60%	483	342	71%
45-54	665	509	77%	540	368	68%	568	469	83%
55-64	706	580	82%	436	306	70%	707	619	88%
65-74	600	522	87%	158	122	77%	672	599	89%
75-	231	207	90%	14	10	71%	491	457	93%

가구주 연령	2009~2019			1999~2019			2014~2019		
	과거 아파트	현재 아파트	변화율	과거 아파트	현재 아파트	변화율	과거 아파트	현재 아파트	변화율
전체	2,310	2,714	117%	955	1,420	149%	2,923	3,211	110%
-34	371	493	133%	156	280	179%	313	411	131%
35-44	678	780	115%	410	515	126%	871	939	108%
45-54	599	647	108%	233	341	146%	688	720	105%
55-64	356	426	120%	122	223	183%	527	555	105%
65-74	241	293	122%	29	54	186%	328	379	116%
75-	65	75	115%	5	7	140%	196	207	106%

*단위: 가구, %, 연령구분은 기준시점 기준
*출처: 박동하·김준형(2021), 102쪽.

　　기존 아파트에 거주하고 있는 가구의 이후 주택유형에 대한 로짓모형도 추정하고 있는데 그 결과는 <표 10-6>과 같다. 연령이 높을수록 아파트에 계속 거주하려는 성향은 관찰되나, 제곱항의 분석결과에 따르면 연령이 높아질수록 그 영향은 줄어드는 것으로 확인된다. 오히려 아파트에 거주하고 있던 고령가구가 다른 유형으로 이주하는 요인은 연령뿐만이 아니라 주거면적의 증가, 임차로의 이동, 다른 시도로의 이동 등과 연관되어 있는 것으로 나타난다.

표 10-6. 로짓모형의 추정결과 – 기준시점 아파트에 거주하고 있는 고령가구

	구분	모형 1-1	모형 1-2	모형 1-3	모형 1-4
가구주 학력※	대학 이상	-0.337	-0.317	-0.085	-0.133
소득수준※	2/4분위	-0.129	-0.484	-0.610	-0.566
(참조: 1/4분위)	3/4분위	-0.286	-0.656	-0.509	-0.508
	4/4분위	-0.155	-0.619	-0.604	-0.559
순자산규모※	2/4분위	-0.184	-0.250	-0.451	-0.482
(참조: 1/4분위)	3/4분위	0.356	0.230	0.068	0.068
	4/4분위	0.653	0.601	0.516	0.541
가구주의 직업※	경영·전문·사무	0.563	0.693	0.653	0.628
(참조: 무응답·무직·주부)	기술·기능·농림어업	0.313	0.307	0.137	0.070
	서비스·판매	0.139	0.386	0.496	0.322
	자영업	-0.073	-0.090	-0.073	-0.094
가구주의 연령※	연령	0.928**	0.985**	0.750	
	연령^2	-0.007**	-0.007**	-0.006	
(참조: 55-59세)	60-64세				0.457
	65-69세				0.461
	70-74세				1.047
	75세 이상				-1.330
가구구성	부부동거※		0.861	0.972*	0.760
	자녀동거※		1.007	0.948	0.525
	부부동거×자녀동거※		-1.130	-1.209	-0.755
	기간 내 독거		-0.446	-0.577	-0.328
	기간 내 자녀분가		0.275	0.403	0.406
건강	건강하지 않음※		-0.031	0.028	0.103
	기간 내 건강악화		0.813	1.300**	1.475**
	건강하지 않음※×기간 내 건강악화		-1.026	-2.057**	-2.310**
면적	주거면적※			-0.006	-0.006
	기간 내 면적 변화			-0.009*	-0.009*
자가	주택(아파트)소유※			0.969*	1.129**
	기간 내 점유형태 변화			-0.123	0.090
	주택소유※×기간 내 점유형태 변화			-1.897**	-2.181***
지역	서울 거주※			0.631	0.581
	기간 내 시도 간 이주			-1.988***	-2.128***
	서울 거주※×기간 내 시도 간 이주			1.396	1.524
상수항		-29.200**	-31.398**	-23.545	1.179
LR chi^2		13.70	21.02	70.69***	74.19***
Pseudo R^2		0.037	0.056	0.190	0.199

*N=433, 종속변수: 현재 아파트 거=1, ※이 표기된 변수는 기준시점(2009년)의 값을 의미
*출처: 박동하·김준형(2021), 104쪽.

이처럼 실증연구에서는 고령가구 내에서 전원주택, 단독주택 등으로의 높은 이주의사가 발견된다. 그러나 다른 유형에 비해 아파트는 주택의 내부 속성이나 주변 환경의 속성 등에 있어 만족도가 높다. 이는 실제 전원주택, 단독주택으로의 이동이 일반적으로 나타날 것으로 기대하기는 어려운 상황임을 시사한다. 다만 독거 전에, 그리고 부부 모두가 건강한 상황에서 선택될 가능성은 존재한다.

2 고령가구의 주택개조

AIP 개념에서도 살펴보았듯이 고령가구는 현재 주택에서 계속 거주하려는 강한 의사를 갖는다. 그러나 과연 현재 주택이 고령자가 계속 거주하기에 적합한지는 점검이 필요하다. 고령가구가 거주하는 주택 상당수는 성능이 약화되고 노후화되었을 가능성이 크다[권오정 외, 2018: 25]. 국토해양부(현 국토교통부)의 노인주거실태조사에 따르면 고령자 94.1%가 희망하는 거주형태는 '개조를 통한 현재 집'으로 나온다는 사실도 주택개조의 중요성을 시사한다[권오정 외, 2018: 27-28]. 주택개조는 기존 주택재고의 성능을 향상시키면서 AIP를 달성할 수 있는 수단이다. 주택을 개조하는 것은 시설 및 돌봄서비스를 제공하는 것보다 비용 대비 효과가 2.5배에 달한다는 연구도 존재한다[오승연, 2016: 27]. 특히 자립생활이 가능한 전기 고령자(65~74세)에 대해 기존 주택에 계속 거주할 수 있게끔 주택 개조를 유도할 필요가 있다.

무엇보다 고령가구에게 주택개조가 필요한 이유는 낙상[fall]을 들 수 있다. 낙상은 넘어지거나 떨어져서 몸을 다치는 것으로, 높은 곳에서 떨어지는 추락이나 걸려 넘어지는 것, 미끄러 넘어지는 것 등을 모두 포함한다. 고령자는 걸을 때 낙상을 할 가능성이 크며, 뼈가 약해져서 낙상 때 부상의 정도도 크다[한경혜 외, 2019: 110]. WHO에 따르면 전세계적으로 65세 이상 가구의 3분의 1은 1년에 한 번 정도 낙상하며, 이들 중 5%는 골절을 경험한다[WHO, 2021: 32]. 국민건강보험공단 통계에서도 고령자의 9.1%는 낙상 고위험자로 분류되며, 연령이 높을수록 이 비율은 증가하여 66세 8.4%에 비해 80세는 11.3%로 나타난다.

현재의 주택은 이 고령자의 신체적 노화를 충분히 고려하고 있지 않다[오찬옥 외, 2021: 39]. 보건복지부의 노인실태조사 분석결과에 따르면 전체 고령자가 거주하고 있는 주택 중 고령자를 배려한 설비를 갖추고 있는 주택은 19.8%에 불과하다. 생활하기 불편한 구조가 8.9%, 생활하기 불편한 구조는 아니지만 고령자를 배려한 설비를 갖추고 있지 못한 주택이 71.3%에 이른다.

표 10-7. 고령자 거주주택의 노인배려 설비 구비 여부

구분		생활하기 불편한 구조	생활하기 불편한 구조는 아니지만, 노인배려 설비 없음	노인을 배려한 설비를 갖추고 있음
전체		8.9	71.3	19.8
연령	65-69세	6.6	70.1	23.4
	70-74세	8.3	71.3	20.4
	75-79세	8.4	74.8	16.8
	80-84세	14.1	69.1	16.8
	85세 이상	12.6	71.0	16.4

*자료: 보건복지부, 노인실태조사 - 2020년
*출처: 김인숙·김준형(2023), 37쪽.

그 결과, 주택은 고령자의 일상을 불편하게 만들 뿐만 아니라, 낙상 등으로 고령자의 안전을 위협한다[이연숙 외, 2014]. '가정 내 노인 안전실태조사 결과'[한국소비자보호원, 2003: 5]에 따르면 가정 내 고령자 안전사고 중 넘어짐, 미끄러짐, 떨어짐 등 낙상이 차지하는 비중은 약 90%에 이른다. '넘어짐' 사고는 침실, 욕실, 계단, 마당에서, '미끄러짐' 사고는 침실, 욕실, 거실에서, '떨어짐'은 침실, 계단에서 주로 발생한다. 전체 고령자 낙상사고 중 주택에서 발생하는 사고의 비중이 74%라는 통계도 있다[한국소비자원, 2022: 23]. 세부적으로 살펴보면 침실[방]에서 가장 많이 발생하고 다음이 화장실(욕실)이다. 고령자 다발 낙상사고 유발 품목은 천장재 및 바닥재, 욕실, 화장실에서 많이 사용되는 석재 또는 타일바닥재이다[한국소비자원, 2022: 24-25]. 한국소비자원의 위해정보 분석결과에서도 유사한 내용이 보고된다. 위해정보란 "소비자가 물품이나 서비스를 사용 또는 이용하는 과정에서 생명·신체 또는 재산에 위해가 발생하였거나 발생할 우려가 있는 사안에 대한 정보"[한국소비자원, 2022: 5]를 뜻한다. 2021년 전체 고령자 위해정보 5,839건 중 주택에서 발생한 위해정보는 4,090건으로 그 비중이 70%에 이른다[한국소비자원, 2022: 10]. 위해품목도 천장재 및 바닥재, 침실기구 등 낙상사고 관련 품목이 큰 비중을 차지한다. 이와 같은 낙상사고를 방지, 일상에서 고령자의 위

험을 최소화하기 위한 목적에서도 주택개조는 그 필요성을 찾을 수 있다.

표 10-8. 위해품목별 상위 5개 위해정보 접수현황 – 중분류 기준

구분	2018년		2019년		2020년		2021년	
천장재 및 바닥재	1,893	(29.9)	2,854	(28.5)	2,158	(31.9)	1,953	(19.6)
침실가구	507	(8.0)	542	(8.3)	387	(5.8)	368	(3.7)
자전거	109	(1.7)	177	(2.7)	288	(4.3)	331	(3.5)
문	213	(3.3)	24	(3.8)	221	(3.5)	154	(2.6)
의료용구	168	(2.6)	197	(3.0)	158	(2.5)	204	(3.5)

*출처: 한국소비자원(2022), 12쪽.

주택개조와 관련, 무장애[barrier-free] 주택과 유니버설 디자인[universal design]이라는 용어에 대한 이해가 필요하다. 무장애주택은 장애인과 고령자, 특히 휠체어 사용자를 염두하고 이들이 자유롭게 이동할 수 있도록 배려한 디자인을 뜻한다. 유니버설 디자인은 이보다 더 넓은 의미로 다양한 신체적 특성과 능력을 지닌 사용자를 고려한 디자인을 의미한다.

건설교통부·한국주거학회[2007]를 토대로 고령자를 위한 주택개조의 주요 내용을 세부적으로 살펴보기로 한다. 먼저 현관은 단차가 있는 부분에 고령자가 출입이 안전하고 용이하도록 적절한 손잡이를 설치하여야 한다. 현관에서 일상적인 동작을 편하고 안전하게 할 수 있도록 보조의자를 설치하여야 한다. 계단 주변에도 적절한 위치에 손잡이가 있어야 하며, 계단의 디딤면과 챌면의 높이가 적절히 갖추어진 계단을 설치하여야 한다. 현관의 주요 개조 포인트와 현관 개조를 위한 자가진단표는 <그림 10-9>와 같다.

그림 10-9. 현관 개조의 주요 포인트 및 체크리스트

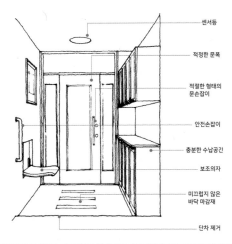

센서등

적정한 문폭

적절한 형태의
문손잡이

안전손잡이

충분한 수납공간

보조의자

미끄럽지 않은
바닥 마감재

단차 제거

번호	내용	예	아니오
1	현관은 출입하는데 불편하지 않을만큼 충분히 넓은가?		
2	현관에 단차가 없는가?		
3	경사로가 설치되어 있는가?		
4	경사로가 설치되어 있다면 편하게 잘 사용하고 있는가?		
5	현관문은 열었을 때 실제 통과할 수 있는 폭이 85cm 이상인가?		
6	문턱은 제거되어 있는가?		
7	현관문의 손잡이는 레버형이나 누름판형인가?		
8	현관문을 열고 잠그기 편리한가?		
9	현관 바깥에 조명이 설치되어 있는가?		
10	현관 바닥은 미끄럼방지가 되어 있는가?		
11	현관 내부의 조명은 자동감지 센서식인가?		
12	현관에 신발장이 설치되어 있는가?		
13	현관에 안전 손잡이가 설치되어 있는가?		
14	현관에 보조의자가 있는가?		
15	현관에서 외부로 나가기 위해 계단을 사용하는가?		
16	계단 상·하단에는 여유 공간이 확보되어 있는가?		
17	계단 폭은 90cm 이상인가?		
18	계단의 크기는 모두 동일한가?		
19	계단의 디딤면은 깊이 28cm 이상, 챌면 높이는 16cm 이하인가?		
20	계단은 미끄럽지 않은가?		
21	계단을 오르내리도록 도와주는 안전손잡이가 설치되어 있는가?		
22	계단에 조명이 있는가?		

*출처: 건설교통부·한국주거학회(2007), 12-13쪽.

침실은 침실문의 턱에 발이 걸려 넘어지지 않도록 단차를 제거하여야 한다. 수납장의 선반이나 옷걸이봉은 고령자의 손이 닿을 수 있도록 높이를 조절할 수 있어야 한다. 침실 개조의 주요 포인트와 체크리스트는 <그림 10-10>과 같다.

그림 10-10. 침실 개조의 주요 포인트 및 체크리스트

번호	내용	예	아니오
1	침실은 화장실에 가까이 있는가?		
2	침대 주변에 충분한 유효공간이 확보되어 있는가?		
3	침실 바닥에 단차가 없는가?		
4	바닥에 단차가 있는 경우 1.5cm 이하인가?		
5	문은 여닫기 쉽고 안전한 형태인가?		
6	문 폭은 85cm 이상인가?		
7	문의 손잡이는 사용하기 편리한 레버형이나 막대형인가?		
8	누워서도 밖을 바라볼 수 있는 창문이 있는가?		
9	바닥이 미끄럽지 않은 재료로 마감되었는가?		
10	침대 주변 벽에 적절한 높이(70~90cm)로 조명스위치가 있는가?		
11	취침시에 켜두는 야간 조명등이 있는가?		
12	누워서도 손이 닿을 수 있는 위치에 비상연락장치가 설치되어 있는가?		
13	바닥 난방이 되는가?		
14	수납공간이 충분한가?		
15	수납장 내부의 선반과 옷걸이봉은 높이를 조절할 수 있는가?		
16	누워 있다가 일어설 때 잡을 수 있는 안전손잡이가 침상 주변에 설치되어 있는가?		
17	침대를 사용하는가?		
18	침대 옆 손닿는 위치에 협탁이 있는가?		
19	앉기에 편한 의자가 있는가?		
20	커튼이나 블라인드가 설치되어 있는가?		

*출처: 건설교통부·한국주거학회(2007), 18-19쪽.

거실은 미끄러지기 쉬운 바닥 마감재 사용을 금한다. 인터폰은 벽 모서리로부터 50cm를 띄우고 바닥으로부터 120cm 높이에 설치한다. 조명은 충분한 자연광을 도입하되, 고령자의 약화된 시력을 고려하여 전반적으로 밝게 설정한다. 거실 개조의 주요 포인트와 체크리스트는 <그림 10-11>과 같다.

그림10-11. 거실 개조의 주요 포인트 및 체크리스트

밝고 따뜻한 느낌의 재료 | 국부조명 | 적정한 위치의 인터폰과 스위치

안전한 형태의 가구 | 미끄럽지 않은 바닥 마감재 | 활동공간 확보 | 적정한 위치의 콘센트

번호	내용	예	아니오
1	휠체어 회전 공간(150cm×150cm)이 확보되어 있는가?		
2	단차는 적절한 높이(없거나 1.5cm 이하)로 되어 있는가?		
3	단차가 있는 경우 식별하기 쉬운 재료나 색으로 되어 있는가?		
4	창문의 손잡이는 조작하기 쉬운 위치에 있는가?		
5	창문에는 안전유리가 사용되었는가?		
6	창문의 유리는 작은 면적으로 나뉘어져 있는가?		
7	바닥이 미끄럽지 않은가?		
8	바닥에 발이나 휠체어가 걸릴만한 재료(털이 긴 카페트나 바닥깔개)가 깔려 있는가?		
9	가구와 실내 마감재의 색은 쉽게 구별되는가?		
10	스위치는 적절한 높이(85~120cm)에 설치하였는가?		
11	콘센트는 적절한 높이(40~85cm)에 설치하였는가?		
12	콘센트가 부족하여 연장코드를 사용하지는 않는가?		
13	조명은 충분히 밝은가?		
14	조명장치가 설치되어 있는가?		
15	필요한 곳에 국부조명이 설치되어 있는가?		
16	인터폰은 적절한 높이(120cm)에 설치되었는가?		
17	보행지원 안전손잡이가 설치되었는가?		
18	보행지원 안전손잡이가 있다면 그 위치는 적절(75~85cm)한가?		
19	소파나 의자 같은 입식생활용 가구를 사용하는가?		
20	가구의 모서리가 날카롭지 않은가?		
21	소파나 의자의 푹신함과 등받이 각도가 앉고 일어서는데 불편하지 않은가?		
22	소파나 의자에 앉았을 경우 발바닥이 바닥에 닿는가?		

*출처: 건설교통부·한국주거학회(2007), 22-23쪽.

욕실 및 화장실은 밖으로 열리는 여닫이문으로 설치, 안에서 사람이 넘어졌을 때 신속히 도울 수 있게 하여야 한다. 세면대 하부에는 여유공간을 두어 의자에 앉아서 사용할 수 있도록 한다. 양변기 주변에는 안전손잡이를 설치, 앉거나 일어서기에 편리하도록 한다. 욕실 및 화장실 개조의 주요 포인트 및 체크리스트는 <그림 10-12>와 같다.

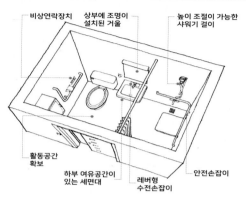

그림 10-12. 욕실 및 화장실 개조의 주요 포인트 및 체크리스트

번호	내용	예	아니오
1	욕실은 세면대, 욕조, 양변기를 모두 배치할 수 있는 크기인가?		
2	세면대, 양변기, 욕조에 접근하기 쉬운가?		
3	인접한 공간과의 단차는 1.5cm 이하인가?		
4	문은 미세기문, 미닫이문, 밖으로 열리는 여닫이문 중 하나인가?		
5	문턱이 없거나, 문턱이 있더라도 1.5cm 이하인가?		
6	문손잡이는 레버형인가?		
7	바닥은 젖어도 미끄럽지 않은 타일로 마감되었는가?		
8	콘센트에 습기방지용 덮개가 있는가?		
9	조명기구는 세면대 거울의 위쪽 벽면에 있는가?		
10	비상연락장치가 욕조나 양변기 주변에 있는가?		
11	세면대 상단은 바닥에서 75~85cm 높이에 있는가?		
12	세면대 하부에 여유공간이 있는가?		
13	수전은 레버형 손잡이 또는 센서형인가?		
14	수전은 냉온수 일체형인가?		
15	샤워기 걸이는 높이조절이 가능한가?		
16	앉아서 목욕할 수 있는 의자나 좌대가 있는가?		
17	벽부착용 샤워 의자는 바닥에서 45cm 높이에 있는가?		
18	양변기는 바닥에서 40~45cm 높이에 있는가?		
19	벽으로부터 양변기의 중심까지 45cm 이상의 공간이 있는가?		
20	양변기의 물내림장치는 앉아서 손이 닿기 쉬운 위치에 있는가?		
21	바닥 난방이 되는가?		
22	욕조 주변에 수평 안전손잡이가 있는가?		
23	샤워기 주변에 안전손잡이가 있는가?		
24	샤워기 주변의 안전손잡이는 바닥에서 90cm 높이에 있는가?		
25	양변기 주변에 안전손잡이가 있는가?		

*출처: 건설교통부·한국주거학회(2007), 28-29쪽.

부엌에서 자주 쓰는 물건은 고령자가 쉽게 넣고 꺼낼 수 있는 위치에 개방된 선반을 설치하여 보관한다. 부엌의 수납장이 고령자의 키에 비해 너무 높은 경우에는 안전한 발 받침대를 이용하여 편하게 손이 닿도록 한다. 고령자가 앉아서도 일할 수 있도록 바퀴 달린 의자를 사용한다. 부엌 및 식당의 개조 포인트 및 체크리스트는 <그림 10-13>과 같다.

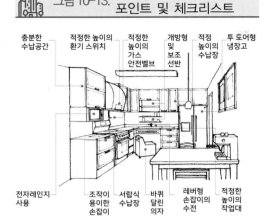

그림 10-13. **부엌 및 식당 개조의 주요 포인트 및 체크리스트**

번호	내용	예	아니오
1	부엌과 식당을 연결하는 바닥에 1.5cm 이상의 단차가 없는가?		
2	부엌 바닥이 미끄럽지 않은 재료로 마감되었는가?		
3	가열대나 조리대 주변의 벽이 열에 강한 재료로 마감되었는가?		
4	가열대나 조리대 주변의 벽이 더러움을 쉽게 닦아낼 수 있는 재료로 마감되었는가?		
5	하부 수납장이 열기 쉬운 서랍식으로 되어 있는가?		
6	손닿기 쉬운 곳에 개방된 수납 선반이 설치되어 있는가?		
7	자주 쓰는 물건이 바닥에서 60~120cm 높이에 수납되어 있는가?		
8	수납장의 문손잡이가 문을 쉽게 열고 닫을 수 있는 형태인가?		
9	작업대 높이가 내 키에 적당한가?		
10	작업대 높이가 바닥으로부터 85cm 이하인가?		
11	작업대 아래쪽에 무릎이 들어갈 만한 공간이 있는가?		
12	냉·온수 일체형 수전손잡이를 사용하고 있는가?		
13	부엌이 충분히 밝은가?		
14	개수대 위에 국부조명이 설치되어 있는가?		
15	감전 방지 장치가 부착된 콘센트가 설치되어 있는가?		
16	가스 안전밸브가 사용되기 편리한 막대형태인가?		
17	가스 안전밸브가 바닥에서 120cm 높이에 설치되었는가?		
18	환기설비의 스위치는 조작하기 쉬운 형태인가?		
19	환기설비의 스위치가 손닿기 편한 높이에 있는가?		
20	부엌에 화재경보장치가 설치되어 있는가?		
21	부엌에 가스경보장치가 설치되어 있는가?		
22	잠시 쉬거나 앉아서 작업할 수 있는 의자가 배치되어 있는가?		
23	조리기구의 스위치는 조작하기 쉬운 형태인가?		
24	조리기구의 스위치는 조작하기 쉬운 높이에 있는가?		
25	조리기구에 안전장치가 되어 있는가?		

*출처: 건설교통부·한국주거학회(2007), 33-34쪽.

발코니 및 다용도실에서 세탁기는 드럼세탁기가 권장되는데, 이는 휠체어 사용자도 세탁물을 꺼내기 쉽기 때문이다. 일반세탁기의 경우 허리를 구부리고 세탁물을 꺼내게 하는 것보다 긴 빨래집게를 이용해 손쉽게 세탁물을 꺼내도록 하는 것이 좋다. 수전은 냉온수 일체형으로 하고 조작하기 쉬운 레버형 손잡이로 한다. 발코니 및 다용도실 개조의 포인트 및 체크리스트는 <그림 10-14>와 같다.

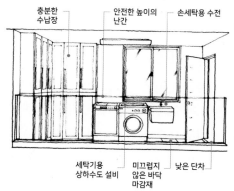

그림 10-14. 발코니 및 다용도실 개조의 주요 포인트 및 체크리스트

번호	내용	예	아니오
1	발코니(다용도실)에서 세탁하고 빨래를 말릴 수 있는가?		
2	발코니의 폭이 150cm 이상인가?		
3	발코니에서 통로로 사용하는 공간의 폭이 60cm 이상인가?		
4	발코니 난간의 높이가 80~110cm 사이인가?		
5	발코니 바닥에 단차가 있는 경우 1.5cm 이하인가?		
6	발코니 바닥을 높인 경우에 나무 같은 가벼운 재료를 사용했는가?		
7	발코니로 드나드는 부분에 문턱이 없는가?		
8	발코니 바닥이 미끄럽지 않은가?		
9	손빨래용 수전이 따로 설치되어 있는가?		
10	수전이 레버형 손잡이로 된 냉·온수 일체형인가?		
11	세탁기용 상하수도 설비가 되어 있는가?		
12	자주 쓰는 물건을 적절한 높이(60~140cm)에 수납할 수 있는 수납장이 있는가?		
13	붙박이 수납장을 설치했는가?		
14	손이 닿는 높이에 개방된 선반이 설치되어 있는가?		
15	수납장 내의 선반은 높이를 조절할 수 있는가?		

*출처: 건설교통부·한국주거학회(2007), 37-38쪽.

정부는 고령가구의 주택개조를 지원하기 위해 「장애인·고령자 등 주거약자 지원에 관한 법률(주거약자법)」을 제정하였다. 이 법의 목적은 "장애인, 고령자 등 주거약자의 안전하고 편리한 주거생활을 지원하기 위하여 필요한 사항을 정함으로써 주거약자의 주거안정과 주거수준 향상에 이바지"하는 데 있다. 여기에서 주거약자는 만 65세 이상 고령자와 장애인으로 정의된다. 이들 주거약자의 주거생활이 쾌적하고 안전하게 이루어지도록, 특히 주거약자용 주택이 원활하게 공급되고 효율적으로 관리되도록 국가의 의무를 규정하고 있다. 또한 국토교통부장관 및 시·도지사는 주거종합계획에서 주거약자에 대한 지원계획을 수립하여야 한다.

이 법은 주거약자용 주택을 별도로 정의, 이에 적용할 안전기준 및 편의시설 설치기준도 세부적으로 제시하고 있다.

국가나 지자체는 주거약자나 주거약자가 세대원으로 있는 세대주, 혹은 이들에게 임대할 목적으로 주택을 개조하고자 하는 임대인이 주거약자의 활동능력에 적합하도록 주택을 개조하기 위하여 필요한 비용을 지원할 수 있도록 하고 있다. '지원하여야 한다'는 의무로 규정되어 있진 않다. 지원을 받기 위해서는 가구월평균소득이 전년도 도시근로자가구의 평균 이하여야 하며, 임차인은 임대인의 동의를 받아야 한다. 임대인이 지원을 받을 경우 최소 4년 이상 주거약자 등에게 임대하여야 한다.

그렇다면 과연 고령가구의 현재 주택은 어느 정도 개조가 필요한가? 가구가 실제 주택개조를 필요를 하는가? 주택개조가 필요함에도 불구하고 이를 시행하지 않고 있는 까닭은 무엇인가? 국토교통부 주거실태조사[2019년] 자료를 분석, 마찬가지로 이에 대한 시사점을 찾을 수 있다. 현재 주택의 개조 여부[그림 10-15]를 살펴보면, 레버형 수전이나 적절한 높이의 부엌 작업대, 열고 닫기 쉬운 화장실이나 욕실 문손잡이 등은 상대적으로 개조 비율이 높다. 그러나 현관 보조의자, 응급비상벨, 화장실이나 욕실지지대 손잡이, 미끄럼 방지 안전바닥 등의 개조는 거의 이루어지지 않고 있다.

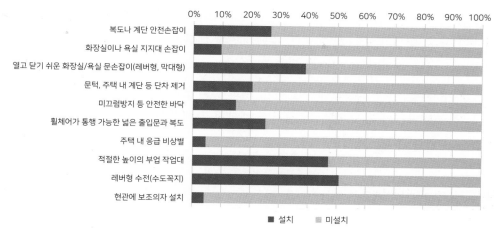

그림 10-15. 현재 주택의 개조 여부

복도나 계단 안전손잡이
화장실이나 욕실 지지대 손잡이
열고 닫기 쉬운 화장실/욕실 문손잡이(레버형, 막대형)
문턱, 주택 내 계단 등 단차 제거
미끄럼방지 등 안전한 바닥
휠체어가 통행 가능한 넓은 출입문과 복도
주택 내 응급 비상벨
적절한 높이의 부엌 작업대
레버형 수전(수도꼭지)
현관에 보조의자 설치

■ 설치   ■ 미설치

*자료: 국토교통부 주거실태조사(2019년)

<그림 10-16>은 항목의 개조 필요에 대한 고령가구의 의견을 보여주고 있다. 미끄럼 방지 등 안전한 바닥이 가장 개조가 필요한 것으로 나타나며, 그 외 대부분의 항목도 필요하다는 응답이 20% 이상의 비중을 보인다. 다만 휠체어 통행이 가능한 넓은 출입문과 복도, 현관 보조의자 등 개조의 경우 필요하다는 응답의 비중은 10%대로 나타난다.

그림 10-16. 주택의 개조 필요 여부

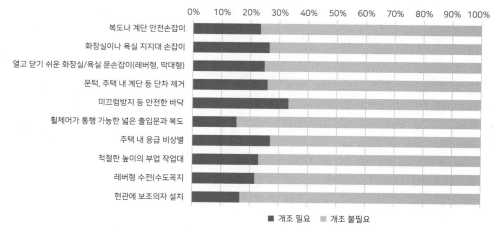

복도나 계단 안전손잡이
화장실이나 욕실 지지대 손잡이
열고 닫기 쉬운 화장실/욕실 문손잡이(레버형, 막대형)
문턱, 주택 내 계단 등 단차 제거
미끄럼방지 등 안전한 바닥
휠체어가 통행 가능한 넓은 출입문과 복도
주택 내 응급 비상벨
적절한 높이의 부엌 작업대
레버형 수전(수도꼭지)
현관에 보조의자 설치

■ 개조 필요   ■ 개조 불필요

*자료: 국토교통부 주거실태조사(2019년)

<그림 10-17>은 주택개조가 필요함에도 불구, 개조하고 있지 않은 이유를 보여준다. 생활에 큰 불편이 없기 때문이라는 응답이 51.4%로 절반 이상을 차지한다. 주택개조는 불편함을 없애려는 것뿐만 아니라 낙상 등 사고 방지의 목적도 존재한다. '주택개조 과정이 번거롭고 엄두가 안나서'(9.3%), '주택개조에 대한 정보와 방법을 몰라서'(6.5%) 등 주택개조의 개념 및 필요성 전반에 대한 이해도를 높여야 할 필요성이 있음을 시사한다. 다음으로 경제적 부담 때문에 개조를 하지 않고 있다는 응답이 30.2%를 차지한다. 부족한 소득은 고령가구가 갖고 있는 본질적 문제로서 주택개조에 대한 사회적 지원이 적극 필요함을 확인할 수 있다.

그림 10-17. 주택개조가 필요함에도 개조하고 있지 않은 이유

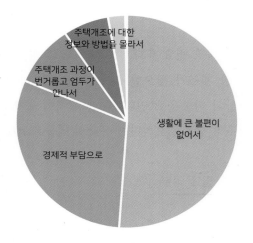

주택개조에 대한
정보와 방법을 몰라서

주택개조 과정이
번거롭고 엄두가
안나서

경제적 부담으로

생활에 큰 불편이
없어서

*자료: 국토교통부 주거실태조사(2019년)

이와 관련, 김인숙·김준형[2023]은 국토교통부·서울시의 2021년 주거실태조사 원자료를 분석, 주택개조에 대한 고령자의 필요성 판단에 영향을 미치는 요인들을 분석하였다. 개조항목은 크게 안전성 관련 항목과 편의성 관련 항목으로 구분, 안전성 관련 항목들을 모두 필요하다고 생각하는지, 편의성 관련 항목들을 모두 필요하다고 생각하는지, 전체 항목들을 모두 필요하다고 생각하는지 등을 종속변수로 사용, 로짓모형을 추정하였다.

그 결과[표 10-9]에 따르면, 고령가구 내에서도 나이가 많을수록 주택개조에 대한 필요성을 크게 느낀다. 가구주의 학력은 고졸 이하일 때에 비해 대졸일 때 주택개조를 필요

로 하지 않는 방향으로 나타난다. 높은 학력이 주택개조를 유도하는 것이 아니라, 오히려 당장 주택개조를 하지 않아도 되는 확신을 갖게 하는 방향으로 작동하고 있는 것이다. 자녀와 함께 동거할수록 주택개조의 필요성을 적게 느끼게 하며, 가구주가 장애가 있으면 주택개조에 대한 필요가 늘어나는 효과가 일부 관측된다. 주택의 거주기간이 길면 주택을 개조할 필요를 느끼지 않는데, 이는 거주기간 증가에 따라 적응이 진행되었기 때문으로 해석할 수 있다. 주택유형은 아파트나 오피스텔에 거주하고 있는 고령가구가 상대적으로 주택개조에 대한 필요를 느끼지 못하는 것으로 나타난다. 주택이 오래될수록 주택개조에 대한 필요를 많이 느끼며, 가구소득이 높을수록 자산이 많을수록 주택개조를 많이 필요로 한다. 정책 관련 변수는 해당 정책을 인지할 때 오히려 개조를 필요로 하지 않는 것으로 나타나는데, 이는 현재 관련 정책들이 매우 한정된 가구만을 대상으로 하고 있기 때문에 개조 필요에 직접적으로 영향을 주고 있지 않는 결과로 해석할 수 있다.

고령가구는 현 주택에 계속 거주하는 것을 선호한다. 또한 현 주택에 계속 거주하는 것이 시설을 운영해 서비스를 제공하는 것보다 예산이 적게 소요된다는 점에서 재정적 관점에서도 선호되는 대안이다. 그러나 현 주택 계속 거주라는 대안을 작동하기 위해서는 '주택개조'라는 절차가 필요하다. 무장애주택, 유니버설디자인 등의 개념 하에서 고령기에 경험하는 신체적 변화에 부응하기 위해 현관, 침실, 거실, 화장실 등에 이르기까지 주택 전반에 걸쳐 시설 개선이 요구된다. 이를 위한 세부적인 매뉴얼이 존재함을, 그리고 「주거약자법」의 주요 기준 및 주택개조비용 지원 정책이 마련되어 있음을 살펴보았다.

그렇다고 해서 주택개조가 우리나라 고령가구에게 일반적으로 적용되고 있다고 보기는 어려운 상황이다. 여러 항목에 걸쳐 개조 비율이 30%에 미달하고 있다. 고령가구 입장에서는 당장 개조의 필요성을 느끼지 못하며 비용에 대한 부담을 느끼기 때문에 소극적일 수 있다. 그러나 현 주택의 사양은 고령가구의 사고를 유발한다는 점에서, 비상·응급상황에 대처를 어렵게 한다는 점에서 주택개조는 지속적으로 추진하여야 한다. 비용 지원으로만 한정하지 않고, 실제 고령가구의 눈높이에서 개조 과정을 돕는 노력이 필요하다.

표 10-9. 주택개조 필요성에 대한 로짓모형 추정 결과

구분		모형 1-1 (종속변수: 안전성)			모형 1-2 (종속변수: 편의성)			모형 1-3 (종속변수: 전체)		
		비표준화 계수	표준화 계수	표준오차	비표준화 계수	표준화 계수	표준오차	비표준화 계수	표준화 계수	표준오차
(상수항)		-3.031***		0.47	-4.448***		0.69	-4.604***		0.70
가구주의 성별 (남성=1)		-0.392	-0.099	0.29	-0.242	-0.061	0.37	-0.766*	-0.193	0.44
가구주의 연령	75-84세	0.411**	0.106	0.18	0.453**	0.116	0.22	0.583**	0.150	0.23
(참조: 65-74세)	85세이상	0.969***	0.133	0.29	1.207***	0.166	0.33	1.058***	0.145	0.36
가구주의 학력	대졸	-0.695**	-0.125	0.34	-0.959**	-0.172	0.41	-0.682	-0.123	0.42
(참조: 고졸이하)	대학원졸	-14.033	-0.852	643.70	-13.251	-0.804	514.40	-13.075	-0.793	548.60
배우자와 동거		0.091	0.024	0.29	0.313	0.084	0.37	0.644	0.173	0.44
자녀와의 동거		0.043	0.010	0.22	-0.478*	-0.114	0.27	-0.480*	-0.115	0.29
가구주장애		1.020**	0.092	0.43	0.134	0.012	0.64	0.372	0.034	0.66
가구원장애		-0.743	-0.053	0.79	0.211	0.015	0.80	0.278	0.020	0.81
주택 거주기간	5-9년	-0.463**	-0.107	0.22	-0.134	-0.031	0.27	-0.052	-0.012	0.29
(참조: 5년미만)	10-19년	-0.731***	-0.174	0.23	-0.719**	-0.172	0.30	-0.638**	-0.152	0.32
	20년이상	-0.509**	-0.115	0.26	-0.327	-0.074	0.31	-0.261	-0.059	0.33
주택유형: 아파트·오피스텔		-0.837***	-0.230	0.19	-0.299	-0.082	0.22	-0.380	0.105	0.24
주택 건축연한	6-10년	0.592	0.078	0.54	1.256*	0.166	0.73	0.855	0.113	0.77
(참조: 5년이하)	11-20년	1.027**	0.236	0.44	1.334**	0.307	0.65	1.089*	0.251	0.66
	21년이상	1.263***	0.334	0.42	1.667***	0.441	0.62	1.534**	0.406	0.63
주택 점유형태 (자가=1)		0.140	0.038	0.23	0.309	0.083	0.29	0.310	0.083	0.31
가구소득	150~200만	1.011***	0.160	0.26	1.005***	0.159	0.31	1.163***	0.184	0.33
(참조: 150만원 미만)	200~400만	0.399*	0.103	0.22	0.560**	0.144	0.27	0.602**	0.155	0.30
	400만 이상	0.378	0.085	0.31	0.961***	0.216	0.36	1.060***	0.239	0.39
가구자산	5천만~1억	0.565**	0.110	0.26	0.224	0.044	0.33	0.508	0.099	0.35
(참조: 5천만원 미만)	1억~3억	0.777***	0.159	0.28	0.371	0.076	0.34	0.650*	0.133	0.37
	3억 이상	1.090***	0.290	0.28	0.454	0.121	0.33	0.659*	0.176	0.36
정책 인지	수선유지급여	-0.811*	-0.105	0.46	-0.684	-0.089	0.51	-1.056*	-0.137	0.63
	기타개조정책	-0.354	-0.065	0.27	0.313	0.057	0.29	0.225	0.01	0.31
표본수		1,387			1,387			1,387		
모형적합도		Percent concordant: 72.5% Max-rescaled R²=0.137			Percent concordant: 70.9% Max-rescaled R²=0.099			Percent concordant: 72.6% Max-rescaled R²=0.108		

***: p-value<0.01, **: p-value<0.05, *: p-value<0.1 (이하 동일)

*출처: 김인숙·김준형(2023), 51쪽.

● 부록

목적

이 법은 장애인 · 고령자 등 주거약자의 안전하고 편리한 주거생활을 지원하기 위하여 필요한 사항을 정함으로써 주거약자의 주거안정과 주거수준 향상에 이바지함을 목적으로 한다.

(법 제1조)

"주거약자"란 다음 각 목의 어느 하나에 해당하는 사람을 말한다.

가. 65세 이상인 사람

나. 「장애인복지법」 제2조 제2항에 해당하는 장애인

다. 그 밖에 대통령령으로 정하는 사람

(법 제2조 제1호)

주거약자의 범위

「장애인 · 고령자 등 주거약자 지원에 관한 법률」(이하 "법"이라 한다) 제2조 제1호 다목에서 "대통령령으로 정하는 사람"이란 다음 각 호의 사람을 말한다. <개정 2012. 12. 21., 2021. 4. 6.>

1. 「국가유공자 등 예우 및 지원에 관한 법률」에 따른 국가유공자로서 상이등급 1급부터 7급까지의 판정을 받은 사람

2. 「보훈보상대상자 지원에 관한 법률」에 따른 보훈보상대상자로서 상이등급 1급부터 7급까지의 판정을 받은 사람

3. 「5 · 18민주유공자예우 및 단체설립에 관한 법률」에 따라 등록된 5 · 18민주화운동부상자로서 신체장해등급 1급부터 14급까지의 판정을 받은 사람

4. 「고엽제후유의증 등 환자지원 및 단체설립에 관한 법률」에 따른 고엽제후유의증환자로서 경도(輕度) 장애 이상의 장애등급의 판정을 받은 사람

(시행령 제2조)

국가 등의 의무

국가 및 지방자치단체는 주거약자의 주거안정과 주거수준 향상을 위하여 다음 각 호의 사항을 위하여 노력하여야 한다.

1. 주거약자의 주거생활이 쾌적하고 안전하게 이루어지도록 할 것

2. 주거약자용 주택이 원활하게 공급되고 효율적으로 관리될 수 있도록 할 것

3. 주거약자의 쾌적하고 안전한 주거생활에 필요한 정보가 원활하게 제공되고, 제9조의 편의시설이 주거약자용 주택에 적정하게 설치될 수 있도록 할 것

(법 제3조)

주거지원계획의 수립

① 국토교통부장관은 주거약자에 대한 주거지원계획을 수립하여 「주거기본법」 제5조에 따라 수립하는 주거종합계획에 포함되도록 하여야 한다. <개정 2013. 3. 23., 2015. 6. 22.>

② 제1항의 주거약자에 대한 주거지원계획에는 다음 각 호의 사항이 포함되어야 한다. <개정 2013. 3. 23.>

1. 주거약자에 대한 주거지원계획의 목표와 추진방향

2. 주거약자용 주택의 건설 및 공급에 관한 사항

3. 주거약자용 주택개조비용의 지원에 관한 사항

4. 그 밖에 주거약자의 주거안정을 위하여 국토교통부장관이 필요하다고 인정하는 사항

(법 제5조)

시 · 도 주거지원계획의 수립

① 특별시장 · 광역시장 · 특별자치시장 · 도지사 또는 특별자치도지사(이하 "시 · 도지사"라 한다)는 제5조의 주거약자에 대한 주거지원계획에 따라 주거약자에 대한 시 · 도 주거지원계획을 수립하여 「주거기본법」 제6조에 따라 수립하는 시 · 도 주거종합계획에 포함되도록 하여야 한다. <개정 2015. 6. 22.>

② 주거약자에 대한 시 · 도 주거지원계획에는 제5조 제2항 각 호의 사항과 관할 지방자치단체의 인구구성, 생활수준, 주거실태 등을 고려하여 주거약자의 주거안정에 필요한 사항이 포함되어야 한다.

(법 제6조)

"주거약자용 주택"이란 다음 각 목의 어느 하나에 해당하는 주택을 말한다.

가. 주거약자에게 임대할 목적으로 건설하는 「민간임대주택에 관한 특별법」 제2조 제2호의 민간건설임대주택

나. 주거약자에게 임대할 목적으로 개조한 「민간임대주택에 관한 특별법」 제2조 제2호의 민간건설임대주택 또는 같은 조 제3호의 민간매입임대주택

다. 「공공주택 특별법」 제2조 제1호 가목의 공공임대주택으로서 가목과 나목에 준하는 주택

라. 주거약자가 거주하는 주택으로서 제15조의 주택개조비용을 지원받아 개조한 주택

(법 제2조 제2호)

주거약자용 주택의 안전기준 및 편의시설 설치기준의 설정

① 국토교통부장관은 주거약자의 안전하고 편리한 주거생활을 위하여 주거약자용 주택의 안전기준 및 편의시설 설치기준을 설정 · 공고하여야 한다. <개정 2013. 3. 23., 2019. 4. 23.>

② 제2조 제2호 가목부터 다목까지에 해당하는 주택은 제1항에 따라 설정 · 공고된 주거약자용 주택의 안전기준 및 편의시설 설치기준 중 대통령령으로 정하는 사항을 충족하여야 한다. <개정 2019. 4. 23.>

[제목개정 2019. 4. 23.]

(법 제9조)

주거약자용 주택의 안전기준 및 편의시설 설치기준

법 제9조 제2항에서 "대통령령으로 정하는 사항"이란 별표 1 및 별표 2에 따른 기준을 말한다. <개정 2019. 10. 22.>

[제목개정 2019. 10. 22.]

(시행령 제4조)

별표 1. 주거약자용 주택의 안전기준 (제4조 관련)

1. 출입문(주거약자에게 임대 목적으로 건설하는 주거약자용 주택의 경우로 한정한다)

　　가. 주거약자의 원활한 출입이 가능하도록 유효폭 및 활동공간 등을 고려하여 설치해야 한다.

　　나. 출입문의 유효폭 및 활동공간 등의 구체적인 사항은 국토교통부령으로 정하는 바에 따른다.

2. 바닥

　　가. 미끄럼을 방지할 수 있는 마감재를 사용해야 한다.

　　나. 바닥 높이 차이는 원칙적으로 없도록 하되, 주택의 구조 등으로 인해 불가피한 사유가 있는 경우에는 다음의 구분에 따른 높이로 해야 한다.

　　　　1) 출입문에 방풍턱(바람막이 턱)을 설치하는 경우: 1.5센티미터 이하

　　　　2) 현관에 마룻귀틀(마루청을 까는 데 쓰는 뼈대)을 설치하는 경우: 3센티미터 이하

3. 비상연락장치(「주택법」 제2조 제3호에 따른 공동주택으로 한정한다)

　　가. 거실, 욕실 및 침실에 경비실 등 관리실과 연결할 수 있는 비상연락장치를 각각 설치해야 한다.

　　나. 65세 이상인 주거약자를 대상으로 공급하는 주택의 경우 다음의 장치를 모두 설치해야 한다.

　　　　1) 동체감지기 및 그 밖에 입주자의 움직임 여부를 파악할 수 있는 장치. 이 경우 입주자의 선택에 따라 그 작동을 정지할 수 있어야 한다.

2) 1)의 장치를 통해 일정 기간 움직임이 감지되지 않는 경우 경비실 등 관리실에 자동으로 통보되는 홈네트워크망

4. 현관: 주거약자가 지체장애인 또는 뇌병변장애인이거나 그 밖에 휠체어를 사용하는 사람인 경우로서 해당 주거약자나 주거약자가 세대원으로 있는 세대의 세대주(이하 "주거약자 세대주"라 한다)의 신청이 있는 경우에는 마룻귀틀에 경사로를 설치해야 한다.

5. 거실: 주거약자가 청각장애인인 경우로서 해당 주거약자 또는 주거약자 세대주의 신청이 있는 경우에는 주택 내부에 세대별로 시각경보기를 설치해야 한다.

6. 욕실

　가. 주거약자에게 임대할 목적으로 건설하는 주거약자용 주택의 경우에는 좌변기, 욕조, 세면대 및 샤워 공간 주위의 적절한 위치에 안전손잡이를 설치해야 한다.

　나. 주거약자가 지체장애인이거나 그 밖에 휠체어를 사용하는 사람인 경우로서 해당 주거약자 또는 주거약자 세대주의 신청이 있는 경우에는 좌변기 옆에 75센티미터 이상의 여유 공간을 확보해야 한다.

(시행령 별표 1)

별표 2. 주거약자용 주택의 편의시설 설치기준 (제4조 관련)

1. 출입문 손잡이

　가. 주거약자에게 임대할 목적으로 건설하는 주거약자용 주택의 경우 출입문 손잡이의 중앙지점이 바닥면으로부터 0.8미터와 0.9미터 사이에 위치하도록 설치해야 한다.

　나. 손잡이의 형태는 레버형이나 수평 또는 수직막대형 등 잡기 쉽고 조작이 쉬운 것으로 설치해야 한다.

2. 현관

　가. 동작감지센서가 부착된 등(燈)을 설치해야 한다.

　나. 현관 출입구 측면에 바닥면에서 75센티미터에서 85센티미터 사이의 높이에 수직ㆍ수평 손잡이를 설치해야 한다.

3. 거실

　가. 주거약자가 지체장애인이거나 그 밖에 휠체어를 사용하는 사람인 경우로서 해당 주거약자 또는 주거약자 세대주의 신청이 있는 경우에는 바닥면에서 1.2미터 내외의 높이에 현관 바깥을 볼 수 있는 비디오폰을 적절한 위치에 설치해야 한다.

　나. 주거약자가 청각장애인인 경우로서 해당 주거약자 또는 주거약자 세대주의 신청이 있는 경우에는 거실의 조명 밝기는 600 ~ 900럭스(lux)로 한다.

4. 부엌(주거약자용 주택을 사용하는 주거약자가 지체장애인이거나 그 밖에 휠체어를 사용하는 사람인 경우로서 해당 주거약자 또는 주거약자 세대주의 신청이 있는 경우로 한정한다)

　가. 좌식 싱크대를 설치해야 한다.

　나. 취사용 가스밸브는 바닥면에서 1.2미터 높이 내외로 설치해야 한다.

5. 침실: 해당 주거약자용 주택을 사용하는 주거약자가 청각장애인인 경우로서 해당 주거약자 또는 주거약자 세대주의 신청이 있는 경우 조명 밝기가 300 ~ 400럭스(lux)로 한다.

6. 욕실

　가. 주거약자에게 임대할 목적으로 건설하는 주거약자용 주택의 경우 다음의 요건을 모두 충족해야 한다.

　　1) 욕실 출입구에 동작감지센서가 부착된 등을 설치할 것

　　2) 욕조 높이는 욕실 바닥에서 45센티미터 이하로 할 것

　　3) 위ㆍ아래로 이동이 가능한 샤워기를 설치할 것

　　4) 욕실 출입문은 밖여닫이, 미닫이 또는 미세기문(겹치게 여닫는 문)으로 설치할 것

　나. 해당 주거약자용 주택을 사용하는 주거약자가 지체장애인이거나 그 밖에 휠체어를 사용하는 사람인 경우로서 해당 주거약자 또는 주거약자 세대주의 신청이 있는 경우 높낮이가 조절되는 세면기를 설치해야 한다.　(시행령 별표 2)

주택개조비용 지원

① 국가 및 지방자치단체는 다음 각 호의 어느 하나에 해당하는 자가 주거약자의 활동능력에 적합하도록 주택(임대용 주택을 포함한다)을 개조하기 위하여 필요한 비용의 지원을 신청하는 경우에는 개조비용을 지원할 수 있다. <개정 2013. 3. 23., 2015. 1. 6., 2016. 1. 19.>

  1. 주거약자

  2. 주거약자가 세대원으로 있는 세대주

  3. 제1호 또는 제2호의 사람에게 임대할 목적으로 주택을 개조하고자 하는 임대인

② 지원대상자의 자격 등 필요한 사항은 <u>대통령령</u>으로 정한다.   (법 제15조)

주택개조비용 지원대상자 자격

① 법 제15조 제1항 제1호 및 제2호의 어느 하나에 해당하는 사람이 주거약자의 활동능력에 적합하도록 주택(임대용 주택을 포함한다)을 개조하기 위해 필요한 비용(이하 "주택개조비용"이라 한다)의 지원을 신청하려면 다음 각 호의 요건을 모두 갖춰야 한다. <개정 2016. 5. 17., 2019. 10. 22.>

  1. 주거약자가 속한 해당 가구의 월평균 소득이 「통계법 시행령」 제22조에 따라 통계청장이 고시하는 지정통계에 따른 전년도 도시근로자 가구당 월평균 소득액 이하일 것

  2. 임대용 주택에 거주하는 주거약자 또는 임대용 주택에 거주하는 세대주로서 주거약자가 세대원으로 있는 사람이 지원을 신청하는 경우에는 미리 해당 임대인의 동의를 받을 것

  3. 법 제9조에 따른 주거약자용 주택의 안전기준 또는 편의시설 설치기준을 충족하는 시설을 설치하기 위해 주택(임대용 주택을 포함한다)을 개조할 것

② 법 제15조 제1항 제3호에 따른 임대인이 주택개조비용의 지원을 신청하려면 제1항 제3호의 요건을 갖추어야 한다. <개정 2016. 5. 17.>   (시행령 제7조)

주거약자용 주택개조비용을 지원받은 임대인의 의무

제15조 제1항 제3호의 임대인이 개조비용을 지원받아 주거약자용 주택으로 개조한 경우에는 5년의 범위에서 <u>대통령령으로 정하는 기간</u> 동안 해당 주택을 주거약자 또는 주거약자가 세대원으로 있는 세대주에게 임대하여야 한다. <개정 2016. 1. 19.>

        (법 제16조)

임대인의 의무임대기간

법 제16조에서 "대통령령으로 정하는 기간"이란 주거약자가 해당 주거약자용 주택에 입주한 날부터 4년을 말한다.

[제목개정 2016. 5. 17.]   (시행령 제8조)

복습문제

1   다음 중 요양원이 속해 있는 주택의 유형은?

① 아파트

② 다세대주택

③ 연립주택

④ 다가구단독주택

⑤ 주택 이외의 거처

2   전국을 기준으로 할 때, 동일 면적의 아파트에서 동일 면적의 단독주택으로 이주하면 현금화/유동화할 수 있는 아파트 자산의 규모는?

① 30%

② 40%

③ 50%

④ 60%

⑤ 70%

3   **다음 중 주거약자법에 대한 설명으로 옳지 않은 것은?**

① 주거약자는 만 65세 이상 고령자와 장애인을 뜻한다.

② 주거약자용 주택에 대한 안전기준 및 편의시설 설치기준 등이 포함되어 있다.

③ 국가 및 지자체는 주거약자의 주택개조비용을 지원하여야 한다.

④ 주거약자법에 의한 지원을 받는 가구는 월평균소득이 전년도 도시근로자가구소득의 평균 이하여야 한다.

⑤ 주거약자에 대한 지원을 주거종합계획에 반영하여야 한다.

복습문제

4   **고령가구가 아파트를 계속 선택하는 이유로 보기 어려운 것은?**

① 아파트가 무장애설계 등이 상대적으로 잘되어 있으므로

② 아파트에 거주하고 있는 상태에서 현 상태 거주를 선택하므로

③ 유지관리가 양호하므로

④ 아파트 거주가 갖는 사회적 가치 때문에

⑤ 주변 자연환경이 훨씬 양호하므로

5   **고령가구에게 필요한 주택개조의 내용으로 보기 어려운 것은?**

① 발에 걸려 넘어지지 않기 위한 낮은 문턱

② 출입을 도울 수 있는 현관의 손잡이와 보조의자

③ 오르내리기 유리한 짧은 디딤면과 높은 챌면

④ 미끄러지지 않는 마감으로 된 거실 바닥

⑤ 고령자의 약화된 시력을 고려한 밝은 조명

11

고령사회의 도시계획

제11장

고령사회의 도시계획

 개요

    지금까지의 논의는 고령사회의 주택에 주로 초점을 맞추어왔다. 그러나 고령사회에서 달라져야 하는 것은 주택뿐만이 아니다. 주택 이외 근린^{neighborhood}, 도시환경^{urban environment} 역시 고령사회에 부합하도록 변모하여야 한다. 그렇다면 과연 고령사회에 부합하는 근린이나 도시환경은 구체적으로 무엇인가?

    이에 대해 WHO는 고령친화도시^{age-friendly city} 개념을 제안한 바 있다. 이는 WHO가 이미 고안한 액티브에이징^{Active Ageing} 개념에 기초한다. 액티브에이징이란 나이가 들어가면서 삶의 질을 제고하기 위해 건강, 참여, 보장 등의 기회들을 최적화시키는 과정을 뜻한다. 이 액티브에이징은 개인과 가구뿐만 아니라 정부에 의해서도 결정된다.

    이렇게 볼 때 고령친화도시는 정책과 서비스, 환경^{settings} 및 구조가 사람들이 액티브에이징할 수 있게끔 돕고 지원하여야 한다. 고령자의 다양한 능력과 자원들을 인지함으로써, 고령화와 연관된 필요와 선호에 대해 유연성 있게 예상하고 대응함으로써, 고령자들의 결정과 라이프스타일에 대한 선택을 존중함으로써, 고령자 내에서 가장 취약한 집단들을 보호함으로써, 그리고 지역사회 내의 생활 전 영역에 걸쳐 고령자들이 포함되고 또 고령자들이 기여할 기회를 늘림으로써 고령친화도시를 만들 수 있다.

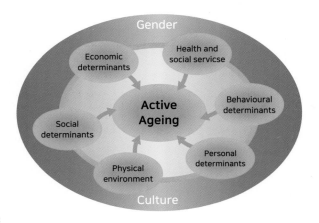

그림 11-1. 액티브에이징의 구성 요소

*출처: WHO(2007), 5쪽.

　　고령친화도시가 반드시 고려해야 하는 것은 고령자의 신체적 기능 변화이다. <그림 11-2>와 같이 인간의 신체 기능은 성인 초기에 정점에 이른 뒤 점차 감퇴한다. 그러나 감퇴의 속도는 여러 요인에 의해 달라질 수 있다. 여기에는 외부의 사회적, 환경적, 경제적 요인들도 포함된다. 즉 개인적 혹은 사회적 개입을 통해 신체 기능의 감퇴 속도를 조

그림 11-2. 신체기능의 변화와 고령친화도시의 역할

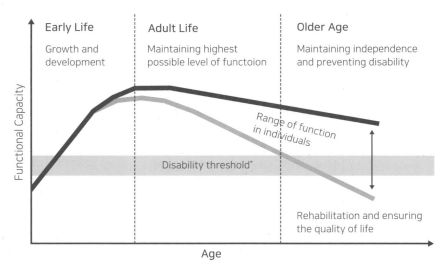

*출처: WHO(2007), 6쪽.

절할 수 있다. 나이가 많아지더라도 신체 기능이 장애에 이르지 않도록 개입하는 것이 고령친화도시의 주요 역할이다.

WHO는 고령친화도시의 구성요소를 몇 개의 영역으로 나누어 상세하게 설명하고 있다. 우선 외부공간 및 건물, 교통, 주택 등 도시의 물리적 환경을 들 수 있다. 이는 개인의 이동성, 부상으로부터의 안전, 범죄로부터의 안전, 건강 및 사회적 참여 등과 연관되어 있다. 노안, 느린 이동속도, 짧은 이동거리, 느린 반응시간, 집중력 감소 등 고령자의 신체적·정신적 특성과 행동양식에 대한 배려가 기본이다. 그러나 이와 같은 물리적 환경 이외에도 존경 및 사회적 포용성respect and social inclusion, 사회적 참여, 시민사회 참여 및 고용, 의사소통 및 정보, 지역사회의 지원 및 보건서비스 등 비물리적 요인들도 존재한다. 이와 같은 요인들은 분리되기보다는 서로 중첩되어 고령친화도시를 구성한다그림 11-3.

그림 11-3. 고령친화도시의 구성요소

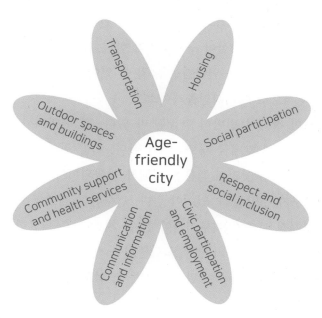

*출처: WHO(2007), 9쪽.

2 물리적 요인

2.1. 주택

먼저 WHO의 고령친화도시를 구성하는 물리적 요인들 중 주택에 대해 살펴보자. 주택은 부담가능하여야 한다. 이는 고령에 접어들면서 가구의 소득이 크게 줄어든다는 점과 밀접하게 연관되어 있다. 고령가구에게 필요한 주택의 필수 서비스는 고령가구가 부담할 수 있는 수준으로 제공되어야 한다.

적절한 재료로 시공되어 구조적으로 튼튼해야 한다는 점은 고령가구를 위한 주택에 있어서도 마찬가지이다. 특히 휠체어 이동을 고려, 자유롭게 이동할 수 있도록 복도 등에서 충분한 공간이 확보되어야 한다. 휠체어가 이동하기 위해 주택이 평면이 골라야 한다. 욕실, 화장실, 부엌 등도 10장에서 언급한 것처럼 고령자의 신체 변화를 고려하여 설계되어야 한다. 쇠약하거나 장애를 갖는 고령자까지 포함하게끔 다양하면서도 적합한, 그러면서도 부담가능한 주거기회가 존재하여야 한다. 외부의 환경 변화에도 쾌적성을 유지하도록 냉난방 등 기초시설이 구비되어야 한다. 또한 주택은 과밀^{overcrowded}하지 않아야 한다. 주택 내에서 고령자는 편안함을 느낄 수 있어야 한다.

고령가구는 상대적으로 에이징인플레이스^{AIP}, 즉 현 주택에서의 계속 거주를 선택할 가능성이 큼은 이전의 장에서 빈번히 언급된 바 있다. 현 주택에서 계속 거주하게 된다면, 이 주택이 신체 변화에 맞게끔 개조되어야 한다. 이를 위해서는 고령자의 필요에 맞게 주택을 개조하는 것이 무엇인지 충분한 이해가 선행되어야 한다. 그리고 개조에 들어가는 비용을 고령가구가 부담할 수 있어야 한다. 필수적인 개조의 비용이 부담되는 고령가구에 대해서는 경제적 보조가 이루어져야 한다. 개조 이후 필요한 유지관리서비스 역시 부담가능하여야 한다. 유지관리 업무를 담당하는 사업자는 양질의 믿을 만한 서비스를 공급하여야 한다. 고령자들 비중이 많은 공공주택, 임차주택 등은 잘 관리되어야 한다.

주택의 품질 못지 않게 주택의 위치도 중요하다. 주택은 고령자가 필요로 하는 서비스나 시설과 가깝게 위치하여야 한다. 고령자가 집에 머무르며 AIP할 수 있도록 서비스가 제공되어야 한다. 고령자들이 지역사회에 포함되게끔 주택과 근린환경이 설계되어야 한다. 자연재해가 발생하기 쉬운 곳에 주택이 위치해서는 안 된다. 고령자는 거주 환경 내에서 안전함을 느껴야 한다. 주택의 보안을 강화하기 위한 별도의 지원이 필요할 수도 있다.

　아무리 AIP를 선호할지라도 지역 내 충분한, 그리고 부담가능한 고령자전용주택 재고는 확충되어야 한다. 전용주택시설은 적합한 서비스, 적합한 어메니티와 활동들이 다양하게 제공되어야 한다. 고령자전용주택 역시 지역사회와 통합되어야 한다.

　이상의 내용을 토대로 고령친화도시를 위한 주택이 잘 구비되어 있는지 평가하는 기준으로 우선 주택의 부담가능성affordability이 사용된다. 국외에서는 일반적으로 주거비가 처분가능한 소득의 30% 미만일 때 부담가능성을 충족하는 것으로 평가된다. 이때 주거비는 자가일 경우 대출상환액, 유지보수비 등을 포함해 산정하기도 한다. 고령자 대상의 설문 내에서 근린 내 주택이 부담가능하다고 응답하는 비중을 사용할 수도 있다.

　보조지표로 주택의 접근성accessibility을 사용하기도 한다. 이는 전체 주택 중 휠체어로 접근가능한 입구를 가진 주택의 비중으로 측정된다. 휠체어로 접근가능하기 위해서는 폭이 충분하여야 하며, 입구가 계단뿐만 아니라 경사로ramp를 갖추고 있어야 한다. 고령자 설문에서 현재 주택에서 계속 거주하며 늙게 될 때 필요한 요구사항을 현재 주택이 잘 갖추고 있거나 갖출 수 있다고 응답한 고령자의 비중을 사용할 수 있다. 이와 같은 질문을 통해 주택이 유니버설디자인을 고려하였는지 여부를 확인할 수 있다.

2.2. 외부공간과 건물

　공공장소에서 소음, 불쾌하거나 유해한 악취 등을 규제함으로써 도시를 보다 깨끗하게 하는 것 역시 고령친화도시의 외부공간이 갖추어야 할 조건으로 지적하고 있다. 쉽게 접근가능한 쉼터shelter, 화장실, 좌석이 존재하는 잘 관리되고 안전한 녹지공간 역시 고령자에게 중요하다. 보도는 노점이나 주차된 차, 나무, 동물의 배설물, 눈 등과 같은 장애물이 없고 편평한 평면을 갖추는 등 보행친화적으로 설계되어야 하며, 공중화장실 등을 구비하여야 한다. 휠체어가 다닐 수 있을 만큼 충분히 넓어야 하며 차도로 진입할 때 사용할 수 있는 완만한 경사구간이 마련되어야 한다. 특히 공원이나 정류장, 공공공간에 일정한 간격으로 야외의자가 배치, 고령자들이 자주 쉬어갈 기회가 제공되어야 한다. 의자는 잘 유지관리되어야 할 뿐만 아니라 정기적으로 순찰됨으로써 고령자가 안전하게 머무를 수 있게 하여야 한다.

　도로에는 일정한 간격으로 건널목을 배치, 보행자가 안전하게 횡단할 수 있어야 한다. 미끄럼방지가 적절하게 이루어져 고령자의 보행 중 사고 위험을 줄여야 한다. 도로가 혼잡할 때에도 보행자가 도로를 쉽게 건널 수 있도록 설계되어야 하는데, 이를 위해 교통섬traffic islands, 육교 및 지하도 등의 장치들이 적절하게 배치되어야 한다. 횡단보도의 신호등은 고령자가 도로를 건널 수 있도록 그 시간이 충분하여야 하며, 시각 및 청각신호가 함께 제공되어야 한다. 고령자의 안전한 횡단을 위해 운전자가 보행자에게 먼저 양보하는 교통법규가 마련, 준수되어야 한다. 자전거이용자를 위한 자전거도로도 별도로 마련될 필요가 있다.

모든 공공공간과 건물에서 공공안전은 최우선순위로 다루어져야 한다. 이는 자연재해로부터의 위험 축소, 밝은 가로등, 경찰의 순찰, 법률의 집행, 안전에 대한 주도적 노력 지원 등의 수단으로 강화될 수 있다. 고령자를 위한 서비스 시설은 고령자가 거주하는 곳 가까이에 있거나 고령자로부터 쉽게 접근할 수 있는 곳에 집중하여 위치하여야 한다. 같은 건물 내에서도 1층 배치를 권장한다. 장기간 대기가 어려운 고령자를 위하여 고령자 전용 대기번호나 서비스카운터 등 고령자용 특별 서비스가 마련되어야 한다.

앞서 주택과 마찬가지로 고령친화도시의 건물들은 고령자들의 원활한 접근을 위해 엘리베이터, 경사로를 갖추고 있어야 한다. 바닥은 미끄럽지 않아야 하며, 계단은 난간이 마련되고 가파르지 않아야 하며 단 높이도 너무 높지 않아야 한다. 주요 목적지에 대한 표지판이 충분한 수로 잘 보이는 곳에 배치되어야 하며, 편안한 의자가 비치된 휴게공간이 마련되어야 한다. 건물 내 공중화장실에서도 장애인을 위한 시설이 충분하여야 한다. 공중화장실은 청결하고 잘 관리되어야 하며, 다양한 신체적 능력을 갖춘 사람들 모두가 쉽게 이용할 수 있어야 한다.

이와 같은 조건을 충분히 갖추고 있는지 평가하기 위한 기준 역시 제시되어 있다. 먼저 근린의 보행용이성neighborhood walkability 항목으로 근린의 설계가 얼마나 고령자의 원활한 보행을 지원하는지 평가한다. 고령자 대상 설문조사 등을 통해 휠체어 및 다른 이동보조수단을 활용한 사람들까지 포함, 근린이 보행하는데 적합하다고 응답한 고령자의 비중을 사용하기도 한다. 토지이용의 복합성, 주요 목적지의 접근성, 보행자시설의 이용가능성, 품질 및 연결성 등에 대한 평가결과도 사용될 수 있다.

근린의 보행용이성은 근린의 가로 중 기준에 부합하는 보행로가 차지하는 비중으로도 평가될 수 있다. 여기에서 기준은 보도의 폭, 단차, 무장애obstacle free, barrier free 여부 등으로 구성한다. 교통정온화^{traffic calming}, 즉 차량으로부터 어린이나 고령자 등 교통약자를 보호할 수 있는 장치가 많이 구비되어 있는지 여부로도 평가할 수 있다. 노인보호구역이나 제한속도 30km/h 구간도 여기에 포함될 수 있다.

공공장소 및 건물의 접근성^{accessibility of public spaces and buildings}도 평가항목이 될 수 있는데, 이는 휠체어로 완벽하게 접근할 수 있는 기존 및 신규 공공장소 및 건물의 비중으로 산정될 수 있다. 설문조사를 통해 지역사회 내 공공장소 및 건물들이 이동이나 시각, 청각 등의 장애가 있는 사람들을 포함해 모든 사람들에게 접근가능하다고 응답한 고령자의 비중이 이용될 수 있다. 건물의 유니버설 디자인 준수 여부도 기준으로 사용될 수 있다. 해당 건물이나 공간이 고령자뿐만 아니라 어린이나 다른 기능적 장애를 가진 사람 등 모든 사람들에게 쉽게 접근이 가능한지 여부이다. 건물이나 공간은 경험이나 지식이 없이도 쉽게 이해되어야 한다. 모든 사람들이 사용하더라도 위험이나 사고, 의도하지 않은 행동들이 일어날 가능성이 최소화되어야 한다. 나아가 최소한의 신체적 노력으로도 효율적으로 그리고 편안하게 사용할 수 있어야 한다.

2.3. 교통

고령친화도시를 위한 교통에 있어 가장 큰 비중을 차지하는 것은 대중교통이다. 우선 대중교통을 이용하는 비용이 모든 고령자에 있어 부담가능하여야 한다. 또한 대중교통은 그 운영이 믿을 만하며 야간 및 주말을 포함하여 배차시간이 길지 않아야 한다. 병원, 건강센터, 공공주차장, 쇼핑센터, 은행, 고령자시설 등과 같은 고령자의 주요 목적지를 연결하는 대중교통시설을 갖추어야 한다. 도시 내만 아니라 외곽 지역, 이웃 도시들 간 적절하고 잘 연결된 교통경로를 통해 모든 지역들에서 대중교통서비스가 제공되는 것이 중요하다. 교통경로 역시 다양한 교통수단들이 서로 잘 연결되게끔 계획되어야 한다.

각 교통수단들은 바닥과 계단이 낮게 설계되어 있어 고령자가 해당 수단을 오르내리는데 어려움이 없어야 한다. 좌석은 넓고 높아서 이용하는데 편리하여야 한다. 각 교통수단들은 번호와 목적지를 나타내는 표지판을 잘 갖추고 있어야 하며, 깨끗하고 잘 관리되어야 한다. 충분한 규모의 특화된 서비스가 장애가 있는 사람들에게 제공되어야 한다. 고령자를 위한 우대석이 마련될 뿐만 아니라, 다른 승객들에 의해 이 우대석이 점유되지 않게끔 관리하여야 한다. 대중교통의 운전자들은 예의를 갖추고 교통질서를 준수

하며 지정된 정류장에서 정차하고 승객이 자리에 앉은 뒤 출발하며, 인도에 최대한 가깝게 정차하여 고령자가 쉽게 차량에 오르내릴 수 있도록 도와야 한다.

또한 대중교통은 범죄로부터 안전하고 과밀하지 않아야 한다. 정류장은 많은 고령자가 거주하는 곳과 가깝게 위치하여야 하며 의자, 그리고 궂은 날씨를 피할 수 있는 쉼터가 제공되어야 한다. 깨끗하고 안전하며 적절한 조명을 갖추어야 한다. 역은 경사로ramp, 에스컬레이터, 엘리베이터, 적절한 플랫폼, 공중화장실, 그리고 읽기 쉬우며 적당한 위치에 있는 표지판 등을 구비함으로써 접근이 양호하고 이용이 편리하여야 한다. 역무원은 예의를 갖추고 고령자의 요청에 기꺼이 도움을 제공하여야 한다. 고령자에게는 대중교통을 이용하는 방법, 이용가능한 다양한 교통수단들에 대한 정보가 제공되어야 한다. 운행시간표는 읽기 쉬우며 쉽게 접근할 수 있는 곳에 있어야 한다. 운행시간표는 장애인이 접근가능한 노선 등을 구분해 보여주어야 한다. 자원봉사 차량, 셔틀버스 등 지역사회 차원의 자율적인 교통서비스가 고령자를 특정 행사나 장소에 오가게 하는데 활용될 수 있어야 한다.

택시는 저소득 고령자에게 할인 및 보조된 요금으로 제공되는 등 부담가능성을 갖추어야 한다. 휠체어나 보행보조기walking frame를 둘 수 있는 공간을 갖추어, 이를 사용하는 고령자가 쉽게 접근할 수 있어야 한다. 고령자가 택시를 이용하는 과정에 있어 택시운전사는 예의를 갖추고 기꺼이 도움을 제공하여야 한다.

고령운전자를 위해 도로는 잘 관리되고 넓으며 조명이 잘 되어야 한다. 교통정온장치는 적절한 위치에 적절히 설계되어야 하며, 교차로에는 표지판과 신호등을 갖추고 교차로 표시를 명확히 갖고 있어야 한다. 도로 전반에 걸쳐 일관성을 갖추고 눈에 잘 보이는 곳에 표지판을 구비하여야 한다. 도로에 운전자의 시야를 가리는 장애물을 두어서는 안 된다. 도로법규는 엄격히 시행되어야 하고, 운전자들은 이를 따르도록 교육받아야 한다. 면허를 가진 운전자들이라고 하더라도 운전자 재교육코스가 별도로 제공·보급되어야 한다.

고령친화도시는 고령자에게 부담가능한 주차 기회도 제공되어야 한다. 건물이나 정류장과 가까운 곳에 고령자, 장애인들을 위한 전용 주차공간, 즉 주차우선구역priority parking bays이 확보되어야 한다. 확보된 주차우선구역이 고령자를 위해 사용되는지 잘 모니터링할 필요도 있다. 이는 특히 자가용이 주요 교통수단인 지역에서 고령자의 이동성 확보를 위해 매우 중요하다. 건물이나 정류장과 가까운 곳에 차량승하차장소^{drop-off & pick-up bays}가 마련, 장애가 있는 고령자의 편리한 이용을 도와야 한다.

이상의 내용을 토대로 할 때, 교통 관점에서 도시의 고령친화성 평가는 대중교통수단의 접근성^{accessibility of public transportation vehicles}이 가장 우선으로 고려된다. 고령자 및 장애인 등이 접근가능한 대중교통수단의 비중이 이를 평가하는 지표이다. 설문조사를 통해 전철이나 버스 등 대중교통수단들이 이동이나 시각, 청각 등의 장애가 있는 사람들을 포함해 모든 사람들에게 접근가능하다고 응답한 고령자의 비중을 산정해 사용할 수도 있다. 평가의 주된 관점은 고령자가 목적지에 도달하기 위해 대중교통수단들을 안전하고 편리하게 사용할 수 있는지 여부이다.

대중교통수단뿐만 아니라 대중교통정류장과의 접근성^{accessibility of public transportation stops}도 평가 대상이 될 수 있다. 거주지가 대중교통정류장으로부터 걸어갈 만한 거리에 있는지를 평가하는데, 여기에서 걸어갈 만한 거리의 기준으로 WHO는 500m를 제시한다. 대중교통정류장이 접근가능하다고 응답한 고령자의 비중도 대신 사용될 수 있다. 만약 도어투도어^{door-to-door} 서비스가 제공된다면, 이 서비스가 제공되는 범위 내 거주하는 고령자의 비중도 사용될 수 있다. 정류장에 이르는 이동로의 안전과 품질, 커뮤니티시설, 의료시설, 식품점, 은행 등 주요 목적지로부터의 접근성, 대중교통과의 접근성 부재로 인해 제약되는 활동의 정도도 추가로 고려될 수 있다.

주차우선구역에 대한 접근성도 보조 지표로 사용될 수 있다. 기존 및 신규 공공건물 내에 고령자 및 장애인을 위한 주차우선구역이 차지하고 있는 비중으로 산정된다. 운전면허가 있는 고령자 중 주차우선구역이 잘 갖추어져 있으며 충분하다고 응답한 고령자의 비중도 사용될 수 있다.

 **비물리적 요인**

3.1. 사회 참여

지역사회의 행사와 활동들이 근린 내 고령자들과 가까운 곳에서 이루어지며, 이 장소를 연결하는 부담가능하고 다양한 교통수단이 제공되어야 한다. 고령자가 친구나 보호자와 함께 참여할 수 있는 옵션도 마련되어야 한다. 행사시간도 고령자가 방문하기에 편한 시간에 계획되는 것이 필요하다. 별도의 회원 자격을 요구하지 않는 등 행사가 모두에게 개방되는 것이 바람직하며, 매표 등 입장과정이 신속하게 이루어져야 한다. 입장과정에서 고령자가 장시간 줄을 서지 않을 수 있도록 배려가 필요하다. 행사 참여에 따른 비용이 고령자들에게 부담가능하여야 하며, 숨겨진 혹은 추가적인 비용이 존재하지 않아야 한다. 행사 주최자는 공공 및 민간 등의 지원을 통해 고령자들에게 별도 비용을 받지 않도록 노력할 필요가 있다. 다양한 범위의 활동들을 마련, 다양한 구성의 고령자 모두를 유인하고 흥미를 느끼게끔 만들어야 한다. 지역사회 활동들은 다양한 연령대와 문화적 배경을 지닌 사람들이 참여할 수 있도록 계획되어야 한다.

고령자를 대상으로 한 행사는 주거지 내나 공원 등에 있는 여가시설, 학교, 도서관, 주민시설 등 지역사회 곳곳에서 마련되어야 한다. 행사장소는 장애인이나 돌봄이 필요한 이들의 참여가 가능하도록 시설, 설비 등이 마련되어야 한다. 행사의 내용, 접근성, 교통수단 등에 대한 정보는 고령자들에게 사전에 잘 전달되어야 한다. 고령자가 행사에 참석하는 것이 어렵지 않아야 하며, 글을 읽지 못하더라도 행사에 참석하는데 어려움이 없어야 한다. 더 이상 활동에 참여하지 않는 회원이라도 본인이 거부 의사를 밝히기 전까지는 연락망에 포함하여 안내를 지속할 필요가 있다. 지역사회의 시설들은 다양한 연령과 관심사를 지닌 사람들에 의해 공유되고 다양한 목적으로 사용됨으로써, 사용자 집단 간의 상호교류를 늘리는 데 기여하여야 한다.

사회문화활동의 관점에서 고령친화도시의 적합성은 지역사회의 문화시설 및 행사 등에 방문한 고령자의 비중으로 평가할 수 있다. 설문조사를 통해 지난 한 주 동안 한 번 이상 스스로 지역사회의 사회문화활동에 참여하였다고 응답한 고령자의 비중이 한 예이다. 고령자의 사회참여, 포용 등을 나타내는 일반적인 지표를 사용할 수 있는데, 친구, 친지 및 이웃들과 공식적 혹은 비공식적 활동을 하고 있는지 살펴볼 수 있다. 지역사회 내에서 대면face-to-face 접촉을 통한 교류가 이루어지는지 여부가 중요한 기준이다.

보조 수단으로 단체에 속해 신체활동, 여가활동 등을 하고 있는지 여부를 평가할 수도 있다. 특정 조직이나 시설에서 제공하는 신체활동, 여가활동 단체에 소속되어 있는 고령자의 비중을 사용할 수 있다. 설문을 통해 여가시간에 단체 신체활동에 참여하고 있다는 고령자의 비중을 활용할 수도 있는데, 여기에서 신체활동은 놀이, 스포츠, 계획된 운동 등이 포함된다. 통근통행이나 근로, 가사 등의 신체활동은 필요에 의해서 이루어지며 사회참여를 반드시 포함하고 있지 않은데 비해, 단체에 소속된 여가 중심의 신체활동은 단순히 건강뿐만 아니라 사회참여의 관점에서 긍정적 효과가 존재한다. 현재 지역사회의 노인여가복지시설이 이 단체 신체활동을 늘리는데 기여할 수 있는지도 평가할 수 있다. 현재 지역별로 존재하는 경로당은 기초적 수준의 고령자시설에 불과, 고령자의 공간에 대한 수요를 잘 반영하고 있지 않다. 고령인구의 증가세로 볼 때, 영유아, 청소년을 위한 문화교육시설 대신 고령인구를 위한 문화, 교육, 복지시설을 공급해야 할 시점으로 판단된다.

3.2 존중과 사회적 포용

고령친화도시는 공공이나 자원봉사, 민간의 서비스들을 계획함에 있어 고령자들을 보다 잘 고려하기 위해 고령자에게 자문을 구하여야 한다. 공공 및 민간은 고령자의 필요, 선호에 부합하도록 서비스와 상품을 제공하여야 한다. 서비스는 고령자의 필요에 부합하도록 훈련된, 기꺼이 도움을 제공하려는 예의를 갖춘 직원에 의해 제공되어야 미디어는 공적 이미지에 고령자를 포함하되, 특정한 이미지로 정형화stereotype하지 않고 긍정적으로 묘사하여야 한다.

특정 연령에 특화된 필요와 선호를 충족시킴으로써, 지역사회 전반의 환경과 활동, 행사들은 모든 연령대의 사람들을 수용하여야 한다. 가족을 위한 지역사회 활동에 고령자는 반드시 포함되어야 한다. 세대들이 함께 모여 즐기면서 서로의 관계를 풍족하게 만드는 활동들이 정기적으로 마련되어야 한다.

고령사회 그리고 고령자들에 대한 학습은 초등 및 중등학교의 교과과정에 포함되어야 한다. 고령자들은 학생 및 교사들과 함께 지역내 학교의 교육활동에 정기적으로 또 적극적으로 참여하여야 한다. 이를 통해 고령자들은 다른 세대들에게 그들의 지식과 역사, 전문성을 공유할 기회를 부여받아야 한다.

고령자는 그들에게 영향을 미치는 지역사회의 의사결정과정에 온전한 파트너로서 포함되어야 한다. 지역사회에서 그들의 과거 혹은 현재의 기여에 대해 인정받아야 한다. 근린의 결속을 강화하고 지원하는 지역사회의 의사결정에서 고령자들은 주요한 정보제공자, 조언자, 행동가, 수혜자로서 포함되어야 한다.

존중 및 사회적 포용 관점에서 고령친화도시의 평가 기준으로 고령자들에 대한 긍정적인 사회를 들 수 있다. 우선 존중과 대척점에 존재하는 개념으로서 학대^{maltreatment}를 경험한 고령자의 비중을 사용할 수 있다. 고령자 학대는 고령자에게 피해나 고통^{distress}을 야기하는 일회성 혹은 반복된 행동, 그리고 학대를 막으려는 적합한 행동의 부재를 뜻한다. 인권 침해, 신체적, 성적, 심리적, 감정적, 경제적, 물질적 학대, 방치^{neglect} 및 존경 및 존엄의 심각한 부재 등을 포함한다. 설령 학대를 받더라도 이를 알리지 않을 수 있으므로, 보고된 수치는 실제보다 낮게 평가된 것일 수 있다. 학대 고령자의 비중이 낮을수록 고령자에 대한 존엄^{dignity}, 존경^{respect}이 지역 내에 존재함을 의미한다. 이는 노인차별^{Agism}에 대한 논의로 이어진다. 노인차별이란 나이에 기초한 차별이나 불공정한 대우로 특별히 고령자를 대상으로 한 차별을 지칭한다. 노인차별의 부재가 고령자에 대한 사회의 포용성과 존경을 나타내는 지표일 수 있다. 이는 고령자에 대한 언론의 묘사, 고령자에 대한 근로자들의 태도 등을 통해 측정될 수 있다. 지역사회 내에서 존중받고 있거나, 사회적으로 포용되고 있다고$^{socially\ included}$ 느끼는 고령자의 비중을 사용할 수도 있다.

3.3. 시민참여와 고용

고령친화도시에서는 고령의 자원봉사자들이 지역사회에서 다양한 기회를 확보할 수 있어야 한다. 지역의 자원봉사단체들은 풍부한 인프라, 훈련프로그램, 자원봉사인력 등에 기초, 잘 발전되어 있어야 한다. 자원봉사를 원하는 고령자의 기술과 관심에 따라 그 역할이 정해져야 한다. 이를 기록하는 장부 및 데이터베이스 마련이 필요한 까닭이다. 자원봉사활동을 지원하기 위해 교통편을 제공하거나 주차비를 환급하는 등의 장치도 마련되어야 한다. 고령 자원봉사자들을 훈련하는 단체에 대해 자금도 지원할 필요가 있다.

자원봉사에 그치지 않고 고령자가 일할 다양한 기회도 마련되어야 한다. 고용에 있어 연령에 따른 차별을 금지하는 정책 및 제도가 도입되어야 한다. 퇴직은 선택이지 의무가 아니라는$^{"Retirement\ is\ a\ choice,\ not\ mandatory."}$ 공감대가 형성되어야 한다. 다만 고령자들의 특성에 맞추어 시간제근무나 계절별 고용 등과 같은 유연한 근무 옵션들이 제공되어야 한다. 고용자들을 위한 고용프로그램이나 고용의 중개기관^{agency}도 마련되어야 한다. 이에 대한 노동조합 등 피고용자단체들의 협력도 필요하다. 고령자 고용의 혜택을 홍보하는 등 고령자들을 고용하도록 사용자를 독려하는 분위기가 지역사회 전반에 형성되어 있어야 한다.

　고령자들에게 직업훈련의 기회도 함께 제공되어야 한다. 신기술에 대한 훈련 등 재교육기회가 고령자에게 제공되어, 고령자가 일반 근로자와 동일한 능력을 갖게 된다면 고령자 고용이 자율적으로 이루어질 수 있기 때문이다.

　자원봉사나 유급근로에 대한 접근성도 충분히 확보되어야 한다. 근무지로의 교통수단이 잘 갖추어져야 한다. 특히 고령자의 특성을 고려, 장애가 있는 사람들의 필요에 부합하도록 근로공간이 설계되어야 한다.

　지역의 시민사회 활동에 고령자가 참여할 기회가 제공되어야 한다. 자문단, 이사회 등은 고령자를 원칙적으로 포함하여야 한다. 시민사회 모임 등에 있어 고령자들이 참여할 수 있도록 지정석, 장애인에 대한 지원, 청력장애에 대한 보조, 교통수단 지원 등이 필요하다. 고령자를 위한 정책, 프로그램 등은 고령자들의 의견을 적극 반영하여야 한다. 시민사회 활동 전반에 걸쳐 고령자들의 참여를 격려하는 분위기가 마련되어야 한다.

　고령친화도시에서 고령자들은 그간의 기여에 대해 존중받으며 인정받는 분위기가 마련되어야 한다. 고용자나 시민단체들은 고령자의 필요에 민감하게 반응하여야 한다. 농업, 공예품의 판매, 소기업 훈련, 고령자들을 위한 소액금융서비스^{microfinancing} 등을 통해 고령자의 창업을 지원하는 것도 필요하다. 고령자가 소규모 재택사업을 하기 위해 필요한 정보가 고령자에게 적합한 형태로 만들어져 제공되어야 한다.

　고령자들은 근로에 대해 공정하게 보수를 받을 수 있어야 한다. 자원봉사의 경우, 일하는 과정에서 발생한 비용에 대해 환급이 이루어져야 한다. 고령 근로자들의 수입은 일정 범위에 한해 연금지급 및 소득보조의 과정에서 공제되지 않아야 한다.

　이와 같은 관점에서 고령친화도시를 평가할 수 있다. 우선 지역의 의사결정 참여^{participation in local decision-making}에 대한 평가 항목으로 최근의 지역선거나 입법발의 등에 실제 투표한 고령자의 비중을 들 수 있다. 지역의회나 지역의 의사결정기관 내에서 고령자가 차지하는 비중도 마찬가지의 맥락이다. 설문조사에서 지역사회의 중요한 정치적, 경제적, 사회적 이슈에 대한 의사결정과정에 참여하고 있다고 응답한 고령자의 비중도 사용될 수 있다.

　자원봉사활동^{engagement in volunteer activity}에 대한 평가 기준으로 최근 한 달 동안 자원봉사활동을 하였다고 응답한 고령자의 비중을 사용할 수 있다. 지역의 자원봉사자 명단에서 고령자가 차지하는 비중도 대체하여 사용할 수 있는 평가기준이다. 고령자 관점에서 자원봉사활동의 만족도, 적합성 등의 평가결과가 사용될 수도 있다.

유급고용paid employment을 평가하기 위해서는 현재 유급고용의 기회가 많다고 응답한 고령자의 비중, 전체 고령자 중 현재 고용되지 않은unemployed 고령자의 비중 등이 사용될 수 있다. 낮은 실업률은 고령자들을 대상으로 한 고용기회가 지역사회에 많이 존재함을, 나아가 고령자가 사회참여, 기여 등을 할 기회가 많음을 의미한다. 물론 은퇴를 희망하지만 경제적 여건으로 인해 불가피하게 일을 해야하는 상황이라면 낮은 실업률은 별로 좋은 지표가 아닐 수 있다. 따라서 단순히 실업률뿐만 아니라 유급고용의 만족도, 적합도 등이 함께 평가될 필요가 있다. 여기에 더해 공식적 혹은 비공식적으로 교육, 훈련 등에 참여한 평생학습 고령자의 비중도 고려할 수 있다.

3.4. 의사소통과 정보

고령친화도시는 기본적이면서도 보편적인 인쇄 및 방송매체, 전화망 등이 고령자를 포함한 모든 주민들에게 제공되어야 한다. 정부 및 자원봉사단체에 의해 규칙적이고 신뢰할 만한 정보의 전달이 보장되어야 한다. 정보는 고령자들의 거주지나 일상생활 공간 가까이에서 제공되어야 한다. 원스톱 정보센터 등을 통해 접근가능한 지역사회서비스들에 대한 정보를 통합 제공하는 것도 고려할 만하다. 고령자들이 흥미있어하는 정보나 프로그램이 규칙적으로 특정 미디어를 통해 제공되는 것도 바람직하다.

고령자들은 상대적으로 구두 의사소통oral communication을 선호한다. 예를 들어 공청회나 커뮤니티센터, 클럽, 방송매체 등이나 일대일로 만나 정보를 전달하는 개인들이 중요하다. 사회적 소외의 위험이 있는 고령자의 경우 자원봉사자나 정기적인 방문자, 가사도우미, 미용사이발사, 경비원, 보호자 등 그들이 자주 만나는 믿을 만한 개인들로부터 정보가 유통되도록 하여야 한다. 공공기관이나 상점에서는 고령자의 요구에 따라 친절하게 일대일로 서비스가 제공되어야 한다. 공문서나 TV의 자막, 여러 화면 상의 텍스트 등 활자화된 정보는 글자가 커야 하며, 중요한 정보는 머리글로 분명히 뽑아 굵은 서체로 표현되어야 한다. 구두나 활자 방식 모두에서 의사소통은 짧고 직접적인 문장 내에서 쉽고 친숙한 단어를 사용하여야 한다.

자동화된 의사소통기기 내에서 전화응답서비스는 천천하고 명료하게 제공되어야 한다. 언제라도 메시지를 반복 청취할 수 있는 기능이 마련되어야 한다. 상담원과 직접 통화하거나 회신전화$^{call\ back}$를 요청하는 메시지를 남길 수 있어야 한다. 휴대폰이나 라디오, TV, 은행, 매표기 등의 기기에서 버튼이나 글자는 크게 마련되어야 한다. 은행, 우편 및 기타 서비스의 기기 화면은 충분히 밝아야 하며, 다양한 키의 사람들도 이용할 수 있게 설계되어야 한다.

컴퓨터와 인터넷에 대한 폭넓은 접근이 정부기관, 커뮤니티센터, 도서관 등 공공공간에서 가능하여야 한다. 이 접근은 무료 혹은 최소비용으로 제공될 필요가 있다. 이 곳에서 고령자를 위한 맞춤화된 사용설명 및 사용자지원이 구비되어야 한다.

이상을 평가하는 기준으로 우선 정보가용성$^{availability\ of\ information}$을 들 수 있다. 건강에 대한 관심사나 관련 서비스 등에 대한 정보가 필요할 때 지역사회 내에서 누구한테 문의할지 알고 있는 고령자의 비중이 평가기준이 될 수 있다. 이를 보조하는 지표로 인터넷 접근성$^{internet\ access}$을 들 수 있다. 이는 집에서 인터넷 접근이 가능한 고령자의 비중으로 측정된다. 사회적 상호작용이나 서비스, 돌봄 등을 받거나, 일이나 다른 일상생활을 하기 위해 정보를 획득하고 다른 사용자와 소통하는 수단으로서 인터넷이 점점 더 각광을 받고 있기에 이 변수 역시 더욱 중요해지고 있다.

3.5. 지역사회의 지원과 보건서비스

고령친화도시에서 보건 및 복지서비스는 도시 전반에 걸쳐 균등하게 제공되어야 하며, 편리하게 한 곳에 함께 위치하여야 하고, 다양한 교통수단을 통해 이곳에 쉽게 접근할 수 있어야 한다. 특히 이 서비스는 독립적으로 살면서 삶의 질을 유지할 능력이 없는 건강상태나 기능적 한계를 갖고 있는 고령자에게 필수적이다. 방문간호, 식사·반찬서비스 등 거주지에 기초한 서비스$^{home-based\ services}$, 문화여가복지서비스, 운동기능향상, 종합상담지원, 물리치료 등 지역사회 기초서비스$^{community-based\ services}$로 구분할 수 있다. 보건복지서비스는 고령자의 필요와 관심을 고려해 제공한다. 서비스전문가는 고령자와 의사소통하며 효과적으로 돌볼 수 있는 기술과 훈련을 받아야 한다. 충분한 범위의 보건 및 복지서비스가 건강을 증진하고 유지하며 복원하기 위해 제공되어야 한다. 홈케어서비스로 건강서비스, 개별 돌봄, 가사노동 등이 포함될 수 있다. 다양한 보건 및 지역사회의 영역에서 고령자를 돕기 위한 모든 연령대의 자원봉사가 권장되어야 한다. 응급조치대책 emergency planning을 마련, 고령자의 필요와 능력을 고려하여 응급상황에 준비하고 대응하여야 한다.

은퇴자주택, 요양원 등의 주거복지시설은 주요 서비스 및 기존 주거지역과 근접, 주민들이 지역사회에 계속 통합되도록 하여야 한다. 서비스 시설은 안전하게 건축되어 장애가 있는 고령자들이 접근하는데 어려움이 없어야 한다. 고령자에게 보건 및 복지서비스 정보가 명확하고 손쉽게 제공되어야 한다. 개별 서비스들의 전달이 통합되며, 그 행정절차 역시 간소해질 필요가 있다. 행정 및 서비스 직원들은 존중과 세심함으로 고령자를 대우하여야 한다. 보건 및 복지서비스에 대한 접근을 가로막는 경제적 장애물은 최소화하여야 한다.

이를 평가하기 위한 기준으로 보건 및 복지서비스의 가용성을 들 수 있다. 개인적 돌봄이나 지원의 필요가 있으면서 공공 혹은 민간으로부터 공식적인 재가 혹은 지역 기반의 서비스를 받는 고령자의 비중, 혹은 그와 같은 서비스를 통해 필요를 충족하고 있다고 응답한 고령자의 비중 등을 사용할 수 있다.

고령자의 경제적 보장economic security도 평가기준에 포함된다. 경제적 보장은 공적 혹은 사적 지원 없이 삶의 표준을 유지하고 기본적 필요를 충족시킬 수 있는 상황을 의미한다. 이는 빈곤선 이상의 가처분소득을 보유한 가구에 속해 있는 고령자의 비중으로 산정될 수 있다. 또한 이전 12개월 동안 공적 혹은 사적 지원 없이 그들의 기본적인 필요를 충족할 소득을 갖고 있다고 응답한 고령자의 비중도 사용할 수 있다.

삶의 질quality of life도 평가항목으로 포함된다. 전반적인 삶의 질이 5점 척도를 기준으로 할 때 매우 좋다very good 혹은 좋다good로 응답한 고령자의 비중을 사용할 수 있다. 여기에서 삶의 질이 단순히 질병이 없는 상태만을 의미하지 않는다. 지원환경이 잘 갖추어진다면 질병이 있는 고령자라도 양호한 삶의 질을 누릴 수 있다.

보조지표로 공공안전public safety도 포함될 수 있다. 많은 형태의 물리적, 사회적 환경 개입이 지역사회 내에서 고령자 안전을 제공하는데 기여할 수 있다. 길찾기시스템의 설치, 횡단보도의 안전시설물 확충, 고령자들을 대상으로 한 범죄에 대한 홍보 등이 그 개입의 사례이다. 공공안전을 평가하기 위해 고령자를 대상으로 발생한 연간 범죄 건수가 측정된다. 근린에서 안전하다고 응답한 고령자의 비중도 쓸 수 있다.

마지막으로 응급준비도^{emergency preparedness}를 평가할 수 있다. 이는 지방정부나 지역사회단체, 서비스제공자 내에서 지난 한 해 동안 고령자들의 필요에 부응하기 위한 응급대응훈련에 참여한 고령자의 비중으로 산정할 수 있다. 고령자는 비상 상황에서 특별한 필요를 지닌다. 만성적인 건강 문제를 갖고 있으며 기능적 한계가 커 응급상황에서 매우 취약하며 따라서 지원에 대한 필요도 크다. 개인이나 서비스제공자, 지역사회 등은 응급계획 및 훈련에 적극 임하면서 고령자 및 장애인의 특별한 소요를 파악하고 대응하여야 한다.

4 맺으며

도시의 특성들은 서로 유기적인 관련을 맺으며 액티브에이징을 도울 수 있다. 도시의 경관, 건물, 교통체계, 주거시설 등은 고령자에게 이동에 대한 자신감과 건강한 행동양식, 사회참여 및 주체적 결정능력을 배양할 수 있으며, 반면 위축감, 소극성, 사회적 소외, 제약 등을 초래할 수도 있다. 그렇기 때문에 고령사회 도시의 공간과 구조는 고령자에 맞게끔 설계되어야 한다. 고령자가 활동하기에 편리하여야 한다.

나아가 고령자에 대한 인정과 존중이 지역사회 저변에 구축되어야 한다. 고령자에 대한 존중과 배려가 거리와 가정, 도로와 공공 및 상업서비스, 고용환경, 돌봄 등에 걸쳐 나타나야 한다. 고령자에 대한 사회적 관계, 서비스에 이것이 반영되어야 한다.

고령자의 적극적 사회참여는 사회결속력을 높이고 고령자 개인의 자신감^{empowerment}을 제고할 수 있다. 적절한 형태로 제공되는 유용한 정보를 통해 고령자 개인의 역량을 강화하고 건강한 행동양식을 형성시키게끔 해야 한다. 편리하게 이용할 수 있는 통합적 복지서비스는 고령자의 건강상태나 행동에 긍정적으로 기여할 수 있다. 복지뿐만 아니라 유급근로의 기회가 제공되는 것 역시 중요하다.

고령친화도시는 반드시 고령자에게만 친화적인 도시를 의미하지 않는다. 무장애건물이나 거리 등을 만드는 것은 고령자뿐만 아니라 장애인의 이동성, 독립성에도 기여한다. 안전한 근린은 어린이나 젊은 여성들이 물리적 여가활동이나 사회적 활동을 원활히 하도록 돕는다. 고령자가 필요한 보건서비스를 지역사회로부터 받을 때, 함께 거주하고 있는 비고령 가구원의 스트레스가 줄어들 수 있다. 고령자가 임금 혹은 무임금 노동에 참여하면서 그 혜택을 지역사회 전체가 누릴 수 있다. 이처럼 고령친화도시를 만드는 것은 지역사회의 전체 세대에게 혜택을 줄 수 있다. 도시는 평균 연령의 사람을 위해 설계되기보다 다양한 연령의 사용자를 위해 설계되어야 한다. 고령친화도시는 고령자만을 위한 도시가 아니라 다양한 능력을 지닌 주민을 고려한 자연 및 인조환경이 조성된 도시로 이해하여야 한다.

복습문제

1   다음 중 WHO의 고령친화도시에 대한 설명으로 옳지 않은 것은?

① 액티브에이징(Active Ageing)의 개념에 기초하고 있다.

② 고령친화도시의 개념은 건물, 도로, 교통 등 물리적 요소로만 구성된다.

③ 고령친화도시는 고령자뿐만 아니라 모든 연령에게 친화적인 도시이다.

④ 고령가구를 위해 그 구조와 서비스를 적응시킨 도시이다.

⑤ 개인의 특성 이외의 요인으로도 고령자의 능력 저하를 완화할 수 있다는 가정에 기초한다.

2   고령친화도시에서 주택이 부담가능하다고 할 때, 주거비는 처분가능한 소득에서 차지하는 비중이 최대 얼마 미만이어야 하는가?

① 10%

② 20%

③ 30%

④ 40%

⑤ 50%

3   고령친화도시에서 대중교통정류장이 접근가능한 것으로 평가되기 위해서는, 정류장이 거주지로부터 최대 어느 정도 거리 이내에 있어야 하는가?

① 100m 이내

② 300m 이내

③ 500m 이내

④ 1km 이내

⑤ 2km 이내

4 다음 중 고령자를 위한 물리적 환경과 거리가 먼 것은?

① 단차가 있는 보도

② 교통정온장치

③ 저상버스

④ 주차우선구역

⑤ 램프

12

고령자를 위한 부동산개발

─제12장─

고령자를 위한 부동산개발

1 들어가며

　지금까지 살펴본 바에 따르면 고령자들이 가장 선호하는 주거 대안은 AIP, 즉 현재 지역이나 현재 주택에 계속 거주하는 것이다. 그러나 WHO의 고령친화도시 개념에 따르면 고령자들을 위한 다양한 주거 대안이 제공되는 것도 중요하다. AIP의 여건도 잘 구비하여야 하지만, 현재 주택이 부적합할 경우 현재보다 나은 주택으로 이주하면서 더 나은 복지서비스를 이용할 수 있는 대안도 마련되어야 한다.

　과연 현재 우리나라는 이와 관련된 기회들을 어떻게 공급하고 있을까? 이에 답하기 위해 본 장에서는 고령자를 위해 마련된 부동산을 살펴보고자 한다. 지금까지의 맥락에 맞게끔 전체 부동산이 아니라 주거용부동산에 초점을 맞춘다. 후술하겠지만 주택시장에서 고령가구를 위한 주거용부동산 개발이 아직 적극적으로 이루어지지 않고 있다. 이에 제도 및 정책을 통해 마련된 고령자를 위한 부동산을 중심으로 논의하고자 한다. 크게는 보건복지부의 노인주거복지시설, 그리고 국토교통부 및 서울시 등 지자체가 공급하는 고령자 대상 주택들로 구분할 수 있다. 보건복지부의 노인주거복지시설 등이 가장 큰 비중을 차지하고 있으므로 이를 중심으로 살펴보고, 이후 국토교통부, 서울시 등의 정책을 검토하기로 한다. 이후 그 현황 및 문제점, 개선 방향을 논할 것이다.

2 보건복지부의 노인주거복지시설

2.1. 개요

보건복지부는 노인복지시설의 한 유형으로 노인주거복지시설을 두고 있다. 이는 다시 양로시설, 노인공동생활가정, 노인복지주택 등으로 구분된다. 이 세 유형이 국내 고령자를 위한 가장 대표적인 주거 대안이다. 노인의료복지시설 내에서도 고령자가 거주할 수 있으므로 이 역시 이후 간략히 살펴보기로 한다.

노인복지시설의 종류
노인복지시설의 종류는 다음 각호와 같다. <개정 2004. 1. 29., 2013. 6. 4., 2017. 3. 14.>
1. 노인주거복지시설
2. 노인의료복지시설
3. 노인여가복지시설
4. 재가노인복지시설
5. 노인보호전문기관
6. 제23조의2 제1항 제2호의 노인일자리지원기관
7. 제39조의19에 따른 학대피해노인 전용쉼터

(노인복지법 제31조)

노인주거복지시설의 설치 주체는 국가 및 지방자치단체로 규정되어 있다. 그러나 그 외의 주체도 시장 등에게 신고함으로써 설치할 수 있다. 설치 주체는 정관, 위치도, 평면도, 설비구조 내역서, 입소자의 비용부담 관계서류, 사업계획서, 시설을 설치하는 토지 및 건물의 소유권을 증명할 수 있는 서류 등 필요서류가 첨부된 설치신고서를 작성, 시장 등에게 제출하여야 한다^{부록 12-1}.

시설 설치자는 시설을 설치할 토지 및 건물의 소유권을 확보하여야 한다. 시설 설치 목적 이외 목적에 의한 저당권을 설정하지 말아야 한다. 설치 목적으로 저당권을 설정할 때에도 저당권의 피담보채권액과 입소보증금의 합이 건설원가의 80% 이하가 되도록 하여야 한다. 타인 소유의 토지 또는 건물을 사용하여 입소자로부터 입소비용의 전부를 수납하여 운영하는 시설을 설치할 수도 있는데, 이때에는 별도의 요건을 갖추어야 한다. 임대차계약, 지상권설정계약 등 사용계약의 양 당사자는 법인이어야 하며, 토지 또는 건물에 대한 등기 등 법적 대항요건을 갖추어야 한다는 것, 사용계약서에는 토지 또는 건물의 사용목적이 시설의 설치·운영을 위한 것이라는 취지의 내용이 포함되어야 하는 것

등이다. 시설 설치자는 입소자에 대한 보증금 반환채무 이행을 보장하기 위하여 입소계약 체결 후 보증금 수납일로부터 10일 이내에 적합한 인허가보증보험에 가입하여야 한다. 다만 입소자별로 전세권이나 근저당권을 설정하는 등의 조치를 한 경우에는 보증보험에 가입하지 않아도 무방하다. 보증보험의 보증 내용은 입소자의 입소보증금 반환채무 이해보증으로, 보증가입금액은 입소보증금 합계의 100분의 50 이상, 보증가입기간은 보증금 납부일로부터 퇴소일까지이며, 보험금은 시장, 군수, 구청장의 확인 하에 입소자가 보험을 수령하도록 하여야 한다^{부록 12-2}.

노인주거복지시설의 구조 및 설비에 대한 세부 기준도 마련되어 있다. 먼저 일조, 채광, 환기 등 입소자의 보건위생과 재해방지 등을 충분히 고려하여야 한다. 복도, 화장실, 침실 등 입소자가 자주 이용하는 설비는 휠체어 등의 이동이 가능한 공간을 확보하여야 한다. 문턱이 제거되고 손잡이 시설이 부착되며 바닥의 미끄럼이 방지되는 등 고령자의 활동에 편리한 구조를 갖추어야 한다. 법이 정하는 바에 따라 소화용 기구를 비치하고 비상구를 설치하여야 한다. 도서관, 스포츠 및 레크레이션 시설 등 적정한 문화 및 체육 부대시설을 설치, 입소자의 이용에 지장을 주지 않는 범위 내에서 외부에 개방·운영하는 것을 권장한다. 이는 노인주거복지시설과 지역사회 간의 상호 교류 촉진, 사회와의 유대감 증진 등에 기여할 것이라는 판단에 기초한다^{부록 12-3}.

운영에서도 분야별로 상세한 기준이 마련되어 있다. 급식 및 위생관리 분야에 있어 입소자가 필요한 영양을 섭취할 수 있도록 영양사가 작성한 식단에 따라 급식이 이루어져야 한다. 영양사가 없을 경우 관할보건소장 등의 지도를 받아 식단을 작성, 이에 따라 급식을 한다. 전염성질환, 고름형성 상처 등이 있는 사람은 입소자의 식사를 조리하지 말아야 한다. 음용수는 법이 정하는 수질검사를 받아야 하며, 식사를 조리하는 직원은 항상 청결을 유지하여야 한다.

시설의 장은 조직, 인사, 급여, 회계, 물품 및 기타 시설의 운영에 관하여 필요한 규정, 즉 운영규정을 작성하여 시장 등에게 제출하여야 한다. 운영규정에는 입소정원 및 모집방법에 관한 사항, 입소계약에 관한 사항, 입소보증금, 이용료 등 비용에 대한 변경방법 절차, 서비스 제공자의 배상책임 및 면책범위, 운영규정의 개정방법 및 절차, 운영위원회나 운영간담회의 설치·운영, 입소예정자 또는 입소자가 사망하거나 중대한 질병으로 인하여 계약을 해지할 경우 위약금의 감면, 시설설치자의 입소보증금 반환보증금과 관련된 내용의 설명, 그 사실의 계약서에의 기재 및 서명 등에 관한 사항 등이 포함되어야 한다. 시설의 장은 운영규정에서 정한 바에 따라 시설을 운영하여야 한다.

시설의 설치·운영에 관한 회계는 법인의 회계 또는 다른 사업에 관한 회계와 반드시 분리하여야 한다. 국가 또는 지방자치단체로부터 받은 보조금품이나 기타 시설이 수수한 기부금품 등은 별도의 계정으로 회계처리하여야 한다.

일부 장부 및 서류는 시설에 항상 비치하여야 한다. 여기에는 시설의 연혁에 관한 기록부, 재산목록과 재산의 소유권 또는 사용권을 증명할 수 있는 서류, 시설운영일지, 예산서 및 결산서, 총계정원장 및 수입·지출보조부, 금전 및 물품의 출납부와 증빙서류, 보고서철 및 행정기관과의 협의 등 관련 문서철, 정관(법인의 경우에만 해당) 및 관계 질의서류, 입소자 관리카드(입소계약 체결일, 입소보증금, 이용료, 그 밖에 비용부담 관계 등에 관한 내용 포함), 연계의료시설과의 제휴계약서, 계약의사가 있는 경우 계약의사 근무상황부 등이 포함된다.

시설은 입소자에 대해 적극적인 생활지도도 하여야 한다. 시설의 장은 입소자의 연령, 성별, 성격, 생활력, 심신의 건강상태 등을 고려하여 수시로 입소자와 면담하거나 관찰, 지도하고 특이사항을 기록, 유지하여 보호의 정도에 따라 다른 노인복지시설로의 이송 등 필요한 조치를 하여야 한다. 생활지도 등을 함에 있어서는 입소자의 의사를 최대한 존중하여야 한다. 시설의 장은 노인교실 등의 기관과 제휴하여 입소자가 교양교육 등을 받도록 함으로써 건전하고 활력있는 생활을 할 수 있도록 노력하여야 한다.

시설은 운영위원회를 설치 및 운영하여야 한다. 입소자로부터 입소비용 전부를 수납하여 운영하는 노인주거복지시설은 시설의 장, 직원, 가족대표, 입소자대표 및 노인복지명예지도원으로 구성된 운영간담회를 설치·운영하여야 한다. 시설의 장은 입소자의 상황, 서비스 제공 상황 등 시설의 운영과 관리비 등의 내용을 정기적으로 운영간담회에 보고할 의무가 있다.

2.2. 양로시설 및 노인공동생활가정

양로시설은 고령자를 입소시켜 급식과 그 밖에 일상생활에 필요한 편의를 제공하는 시설이며, 노인공동생활가정은 고령자에게 가정과 같은 주거여건과 급식, 그 밖에 일상생활에 필요한 편의를 제공하는 시설이다. 둘은 개념상 크게 다르지 않으나, 노인공동생활가정은 '가정과 같은'이라는 표현에서 확인할 수 있듯이 양로시설에 비해 소규모이다.

노인주거복지시설은 다음 각 호의 시설로 한다. <개정 2007. 8. 3., 2015. 1. 28.>
1. 양로시설 : 노인을 입소시켜 급식과 그 밖에 일상생활에 필요한 편의를 제공함을 목적으로 하는 시설
2. 노인공동생활가정 : 노인들에게 가정과 같은 주거여건과 급식, 그 밖에 일상생활에 필요한 편의를 제공함을 목적으로 하는 시설
...

(노인복지법 제32조 제1항)

양로시설 및 노인공동생활가정의 입소비용은 크게 국가 및 지방자치단체가 전액 부담하는 경우(무료), 입주 고령자가 일부 부담하는 경우(실비), 입주 고령자가 전액 부담하는 경우(유료)로 구분할 수 있다. 국가 및 지방자치단체가 전액 부담하는 경우 입소대상은 기초생활보장수급자(생계급여 또는 의료급여)로서 일상생활에 지장이 없는 65세 이상의 자, 부양의무자로부터 적절한 부양을 받지 못하는 자로서 일상생활에 지장이 없는 65세 이상의 자, 노인보호전문기관에서 학대피해노인으로 입소의뢰를 받은 고령자 및 긴급조치대상자 등이다.

국가 및 지방자치단체가 일부만 부담하는 실비보호대상자는 본인 및 본인과 생계를 같이 하고 있는 부양의무자의 월소득을 합산한 금액을 가구원수로 나누어 얻은 1인당 월평균소득액이 통계청장이 고시하는 전년도의 도시근로자가구 월평균소득을 전년도의 평균 가구원수로 나누어 얻은 1인당 월평균소득액 이하인 자로서 65세 이상인 자이다. 마지막으로 입소자 본인이 전부 부담하는 경우는 60세 이상이라는 기준만 존재한다^{부록 12-4}.

양로시설 등의 입소비용
법 제32조 제2항에 따라 노인주거복지시설의 입소비용은 다음 각 호에 정하는 바에 따른다.
1. 제14조 제1항 제1호 가목 및 나목에 해당하는 자 : 국가 및 지방자치단체가 전액 부담한다.
2. 제14조 제1항 제1호 다목에 해당하는 자 : 국가 및 지방자치단체가 일부 부담한다.
3. 제14조 제1항 제1호 라목에 해당하는 자 : 입소자 본인이 전부 부담한다.
...
[본조신설 2008. 1. 28.]

(노인복지법 시행규칙 제15조의2)

대상자의 배우자는 나이 규정에 부합하지 않더라도 입소가 가능하다. 양로시설, 노인공동생활가정 등 노인주거복지시설의 장은 시설입소자의 적절한 보호를 위해 장기요양시설등급판정자(주로 거동이 불편한 1등급, 2등급)는 노인의료복지시설을 이용토록 안내하여야 한다.

제1항 제1호에 따른 입소대상자의 65세 미만인 배우자(제1항 제1호 라목의 경우에는 60세 미만인 배우자)는 해당 입소대상자와 함께 양로시설 · 노인공동생활가정에 입소할 수 있다. <개정 2015. 6. 2.>

(노인복지법 시행규칙 제14조 제2항)

시설의 규모는 양로시설의 경우 입소정원이 10명 이상이어야 하며, 노인공동생활가정은 입소정원이 5명 이상 9명 이하여야 한다. 양로시설, 노인공동생활시설 모두 입소정원 1명당 15.9㎡ 이상의 연면적을 확보하여야 한다. 세부적인 시설 기준은 <표 12-1>과 같다. 먼저 침실은 독신용, 합숙용, 동거용으로 나누어 둘 수 있다. 남녀공용 시설의 경우 합숙용 침실을 남실 및 여실로 각각 구분하여야 한다. 입소자 1명당 침실면적은 5.0㎡ 이상이어야 하며, 합숙용 침실의 정원은 4명 이하여야 한다. 합숙용 침실에는 입소자의 생활용품을 각자 보관할 수 있는 보관시설을 설치하여야 하며, 채광, 조명, 방습 설비를 구비하여야 한다. 식당 및 조리실의 바닥재는 내수소재이고 세척 및 배수에 편리한 구조여야 한다. 세면장 및 샤워실(목욕실)의 바닥은 미끄럽지 않아야 하고, 욕조를 설치하는 경우 욕조에 고령자의 전신이 잠기지 않는 깊이로 하며, 욕조의 출입이 자유롭도록 최소한 1개 이상의 보조봉과 수직의 손잡이 기둥을 설치하여야 한다. 급탕을 자동온도조절장치로 하는 경우 물의 최고 온도는 40℃를 넘지 않도록 하여야 한다. 양로시설의 프로그램실은 자유로이 이용할 수 있는 적당한 문화시설과 오락기구를 갖추어야 하며, 체력단련실은 입소자들이 기본적인 체력을 유지하는데 필요한 적절한 운동기구를 갖추어야 한다. 양로시설에는 의료 및 간호사실을 두고 진료 및 간호에 필요한 상용의약품, 위생재료 및 의료기구를 구비하여야 한다. 침실이 건물 2층 이상에 위치한 경우 경사로를 설치하여야 하지만, 승객용 엘리베이터를 설치한 경우 경사로를 설치하지 않을 수 있다. 복도, 화장실 및 그밖의 필요한 곳에 야간상용등을 설치하여야 하며, 계단의 경사는 완만하게 하고, 난간도 설치하여야 한다. 바닥은 부드럽고 미끄럽지 않은 바닥재를 사용하여야 한다.

표 12-1. 양로시설 및 노인공동생활가정의 시설기준

구분	양로시설		노인공동생활가정
	입소자 30명 이상	입소자 10명 이상 30명 미만	
침실	O	O	O
사무실	O	O	
요양보호자 및 자원봉사자실	O		O
의료 및 간호사실	O	O	
체력단련실 및 프로그램실	O	O	-
식당 및 조리실	O	O	O
비상재해대비시설	O	O	O
화장실	O	O	O
세면장 및 샤워실 (목욕실)	O	O	O
세탁장 및 세탁물건조장*	O		O

*세탁물을 전량 위탁처리하는 경우에는 세탁장 및 세탁물건조장을 두지 않을 수 있음

직원 자격에 대한 기준도 마련되어 있다. 우선 시설의 장은 「사회복지사업법」에 따른 사회복지사 자격증 소지자이거나 「의료법」에 따른 의료인이어야 한다. 「사회복지사업법」에 따른 사회복지자 자격증 소지자, 법에 따른 요양보호사 자격증 소지자도 적정 인원을 확보하여야 한다. 사회복지사는 입소자에게 건강유지, 여가선용 등 노인복지 제공계획을 수립하고, 복지증진에 관하여 상담 및 지도한다. 요양보호사는 요양서비스가 필요한 노인에게 신체활동지원 서비스와 그 밖의 일상생활지원 서비스를 제공한다. 입소자로부터 입소비용 전부를 수납하여 운영하는 양로시설에는 요양보호사를 입소자 20명당 1명씩 둘 수 있다.

위생원도 1명 이상 필요하지만 세탁물을 전량 위탁처리하는 경우에는 위생원을 두지 않을 수 있다. 의사(혹은 계약의사)도 1명 이상 두어야 하지만 의료기관과 협약을 체결하여 의료연계체계를 구축한 경우에는 의사를 두지 않을 수 있다. 영양사 및 조리원에 대한 기준도 존재하지만 영양사 및 조리원이 소속되어 있는 업체에 급식을 위탁하는 경우에는 이를 두지 않을 수 있다. 모든 종사자는 시설의 장과 근로계약을 체결하여야 한다.

표 12-2. 양로시설 및 노인공동생활가정의 직원 자격 및 배치 기준

구분	양로시설		노인공동생활가정
	입소자 30명 이상	입소자 10명 이상 30명 미만	
시설의 장	1명	1명	1명
사무국장	1명		
사회복지사	1명	1명	입소자 4.5명당 사회복지사, 간호사, 간호조무사, 요양보호사, 조리원 중 1명 이상
의사(한의사) 혹은 계약의사	1명 이상	-	
간호사 또는 간호조무사	입소자 50명당 1명	1명	
요양보호사	입소자 12.5명당 1명	입소자 12.5명당 1명	
사무원	입소자 100명 이상인 경우 1명	-	
영양사	1회 급식 인원이 50명 이상인 경우 1명	-	
조리원	2명 (입소자 100명 초과할 때마다 1명 추가)	1명	
위생원	입소자 50명당 1명	1명	

　　무료시설의 경우 입소대상자는 해당 시군구 혹은 읍면동사무소에 입소신청서를 제출하여야 한다. 이때 입소신청사유서 및 관련 증빙자료를 첨부하여야 한다. 지자체는 신청자의 입소여부 및 입소시설을 결정한 뒤, 신청인 및 해당 시설의 장에게 통보한다. 노인보호전문기관에서 학대피해노인으로서 입소를 의뢰한 노인은 선입소조치 후 10일 이내 증빙서류(건강진단서, 학대사례판정서 등)를 제출하게 한다. 실비 및 유료시설의 경우 시설의 장과 입소신청자 간 협의를 통해 계약한 뒤 시설에 입소하는 것으로 절차는 상대적으로 훨씬 간단하다^{부록 12-5}.

　　시설의 운영기준도 별도로 마련되어 있는데 먼저 건강관리와 관련, 입소자 건강관리를 위한 책임자를 두고 의사(한의사 포함), 간호사, 그 밖의 자격이 있는 자가 그 임무를 수행하여야 한다. 전담의사(한의사 포함)를 두지 않은 시설은 계약의사(시간제 계약에 의한 의사

또는 한의사를 포함)를 두거나 의료기관과 협약을 체결하여 의료연계체계를 구축하여야 한다. 해당 계약의사 또는 의료기관의 의사는 매월 시설을 방문하여 입소자의 건강상태를 확인하고 건강상태가 악화된 입소자에 대하여 적절한 조치를 취하여야 한다.

입소자 및 직원에 대해서는 연 1회 이상의 결핵 검진을 포함한 건강진단을 실시하여야 한다. 진단 결과 건강이 좋지 않은 사람에 대해서는 그 치료를 위해 필요한 조치를 하여야 한다. 직원을 신규 채용할 때에는 건강진단서를 확인하여야 하며, 이 경우 건강진단은 신규 채용 전 1년 이내에 받은 것이어야 한다. 입소자에 대하여 그 건강상태에 따라 적절한 훈련과 휴식을 하도록 하여야 한다. 시설의 환경을 항상 청결하게 하고 그 위생관리에 유의하여야 한다.

시설의 장은 입소자의 침실 또는 침실이 있는 건물마다 요양보호사, 그 밖의 직원 중 1명을 입소자와 함께 기거하도록 조치하여야 한다. 시설 안에서는 입소자 외에 시설의 장 및 직원과 그 가족이 아닌 자는 거주하지 못한다. 다양한 프로그램을 실시, 입소자의 생활의욕 등을 증진 등을 도모하기 위해 입소자의 신체적·정신적 상태에 따라 그 기능을 회복하게 하거나 기능의 감퇴를 방지하기 위한 훈련에 참가할 기회를 제공하여야 한다. 교양·오락설비 등을 구비하고 적절한 레크리에이션을 실시하여야 한다.

2.3. 노인복지주택

고령가구를 위한 주거시설로 노인복지주택이 별도로 존재하는데, 이는 고령자에게 주거시설을 임대하여, 주거의 편의, 생활지도, 상담 및 안전관리 등 일상생활에 필요한 편의를 제공하는 시설을 뜻한다. 이는 주로 민간 주도로 공급 및 운영이 되어오고 있다. 당초에는 분양도 가능하였으나 2015년 7월 법 개정을 통해 임대 형태로만 제공되고 있다.

> 노인주거복지시설은 다음 각 호의 시설로 한다. <개정 2007. 8. 3., 2015. 1. 28.>
>
> …
>
> 3. 노인복지주택 : 노인에게 주거시설을 임대하여 주거의 편의·생활지도·상담 및 안전관리 등 일상생활에 필요한 편의를 제공함을 목적으로 하는 시설
>
> (노인복지법 제32조 제1항)

노인복지주택의 입주대상은 단독취사 등 독립된 주거생활을 하는데 지장이 없는 60세 이상의 고령자이다. 다만 나이 규정에 부합하지 않더라도 입주대상자의 배우자 혹은

대상자가 부양을 책임지고 있는 19세 미만의 자녀, 손자녀 등은 함께 입소할 수 있다. 신청자가 해당 시설의 정원을 초과할 경우 부양의무자 여부, 연령, 배우자 여부 등을 고려해 입주순서를 결정한다. 입주대상자의 소득에 대해서는 별도 기준이 존재하지 않는다. 입소비용은 입소자 본인이 부담하며 상대적으로 이용료가 높은 편이다^{부록 12-6}.

노인복지주택의 시설기준도 별도로 규정되어 있는데, 우선 규모는 30세대 이상이어야 한다. 시설은 침실, 관리실, 식당 및 조리실, 체력단련실 및 프로그램실, 의료 및 간호사실, 식료품점 또는 매점, 비상재해대비시설, 경보장치 등으로 구성된다. 우선 침실은 독신용 및 동거용 모두 가능하며 그 면적은 20㎡ 이상이어야 한다. 취사할 수 있는 설비, 목욕실, 화장실 등 입소자의 생활편의를 위한 설비를 갖추어야 한다는 점이 특징이다. 그 외에도 채광·조명 및 방습설비를 갖추어야 한다. 프로그램실, 체력단련실, 의료 및 간호사실, 경사로 등에 대한 기준은 양로시설과 동일하다. 다만 추가로 경보장치에 대한 기준이 존재, 타인의 도움이 필요할 때 경보가 울릴 수 있도록 거실, 화장실, 욕실, 복도 등 필요한 곳에 경보장치가 설치되어야 한다.

노인복지시설의 장은 양로시설이나 노인공동생활가정과 달리 반드시 사회복지사 혹은 의료인일 필요는 없다. 다만 직원의 배치 기준은 존재하는데, 시설의 장, 사회복지사, 관리인 등 각 1명이 필요하다. 사회복지사에게 요구되는 역할은 양로시설과 동일하며, 모든 종사자는 시설의 장과 근로계약을 체결하여야 한다. 기타 사항들은 「주택법」 및 「공동주택관리법」 관련 규정을 준용한다.

노인복지주택의 설치·관리 및 공급 등에 관하여 이 법에서 규정된 사항을 제외하고는 「주택법」 및 「공동주택관리법」의 관련규정을 준용한다. <신설 1999. 2. 8., 2003. 5. 29., 2007. 8. 3., 2015. 8. 11.>

(노인복지법 제32조 제3항)

2.4. 노인의료복지시설

노인복지시설에는 노인주거복지시설뿐만 아니라 노인의료복지시설도 존재하며, 이 시설 역시 주거기능을 포함할 수 있다. 노인의료복지시설은 크게 노인요양시설과 노인요양공동생활가정으로 구분된다. 노인요양시설은 치매, 중풍 등 노인성질환 등으로 심신에 상당한 장애가 발생하여 도움이 필요한 고령자를 입소, 급식·요양 및 그 밖에 일상생활에 필요한 편의를 제공하려는 목적의 시설이다. 이에 비해 노인요양공동생활가정은 치매, 중풍 등 노인성질환 등으로 심신에 상당한 장애가 발생하여 도움이 필요한 고령자에게 가정과 같은 주거여건과 급식, 요양 및 그 밖에 일상생활에 필요한 편의를 제공하려는 목적의 시설이다.

노인의료복지시설은 다음 각 호의 시설로 한다. <개정 2007. 8. 3.>

1. 노인요양시설 : 치매·중풍 등 노인성질환 등으로 심신에 상당한 장애가 발생하여 도움을 필요로 하는 노인을 입소시켜 급식·요양과 그 밖에 일상생활에 필요한 편의를 제공함을 목적으로 하는 시설
2. 노인요양공동생활가정 : 치매·중풍 등 노인성질환 등으로 심신에 상당한 장애가 발생하여 도움을 필요로 하는 노인에게 가정과 같은 주거여건과 급식·요양, 그 밖에 일상생활에 필요한 편의를 제공함을 목적으로 하는 시설
3. 삭제 <2011. 6. 7.>

(노인복지법 제34조 제1항)

노인의료복지시설의 입주대상은 노인성 질환 등으로 요양을 필요로 하는 자로 구체적으로 장기요양급여수급자 중 6개월 이상 동안 혼자서 일상생활을 수행하기 어렵다고 인정하는 경우, 생계급여 및 의료급여 수급자로서 65세 이상의 자, 부양의무자로부터 적절한 부양을 받지 못하는 65세 이상의 자, 입소자로부터 입소비용의 전부를 수납하여 운영하는 경우 60세 이상의 자 등이 해당된다. 이 자격을 충족하는 대상자의 배우자 역시 입주가 가능하다.

노인의료복지시설은 국가 및 지방자치단체뿐만 아니라 그 외의 자도 설치할 수 있으나, 이때는 시장 등에게 신고하여야 한다. 입주자의 거주에 불편함이 없도록 생활편의를 위한 체육시설, 여가 및 오락시설 등 부대시설, 각종 복리시설 등을 설치하여 직접 혹은 위탁하여 운영하여야 한다. 사회복지사는 순회서비스를 제공하는 등 입주자의 안전을 위하여 세심한 배려를 하여야 하며, 생활지도·상담, 문안, 긴급사태시 대처, 의료기관 등 관계기관과의 연락, 일상생활에서 필요한 원조 등의 서비스를 제공하여야 한다. 필요한 경우 재가노인복지시설의 방문요양과 주야간보호서비스 등을 활용할 수 있도록 노인보건 및 복지와 관련된 사업기관과의 연계도 도모할 수 있다.

노인의료복지시설의 설치

① 국가 또는 지방자치단체는 노인의료복지시설을 설치할 수 있다.
② 국가 또는 지방자치단체외의 자가 노인의료복지시설을 설치하고자 하는 경우에는 시장·군수·구청장에게 신고하여야 한다. <개정 2005. 3. 31., 2011. 6. 7.>
③ 시장·군수·구청장은 제2항에 따른 신고를 받은 경우 그 내용을 검토하여 이 법에 적합하면 신고를 수리하여야 한다. <신설 2018. 3. 13.>

(노인복지법 제35조)

시설 기준으로 우선 노인요양시설의 규모는 10명 이상이어야 하며, 입소정원 1명당 23.6㎡ 이상 연면적의 공간을 확보하여야 한다. 노인요양시설 안에 치매전담실을 두는 경우 치매전담실 1실당 정원 16명 이하로 하여야 한다. 노인요양공동생활가정의 입소정원은 5명 이상 9명 이하이며, 입소정원 1명당 20.5㎡ 연면적 이상의 공간을 확보하여야 한다.

시설의 구조 및 설비는 일조·채광·환기 등 입소자의 보건위생과 재해방지 등을 충분히 고려하여야 한다. 복도·화장실·침실 등 입소자가 통상 이용하는 설비는 휠체어 등이 이동가능한 공간을 확보해야 하며 문턱 제거, 손잡이시설 부착, 바닥 미끄럼 방지 등 노인의 활동에 편리한 구조를 갖춰야 한다. 법률이 정하는 바에 따라 소화용 기구를 비치하고 비상구를 설치하여야 하는데, 입소자가 10명 미만인 경우에는 소화용 기구를 갖추는 등 시설의 실정에 맞게 비상재해에 대비하여야 한다. 입소자가 건강한 생활을 영위하는데 도움이 되는 도서관, 스포츠·레크리에이션 시설 등 적정한 문화·체육부대시설을 설치하여야 한다. 이 시설은 지역사회와 시설 간의 상호교류 촉진을 통한 사회와의 유대감 증진을 위하여 외부에 개방하여 운영할 수 있으나, 이 과정에서 입소자가 이용하는데 지장을 주지 않아야 한다.

노인요양시설 및 노인요양공동생활가정의 세부시설 기준은 다음 표와 같다. 세탁물을 전량 위탁하여 처리하는 경우 세탁장 및 세탁물 건조장을 두지 않을 수 있다. 의료기관의 일부를 시설로 신고하는 경우 물리(작업)치료실, 조리실, 세탁장 및 세탁물 건조장을 공동으로 사용할 수 있다. 다만, 공동으로 사용하려는 물리(작업)치료실이 시설의 침실과 다른 층에 있는 경우에는 입소자의 이동이 가능하도록 경사로 또는 엘리베이터를 설치해야 한다. 치매전담실은 정원 1명당 면적이 1.65㎡ 이상인 공동거실을 갖추어야 한다. 치매전담실 입구에는 출입문을 두어 공간을 구분하되, 화재 등 비상시에 열 수 있도록 하여야 한다. 공동으로 사용할 수 있는 화장실과 간이욕실(세면대를 포함. 이하 같다)을 갖추어야 하지만, 침실마다 화장실과 간이욕실이 있는 경우에는 그렇지 않아도 무방하다. 치매전담형 노인요양공동생활가정은 1층에 설치하여야 하지만, 엘리베이터가 설치된 경우에는 2층 이상에도 설치할 수 있다. 정원 1명당 면적이 1.65㎡ 이상인 공동거실을 갖추어야 한다.

표 12-3. 노인요양시설 및 노인요양공동생활가정의 세부시설 기준

구분	노인요양시설		노인요양공동생활가정
	입소자 30명 이상	입소자 10명 이상 30명 미만	
침실	O	O	O
사무실	O		
요양보호사실	O	O	
자원봉사자실	O		O
의료 및 간호사실	O	O	
물리(작업)치료실	O	O	
프로그램실	O	O	
식당 및 조리실	O	O	O
비상재해대비시설	O	O	O
화장실	O	O	O
세면장 및 샤워실 (목욕실)	O	O	O
세탁장 및 세탁물건조장	O	O	O

　　침실은 독신용·합숙용·동거용으로 구분할 수 있다. 남녀공용 시설의 경우에는 합숙용 침실을 남실 및 여실로 각각 구분해야 한다. 입소자 1명당 침실면적은 6.6㎡ 이상이어야 한다. 합숙용 침실 1실의 정원은 4명 이하여야 하며, 합숙용 침실에는 입소자의 생활용품을 각자 별도로 보관할 수 있는 보관시설을 설치해야 한다. 적당한 난방 및 통풍장치, 채광·조명 및 방습설비, 안전설비를 갖추어야 한다. 침실바닥 면적의 7분의 1 이상의 면적을 창으로 하여 직접 바깥 공기에 접하도록 하고, 열고 닫을 수 있도록 하여야 한다. 노인들이 자유롭게 침대에 오르내릴 수 있어야 하며, 공동주택에 설치되는 노인요양공동생활가정의 침실은 1층에 두어야 한다. 노인질환의 종류 및 정도에 따른 특별침실을 입소정원의 5퍼센트 이내의 범위에서 두어야 한다. 치매전담실 침실은 가형과 나형으로 구분하는데, 먼저 가형의 경우 1인실 9.9㎡ 이상, 2인실 16.5㎡ 이상, 3인실 23.1㎡ 이상, 4인실 29.7㎡ 이상으로 설치하여야 한다. 나형은 1인실 9.9㎡ 이상, 다인실 1명당 6.6㎡ 이상이어야 한다.

　　물리^{작업}치료실을 두어 기능회복 또는 기능감퇴를 방지하기 위한 훈련 등에 지장이

없는 면적과 필요한 시설 및 장비를 갖춰야 한다. 주방 등 화재 위험이 있는 곳에는 치매노인이 임의로 출입할 수 없도록 잠금장치를 설치하여야 하며, 배회환자의 실종 등을 예방할 수 있도록 외부 출입구에 잠금장치를 갖추되, 화재 등 비상시에 자동으로 열릴 수 있도록 해야 한다. 그 외 조리실, 세면장 및 목욕실, 욕조, 급탕, 프로그램실, 의료 및 간호사실, 경사로 등의 기준은 양로시설과 동일하다.

시설의 장은 사회복지사 자격증 소지자 또는 「의료법」 제2조에 따른 의료인이어야 한다. 의료기관의 일부를 시설로 신고한 경우 의료기관의 장(의료인인 경우만 해당)이 해당 시설의 장을 겸직할 수 있다. 요양보호사는 요양서비스가 필요한 노인에게 신체활동지원 서비스와 그 밖의 일상생활지원 서비스를 제공한다. 노인요양시설 내 치매전담실과 치매전담형 노인요양공동생활가정의 경우 보건복지부장관이 정하여 고시하는 자격을 갖춘 프로그램관리자를 두어야 한다. 또한 이 시설의 장, 요양보호사 및 프로그램관리자는 보건복지부장관이 정하여 고시하는 치매전문교육을 이수해야 한다. 기타 사회복지사, 의사, 영양사 및 조리원, 위생원 등의 기준은 양로시설, 노인복지시설 등과 동일하다.

표 12-4. 노인요양시설 및 노인요양공동생활가정의 직원 자격 및 배치 기준

구분	노인요양시설		노인요양공동생활가정
	입소자 30명 이상	입소자 10명 이상 30명 미만	
시설의 장	1명	1명	1명
사무국장	1명 (입소자 50명 이상인 경우로 한정)	1명	
사회복지사	1명 (입소자 100명 초과할 때 마다 1명 추가)		
의사(한의사) 혹은 계약의사	1명 이상	1명	–
간호사 또는 간호조무사	입소자 25명당 1명	1명	1명
물리치료사 또는 작업치료사	1명 (입소자 100명 초과할 때 마다 1명 추가)	–	
요양보호사	입소자 2.5명당 1명 (치매전담실은 2명당 1명)	입소자 2.5명당 1명 (치매전담실은 2명당 1명)	입소자 3명당 1명 (치매전담실은 2.5명당 1명)
사무원	1명 (입소자 50명 이상인 경우로 한정)	–	
영양사	1명 (1회 급식 인원이 50명 이상인 경우로 한정)	–	
조리원	입소자 25명당 1명	1명	
위생원	1명 (입소자 100명 초과할 때 마다 1명 추가)	–	
관리인	1명 (입소자 50명 이상인 경우로 한정)	–	

3 중앙정부 및 서울시

3.1. 국토교통부의 공공임대주택

국토교통부는 공공임대주택을 공급할 때 전체 물량의 5~8%를 고령자, 장애인 등 주거약자를 위한 공공임대주택으로 공급하게 하고 있다. 또한 기존 공공임대주택 내 고령자의 생활편의를 위해 안전 바 설치, 문턱 제거, 높낮이 조절 세면대 등 무장애설계를 적용한 개조를 지원하고 있다. 또한 고령자리모델링 사업을 별도로 추진하고 있는데, 이는 기존 주택을 매입, 커뮤니티시설을 갖춘 고령자전용주택으로 리모델링한 뒤 공급하는 정책이다. 이 주택에 대해서도 무장애설계, 안심센서, 여가활동을 위한 옥상텃밭 등이 제공된다.

복지서비스를 결합한 고령자복지주택 역시 국토교통부의 고령자 대상 주택정책인데, 이는 2017년 이전에 '공공실버주택'으로 불렸다. 이는 "독거노인 등 어르신들이 주거지 내에서 편리하게 복지서비스를 이용할 수 있도록 주택과 복지시설을 복합건설하는 공공임대주택"^{국토교통부, 2019}으로 그 개념은 다음 그림과 같다. 일반 공공임대주택과 다른 점은 보건복지부의 방문형 의료, 건강관리, 요양, 돌봄 등의 서비스가 제공되고, 커뮤니티케어 등 복지서비스가 연계되며, 사회복지관이 결합된다는 것이다. 기존 지자체, 사회복지관의 식사 등 생활지원, 문화활동 등 생활복지서비스에 추가로 재가요양, 돌봄서비스를 제공할 수 있도록 건강보험공단 협업이 추진된다. 독거노인 거주용 주택에는 '홀몸노인 안심센서'를 설치하고, 고령입주자에게는 임대관리기관에서 주기적인 안부전화를 통해 주거 불편사항 해소, 생활상담 등 생활지원을 실시한다.

그림 12-1. 고령자복지주택 개념도

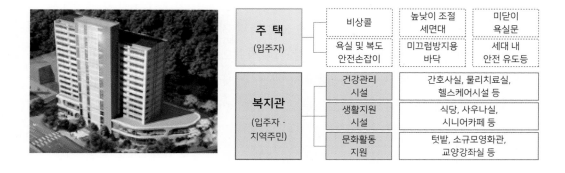

주 택 (입주자)	비상콜	높낮이 조절 세면대	미닫이 욕실문
	욕실 및 복도 안전손잡이	미끄럼방지용 바닥	세대 내 안전 유도등
복지관 (입주자 · 지역주민)	건강관리 시설	간호사실, 물리치료실, 헬스케어시설 등	
	생활지원 시설	식당, 사우나실, 시니어카페 등	
	문화활동 지원	텃밭, 소규모영화관, 교양강좌실 등	

3.2 보건복지부의 케어안심주택

보건복지부의 주거지원 정책인 케어안심주택은 지자체마다 차이가 존재하나, 고령 등의 사유로 돌봄이 필요하며 병원이나 시설이 아닌 살던 집이나 지역사회에 살기를 희망하는 고령자를 주된 대상으로 한다. 이는 주로 사회복지관을 중심으로 보건소 등의 서비스제공기관과 협의하여 지원서비스를 제공한다. 예를 들어 LH가 주도하여 임대주택을 공급하고, 지자체 주관으로 의료, 요양, 돌봄 등 통합적 원스톱 복지서비스를 제공한다. 이 지원서비스의 내용은 일상생활 지원, 보건 및 의료 지원, 주거환경개선, 안부 및 안전확인 등이다.

주로 영구임대 및 매입임대를 활용하고, 주거약자용 특화설계를 적용한다. 서비스 제공은 사회복지관이 담당한다. 임대주택을 리모델링, 고령자가 거주하기 편리하도록 설계하면서 서비스 제공을 위한 별도의 공간은 인근의 사회복지시설을 활용하는 것이 대표적이다. 지자체 중심으로 운영되는 일종의 선도사업으로 운영구조는 지역마다 다르다.

3.3. 서울시의 노인지원주택

서울시의 고령자 대상 주택프로그램으로 노인지원주택을 들 수 있다. 지원주택은 신체적, 또는 정신적 문제로 돌봄이 필요한 주거취약계층의 주거안정을 위하여 임대주택을 공급할 때 개인별 맞춤형 주거유지지원서비스를 함께 제공하는 서울주택도시공사 SH의 프로그램이다. 근거 법률은 국토교통부의 「기존주택 매입임대주택 업무처리지침」,

서울시의 「서울특별시 지원주택 공급 및 운영에 관한 조례」이다.

　　여기에서 주거유지지원서비스는 크게 사회복지서비스 지원, 의료 및 건강관리 지원, 자립지원 등으로 구분된다. 먼저 사회복지서비스 지원로 입주자의 특성과 욕구를 반영한 맞춤형 복지서비스, 입주자 상담지원 서비스 및 자조그룹 연계, 지역사회 복지서비스 커뮤니티 연계 등이 있다. 의료 및 건강관리 지원으로 개인별 질환에 따른 약물복용 및 관리, 병원 동행, 운동 지원 등 건강유지 지원, 치매상담센터, 보건소, 동주민센터 등 지역사회 건강관리 자원 및 공공의료기관 연계 등이 이루어진다. 자립지원으로 월 급여 또는 수급비 등 수입에 따른 재정 관리 지원, 공과금 및 임대료 납부 관리 등이 포함된다. 지역사회 복지서비스 커뮤니티 연계로 종교활동, 마을활동 연계 등을 통한 지역사회 정착 지원 등이 있다. 기타 각종 지원서비스로 식생활 유지, 개인위생 및 청결 유지 등 일상생활 및 주택 내부 환경 유지를 위한 지원이 있다. 또 질환의 재발 등 건강 문제, 갈등관리 등 위기관리지원도 가능하다. 입주자의 입주지원 및 상담, 주택시설관리 지원도 포함된다.

　　주택의 공급은 국토교통부의 기존주택 매입임대 정책의 틀 내에서 이루어진다. 보통 26~47㎡, 방 1~2개의 주택이 매입 대상이다. 입주대상은 만 65세 이상이면서 서울특별시에 주민등록이 등재되어 있는 무주택세대구성원 1인 가구 혹은 서울시 운영시설에 거주하는 자로서, 월평균소득이 전년도 도시근로자 가구당 월평균소득 50% 이하이고 자산기준을 충족하는 자여야 한다. 다만 등록장애인인 경우 월평균소득은 50% 대신 100% 기준을 적용한다. 자산기준은 크게 총자산가액과 자동차가액 기준이 존재하는데, 먼저 총자산가액은 세대구성원 전원이 보유하고 있는 총자산가액 합산기준이 2억 원 이하를, 그리고 자동차가액 기준은 현재가치 2,468만 원을 초과하는 비영업용 자동차를 소유하지 않아야 함을 뜻한다.

　　노인지원주택의 입주대상에는 여기에 추가 기준이 적용된다. 노인장기요양법 시행령에 따른 장기요양 인지지원등급자, 곧 치매환자로서 장기요양인정 점수가 45점 미만인 자, 혹은 독립적으로 거주하고 싶으나 일상생활에 제약이 있어서 지원서비스가 필요한 사람(인슐린 투여 당뇨병 질환, 파킨슨 질환 등 노인성 질환을 진단받은 자) 등이다. 전문 인력이 개인별 자료(입주신청자, 보호자 등이 작성하는 생활요약서, 생활계획서)를 검토, 인터뷰를 실시하면서 주거유지지원서비스의 필요도 심사한다. 이 과정에서 입주 후 주거유지지원서비스 제공에 대한 동의를 받는다.

 표 12-5. 노인지원주택 입주대상자에 대한 주거유지지원서비스 시급성 및 생활계획 심사

공급대상	심사내용
노인	**주거유지지원서비스 시급성 심사** (심사자료 : 신청자격 심사결과, 입주신청서, 건강검진서, 인터뷰) - 건강상태 : 노인성질환 형태, 신체적 활동범위, 인지건강 현황 등 - 주거현황 : 지하거주, 물리적 환경, 거주인원, 가족유무 등 - 소득 및 자산보유 수준: 기초수급, 차상위, 도시근로자 월평균소득 50% 이하 - 기타 주거유지지원이 시급한 요인(필요 정도) **생활계획심사** (심사자료 : 입주신청서, 생활계획서, 생활요약서, 인터뷰) - 주거유지지원서비스 이용계획 및 일상생활 유지 계획 - 건강관리 및 주택유지 계획 적정성 - 신체적, 정신적 건강 현황 및 문제 해결 계획 - 타 입주민과의 관계 유지 및 서비스 수용 계획 - 재정관리(수입/지출관리), 생활비 계획

임대기간은 2년으로 입주자격을 충족하면서 입주자가 희망할 경우 2년 단위로 9회 계약갱신이 가능하다. 이는 곧 최장 20년 동안 거주할 수 있음을 뜻한다. 그러나 입주 후 서비스제공기관에서 6개월마다 지원서비스 필요도를 심사, 지원서비스가 더 이상 필요하지 않다고 판단할 경우 서비스를 종료하고 퇴거를 진행할 수 있다는 점도 특징이다. 임대료 및 임대보증금은 시세의 약 30% 수준으로 책정되며, 월임대료의 최대 60%는 보증금으로 전환이 가능하다. 이때 전환이율은 연 6.7%를 적용한다. 만약 월평균소득이 입주자격 소득요건을 초과하였다면 초과 정도에 따라 임대보증금 및 임대료가 할증될 수 있으며, 이는 다음 표와 같다. 일시적으로 소득이나 자산이 늘어난 입주자의 주거안정을 위해 재계약기준을 초과하는 경우에도 1회에 한하여 갱신계약이 가능하다. 한편 희망할 경우 입주자는 다른 신청자와 공동거주하면서 임대료를 분담하여 낼 수 있다. 승강기가 있어 공동관리비 외에 승강기유지보수비, 승강기정기검사 등의 비용이 추가로 청구되기도 한다.

표 12-6. 노인지원주택의 재계약시 임대료 및 임대보증금의 할증

입주자격	할증구간	할증율 (기존 임대보증금 및 임대료 기준)	
		소득 초과자의 최초 갱신계약시	소득 초과자의 2회차 이상 갱신계약시
전년도 도시근로자 가구 월평균 소득의 50% 이하	52.5% 초과 55% 이하	10%	20%
	55% 초과 65% 이하	20%	40%
	65% 초과 75% 이하	40%	80%
전년도 도시근로자 가구 월평균 소득의 50% 초과 ~ 70% 이하	73.5% 초과 77% 이하	10%	20%
	77% 초과 91% 이하	20%	40%
	91% 초과 105% 이하	40%	80%
전년도 도시근로자 가구 월평균 소득의 70% 초과 ~ 100% 이하	100% 초과 105% 이하	40%	80%

　　노인요양시설부터 공공임대주택에 이르는 국내 고령자주택정책을 요약하면 다음 표와 같다.

표 12-7. 국내의 고령자주택정책

	구분	보건복지부						국토교통부	
		노인요양시설	노인요양공동생활가정	양로시설	노인공동생활가정	노인복지주택	케어안심주택	고령자복지주택	공공임대주택
입주대상	연령	65세 이상 혹은 60세 이상	65세 이상 혹은 60세 이상	65세 이상	65세 이상 혹은 60세 이상	65세 이상 혹은 60세 이상	65세 이상 혹은 60세 이상	65세 이상	65세 이상
	소득수준	장기요양/생계/의료급여 수급자 등 차상위층		장기요양/생계/의료급여 수급자 등 차상위층 1인당 월평균소득액 이하 소득	제한 없음	지자체별 상이	생계/의료급여 수급자	일정 수준 이하의 월평균 소득 수준 무주택자
	건강상태 및 ADL	노인성질환으로 인한 장애로 독립적인 일상생활이 불가능하여 요양을 필요로 하는 상태		기본적으로 일상생활에 지장이 없는 노인을 대상으로 함 약간의 도움이 필요한 경우 입소 가능	단독취사 등 독립된 주거생활에 지장이 없는 상태	입원 치료 후 요양, 방문의료 등의 도움이 필요한 경우 자립생활이 어려워 돌봄 등의 도움이 필요한 경우	독립적인 일상생활이 불가능하여 도움을 필요로 하는 경우에 우선순위	독립적인 주거생활이 가능하면 일상생활에 지장이 없는상태
시설 및 서비스	공간형태	입소정원 및 1인당 연면적, 건강관리 및 급식위생관리 등 전문인력 배치 기준을 충족한 시설		입소정원 및 1인당 연면적을 충족한 시설			공동주택	공동주택
	지원내용	요양 등의 노인성질환에 대한 서비스 급식 등의 일상생활에 필요한 서비스		급식 등 일상 서비스	가정 같은 주거환경 급식 등 일상생활에 필요한 서비스 제공	주거 편의 사항 생활 지도, 안전 관리 등 일상생활 지원	보건 및 의료, 일상생활 지원 등 서비스	건강, 일자리 서비스 주거환경+IT스마트 홈서비스	주거환경+IT한 스마트 홈서비스
	운영주체	개인, 비영리법인, 주식회사 등이 지자체장에게 통보 후 설치 및 운영					지자체 중심 (LH)	LH& 지자체	LH& 지자체

*출처: 박미선 외(2022), 81쪽.

4 현황 및 문제점

노인복지시설을 중심으로 현재 고령자를 위한 부동산개발의 현황 및 문제점을 살펴보면 다음과 같다. 현재 노인복지시설 및 노인의료복지시설의 주요 현황은 다음 표와 같다. 입소인원을 기준으로 할 때 가장 많은 인원은 노인요양시설에 거주하고 있으며, 다음이 노인요양공동생활가정이다. 양로시설, 노인공동생활가정, 노인복지주택 등 노인복지시설 전체를 합산하더라도 노인요양공동생활가정의 인원과 상응하는 규모인 것으로 나타난다. 노인복지시설 내에는 양로시설이 가장 많은 비중을 차지하고 다음이 노인복지주택이다. 노인의료복지시설은 충원률이 80% 후반이거나 그 이상이지만, 노인복지시설의 충원률은 이에 미치지 못하는 것으로 나타난다. 특히 양로시설과 노인공동생활가정은 60%대 초반에 그치고 있다. 시설당 정원수는 노인복지주택이 가장 크며, 노인공동생활가정 및 노인요양공동생활가정이 10명 미만으로 가장 적다. 시설당 종사자수는 노인요양시설, 노인복지주택이 상대적으로 많은 편이다. 종사자당 입소인원수는 노인의료복지시설의 경우 1.5명 내외의 값을 보이지만, 노인복지시설은 양로시설 3.7명, 노인복지주택 9.3명 등 이보다는 훨씬 높은 값을 갖는다.

🏢 표 12-8. 노인복지시설 및 노인의료복지시설의 주요 현황

구분	시설수 (개소)	입소 정원 (명)	입소 인원 (명)	종사 자수 (명)	충원률 (%)	시설당 정원수 (명/개소)	시설당 종사자수 (명/개소)	종사자당 입소인원수 (명)
노인복지시설	382	21,674	15,787	3,336	72.8	56.7	8.7	4.7
양로시설	232	13,036	8,340	2,284	64.0	56.2	9.8	3.7
노인공동생활가정	115	954	610	317	63.9	8.3	2.8	1.9
노인복지주택	35	7,684	6,837	735	89.0	219.5	21.0	9.3
노인의료복지시설	5,529	190,820	168,120	112,660	88.1	34.5	20.4	1.5
노인요양시설	3,595	174,015	152,967	100,861	87.9	48.4	28.1	1.5
노인요양공동생활가정	1,934	16,805	15,153	11,799	90.2	8.7	6.1	1.3

*노인복지주택의 입소정원 및 인원은 세대수 기준
*자료: 보건복지부(2020), 노인복지시설 현황(2019년 기준)

지역별 분포 및 그 비중을 살펴보면, 전체 고령인구 대비 노인복지시설 및 노인의료
복지시설의 비중은 전국 기준 0.2% 및 2.1%에 불과하다. 즉 전체 고령인구 규모를 고려할
때 현재 고령자를 위한 주거시설 개발은 매우 미흡한 수준에 있다. 지역별로도 그 편차는
큰 편으로, 고령인구 대비 정원 비중은 노인주거복지시설의 경우 전북에서 0.5%에 달하
지만, 광주에서는 0.06%에 불과하다. 노인의료복지시설 비중도 제주에서는 3.28%에 달
하지만, 부산에서는 0.85%에 그치고 있다. 시설의 유형도 지역별로 다르게 나타나고 있
는데, 양로시설은 경북, 경남, 전남에서, 노인공동생활가정은 강원과 충북, 충남, 대전과
인천에서, 그리고 노인복지주택은 경기와 서울, 전북에 상대적으로 많이 분포하고 있다.
고령자복지주택은 2021년 12월 기준 6,301호의 사업이 선정되어 있으며, 케어안심주택은
5개 지자체에서 각각 10~20호의 선도사업으로 추진되고 있는 것이 전부이다[박미선 외, 2022: 69-70].

표 12-9. 노인주거복지시설 및 노인의료복지시설의 지역별 분포

구분	노인주거복지시설				노인의료복지시설		
		양로시설	노인공동생활가정	노인복지주택		노인요양시설	노인요양공동생활가정
전국	15,787	8,340	610	6,837	168,120	152,967	15,153
서울	2,657	960	13	1,684	14,619	12,053	2,566
부산	508	275	0	233	5,242	5,110	132
대구	276	276	0	0	7,313	6,138	1,175
인천	550	277	31	242	12,471	11,615	856
광주	118	118	0	0	2,913	2,783	130
대전	131	111	20	0	5148	4,838	310
울산	56	56	0	0	1,516	1,422	94
세종	121	36	0	85	468	454	14
경기	6,161	2,583	166	3,412	53,055	48,284	4,771
강원	393	240	100	53	8,808	7,889	919
충북	459	346	113	0	8,492	7,650	842
충남	329	178	59	92	8,889	8,121	768
전북	1,851	852	42	957	6,947	6,458	489
전남	577	549	28	0	8,305	7,594	711
경북	894	790	25	79	11,480	10,541	939
경남	627	614	13	0	9,161	8,803	358
제주	79	79	0	0	3,293	3,214	79

*단위: 입주인원(명). 단 노인복지주택은 세대수 기준
*자료: 보건복지부(2020), 노인복지시설 현황(2019년 기준)

표 12-10. 노인주거복지시설 및 노인의료복지시설의 지역별 분포(계속)

구분	전체 고령인구 대비 비중		지역별 분포 (%)				
	노인주거 복지시설	노인의료 복지시설	고령인구	노인주거 복지시설	양로시설	노인공동 생활가정	노인복지 주택
전국	0.20	2.09					
서울	0.18	0.99	18.4	16.8	11.5	2.1	24.6
부산	0.08	0.85	7.7	3.2	3.3	0.0	3.4
대구	0.07	1.93	4.7	1.7	3.3	0.0	0.0
인천	0.14	3.24	4.8	3.5	3.3	5.1	3.5
광주	0.06	1.49	2.4	0.7	1.4	0.0	0.0
대전	0.07	2.59	2.5	0.8	1.3	3.3	0.0
울산	0.04	1.14	1.7	0.4	0.7	0.0	0.0
세종	0.38	1.46	0.4	0.8	0.4	0.0	1.2
경기	0.37	3.21	20.6	39.0	31.0	27.2	49.9
강원	0.13	2.91	3.8	2.5	2.9	16.4	0.8
충북	0.17	3.11	3.4	2.9	4.1	18.5	0.0
충남	0.09	2.30	4.8	2.1	2.1	9.7	1.3
전북	0.50	1.87	4.6	11.7	10.2	6.9	14.0
전남	0.14	1.97	5.3	3.7	6.6	4.6	0.0
경북	0.16	2.09	6.8	5.7	9.5	4.1	1.2
경남	0.11	1.67	6.8	4.0	7.4	2.1	0.0
제주	0.08	3.28	1.3	0.5	0.9	0.0	0.0

시설에 대한 고령자의 평가를 기존 연구를 통해 확인하면 다음과 같다. 양로시설에 입주한 고령자의 경우 규칙적인 생활을 하는 것이 건강에 도움이 됨을 긍정적으로 평가하고 있다. 또 가사활동, 조경, 주택관리 등에서 해방되는 것에 매우 큰 만족도를 보이기도 한다. 시설 내 고령자와의 친목활동, 여가활동, 직원서비스 등에 대해서도 만족해하고 있다.

(서울 강동구 양로시설에 무상으로 거주하는 1946년생 여성)

"누가 만약에 나를 집도 사주고 돈도 많이 준다. 생활할 수 있게끔 해준다. 안 나가요! 나 안 받아요! 여기 있는게 더 좋아요. 안가요! 아무리 풍족한데 해준다고 해도 안나가요! 여기가 더 좋아요. 왜 그러냐면요. 첫째, 건강에 많이 도움이 돼요. 규칙생활이 되는 게. 차~암 많이 도움이 돼요. 따악 딱 제시간에 밥 먹고 제 시간에 일어나고. 다른 사람은 힘들어 하는지 모르지만은 그게 건강에 첫째 도움이 되구요. 건강해야 되거든요 첫째는." 권오정 외, 2014: 290

(경기도 용인시 양로시설에 임차로 거주하는 1939년생 여성)

"저는 또 이렇게 막 살림사는 이런 게 즐겁지 않았어요. 할 수 없이 해서 먹고. 그게 너무 귀찮더라고. 그래서 여기서 밥도 다 해주고(웃음) 모든게 다 해결된다니까 아휴 거기가 낙원이죠. 어디가 낙원이겠냐하고 왔는데, 진짜 낙원이예요" 권오정 외, 2014: 290-291

(경기도 용인시 양로시설에 임차로 거주하는 1939년생 여성)

"100프로, 우리 집! 우리 집! 저절로 나와요. 우리 집 뭐. 우리 집 되게 크지(웃음)? 6만, 이거 7만평인데 우리 집이야. 그렇잖아요. 한사람, 한사람 다 우리집이예요. 정원 저렇게 잘 가꿔주지, 봄에도 너무 좋고 가을도 가을대로 너무 좋고, 진짜(감탄하면서)! 여기 나가면 못살아" 권오정 외, 2014: 292

(경기도 용인시 양로시설에 임차로 거주하는 1939년생 여성)

"다 같이 친구가 첫째 많은 사람 중에 마음 맞는 사람들이 있잖아요. 보면은 거의 끼리끼리 친해져 있어요. 세월이 지나가면 그룹, 그룹이 저절로 생기더라고. 그러고 굉장히 즐겨요. 저도요. 지금 다섯명같이 식사하는데... 나이가... 저보다 열몇살 많아요. 같이, 맨날 밥먹다보면 뭐 아주 형님이란 생각이 없어요. 친구 같아요. 그러고, 끼니마다 앉아서 밥먹으면서 얘기하고 큰 즐거움이야. 우리가 만약 내가 집에서 밥먹었다면 살았다면 하루종일 몇 마디만 하고 있었을까?" 권오정 외, 2014: 295

(경기도 용인시 양로시설에 임차로 거주하는 1939년생 여성)

"직원관계는 이 사람들보다 친절할 수가 없어요. 그러고 되게 다 어느 자식들이 이보다 잘하겠냐... 이렇게 말하고 있어요. 그러고... 나들이도 많이 데리고 가고. 전시회... 뭐 다 데리고 가요. 새로 나온거, 데리고 다니고 굉장히 보호를 잘해가지고, 노인들 경영면에서는... 이보다 더 잘할 수 없을꺼야. 다른데도 얘기 들어보지만... 굉장히 잘하고 있는 거예요. ... 또 집에 뭐 불편한 일이 생기잖아요. 고장나고 뭐뭐 그럴 때 일일 사람 불러야 되고 이런 거 그게 여기서 해결 탁 해주니까! 그게 너무 좋고, 가구 관리... 전화만 하면 탁 와서 쫙 다 고쳐주고. 그 혼자 사는 사람한테 그런 불편한 거를 해소시켜주는 그런 점이 있었어요." 권오정 외, 2014: 291

(경기도 용인시 양로시설에 임차로 거주하는 1939년생 여성)
"제가 하는 거는 아침에 월수금은 아쿠아, 물에 들어가서 수중체조 그거 한시간씩하고, 화요일하고 토요일은 에어로빅, 무슨 그거 뭐 인제... 내가 영어 좋아하고 그러니까, 영화 보는 거 클라스가 하나 있어요. 대본공부해가지고 영어 보는 거 그 클라스도 있고, 또 카나다사람, 원어민 회화반, 그것도 하고. 칼라지에는 인제 중국문화, 지난 번에는 공자사상, 뭐 이런 거... 그런 거... 오페라, 미술... 이런 거 들으러, 좋은 게~ 시험을 보는 것도 아니고 그냥 듣고 즐기면 되는거야. 그게 너무 좋아요. 그냥 그 시간 이렇게 심취해가지고 듣고." 권오정 외, 2014: 291

이 연구에는 서울 광진구의 노인복지주택에 임차로 거주하는 1948년생 여성의 인터뷰가 다수 포함되어 있다. 처음에는 입주를 반대하였으며 1년만 거주하려던 그는 현재 4년째 거주하면서 노인복지주택을 '집home'처럼 느끼고 있었다. 가장 큰 원인은 이 주택과 결합되어 있는 의료시설에 기인하는 것으로 판단된다. 병원을 갈 때도 담당 간호사가 직접 동원되며 처방받은 약은 거주 장소로 바로 제공된다. 모르는 것이 있어도 편하게 물어볼 수 있는 직원들이 항시 대기하고 있으며, 시설 내 주민들 내에서 교류도 활발하게 일어난다. 다양한 프로그램을 통해 그동안 배우고 싶었던 것들까지 마음껏 배우고 있다는 것이다.

"네, home이에요. 그냥 집이 아니고, 좋은 집이 아니고. 음... 그래서 처음엔 굉장히 반대하고 그 집도 가려고 1년만 계약을 했었잖아. 그런데 지금 벌써 4년째 살고 있잖아. 여기서 안 나가면 우린 죽으면 학교 주자~ 이렇게 나오는 건 이거 home이라는 거지. 진짜 home이예요. 건물보다. 그래서 참 좋아요" 권오정 외, 2014: 292

"이렇게 시니어타운이라는 어떤 그룹의 집의 형태 속으로 들어온거 자체가 나하고 우리 남편한 테는 최고의 것이고. 그리고 건강을 돌보는데 쉐어를 할 수 있는 사람. 그리고 내가 궁금하면 전 화해서 물어볼 수도 있고 지나가다가도 물어 볼 수가 있고. 그래서 상의를 해서 도움을 받을 수 있고. 그게 이제 첫째 좋고. 외롭지가 않죠" 권오정 외, 2014: 291

"내가 한발만 문밖으로 나오면 이웃이 가족이야. 그게 있어요~. 그래서 식당에 가는 사람~. 사우 나에 가는 사람은 매~일 보잖아. 막 벌거벗고 보지~ 밥 먹으면서 보지~ 그렇다보니까 굉장히~ 한 며칠 안보여도 왠일인가 물어오고 또... 예를 들어 내가 김치를 좋아하는 걸 아니까 김장철이 이제 봄이니까 남아있는데 새 김치를 먹고 싶으면 전화가 와! 이 김장이 지금 있는데 맛은 뭐 하 지만 혹시 뭐 나는 감사한 거지 내가 만들지를 않으니까. 그렇게 하고 또 빵 그런 거를 누가 선 물로 한 박스를 가져왔다 해봐요. 그럼 두 식구니까~ 그거 열심히 먹어야 2번 먹으면... 그러면 그거를 비닐봉지에다가 해서 문에다 쉐어를 해요. 자기들이 이제 줄 사람들 문에다가 걸어 놓는 데, 그래서 우리가 싼타할머니 싼타할아버지 고런 제도가 있고" 권오정 외, 2014: 295

"병원도 내가 모시고 가자면 담당 간호사들이 모시고 가잖아, ○○병원에. 그러니까 병원 가는지 도 몰라. 그리고 약 처방이 나오면 뒤에 그 약방으로 자동 order가 되요. 그러면 그거를 어떤 때 는 가져다 주기도 해요. 근데 우리 나 6번 가면 매일 길거리에 차 놓고 약방에 가서 약 나올 때까 지 차 또 어떻게 되나 이런 불편이 있는거야. 다른데 가서는 거기서 처방 나온 약이 없을 수 있 으니까. 학교에서 나오면서. 이 병원에서 나오면서 사야 하는 문제가 있었어요. 그런데 요즘에 는 그런 것도 없이 첫째, 우리가 제일 중요한 게 건강 문제가 나이가 먹으니까" 권오정 외, 2014: 294

"근데 지금 비로소 내가 평생을 하고 싶었던 거를 해요. 나와서 학교 다니고 직장 다니고 너~무 나 바빠가지고 배우고 싶은걸 못했단 말이에요. (...) 그니까 내가 하고 싶던 거 그림그리고 싶 고. 뭐 예를 들면 악기도 좀 다루고 싶고. 글도 쓰고 싶고 이런 것들 있죠. 운동은 나 못 하는줄 알고 관심 없었지만 하니까 되더라고. 근데 그 시간이 없었던 게 여기 오니까 비로소 내가 아~ 내가 이런 복이 있고~ 내가 이렇게 즐겨도 되나 그런 조바심도 있으면서 어딘가 막 감사하고 싶 은 그런 게 있어요" 권오정 외, 2014: 291

이와 같은 긍정적 평가에도 불구, 고령자를 위한 국내 부동산개발은 근본적인 문제점이 존재한다. 첫째로 공급물량이 매우 부족하다[최영국 외, 2011]. 이는 저소득 혹은 중고소득 고령자 모두에게 마찬가지이다. "건강상태가 양호하거나 약간의 생활 지원이 있으면 독립적인 생활이 가능한 중소득 고령자를 대상으로 한 주거정책이 부족"하다[박미선 외, 2022: 83]. 3%에도 미치지 못하는 시설의 비중은 곧 재가복지서비스의 대안 활용이 불가피한 상황임을 시사한다. 부족한 재고를 늘리기 위한 근본적 대안 마련이 필요하다.

그림 12-2. 국내 고령자주거정책의 커버리지 매트릭스

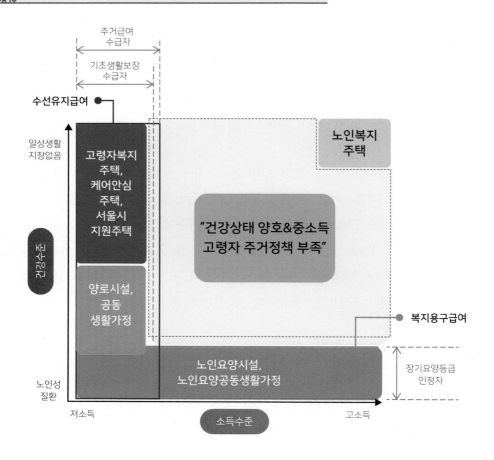

다음으로 고령자를 위한 부동산개발에 민간 및 시장 활력의 유입이 필요하다. 경제력이 있는 고령가구의 수요에 부응한 부동산 공급이 활성화되어야 한다. 이 과정에서 그 이윤의 일부로 저소득 고령가구의 부동산개발을 지원하는 교차보조[cross-subsidy]의 구조를

확립할 필요가 있다.

「주택법」의 적용을 받아 건설되는 공공임대주택과는 달리 보건복지부의 노인주거복지시설은 택지, 기금, 재정 등에 있어 정부의 지원을 받을 수 없다[최영국 외, 2011]. 「지방세특례제한법」에 따른 취득세, 재산세 등의 세제 혜택만 일부 존재한다는 점, 그리고 용도지역제의 틀 내에서 입지제한이 적으며, 「건축법」에서 일조권 확보를 위한 건축물 높이제한이 배제된다는 점, 주택건설기준 중 관리사무소, 어린이놀이터, 유치원, 경로당 등의 규정을 적용받지 않는다는 점 등을 장점으로 꼽을 수 있다.

세부적으로는 과도한 입주자격 규제도 문제로 지적될 수 있다. 입주자에 대한 나이제한, 장성한 자녀 및 친지와의 동거 금지 등의 조항은 고령자를 중심으로 형성되는 다양한 주거수요에 대응하기 어렵게 만든다[이상영 외, 2020]. 노인복지주택 등의 전용률이 상대적으로 낮으며 관리비가 높다는 점도 문제점으로 지적될 수 있다[이상영 외, 2020]. 노인복지주택의 전용률은 아파트의 70~80% 수준보다도 낮은 것이 일반적이다. 시설 기준에 따라 반드시 공급해야 하는 식당, 조리실, 의료실 등으로 인해 관리비가 상승할 수밖에 없는 구조이기도 하다. 운영주체의 파산도 문제로 지적된다[최영국 외, 2011]. 민간이 경영하다가 파산할 경우 발생하는 문제점에 대해 현재의 제도는 큰 대책을 갖고 있지 않기 때문이다.

● 부록

[부록] 12-1

노인주거복지시설의 설치

① 국가 또는 지방자치단체는 노인주거복지시설을 설치할 수 있다.

② 국가 또는 지방자치단체외의 자가 노인주거복지시설을 설치하고자 하는 경우에는 특별자치시장 · 특별자치도지사 · 시장 · 군수 · 구청장(이하 "시장 · 군수 · 구청장"이라 한다)에게 신고하여야 한다. <개정 2005. 3. 31., 2007. 8. 3., 2018. 3. 13.>

③ 시장 · 군수 · 구청장은 제2항에 따른 신고를 받은 경우 그 내용을 검토하여 이 법에 적합하면 신고를 수리하여야 한다. <신설 2018. 3. 13.>　　　　　　　　　　　　　　　　　　　　　　　　　　　　　　　　　(노인복지법 제33조)

노인주거복지시설의 설치신고 등

① 법 제33조 제2항에 따라 노인주거복지시설을 설치하려는 자는 별지 제13호 서식의 노인주거복지시설 설치신고서(전자문서를 포함한다)에 다음 각 호의 서류(전자문서를 포함한다)를 첨부하여 특별자치시장 · 특별자치도지사 · 시장 · 군수 · 구청장에게 제출해야 한다. <개정 2002. 12. 20., 2005. 6. 8., 2005. 10. 17., 2006. 7. 3., 2008. 1. 28., 2010. 9. 1., 2015. 1. 16., 2016. 12. 30., 2019. 7. 5.>

　1. 설치하려는 자가 법인인 경우에는 정관 1부

　2. 위치도 · 평면도 및 설비구조내역서 각 1부

　3. 입소보증금 · 이용료 기타 입소자의 비용부담 관계서류 1부

　4. 사업계획서(제공되는 서비스의 내용과 입소자로부터 입소비용의 전부를 수납하여 운영하려는 양로시설, 노인공동생활가정 및 노인복지주택의 경우에는 의료기관과의 연계에 관한 사항을 포함한다) 1부

　5. 시설을 설치할 토지 및 건물의 소유권을 증명할 수 있는 서류(입소자로부터 입소비용의 전부를 수납하여 운영하려는 양로시설 및 노인공동생활가정의 경우에는 사용권을 증명할 수 있는 서류로 갈음할 수 있으며, 특별자치시장 · 특별자치도지사 · 시장 · 군수 · 구청장이 「전자정부법」 제36조 제1항에 따른 행정정보의 공동이용을 통하여 소유권 또는 사용권에 대한 정보를 확인할 수 있는 경우에는 그 확인으로 첨부서류를 갈음한다) 각 1부

　6. 삭제 <2019. 7. 5.>

② 제1항에 따라 신고서를 제출받은 특별자치시장 · 특별자치도지사 · 시장 · 군수 · 구청장은 「전자정부법」 제36조 제1항에 따른 행정정보의 공동이용을 통하여 법인 등기사항증명서(법인인 경우만 해당한다) · 건물등기부등본 · 토지등기부등본 및 「전기사업법 시행규칙」 제38조 제3항에 따른 전기안전점검확인서(이하 "전기안전점검확인서"라 한다)를 확인해야 한다. <신설 2006. 7. 3., 2008. 1. 28., 2010. 2. 24., 2010. 9. 1., 2016. 12. 30., 2019. 7. 5.>

③ 특별자치시장 · 특별자치도지사 · 시장 · 군수 · 구청장은 제1항에 따른 노인주거복지시설의 설치신고를 수리한 때에는 별지 제15호 서식의 노인복지시설 설치신고확인증을 신고인에게 발급해야 한다. <개정 1999. 8. 25., 2008. 1. 28., 2016. 12. 30., 2019. 7. 5., 2019. 9. 27.>　　　　　　　　　　　　　　(노인복지법 시행규칙 제16조)

시설 설치에 관한 특례

가. 시설 설치자는 시설을 설치할 토지 및 건물의 소유권 또는 사용권을 확보하여야 하며, 시설 설치목적 외의 목적에 의한 저당권을 해당 토지 및 건물에 설정하여서는 아니 된다. 다만, 시설(노인복지주택은 임대의 경우에만 해당한다)의 설치목적에 의한 저당권을 설정하는 경우에도 저당권의 피담보채권액과 입소보증금의 합이 건설원가의 80% 이하이어야 한다.

나. 타인 소유의 토지 또는 건물을 사용하여 입소자로부터 입소비용의 전부를 수납하여 운영하는 시설을 설치하려는 경우에는 다음 각 호의 요건을 갖추어야 한다.

　(1) 임대차계약·지상권설정계약 등 사용계약의 양 당사자는 법인일 것

　(2) 토지 또는 건물에 대한 등기 등 법적 대항요건을 갖출 것

　(3) 사용계약서에 다음의 내용이 포함되어 있을 것

　　(개) 토지 또는 건물의 사용목적이 시설의 설치·운영을 위한 것이라는 취지의 내용

　　(내) 계약기간의 연장을 위한 자동갱신조항

　　(대) 무단 양도(매매, 증여, 그 밖의 권리의 변동을 수반하는 일체의 행위를 포함한다) 및 전대의 금지조항

　　(래) 장기간에 걸친 임차료 등의 인상방법(무상으로 사용하는 경우는 제외한다)

　　(매) 토지 또는 건물에 대한 사용권자의 우선 취득권에 관한 내용

다. 양로시설·노인공동생활가정 또는 임대형 노인복지주택을 설치하려는 자는 입소자에 대한 보증금 반환채무의 이행을 보장하기 위하여 입소계약 체결 후 보증금 수납일부터 10일 이내에 다음 각 호의 요건에 적합한 인·허가보증보험에 가입하여야 한다. 다만, 시설 개원 이후 입소자별로 전세권 또는 근저당권 설정 등의 조치를 한 경우에는 각각 인·허가보증보험에 가입하지 아니할 수 있다.

　(1) 보증내용 : 입소자의 입소보증금 반환채무 이행보증

　(2) 보증가입금액 : 입소보증금 합계의 100분의 50 이상

　(3) 보증가입기간 : 보증금 납부일부터 퇴소시까지

　(4) 보증가입관계 : 시장·군수·구청장을 피보험자로 함

　(5) 보험금 수령방법 : 시장·군수·구청장의 확인 하에 입소자가 보험금을 직접 수령함

(노인복지법 시행규칙 별표2 2.)

시설의 구조 및 설비

(1) 시설의 구조 및 설비는 일조·채광·환기 등 입소자의 보건위생과 재해방지 등을 충분히 고려하여야 한다.

(2) 복도·화장실·침실 등 입소자가 통상 이용하는 설비는 휠체어 등의 이동이 가능한 공간을 확보하여야 하며 문턱제거, 손잡이 시설 부착, 바닥 미끄럼 방지 등 노인의 활동에 편리한 구조를 갖추어야 한다.

(3) 「화재예방, 소방시설 설치·유지 및 안전관리에 관한 법률」이 정하는 바에 따라 소화용 기구를 비치하고 비상구를 설치하여야 한다. 다만, 입소자 10명 미만인 시설의 경우에는 소화용 기구를 갖추는 등 시설실정에 맞게 비상재해에 대비하여야 한다.

(4) 입소자가 건강한 생활을 영위하는데 도움이 되는 도서관, 스포츠·레크리에이션 시설 등 적정한 문화·체육부대시설을 설치하도록 하되, 지역사회와 시설간의 상호교류 촉진을 통한 사회와의 유대감 증진을 위하여 입소자가 이용하는데 지장을 주지 아니하는 범위에서 외부에 개방하여 운영할 수 있다.

(노인복지법 시행규칙 별표2 1.(나))

[부록] 12-4

법 제32조에 따른 노인주거복지시설(이하 "노인주거복지시설"이라 한다)의 입소대상자는 다음 각 호와 같다. <개정 2015. 12. 29., 2021. 6. 30.>

1. 양로시설 · 노인공동생활가정 : 다음 각 목의 어느 하나에 해당하는 자로서 일상생활에 지장이 없는 자

　가. 「국민기초생활 보장법」 제7조 제1항 제1호에 따른 생계급여 수급자 또는 같은 항 제3호에 따른 의료급여 수급자로서 65세 이상의 자

　나. 부양의무자로부터 적절한 부양을 받지 못하는 65세 이상의 자

　다. 본인 및 본인과 생계를 같이 하고 있는 부양의무자의 월소득을 합산한 금액을 가구원수로 나누어 얻은 1인당 월평균 소득액이 통계청장이 「통계법」 제17조 제3항에 따라 고시하는 전년도(본인 등에 대한 소득조사일이 속하는 해의 전년도를 말한다)의 도시근로자가구 월평균 소득을 전년도의 평균 가구원수로 나누어 얻은 1인당 월평균 소득액이하인 자로서 65세 이상의 자(이하 "실비보호대상자"라 한다)

　라. 입소자로부터 입소비용의 전부를 수납하여 운영하는 양로시설 또는 노인공동생활가정의 경우는 60세 이상의 자

...

(노인복지법 시행규칙 제14조 제1항)

[부록] 12-5

<table>
<tr><td>

양로시설 등의 입소절차 등

① 삭제 <2008. 1. 28.>

② 제14조 제1항 제1호 가목 및 나목에 해당하는 자가 해당 양로시설 또는 노인공동생활가정에 입소하려는 경우에는 입소 신청서에 입소신청사유서 및 관련 증빙자료를 첨부하여 주소지를 관할하는 특별자치시장 · 특별자치도지사 · 시장 · 군수 · 구청장에게 제출하여야 한다. 다만, 「국민기초생활 보장법」 제7조 제1항 제1호에 따른 생계급여 수급자 또는 같은 항 제3호에 따른 의료급여 수급자는 입소신청사유서 및 관련 증빙자료를 첨부하지 아니한다. <개정 2001. 2. 10., 2008. 1. 28., 2015. 12. 29., 2016. 12. 30.>

③ 제2항의 규정에 의한 신청을 받은 특별자치시장 · 특별자치도지사 · 시장 · 군수 · 구청장은 신청일부터 10일 이내에 입소대상자의 건강상태와 부양의무자의 부양능력등을 심사하여 입소여부와 입소시설을 결정한 후 이를 신청인 및 당해시설의 장에게 통지하여야 한다. <개정 2008. 1. 28., 2016. 12. 30.>

④ 특별자치시장 · 특별자치도지사 · 시장 · 군수 · 구청장은 양로시설 입소자 중 제14조 제1항 제1호 나목에 해당하는 자에 대하여는 1년마다 부양의무자의 부양능력 등을 심사하여 입소여부를 재결정하여야 한다. <개정 2008. 1. 28., 2016. 12. 30.>

⑤ 제14조 제1항 제1호 다목 및 라목에 해당하는 자가 양로시설 또는 노인공동생활가정에 입소하려는 경우에는 당사자 간의 계약에 따른다. <개정 2008. 1. 28., 2015. 6. 2.>　　　　　　　　　　　　　　　　　　　　　　　(노인복지법 시행규칙 제15조)

</td></tr>
</table>

[부록] 12-6

<table>
<tr><td>

법 제32조에 따른 노인주거복지시설의 입소대상자는 다음 각 호와 같다. <개정 2015. 12. 29., 2021. 6. 30.>

...

2. 노인복지주택 : 단독취사 등 독립된 주거생활을 하는 데 지장이 없는 60세 이상의 자

　　　　　　　　　　　　　　　　　　　　　　　　　　　　　(노인복지법 시행규칙 제14조 제1항)

</td></tr>
<tr><td>

제1항 제2호에 따른 입소대상자의 60세 미만인 배우자 및 제1항 제2호에 따른 입소대상자가 부양을 책임지고 있는 19세 미만의 자녀 · 손자녀는 해당 입소대상자와 함께 노인복지주택에 입소할 수 있다. <신설 2015. 6. 2.>

　　　　　　　　　　　　　　　　　　　　　　　　　　　　　(노인복지법 시행규칙 제14조 제3항)

</td></tr>
<tr><td>

노인복지주택의 입소는 임대차계약에 따른다. 이 경우 임대차계약 신청자가 해당 시설의 정원을 초과하는 경우에는 다음 각 호의 순위에 따르되, 같은 순위자가 있는 경우에는 신청순위에 따른다. <개정 2007. 5. 8., 2015. 6. 2.>

1. 부양의무자가 없는 자

2. 「주민등록법」상 연령이 많은 자

3. 배우자와 함께 입소하는 자

4. 19세 미만의 자녀 · 손자녀와 함께 입소하는 자　　　　　　　　　(노인복지법 시행규칙 제15조 제6항)

</td></tr>
<tr><td>

양로시설 등의 입소비용

법 제32조 제2항에 따라 노인주거복지시설의 입소비용은 다음 각 호에 정하는 바에 따른다.

...

4. 제14조 제1항 제2호에 해당하는 자 : 입소자 본인이 전부 부담한다.

[본조신설 2008. 1. 28.]　　　　　　　　　　　　　　　　　(노인복지법 시행규칙 제15조의2)

</td></tr>
</table>

복습문제

1   양로시설에서 입주자가 전액을 부담할 경우 적용되는 나이 기준은?

① 55세 이상

② 60세 이상

③ 65세 이상

④ 70세 이상

⑤ 75세 이상

2   양로시설의 입소정원은?

① 5명 이상

② 10명 이상

③ 15명 이상

④ 20명 이상

⑤ 30명 이상

3   노인복지주택의 최소 공급 세대는?

① 5세대

② 10세대

③ 20세대

④ 30세대

⑤ 50세대

복습문제

4 다음 중 노인복지주택에 대한 설명으로 옳지 않은 것은?

① 고령자에게 주거시설을 임대 및 분양하기 위한 목적으로 마련되어 있다.

② 주로 민간 주도로 공급 및 운영되고 있다.

③ 입주자에 대한 별도의 소득기준이 존재하지 않는다.

④ 독립된 주거생활을 하는데 지장이 없는 60세 이상의 자가 입주할 수 있다.

⑤ 대상자가 부양을 책임지고 있는 19세 미만의 자녀도 함께 입주할 수 있다.

5 노인요양시설의 입주대상자 대한 설명 중 옳지 않은 것은?

① 노인성질환 등으로 요양을 필요로 하는 자가 기본 입주대상이다.

② 장기요양급여수급자는 중복수혜로 입주대상에서 제외된다.

③ 생계급여, 의료급여 수급자로서 65세 이상이어야 한다.

④ 부양의무자로부터 적절한 보호를 받지 못하는 65세 이상이어야 한다.

⑤ 입소비용 전부를 납부할 경우 60세 이상도 입주할 수 있다.

REAL ESTATE IN THE AGING SOCIETY

13 국외 사례

1 미국
2 일본

제13장

국외 사례

김준형: 안녕하십니까. 지금까지는 주로 고령사회의 모습, 그리고 그에 대한 주택, 부동산, 도시 등의 변화 양상을 국내의 사례들을 중심으로 살펴보았습니다. 이번에는 이 내용을 국외의 사례를 통해서 살펴보고자 합니다. 여러 국가들의 사례를 다양하게 살펴보기보다, 미국과 일본 두 나라를 선정해서 각 국가에 대한 전문가를 모시고 그 국가의 상황을 심층적으로 살펴보겠습니다.

 미국

김준형: 먼저 미국의 사례에 대해서 울산과학기술원에 계시는 김정섭 교수님을 모셨습니다. 안녕하세요, 교수님.

김정섭: 네, 안녕하세요.

김준형: 본격적인 내용에 들어가기에 앞서 교수님을 잠시 소개해드리고 가겠습니다. 김정섭 교수님은 서울대학교 지구환경시스템공학부에서 학사와 석사 학위를 받으신 뒤, 미국 플로리다대학교에서 도시지역계획학박사 학위를 받으셨습니다. 주전공은 주택정책 및 스마트시티입니다. 고령화 주제와 관련해서, 2018년 국제저널인 Habitat International에서 고령가구의 주거선택에 대한 논문을 게재하는 등 고령화 사회와 관련해서 활발한 연구 경력을 가지고 계십니다. 교수님, 오늘 바쁘실 텐데 시간 내주셔서 감사드립니다.

먼저 미국의 고령화 추이부터 살펴봤으면 좋겠습니다. 미국은 상대적으로 이민 등으로 인구 유입이 활발해서 고령화율이 우리나라만큼 높지 않을 것 같은데 어떤가요?

김정섭: 반드시 그렇지만은 않습니다. 미국에서는 제2차세계대전 후, 즉 1946년부터 1964년 사이에 태어난 사람들을 베이비붐세대라고 부르는데 이들이 고령층에 진입하면서 미국에서도 고령자의 비중이 지속적으로 늘어나고 있습니다. 2019년 미국의 인구추계에 의하면, 2010년 대비 2019년 65세 이상 인구 규모는 13,787,044명, 즉 34.2% 증가하였으며, 중위연령도 2010년 37.2세에서 2019년 38.4세로 높아졌습니다^{그림 13-1}.

앞으로도 이러한 경향은 계속될 것으로 보입니다. 고령인구는 2020년 5천 6백만 명에서 2060년 9천 5백만 명으로 늘어날 것으로 추계되고 있습니다. 물론 말씀하신 것처럼 이민자 등 외부로부터의 인구 유입이 많이 존재하기 때문에 고령화율 자체가 그렇게 높아질 것 같진 않습니다. 자료에 따르면 2020년 고령화율은 17%로 한국의 고령화율 수치 15.7%보다 높은 수준이지만, 2060년이 되었을 때 미국의 고령화율은 23% 정도로 한국의 고령화율이 43.9%로 예상되는 것에 비하면 그렇게 늘어나는 상황은 아닙니다^{그림 13-2}.

그림 13-1. 전체 인구 대비 연령대별 인구의 비중 – 2010년과 2019년

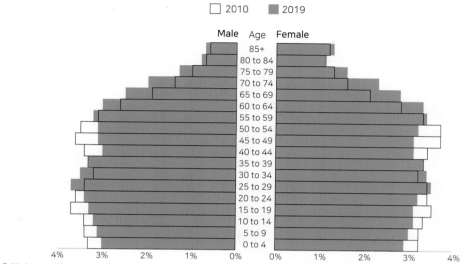

*출처: https://www.census.gov/newsroom/press-releases/2020/65-older-population-grows.html

그림 13-2. 고령인구의 전망 – 2020년부터 2060년까지

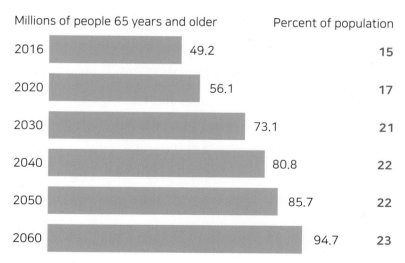

*출처: U.S. Census Bureau (2020).

김준형: 미국의 경우 고령인구 규모 자체는 엄청나게 늘어날 것으로 예상하지만, 고령화 비율은 그렇게 크게 늘어나지 않을 것으로 보입니다. 그렇다면 미국에서 고령화가 주택시장, 부동산시장 등에 미칠 영향에 대해서 어떻게 내다보고 있나요?

김정섭: 베이비부머들이 은퇴를 하고 있지만, 이들의 교육 수준과 소득^{연금} 및 자산 수준이 상대적으로 높아 베이비부머 은퇴가 주택시장의 수요 감소 등 주택시장에 미치는 부정적 영향들은 제한적인 것으로 논의됩니다^{Green & Lee, 2016}. 한국의 경우, 은퇴 후 기존 소유 주택을 은퇴자금으로 활용하기 위해서 다운사이징, 월세로의 전환 등 새로운 주거선택을 하는 것에 대해 우려가 존재하지만, 미국의 대다수 고령자들은 현재 거주하고 있는 집에 계속 거주하려는 선호도가 높습니다. 정책적으로도 'Aging-in-place^{AIP}'라고 해서 현재 거주하고 있는 집, 커뮤니티에 계속해서 거주하는 부분들이 강조되고 있고, 그 부분에 대한 선호도가 높기 때문에 고령화 자체가 주택시장에 미치는 직접적인 영향은 제한적인 편입니다. <그림 13-3>에서 볼 수 있듯이, 고령층이 다른 세대에 비하여 방이 더 많은 집, 자가 등을 선호함을 연구 결과에서 확인할 수 있습니다. 현재 수요를 종합해서 볼 때, 월세, 다운사이징, 작은 주택에 대한 수요들이 고령화로 인해서 증가하는 패턴들은 크게 나타나지 않는 것으로 알려져 있습니다. 즉, 어쩔 수 없는 경우에 다운사이징이나 자가에서 임대로의 전환이 이루어지기도 하지만, 대다수 고령자는 여유가 있다면 현재의 주거 패턴을 그대로 유지하기를 원합니다. 미국 고령층의 주거선택 변화에 대한 미국 주택 전문가의 의견을 문의하니, 미국에서는 은퇴시점을 본인이 결정하는데 보통 은퇴시점보다는 75세 이후 건강이 급격히 나빠지는 시점에 이러한 주거선택의 변화가 일부 나타난다고 합니다. 그리고 관련 연구들에 따르면 고령가구의 주거선택 변화는 소득 등의 요인보다는 고령자의 건강이나 가족과의 관계에 보다 직접적인 영향을 받는 것으로 알려져 있습니다^{Painter & Lee, 2009; Lee & Painter, 2014}.

AIP에 대한 선호가 높아 고령자전용 집단거주 시설^{group quarters}에 거주하는 비중은 감소하고 있습니다^{JCHS, 2018}. 2016년 기준 50-74세의 1.4%, 75-79

세의 2.4%, 80세 이상의 7.7%가 거주하고 있습니다.

🏢 그림 13-3. 연령의 증가에 따른 주요 변수의 변화

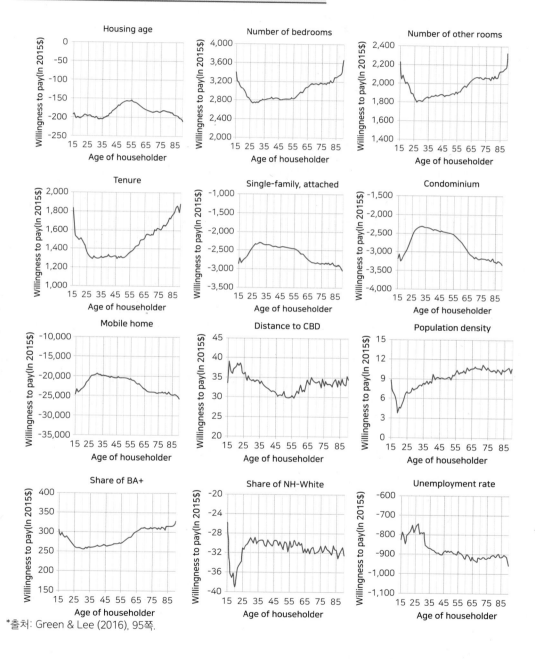

*출처: Green & Lee (2016), 95쪽.

고령가구의 경우 부동산자산 비중은 상대적으로 높지 않은 편입니다. 한국과 같이 부동산 임대를 활용하여 노후생활자금으로 활용하는 사례는 많지 않습니다. <표 13-1>에서 볼 수 있듯이 2018년 미국의 고령층 자가소유자의 중위 자산이 $319,200인데, 이중 부동산 비중은 약 45% 수준인 $143,500입니다. 미국 전체 중위주택가격이 약 $204,900 수준인 것을 고려하면, 대략 본인이 거주할 주택 1채만 보유하고 있는 대신 비부동산자산을 많이 보유하고 있음을 알 수 있습니다. 소득이 올라갈 때, 부동산자산 비중보다는 비부동산자산 비중이 더 올라감을 보면 미국 고령층의 자산 특성에 대해 보다 잘 이해할 수 있을 것입니다.

더구나, 이미 은퇴한 세대와 비교할 때 앞으로 은퇴할 세대들은 상대적으로 자가소유 비중이 낮아, 부동산자산을 활용해 노후대책을 마련하기가 더욱 어려워질 것으로 보입니다. <그림 13-4>를 보면 과거의 고령층들의 자가소유비중은 80%에 육박합니다. 반면에 향후 은퇴예정가구[55-64세]의 자가소유비중은 이미 고령층에 비해서 2%p 이상 낮으며, 보유하고 있는 부동산자산 비중도 낮습니다. 앞으로 자가율이나 전체 자산수준이 낮은 가구들이 은퇴를 시작하기 때문에 미국에서도 이에 대한 대책을 검토하고 있습니다.

김정섭: 한편, 저밀주거지역[suburban]에 거주하는 고령자는 점차 증가하는 추세로 보입니다. 연구자들은 베이비부머들이 은퇴할 때 교외지역에서 도심지역의 소규모 임차주택으로의 이동을 기대하였는데, 실제 통계를 보면 교외지역의 넓은 집과 자가에 거주하는 패턴이 계속해서 나타나고 있습니다.

<그림 13-5>에서 볼 수 있듯이 2000년 대비 2016년 저밀주거지역 거주 고령 인구가 500만 명 이상 증가했습니다. 이는 중고밀도 지역보다 증가율이 훨씬 높음을 알 수 있습니다. 저밀지역은 자동차에 의존한 삶이 요구되기 때문에 고령자들의 건강상 이유로 자동차 이용이 불편해지는 상황에서는 주거와 이동의 문제가 발생할 것입니다. 이러한 문제를 해결하기 위해 고령자의 이동 지원과 같은 정책적 대응 및 도시서비스에 대한 제공이 요구된다고 볼 수 있습니다.

표 13-1. 고령가구의 점유형태, 인종, 소득 등에 따른 자산규모

Median Value(Dollars)

	Homeowners Aged 50~64			Renters Aged 50~64	Homeowners Age 65 and Over			Renters Age 65 and Over
	Home Equity	Non-Housing Wealth	Net Worth	Net Worth	Home Equity	Non-Housing Wealth	Net Worth	Net Worth
All Households	115,000	147,000	292,020	4,990	143,500	162,900	319,200	6,710
Race/Ethnicity								
White	135,000	198,000	359,600	11,925	152,000	211,800	384,100	11,070
Minority	75,000	46,169	147,680	2,750	95,000	27,690	145,300	2,000
Income								
Less than $15,000	55,000	9,100	66,100	790	80,000	9,350	94,910	970
$15,000~29,999	60,000	11,500	93,150	2,520	88,000	22,300	124,000	3,660
$30,000~44,999	70,000	42,290	120,200	9,700	114,000	82,600	242,000	19,300
$45,000~74,999	90,000	86,150	192,500	14,735	147,000	180,000	369,700	69,000
$75,000 or More	186,000	447,405	691,200	121,800	268,000	776,700	1,127,600	336,140

*단위: US달러
*출처: Joint Center for Housing Studies(2018)

 그림 13-4. 연령대별 자가율의 시기별 추이

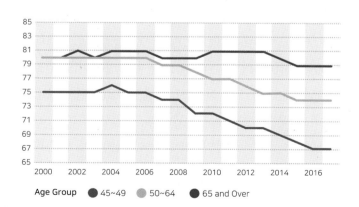

*단위: %
*출처: Joint Center for Housing Studies(2018)

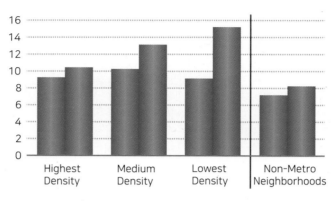

그림 13-5. 거주지역의 밀도에 따른 고령인구의 변화

*단위: 백만 명
*출처: Joint Center for Housing Studies(2018)

김준형: 고령가구가 계속 도시에 거주하는지 아니면 교외나 농촌지역으로 이주하는지 살펴보았는데, 미국의 경우 교외지역 내 고령자의 규모가 늘어나는 현상이 한국과 다른 점으로 보이네요. 미국의 주택연금은 어떻습니까? 많이 대중화가 되어 있는지요?

김정섭: 미국에서 주택연금은 1969년 연방의회에서 논의가 시작되었으며, 1987년 연방정부에서 Home Equity Conversion Mortgage[HECM] 프로그램을 통해 본격적으로 시작되었습니다. 이를 바탕으로 1989년 최초의 Federal Housing Administration[FHA] 보증 역모기지[HECM]가 발행되었습니다. 연간 발행건수를 보면 2009년 최대 11만 건의 역모기지가 발행이 되었으나 그 후 감소하였고, 2017년에는 5만 5천 건 정도가 발행되었습니다. HECM은 Fannie Mae가 매입하여 운영하는 경우가 많은데, 1993-2010년 기간 동안 전체 75% 이상에 달하는 492,465건의 HECM을 매입한 바 있습니다. 그러나 2010년 경제위기에 따른 역모기지 디폴트 증가 등의 사유로 Fannie Mae의 매입은 중단되었으며, 2017년 기준 181,000건이 남아있습니다[Begley et al., 2020].

 표 13-2. HECM의 주요 기준

구분		기준 내용	비고
가입연령		62세 이상	부부 모두
담보 거주여부		여, 의무사항	
주택보유수, 가격제한		없음	최대인정가격은 $636,150
초기보증료		Maximum Claim Amount의 2%	
연보증료		대출잔액의 1.25%	'17.10 변경
금리		고정, 변동 선택가능	
지급 방식	Tenure	사망시까지 주택거주 및 연금수령	
	Term	확정기간 동안 연금수령	
	Line of Credit	대출최대한도를 설정한 후 원하는 시기에 일시 인출	
	Modified Tenure	대출한도 설정 후 남은 부분을 종신으로 월지급금 수령	
	Modified Term	대출한도 설정 후 남은 부분을 확정기간 동안 월지급금 수령	

*출처: 한국주택금융공사(2017), 2쪽.

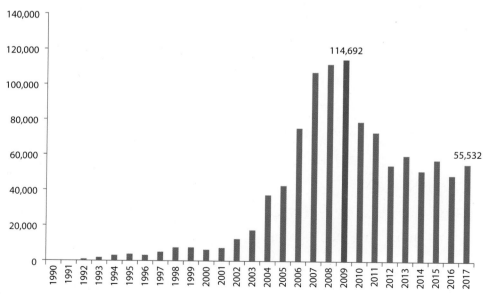 그림 13-6. HECM 신규 공급건수 추이

*출처: 한국주택금융공사(2017), 4쪽.

김정섭: HECM에 대해서는 재산세와 주택보험 지불 및 주택 유지관리^{maintenance} 의무가 존재합니다. 미지불 혹은 미이행 시 HECM 채무불이행^{default} 상태가 됩니다. 2010-2014년의 경제위기 이후, 14%의 HECM이 재산세나 주택보험 미지급으로, 그리고 1.6%가 주택 미수리로 채무불이행에 처했습니다.

2016년 이후에는 역모기지 공급량이 정체되고 있으며, 2017년 10월 수령금액이 감소하여, 이후 역모기지에 대한 수요가 감소할 것으로 전망됩니다^{한국주택금융공사, 2017}. 2017년부터는 연방정부가 역모기지를 통한 수혜자들의 혜택을 줄이게 되면서 수령금액이 감소하게 되었습니다. 그 결과로 한때 11만 건씩 발행되던 것들이 5만 5천 건 정도로 50% 이상 역모기지 이용자가 줄어들고 있습니다. 수령금액이 감소한 것은 연방정부의 적자 누적, 채무불이행 증가에 따른 HECM 제도 개선의 결과입니다.

미국은 한국과 달리 특정 은퇴 연령이 없습니다. 본인이 연금, 역모기지 등의 미래가치를 고려하여 최적의 시점을 판단해 은퇴를 결정합니다. Begley & Chan²⁰¹⁸에 따르면, 주택가격 하락 충격을 경험한 고령자들은 상승을 경험한 고령자에 비하여 은퇴 시기를 연장하거나, 은퇴를 번복하거나, 사회보장 신청을 미루는 경향이 있다고 합니다. 즉 보유 주택자산의 역모기지로서의 가치를 고려하여 은퇴 시기를 조정하는 행태가 나타날 수 있다는 것입니다. 최근 연방정부의 제도 변화로 주택 역모기지 상품의 매력이 떨어짐에 따라, 역모기지에 대한 수요 감소, 은퇴 시점에 대한 은퇴 예정자의 결정 변화 등이 예상됩니다.

김준형: 우리나라의 주택연금에 해당하는 HECM이 도입된 것은 훨씬 일찍이지만, 계속 성장세에 있는 주택연금과는 분위기가 많이 다른 것으로 보입니다. 미국 내에서 고령가구들을 위한 주택이나 부동산개발은 원활히 이루어지고 있는지요?

김정섭: 미국에서 고령가구를 위한 주택은 가장 전망이 좋은 부동산개발 분야로 꼽힙니다. PWC 등의 정책리포트를 보면, 디벨로퍼들이 시니어하우징 프로젝트를 가장 선호하는 것을 알 수 있습니다.

최근 발표된 고령자주택 뉴스^{Senior Housing News}에 따르면 주요 시장의 트렌드는 다음과 같습니다. 아마존, 애플 등의 기술기업들이 고령자들의 헬스케어시장에 진입하면서, 주택과 헬스케어를 연결한 홈케어 서비스가 강조되고 있습니다. 미국의 고령주택단지 ^{Senior Housing Community} 를 보면, 크게 Active housing과 Independent living housing으로 나눌 수가 있습니다. 과거에는 Independent living community, 고령자를 위한 여러 가지 서비스들이 주거에 결합되어 있는 상품들이 인기를 끌었고, 그러한 부동산개발이 많이 진행되었습니다. 그러나 최근에는 고령자들을 활동하게 하는 Active living community의 개념이 점점 더 강조되고 있습니다. Active living community의 경우 시설에 대한 유지관리, 헬스케어 서비스 등을 노인들이 직접 하면서 공동체를 이루어가는 단지로 개발하고 제공하고 있습니다.

한국의 경우 배달 시장이 커지고 있는데, 미국도 Uber Eats, Postmates 등 음식 배달서비스가 점점 확대되고 있습니다. 과거 주택에서는 부엌이 가장 중요했다면, 최근에는 배달서비스와 연계되어 부엌시설이 점차 간소화되고 있습니다.

금융상품과 관련한 트렌드를 살펴보면 REIT Investment Diversification and Empowerment Act^{RIDEA}에 따라 리츠가 자산운영사를 취득할 수 있게 되면서 소유권과 운영권을 동시에 고려한 사업 형태가 등장하고 있습니다. 리츠에서 투자해서 소유하고 운영까지 직접 하므로 서비스의 효율 개선, 비용 절감 등이 진행되고 있습니다.

기존 호텔이나 학교, 공장 등을 리모델링한 형태의 고령자주택도 나타나고 있습니다. 하얏트^{Hyatt} 등 유명 숙박업 브랜드도 고령자주택 사업에 진출하고 있습니다.

그러나 일부에서는 경기 침체로 인해 공실률이 높아 운영상 어려움을 보이기도 합니다. 고령주택단지에서 서비스를 제공하는 노동자들이 소매업, Hospitality 등의 인력들과 겹치기 때문에 주택부문에서 인력들을 어떻게 확보해서 제대로 된 서비스를 제공하는지 여부가 산업의 위기 요인으로 작동하기도 합니다.

김준형: 정부 주도가 아니라 민간 주도로 다양한 사업이 진행되고 있다는 점이 흥미

룝습니다. 그렇다면 정부는 어떠한가요? 고령자들을 위한 정부의 주택정책, 도시정책 등에서 눈여겨볼 만한 내용은 무엇인가요?

김정섭: Levitt[2017]에 따르면 고령가구 주거의 주요 이슈는 부담가능성^Affordability, 접근성^Accessibility, 고립^Isolation으로 볼 수 있습니다. 여기서 부담가능성은 주거비부담을 어떻게 줄여줄 것인가를, 접근성은 집 안에서 어떻게 이동이 불편하신 분들을 잘 지원하는 설계를 할 것인가를 뜻합니다. 고립은 운전의 어려움 등으로 사회적으로 분리되어 서비스와의 접근성이 부족해질 때 이를 어떻게 극복할 것인가에 대한 문제입니다.

　　부담가능성과 관련하여 미국의 고령가구들은 자가보유 비중이 높지만, 임차 고령가구들은 소득의 30% 이상을 연금소득이나 주거비로 부담하고 있습니다. 또한, 고령가구 중 모기지 상환 가구들이 여전히 존재하기 때문에 그 경우에도 주거비부담이 상당히 높게 나타나고 있습니다. 예를 들면 65－69세 임차가구 중 절반 정도는 주거비부담가구, 즉 소득의 30% 이상을 주거비로 지출하는 가구이며, 모기지 상환 중인 자가가구의 약 35%, 모기지 상환이 끝난 자가가구의 10% 정도가 주거비부담을 경험하고 있다고 합니다.

김정섭: 주거비부담 완화 프로그램으로는 'Section 202 Supportive Housing for the Elderly'가 있습니다. 이는 고령자 대상의 공공임대주택 프로그램입니다. 실제로 미국에서 많은 공급이 이루어졌고 중요한 역할을 했던 프로그램입니다. 그러나 현재는 이 프로그램으로 더 이상 신규 공급이 이루어지지 않고 있습니다. 이외에도 농림부^U.S. Department of Agriculture의 'Section 515 Rural Rental Housing' 정책도 있으며, 주별 혹은 도시별로 재산세 완화 프로그램도 존재합니다.

　　고령가구의 두 번째 이슈는 접근성입니다. 고령친화적으로 설계된 주택에 살아야 안전을 담보할 수 있기에 고령친화적으로 설계된 시설의 적절한 제공이 필요합니다. 그러나 현재 미국의 경우 전체 주택 중 3.5%만 고령친화적으로 설계되어 있는 상황입니다. 여기서 고령친화적이라는 것은 계단이 없는 출입구, 단일층 주거, 넓은 복도와 통로 등을 뜻합니다. 고령자들에게 이와 같은 설계가 필요한 까닭은 50세 이상 가구들의 26%가 장애가구원을 포함하고 있기 때문입니다. 그중 17%가 이동 장애가 있는데, 50−64세는 11%이지만, 80세 이상은 그 비율이 43%에 이릅니다. 연방정부는 'Title I Home and Property Improvement Loans'이라는 프로그램을 운영하고 있습니다. 이 프로그램은 $25,000까지 고령자들의 주택 수리 및 개선 대출에 대한 보증을 제공합니다.

그림 13-7. 가구주 연령에 따른 임차 및 자가가구 중 주거비부담 가구의 비중

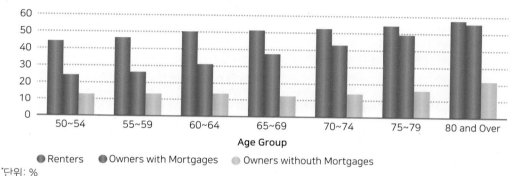

● Renters ● Owners with Mortgages ● Owners withouth Mortgages

*단위: %

*출처: Joint Center for Housing Studies (2018)

　　헬스케어에 대한 접근성을 강화하거나 지원하는 프로그램도 존재합니다. 미국 연방정부의 주택도시개발부HUD는 'Supportive Services Demonstration for Elderly Households in HUD−Assisted Multifamily Housing'이란 프로그램을 통해 공공지원 민간임대주택 중 정부 지원을 받아 다양한 헬스케어 서비스 등을 접목한 단지와 그렇지 않은 단지 간의 거주민들 삶의 차이를 평가하는 사회실험을 진행하고 있습니다. 이 프로그램 평가의 대표적인 적용 사례로 'Vermont's Support and Services at Home SASH'를 들 수 있습니다. SASH는 주거관리자와 건강관리자가 한 팀이 되어 고령자가 거주하는 주택을 서비스 제공 플랫폼으로 활용하는 버몬트주의 프로그램입니다. 이 팀은 종합적인 건강 평가를 실시하고, 각 참가자의 개별적인 생활 계획 수립을 지원해 줍니다. 즉, 공동체 전반의 건강한 삶에 대

한 계획^{community wide healthy living plan}을 만들어 주는 것입니다. 이 프로그램에 대한 평가 결과를 보면, SASH 집단은 다른 집단과 비교할 때 응급실 방문 및 입원 횟수에서는 차이가 나지 않았지만 전체적인 의료복지 지원비용^{Medicare costs}은 감소하는 효과를 보였습니다.

공동체지원서비스를 강화하기 위한 도시계획 및 정책의 사례로는 'Age-Friendly Philadelphia'를 들 수 있습니다. 'Philadelphia Corporation for Aging^{PCA}'는 비영리단체인 'Area Agency on Aging' 등과의 협력을 통해 다양한 정책과 제도를 마련하였습니다. 우선 자체적으로 'Supportive Age-friendly Environments^{SAFE}' 모델을 마련하였습니다. 앞서 설명했던 Active living community와 같이 고령자들이 보다 활동적으로 살아갈 수 있는 커뮤니티를 지향합니다. 액티브에이징과 스마트성장을 함께 달성하기 위한 모델입니다. 구체적으로 실행했던 사례를 살펴보면, 용도지역^{Zoning code} 조례를 개정하여 800ft² 이하의 별채주택^{Accessory dwelling units, ADUs}를 허용하였습니다. 보통 미국의 집은 크기 때문에 창고 등을 개조하여 별채를 가질 수 있습니다. ADU는 독립주거가 가능하도록 만든 단독주택의 별채로 이해하면 됩니다. 필라델피아는 ADU를 합법화하면서 동시에 ADU로 임대수익을 확보하게 함으로써 고령자들이 기존 주택에 계속 거주하면서 부족한 생활비를 보충할 수 있도록 하였습니다. 주거 내에서 이동성을 향상시키기 위한 'Visitability' 규정도 마련하였습니다. 용도지역이 'House-Visitable'로 되어있는 경우, 이 지역 안에서 이루어지는 개발들은 고령친화적 설계, 즉 계단 없는 출입구, 1층의 Half-bath(세면대와 양변기만 있고 샤워시설은 없는 화장실), 1층의 침실, 넓은 복도 등의 기준을 요구하고 있습니다.

김준형: 특이한 사례들이 아주 많은 것 같습니다. 비영리단체와 함께 정책을 계획하고, 스마트성장이라는 목표를 함께 달성하고, 그리고 고령친화적 주택을 요구하는 별도의 용도지역제를 두는 필라델피아의 사례가 무척 흥미롭습니다. 김정섭 교수님, 오늘 고령사회에 대한 미국의 대응을 상세하게 설명해 주셔서 대단히 감사드립니다.

2 일본

김준형: 다음으로 일본의 사례를 살펴보도록 하겠습니다. 일본의 사례를 소개하기 위해 명지대학교 이상영 교수님을 모셨습니다. 안녕하세요, 교수님.

이상영: 네, 안녕하세요.

김준형: 일본의 사례를 본격적으로 살펴보기에 앞서 이상영 교수님을 잠시 소개해 드리겠습니다. 교수님께서는 서울대학교 경제학과를 졸업하시고 동 대학에서 경제학 박사학위를 받으셨습니다. 부동산114를 창업, 대표이사로 10년간 근무하셨으며, 한국주택학회와 한국부동산분석학회 회장을 역임하는 등 학계와 업계를 오가며 폭넓은 활동을 하고 계십니다. 임대주택산업과 도시재생, 리츠, 프롭테크 등이 주요 연구 분야이며, 특히 일본의 주택시장, 부동산시장에 대해 국내에서 가장 깊이 있는 연구를 진행한 전문가 중 한 분이십니다.

그렇다면 먼저 일본의 고령화 추이에 대해서 살펴볼까요. 일본은 고령화율이 높은 것으로 매우 유명한데, 일본의 고령화 추이는 어떤가요?

이상영: 먼저 전체 인구의 추이부터 말씀드리겠습니다. 일본의 인구는 2010년에 정점(1억 2,806만 명)에 도달했지만, 가구는 2025년에 정점(5,411.6만 가구)에 이를 것으로 보입니다. 이후 가구 수는 2040년 5,075.7만 가구로 감소할 것으로 추정됩니다.

그림 13-8. 일본의 인구 및 가구의 장래추계(1970~2065년)

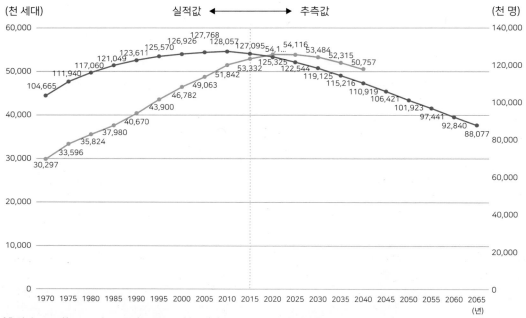

*출처: https://www.mlit.go.jp/statistics/details/t-jutaku-2_tk_000002.html
*자료: 실적치 - 국세조사(총무성)
　　추계치 - 일본의 장래추계인구(2017년 추계) 출생중위(사망중위)추계 (국립사회보장·인구문제연구소)
　　일본의 세대수의 장래추계(전국추계)(2018년) (국립사회보장·인구문제연구소)

이상영: 일본은 고령화가 전 세계에서 가장 빠른 국가 중 하나입니다. 물론 지금은 우리나라가 이것을 따라잡고 있는 형국이지만, 일본의 경우 1970년과 1994년 사이에 고령화사회(7%)에서 고령사회(14%)로 전환되었습니다. 2005년 고령인구가 20%를 넘으면서 초고령사회로 진입하였고, 2020년에 28.9%에 이르고 있습니다. 비율이 아닌 인구 규모로는 65세 이상 인구가 2020년 3,619만 명에서 2040년 3,921만 명으로 증가, 정점에 달할 것으로 보입니다.

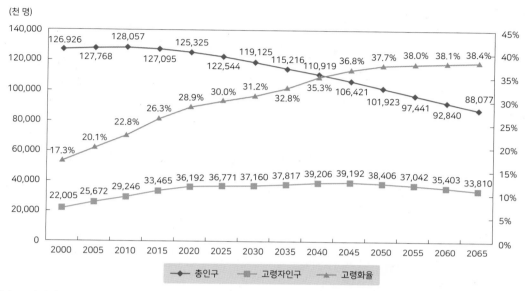

그림 13-9. 일본 인구의 장래추계(2000~2065년)

(천 명)

	2000	2005	2010	2015	2020	2025	2030	2035	2040	2045	2050	2055	2060	2065
총인구	126,926	127,768	128,057	127,095	125,325	122,544	119,125	115,216	110,919	106,421	101,923	97,441	92,840	88,077
고령자인구	22,005	25,672	29,246	33,465	36,192	36,771	37,160	37,817	39,206	39,192	38,406	37,042	35,403	33,810
고령화율	17.3%	20.1%	22.8%	26.3%	28.9%	30.0%	31.2%	32.8%	35.3%	36.8%	37.7%	38.0%	38.1%	38.4%

◆ 총인구 ■ 고령자인구 ▲ 고령화율

*자료: 실적치 국세조사(총무성)

김준형: 29%에 달하는 고령인구 비율, 그리고 3,620만 명의 고령인구 규모. 역시 일본은 고령화 진행 속도가 매우 빠르네요. 고령화가 일본의 주택시장, 부동산시장에도 많은 영향을 미쳤을 것으로 보입니다. 이를 하나씩 나누어 살펴보겠습니다. 먼저 고령인구의 증가로 인해 주택수요가 감소하거나 소형주택의 수요가 늘어나는 등의 변화가 나타났습니까?

이상영: 전체 세대수 및 고령가구 세대수가 계속 증가하고 있기 때문에 고령자에 의해 주택수요가 감소하고 있다고 보기는 어렵습니다. 전체 세대수는 2025년에 정점을 이루지만, 고령가구는 2040년까지 계속 증가하는 추세입니다. 2040년 기준으로 고령가구 내에서 단신세대(1인 가구)는 896만 세대, 부부세대는 687만 세대, 기타 659만 세대로 총 2,242만 세대로 전체 세대수의 44.1%를 차지할 것입니다. 이는 1990년 16.2%에 비해 2배 이상의 상승을 의미합니다. 이러한 추세는 상당한 기간 지속될 것이라고 예상합니다.

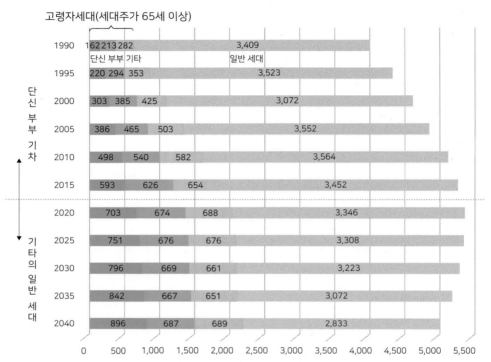

그림 13-10. 고령가구의 추이(1990-2040년)

고령자세대(세대주가 65세 이상)

	단신	부부	기타	일반 세대
1990	162	213	282	3,409
1995	220	294	353	3,523
2000	303	385	425	3,072
2005	386	465	503	3,552
2010	498	540	582	3,564
2015	593	626	654	3,452
2020	703	674	688	3,346
2025	751	676	676	3,308
2030	796	669	661	3,223
2035	842	667	651	3,072
2040	896	687	689	2,833

단신 부부 기차 → ↕ ← 기타의 일반 세대

0   500   1,000   1,500   2,000   2,500   3,000   3,500   4,000   4,500   5,000   5,500

*자료: 일본의 세대수 장래추계(전국 추계)(2018년 추계) 국립사회보장·인구문제연구소 및 국세조사(총무성)에 의한 국토교통성 추계.

이상영: 고령화 자체는 소형주택 및 임대주택에 대한 수요를 늘리는 것으로 보입니다. 수요 측면에서 전체 세대수 증가에 기여를 하고, 그중에서도 고령화 과정에서 단신세대가 증가하고 있기 때문에 소형주택과 임대주택 비중이 증가하는 형태가 나타나고 있습니다. 2013년 조사에 따르면, 전체 가구 중 고령자가 있는 세대수는 40%로 이 중 자가는 82.7%, 차가는 17.1%였습니다. 그리고 고령자주택 중 단신이나 부부세대는 전체의 54.5%이며, 이 비율은 2040년 70.6%까지 늘어날 것으로 보입니다. 고령자 단신세대는 10.6%로, 자가가 65.6%, 임차가 34%로 구성되어 있습니다. 고령자 부부세대는 11.2%로, 이 중 자가는 87.2%, 임차는 12.8%를 차지합니다. 즉, 고령자 단신임대주택의 비중이 큰 상황입니다.

표 13-3. 고령가구의 가구유형 및 점유형태에 따른 분포

	전국		
	합계	자가	임차
주세대	52,102	32,166	18,519
		61.7%	35.5%
고령자가 있는 주세대	20,844	17,247	3,561
	40.0%	82.7%	17.1%
이 중 고령자단신세대	5,517	3,622	1,874
	10.6%	65.6%	34.0%
이 중 고령자부부세대	5,847	5,097	746
	11.2%	87.2%	12.8%

*자료: 총무성, 주택토지통계조사(2013년)

김준형: 고령자 중에서도 1인 가구가 상당한 규모를 차지하고 늘어나면서, 이들을 위한 소형, 임대주택이 늘어나고 있는 상황으로 보입니다. 고령가구 비율 증가가 점유형태나 주택유형의 변화에도 영향을 줄 수 있다는 이야기가 있는데 일본의 사례가 궁금합니다. 어떻습니까? 일본에서도 고령가구가 자가주택을 처분하고 임차를 선택하는 현상이 빈번히 발견되나요? 고령가구는 또 어떠한 주택유형으로 이동하는지요?

이상영: 고령가구는 일반가구보다 자가소유가 높고, 단독주택에 사는 비율이 높게 나타납니다. 임대로 볼 수 있는 장옥이나 공동주택의 비중은 상대적으로 낮습니다. 그러나 고령자단신의 경우 공동주택 비중이 37.9%에 달하며, 장옥도 3.8%로 전체 40% 이상이 공동주택에 거주하는 것으로 나타납니다. 그 결과 고령자단신 내에서 임차의 비중이 어느 정도 증가하고 있지만, 전체적인 구성에서 임차가 차지하는 비중은 아주 높지는 않습니다. 그만큼 고령자들 내에서 부부세대냐, 단신이냐 여부가 주택유형과 점유형태에 영향을 미치는 것으로 판단됩니다.

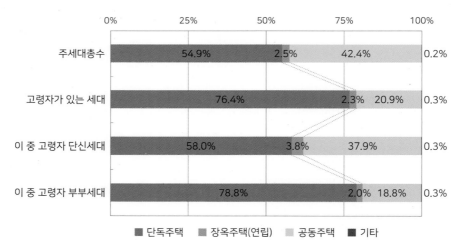

그림 13-11. 세대유형별 주택유형 비율

	0%	25%	50%	75%	100%
주세대총수	54.9%	2.5%	42.4%		0.2%
고령자가 있는 세대	76.4%	2.3%	20.9%		0.3%
이 중 고령자 단신세대	58.0%	3.8%	37.9%		0.3%
이 중 고령자 부부세대	78.8%	2.0% 18.8%			0.3%

■ 단독주택　■ 장옥주택(연립)　■ 공동주택　■ 기타

˙단위: %
˙자료: 총무성, 주택토지통계조사(2013년)

김준형: 1인 가구 내에서 다른 가구들과는 달리 장옥이나 공동주택에 거주하는 비율이 특별히 높다는 것이 흥미로운 대목입니다. 일본도 한국처럼 자녀가 부모와 같이 사는 역사적인 배경을 가졌는데 한국은 최근에 그 비율이 급격히 낮아지고 있습니다. 일본의 고령가구는 자녀와 동거하는 경향이 어떤가요? 자녀와 동거하는 경향이 계속 높은 상황인지 낮아지고 있는 상황인지 궁금합니다.

이상영: 일본이나 한국이나 큰 차이가 없다고 보입니다. 전통적으로 동아시아 국가의 문화적인 특성 때문에 자녀와 동거하려는 비율이 꽤 높았습니다. 일본의 경우 1983년까지만 하더라도 자녀와 동거하는 비율은 45.2%였습니다. 그러나 이는 1993년부터 급감, 2013년에는 13.5%에 불과한 상황입니다. 대부분이 자녀와 같이 살지 않겠다는 쪽으로 전환되었습니다. <그림 13-12>을 보면 전체적으로 동거하지 않겠다는 비율은 급격하게 감소하였는데 근린지역 또는 근거리에 거주하는 비율은 오히려 약간씩 높아지는 추세를 보입니다. 완전히 떨어지기보다는 주변에서 자녀들과 같이 사는, 그렇지만 같은 공간에 거주하지는 않는 성향을 보이고 있습니다.

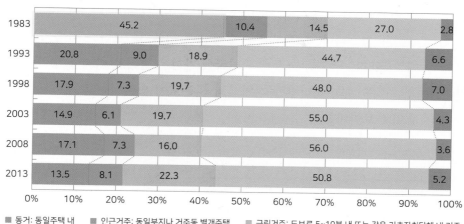

그림 13-12. 고령기 자녀와의 동거 의향

1983	45.2	10.4	14.5	27.0	2.8
1993	20.8	9.0	18.9	44.7	6.6
1998	17.9	7.3	19.7	48.0	7.0
2003	14.9	6.1	19.7	55.0	4.3
2008	17.1	7.3	16.0	56.0	3.6
2013	13.5	8.1	22.3	50.8	5.2

0%   10%   20%   30%   40%   50%   60%   70%   80%   90%   100%

■ 동거: 동일주택 내   ■ 인근거주: 동일부지나 거주동 별개주택   ■ 근린거주: 도보로 5~10분 내 또는 같은 기초자치단체 내 거주
■ 근린거주: 도보로 5~10분 내 또는 같은 기초자치단체 내 거주   ■ 기타 불명: 개의치 않거나 자식이 없는 경우 등

*단위: %
*자료: 국토교통성, 주생활종합조사(2013년, 2008년), 주택수요실태조사(2003년 이전)

김준형: 네. 앞에서 살펴본 한국의 패턴과 유사하네요. 고령가구가 부동산자산에 많이 의존하고 있는 것이 한국의 상황인데, 같은 동아시아 국가로서 일본은 어떻습니까? 고령가구가 상대적으로 부동산자산을 많이 보유하고 활용하고 있나요, 아니면 미국 등과 같이 금융자산을 많이 보유하고 있나요?

이상영: 어떤 면에서는 한국과 비슷한 면을 가지고 있지만, 한국처럼 부동산자산이 압도적으로 많지는 않습니다. 한국과 미국의 중간 정도로 볼 수 있습니다. 우리가 보통 일본을 부동산자산 기반의 주택 체재의 대표적인 국가로 이야기하는데 그 정도는 한국보다는 덜하다 이렇게 봐야 할 것 같습니다.

60-69세의 경우 1999년 보유자산이 4,433만 엔에서 2014년 4,500만 엔으로 증가하였는데, 이것은 일본 경제가 정체되어 있기 때문에 나타난 현상이고, 이 중 부동산자산은 2,598만 엔으로 57.7% 수준입니다. 한국의 경우 80%, 아주 높은 경우 85%로 한국에 비해서는 낮지만, 미국에 비해서는 높습니다. 자가주택은 2,038만 엔으로 45.3%를 차지하고 있으며, 기타 부동산은 560만 엔으로 12.4%를 차지하고 있습니다. 한국은 자가주택 비중 및 기타 부동산 비중이 높아서 상대적으로 임대료에 의존하는 고령자들이 많

은데 일본은 그렇지 않습니다. 결과적으로 보면 금융자산 비중이 굉장히 높습니다. 금융자산은 1,627만 엔, 36.1%로 전체 연령 중 그 비중이 가장 높습니다. 70세 이상에서 부동산자산이 줄어들고 있으나, 그 비중에서는 큰 차이가 없습니다. 노후자금을 부동산에 의존하기보다는 금융자산 및 연금에 의존하는 구조는 한국보다 미국에 가까운 형태로 이해할 수 있습니다.

김준형: 네. 가까운 나라지만 부동산자산의 의존도에 있어서는 분명한 차이를 갖는 것으로 보이네요.

그림 13-13. 가구주 연령별 가구당 보유자산

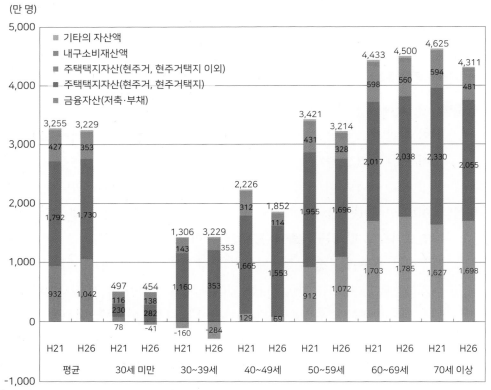

*단위: %
*자료: 총무성, 전국소비실태조사(2009년(H21), 2014년(H26))

이상영: 한 가지 더 말씀을 드리면 한국의 경우 부동산의 증권화나 유동화가 상대적으로 더디지만, 일본의 경우에 금융자산 중 제이리츠(일본의 부동산을 유동화한 금융자산)의 비중이 꽤 있습니다. 미국도 마찬가지입니다. 안정적인 임대를 기반으로 하는 금융자산이기 때문에 형태상으로는 금융자산이지만 주식, 채권, 부동산을 모두 포함하고 있다고 보시면 됩니다.

김준형: 그렇게 따지면 사실은 부동산자산의 의존도가 낮아 보이긴 하지만, 부동산에 의존하고 있는 금융자산까지 포함하면 그 비중은 조금 더 높다고 볼 수 있겠네요.

이상영: 금융자산이 36.1%라고 할 때 그중 부동산을 기반으로 하는 금융자산도 상당히 있습니다. 한국의 경우 충분히 발전하지 않아서 그렇지, 한국도 향후 부동산을 기반으로 한 자산이 금융자산화되어 고령자들이 노후자금으로 쓰는 현상을 우리도 예상할 수 있습니다.

김준형: 일본의 부동산자산 의존도 자체는 우리나라보다 낮지만, 금융자산의 의존도는 높고 금융자산 내에서도 세부적으로 부동산에 기초한 금융자산이 존재한다는 것을 유심히 보셔야 할 것 같습니다.

　　고령가구의 부동산자산, 주택자산의 비중이 높지 않다면, 일본에서 주택연금이 잘 발달하지 않았을 것 같기도 한데, 어떤가요?

이상영: 리버스모기지(역모기지)는 주택자산을 가지고 역으로 생활자금 대출을 받는 것을 의미합니다. 한국에서는 이것을 연금이라는 컨셉으로 복지정책으로 사용하고 있습니다. 부동산자산 비중이 80~85% 정도가 되다 보니 노후자금을 금융자산으로부터 얻지 못하는 우리나라 가구 특성상 주택을 역모기지로 연금화해서 노후를 보내려는 것이 상당히 대중화되고 있습니다. 그러나 일본의 경우 역모기지 활용이 크지 않습니다. 다만, 공적인 기관에서 복지 차원으로 저소득층 중 자가주택을 가진 분들을 대상으로 하는 역모기지, 그리고 어느 정도 부동산자산의 금액이 커서 은행이 역모기지를 하는 형태 등 크게 두 가지의 시도는 있었습니다.

　　최초의 리버스모기지는 1981년에 도쿄도 무사시노^{武藏野}시에서 최초로 도입되었는데, 지역 안에 주택은 있으나 소득이 낮은 사람을 대상으로 지자체에서 역모기지를 하였습니다. 1980년대 은행에서 금융상품으로 도입하기도 하였습니다. 이것은 주로 고소득층을 대상으로 하는 리버스모기지였습니다. 그러나 일본의 주택 특성상 건물에 대한 가치가 낮아 리스크가 커서 크게 활용되지 않았습니다. 한국의 아파트는 토지지분이 낮고 건물의 가치가 높아서 주택이 상당한 가치를 인정받고 대출도 되지만, 일본의 경우 90%가 목조로 된 내구성 없는 단독주택이기 때문에 땅값 이외에는 대출을 해줄 만한 자산이 없습니다. 대출을 해주는 입장에서 보면 주택은 건물이 아닌 땅인 거죠. 결과적으로 주택은 리스크가 가장 크기 때문에 일본의 리버스모기지는 대출이 잘 안되는 것입니다.

공적연금의 형태로는 2002년 후생노동성이 도입한 '장기생활지원자금' 제도를 들 수 있습니다. 이 제도 내에서 생활복지자금을 지급할 때 리버스모기지 기법을 사용하였습니다. 저소득 고령가구가 거주용 부동산을 가지고 있는 경우, 부동산을 담보로 생활자금을 빌려준 것입니다.

2005년부터는 민간 은행에서 담보 부동산의 토지평가액이 4천만 엔 이상의 토지가 있는 단독주택을 대상으로 주택연금 상품이 등장하였습니다. 연간 1회 일정 금액을 융자하는 형태이며, 계약자가 사망하거나 이사하게 되면 담보 부동산을 매각하여 일괄 변제합니다. 대부분 토지평가액을 기준으로 매각 시 변제합니다. 도쿄스타은행의 경우 55세 이상 이용자에 대해 융자한도액 5백만 엔 이상으로 토지평가액의 80%(최고 1억 엔)를 융자하였습니다. 그러나 1981년부터 2010년까지 활용건수는 누적으로 2~3천 건에 불과합니다.

이처럼 주택연금이 잘 발달하지 않은 까닭은 주택부동산의 가치를 토지에 한정하여 평가하기 때문으로 볼 수 있습니다. 공적서비스의 경우 토지평가액이 1,500만 엔 이상, 민간에서는 4,000만 엔 이상일 때 가능합니다. 그이하의 토지는 대상이 될 수 없습니다. 따라서 도쿄권이 중심이 되며, 지가가 하락하는 지방에서는 거의 활용이 되지 않습니다. 향후 토지뿐만 아니라 건물을 포함한 형태로 평가가 이루어져야, 리버스모기지가 보다 확대될 수 있을 것입니다.

일본에서는 연립을 아파트로, 한국의 아파트를 맨션이라고 부릅니다. 맨션 정도가 되면 건물의 가치를 인정할 수 있습니다. 한국은 아파트가 많기 때문에 주택연금이 성립됐고 일본은 아파트가 전체 주택에 10%밖에 되지 않기 때문에 주택연금에 대한 관심이 없었다고 볼 수 있습니다. 앞으로 건물 부분에 임대를 포함하는 내구성 있는 주택자산은 리버스모기지의 가능성이 있습니다.

김준형: 매우 흥미로운 사례입니다. 단순히 주택자산의 비중이 낮을 것 같아서 주택연금이 발전하지 않았을 것으로 생각했는데 역사적 맥락을 보니 주택연금이라는 상품 자체가 건물보다는 주로 토지를 중심으로 진행되었고, 공적연금의 형태라기보다 민간 주도로 진행되다 보니까 한국과 반대로 고가주택만 주로 대상이 되는 상황입니다. 한국의 사례는 주택연금의 관점에서는 매우 성공적 사례로 볼 수 있겠네요. 그렇다면 금융시장 외에 일반 부동산시장에서 고령가구를 위한 상품들은 원활히 공급되고 있는지요?

이상영: 우리나라도 장기요양보험이 생기면서 요양원이나 요양병원들이 발전하고 있습니다. 일본에서는 이것이 우리나라보다 먼저 시행되었고, 2000년에 개호보험제도가 도입되면서 민간단체와 기업이 고령자주거시설 사업에 참여하기 시작하였습니다. 주거시설은 크게 주택유형과 시설유형으로 구분하지만, 그 안에서 매우 다양한 고령자용주택과 시설이 존재합니다. 일본의 경우 주택보다 시설이 훨씬 많은데 최근의 추세를 보면 주택 쪽으로 상당히 투자하고 있습니다.

표 13-4. 고령자용 주택 및 시설의 종류

종류	비용	개호서비스	의료서비스	레크레이션
고령자용 분양맨션	높음(입거일시금 2-5천만 엔, 개호비는 월14만 엔)	있음(요개호1-5까지 대응, 외부개호서비스를 이용)	없음(외부서비스의 별도 계약 필요)	없음
그룹리빙	저렴(입거일시금 없음, 개호비는 월10만 엔)	없음(경증이라면, 대응가능한 사례도)	없음 (의료기관과의 제휴)	적음
생활지원 하우스	저렴(입거일시금 5만 엔 전후, 개호비는 월10만 엔+α)	있음(요지원까지 대응)	없음 (의료기관과의 제휴)	없음
실버하우징	중간(통상임대료와 동일)	없음(외부의 개호서비스를 사용하는 것은 가능)	- (시설의 재량으로 맡김)	없음
서비스수반 고령자주택	높음(입거일시금 100만 엔 이상, 개호비는 월14만엔 정도)	있음(특정시설입거자생활개호의 지정을 받는 요양노인홈으로서 외부서비스이용에 의한 개호서비스 이용가능)	없음(외부서비스의 별도 계약이 필요)	없음
건강형 유료노인홈	중간(입거일시금 없음, 개호비는 월 30만 엔)	없음(경증이라면, 대응가능한 사례도)	없음 (의료기관과의 제휴)	많음
주택형 유료노인홈	저렴(입거일시금 없음, 개호비는 월 20만 엔+α)	있음(경증의 요개호도까지, 외부서비스이용에 따른 개호서비스 이용가능)	- (시설마다 다름)	적음
개호수반 유료노인홈	높음(입거일시금 수백만 엔 이상, 개호비는 월수십만 엔 정도)	있음 (요개호도가 중증이면 비용이 고액)	없음(의료기관, 전문직과의 제휴)	많음
양호노인홈	저렴(입거일시금 5만 엔 정도, 개호비는 월10만 엔까지)	없음(특정시설입거자생활개호의 지정을 받는 요양노인홈으로서 외부서비스이용에 의한 개호서비스 이용가능)	없음 (의료기관과의 제휴)	적음
A형경비 노인홈	중간(입거일시금은 수십만 엔 정도, 개호비는 월 20만 엔)	없음(경증이라면, 대응가능한 사례도)	없음(의료서비스가 필요하면 타시설 이동)	적음
B형경비 노인홈	중간(입거일시금은 수십만 엔 정도, 개호비는 월 5만 엔)	없음(경증이라면, 대응가능한 사례도)	없음(의료서비스가 필요하면 타시설 이동)	적음
케어하우스 (C형경비 노인홈)	중간(입거일시금은 수십만 엔 정도, 개호비는 월15만 엔)	있음(특정시설입거자생활개호의 지정을 받는 요양노인홈으로서 외부서비스이용에 의한 개호서비스 이용가능)	없음(일부 대응하고 있는 시설이 있음)	적음
인지증 그룹홈	- (시설마다 크게 다름)	있음(요지원2부터 대응가능)	없음 (타기관과의 제휴)	많음
개호요양형 의료시설	저렴(입거일시금은 없음, 개호비는 월 20만 엔까지)	있음	있음 (의료스텝이 상주)	적음
개호노인 보건시설	저렴(입거일시금은 없음, 개호비는 별도부담)	있음	있음	적음
특별요양 노인홈	저렴(입거일시금은 없음, 개호비는 별도부담)	있음 (입거에는 요개호도3 이상 필요)	있음(전문직 배치)	적음

*자료: 上原隆夫, 中村桃美(2016)

이상영: 일본은 2011년 법 개정을 통해 '서비스가 수반되는 고령자용주택'의 등록
제도를 도입되어 그전까지 있던 모든 고령자주택을 하나의 제도로 정부가
지원하는 형태로 만들어집니다. 그림에서 보시는 것처럼 2020년까지 25만
5,936호를 등록하였습니다. 이 상품은 건축비를 비롯하여, 세제융자 등의
혜택을 부여하는 일종의 정부지원 고령자주택입니다. 물론 목표치에 비해
선 충분하지 않지만, 상당한 물량을 확보했다고 볼 수 있습니다.

그림 13-14. 서비스가 수반되는 고령자용주택 등록호수(2011-2020년)

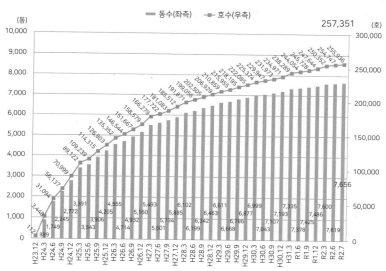

*자료: https://www.satsuki-jutaku.jp/doc/system_registration_01.pdf

이상영: 또한 일본은 부동산투자상품인 리츠를 헬스케어리츠로 개발, 다양한 고령
자용 주거시설이나 주택을 투자자산으로 하는 상장리츠도 마련되어 있습니다.

김준형: 고령가구를 위한 부동산개발에 민간자금이 투입될 경로가 다양하게 존재하
는 상황이군요. 혹시 부동산개발 사례 중 소개할 만한 사례가 있으신지요?

이상영: 일본의 대기업과 건설사, 부동산회사들이 직접 고령자용주택을 건설하고
운영하는 사례들이 굉장히 많습니다. 그중에서 금융까지 동원하여 헬스케
어리츠를 활용하고 있는 헬스케어앤메디칼^{ヘルスケア&メディカル} 투자법인의 사례
를 말씀드려 보겠습니다. 이들은 고령자용주택 및 의료연관시설 등 헬스케

어시설에 중점투자한 특화형 리츠로서, 주요 스폰서가 가지고 있는 개호-의료시설, 서비스수반 고령자주택 등을 편입자산으로 삼고 있습니다. 2015년 3월 상장하였으며 2020년 기준, 36개동 3,199실을 보유, 100%가 가동되고 있는 상황입니다. 2020년 8월 기준 상장가치는 362억 엔이며, 배당률은 5.37%, 그리고 NOI도 5.6%에 이르고 있습니다.

이들이 보유하고 있는 물량에 대한 지역 분포를 보면 3대 도시권이 86.3%이고, 중핵도시권이 11.1%입니다. 3대 도시권에서는 도쿄권이 42.4%, 오사카권이 42.1%, 나고야권 1.9%입니다. 타입별로 살펴보면 유료노인홈이 72.7%, 서비스수반 고령자주택이 4.7%, 의료관련시설 3.1%, 유료노인홈과 의료관련시설이 같이 있는 경우가 19.5%입니다. 1동당 100실 이상인 경우는 52.5%, 50~100실이 42.2%로 대부분이 50실 이상의 중대형입니다.

그림 13-15. 헬스케어앤메디칼(ヘルスケア&メディカル) 투자법인의 포트폴리오

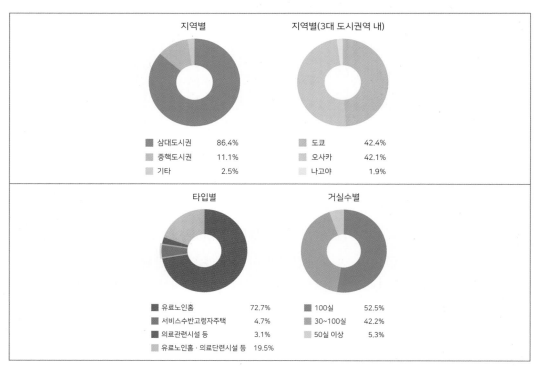

*자료: http://www.hcm3455.co.jp/ja/portfolio/index.html

김준형: 100%를 가동하고 있으면서 NOI도 5.6% 수준을 보인다는 점은 고령가구를 위한 부동산개발이 일본에서는 민간자금의 운용방식으로 확실히 자리잡은 것으로 여겨지네요. 그렇다면 정부는 어떻습니까? 정부의 주택정책이나 도시정책, 아니면 국토정책에서 고령화, 고령가구를 위해 주목할 만한 대응이 있다면 무엇인가요?

이상영: 2000년 일본에 개호보험제도가 도입되면서 개호시설이나 유료노인홈이 많아지고, 시설보다는 주택을 선호하는 트렌드에 맞춰, 2001년부터 고령자들의 주거안정을 위한 여러 가지 법이 등장하기 시작합니다. 고령자를 위한 주택을 공급하기 위해 2001년 제정한 「고령자의 주거의 안정 확보에 관한 법률」^{이하 고령자주거법}을 들 수 있습니다. 이 법을 통해 고령자를 위한 주택의 효율적 공급을 촉진하고, 고령자 입주를 거부하지 않는 주택의 정보를 제공하고 있습니다.

사실 종전에는 고령자를 위한 3가지 유형의 임대주택제도가 존재했습니다. 첫째는 '고령자를 위한 우량임대주택(고우임)'으로 보조금 등을 지원하였습니다. 둘째는 '고령자의 입주를 거부하지 않는 고령자원활입주임대주택^{고원임}'으로 등록정보를 공개하였습니다. 셋째는 이 두 가지의 중간 형태로 '고령자전용임대주택(고전임)'을 창설, 상세한 정보를 제공하였습니다.

2011년에는 법 개정을 통해 고원임의 등록제도와 고우임의 공급계획의 인정제도를 폐지하고, '서비스가 수반되는 고령자용주택'의 등록제도를 도입하였습니다. 기존 고령자를 위한 3가지 임대주택뿐만 아니라 유료홈까지 포함하여 고령자주택을 일체화시켰습니다.

서비스수반 고령자주택은 의료와 개호가 제공되는 주택입니다. 이 주택은 국토교통성과 노동후생성이 제공하는 것으로 등록제로 운영되며, 건설개보수비의 조성금, 정기차지 활용(공적 임대)에 의해 정비조성, 주택설비의 표준화, 융자조건의 완화 등이 이루어집니다.

서비스수반 고령자주택이나 유료노인홈은 고령자의 주거안정을 위해 배리어프리구조를 확보하고, 개호, 의료와 제휴하여 서비스를 제공하여야 합니다. 대상자는 고령자^{만 60세 이상} 독신 또는 부부세대 등이며, 소득과 관련된 별도 입주조건은 없습니다. 전용면적 기준 25㎡이상, 화장실 및 세면설비 등의 설치, 배리어프리 등의 조건이 충족될 때 등록이 가능합니다.

　　서비스는 구체적으로 안부확인 및 생활상담서비스 제공 등이 있습니다. 제공서비스 등 등록사항의 정보공시, 입주계약 전 설명, 과대광고 금지 등이 사업자에게 요구됩니다. 이와 같은 조건들을 충족하는 고령자주택에 대해서는 다양한 보조 및 세제혜택, 융자가 이루어집니다.

　　일본의 고령인구에 대비한 고령자주택의 비율은 4.4%로 개호시설 등은 미국 등에 비해 적지 않은 편입니다. 그러나 개호 및 생활지원서비스가 수반되는 주택 등은 0.9%에 불과합니다. 일본은 고령인구가 크게 늘어나고 있으므로, 이들을 대상으로 하는 서비스수반 고령자주택을 더 빠르게 늘릴 필요가 있습니다.

　　국토교통성은 고령가구 주택의 비율을 2020년까지 3~5%로 늘리겠다는 방침입니다. 건설경제연구소에 따르면 이를 위해서는 2008~2020년 기간 중 66만 532호를 정비해야 합니다. 이를 달성하기 위한 공사총액은 5조 973억 1,700만 엔에 달하며, 연간 4,248억 2,800만 엔의 예산이 소요됩니다. 이를 위해 정책적으로 집중한 영역은 서비스수반 고령자주택이지만, 2020년까지 누적등록호수는 1/3수준인 25만 호에 그치고 있습니다.

표 13-5. 전체 고령인구 대비 개호시설, 고령자주택 등 정원 비율(%)

국가	일본(2005)	영국(2001)	덴마크(2006)	미국(2000)
시설계	3.5	3.7	2.5	4.0
주택계	0.9	8.0	8.1	2.2
합계	4.4	11.7	10.5	6.2

*자료 : 古川興一(2011), 285쪽.

이상영: 또한 일본은 배리어프리시설을 갖춘 주택을 지속적으로 늘리고 있습니다. 2013년을 기준으로 할 때 65세 이상 세대원이 있는 가구 중 고령자를 위한 설비가 있는 주택의 비율이 난간이 있는 경우(50.7%), 낮은 턱의 욕조(30.8%),

실내통로에서 전동의자가 통행가능(20.3%), 단차가 없는 실내(19.1%), 도로로부터 현관까지 전동의자가 통행가능(15.6%) 등의 수치를 보입니다. 특히 2000년대 들어 급격히 시설을 갖춘 주택이 증가하여 최근에는 30~80%까지 증가하였습니다.

그림 13-16. 65세 이상 세대원이 있는 세대에서 고령자를 위한 설비 등이 있는 주택의 비율

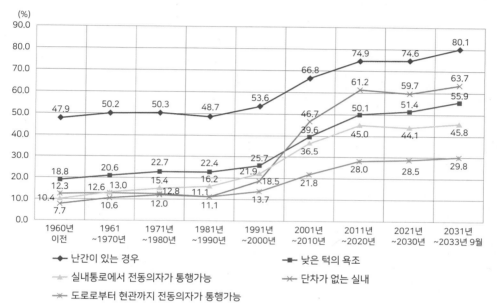

*단위: %

*자료: 총무성, 주택토지통계조사(2013년)

이상영: 이처럼 배리어프리는 고령자의 주택 내에서 보급이 급격히 증가하고 있습니다. 전용 부분의 경우 전체 평균보다 높은 비율을 달성하고 있고 임차주택에 비해 자가와 고령자주택의 배리어프리 비율이 높습니다. 반면, 한국의 경우 배리어프리에 대한 관심이 높지 않은 편입니다. 공공은 공공실버주택 등을 시행하고 있지만, 민간의 경우 배리어프리를 했으니까 좋은 주택이라는 인식을 거의 볼 수 없습니다. 또한 한국은 전용 부분의 실내 낙상문제들이 워낙 많은데, 일본의 경우 이를 해소하기 위한 노력을 굉장히 많이 하고 있습니다.

표13-6. 배리어프리와 유니버셜 디자인의 실시율(재고 대비 비율)

			전체	자가	임차	고령자주택
주택내 전용부분	A난간(2개소 이상)		23.6%	32.9%	9.3%	33.5%
	B단차가 없는 실내		21.4%	27.1%	13.3%	20.7%
	C실내폭이 전동의자통행가능		16.2%	21.4%	8.5%	20.4%
	ABC한가지대응		37.0%	48.6%	19.8%	45.2%
	A또는 B에 대응(일정대응)		34.0%	45.0%	17.6%	41.2%
	ABC전체대응(3점 세트)		8.7%	11.7%	4.2%	10.7%
공용부문	D도로로부터 현관까지 전동의자통행가능	전체	12.4%	15.0%	8.7%	14.8%
		공동주택	17.2%	42.1%	9.5%	25.9%

*자료: 총무성, 주택토지통계조사(2013년, 일부특별집계)

김준형: 앞에서도 한국의 배리어프리 제도, 무장애주택 내지 주택개조에 대한 사항들을 검토했습니다. 배리어프리 제도의 지침과 내용에 대해 정부가 가이드라인을 마련했지만, 실제 도입과 보급, 모든 주택에 적용하기 위한 후속작업은 상대적으로 더딘 상태입니다. 시장 내에서 수요 및 선호조사를 했을 때에도 고령자들이 그러한 개조를 필요로 하고 있는지, 당장 비용을 지불할 의사가 있는지도 미지수인 상황에서 일본의 높은 배리어프리 주택 비중은 놀랄만한 수준입니다. 정부의 주도적인 역할과 변화가 이루어져야 하지 않을까 생각합니다.

이상영 교수님. 일본의 고령화 추이에서부터 마지막 고령가구를 위한 정부의 정책에 이르기까지 다양한 내용을 알려주셔서 대단히 감사드립니다.

이상영: 네, 감사합니다.

복습문제

1   **미국의 상황으로 보기 어려운 것은?**

① 급격한 고령화가 진행, 한국보다 고령인구 비율이 더 크게 증가할 것으로 예상된다.

② 고령가구들은 대체적으로 Aging-in-Place를 선호, 고령화가 주택시장에 미치는 영향은 크지 않을 것으로 예상된다.

③ 다운사이징은 75세 이후 일부 나타나는 경향이 있다.

④ 고령가구는 부동산자산보다 비부동산자산을 더 많이 보유하고 있다.

⑤ 고밀지역보다 저밀지역에 거주하는 추세가 더 커질 것으로 전망된다.

2   **미국의 80세 이상 고령인구 중 고령자전용 집단주거시설에 거주하는 인구의 비중은?**

① 4%

② 8%

③ 12%

④ 16%

⑤ 20%

3   **2013년 기준, 일본의 고령자가 자녀와 동거하는 비율은?**

① 3%

② 13%

③ 23%

④ 33%

⑤ 43%

4 **일본의 상황으로 보기 어려운 것은?**

① 금융자산의 비중은 한국의 고령가구보다 많은 편이다.

② 고령단신가구의 경우 상대적으로 공동주택에 임차로 많이 거주한다.

③ 일본은 민간을 중심으로 주택연금이 활발하게 운영되고 있다.

④ 16개에 달하는 매우 다양한 유형의 고령자용주택이 존재한다.

⑤ 부동산투자상품인 리츠를 활용, 고령자용주택에 활발히 투자되고 있다.

● 참고문헌

강은택·마강래 (2009), "주택점유 및 보유형태선택의 요인분석에 관한 연구", 「주택연구」, 17(1): 5-22.

강인호·강부성·박광재·박인석·박철수·이규인 (1997) , "우리나라 주거형식으로서 아파트의 일반화 요인 분석", 「대한건축학회논문집」, 13(9): 101-112.

건설교통부·한국주거학회 (2007), 「노후에 안전하고 쾌적한 주거 만들기」.

고제헌 (2016), "일본의 역모기지 시장은 왜 활성화되지 않았나?", 「HF 이슈 리포트」, 16-3: 1-9.

고진수·김준형·강민규 (2015), "서울 중고령가구의 주택자산 이전에 관한 연구", 「서울도시연구」, 16(1): 41-55.

고진수·최막중 (2012), "노년가구의 주거소비 특성 - 연령, 건강, 독거효과를 중심으로", 「국토계획」, 47(3): 235-247.

고진수·최막중 (2014), "노년 가구의 주거 선택행태에 관한 연구 - 주거이동과 노인주택 선택을 중심으로", 「도시설계」, 15(1): 19-32.

국토교통부 (2019), "어르신들을 위한 물리치료실·텃밭 갖춘 복합시설… 1,000호 이상 추진", 보도자료(공공주택총괄과, 1월 29일).

국토교통부 (2020), 「2019년도 주거실태조사 - 통계보고서」.

국토해양부 (2011), 「2010년도 주거실태조사 - 통계보고서」.

권오정·김진영·이용민 (2018), "고령자 주택개조 관련 제도 현황 분석", 「한국실내디자인학회 논문집」, 27(2): 24-36.

권오정·이용민·하해화·김진영·염혜실 (2014), "노년층의 지역 내 계속 거주 이유에 관한 연구", 「Family and Environment Research」, 52(3): 285-299.

김경선·신승우 (2014), "주택연금 계약해지 위험에 관한 연구", 「주거환경」, 12(4): 241-252.

김규림·전용일 (2015), "주택연금 가입가구의 특성 분석", 「연금연구」, 5(2): 87-111.

김기영·박혜인 (2001), "도시 가족의 재산·제사상속 의식과 행동의 변화에 대한 연구", 「한국가정관리학회지」, 19(1): 269-281.

김기용·이창무 (2010), "고령화 사회와 주택수요", 대한국토·도시계획학회 춘계산학협동학술대회 자료집, 519-527.

김대진·최막중 (2014), "노후소득보장을 위한 거주주택 유동화방안 선택조건 비교", 「국토계획」, 49(5): 123-136.

김병국 (2020), "역모기지 조기종결 위험에 관한 연구", 「부동산학연구」, 26(2): 7-21.

김소영·홍승아·이아름 (2014), 「고비용문화개선을 위한 정책방안 연구」, 한국여성정책연구원.

김용진 (2013), "유산상속 의향에 관한 결정요인 분석", 「주택연구」, 21(3): 79-99.

김용진·손재영 (2014), "중고령 자가거주가구의 주택다운사이징 요인", 「주택연구」, 22(1): 29-57.

김유선·박상훈·김영두 (2004), 「주5일 근무제 실시에 따른 국민 여가활동 및 농산어촌 활성화 방안 실태조사 분석 보고서」, 서울: 국가균형발전위원회.

김인숙·김준형 (2023), "고령가구는 왜 주택개조를 원하지 않는가?: 서울시를 중심으로", 「주택연구」, 31(3): 33-62.

김정주 (2013), "역모기지 조기상환율의 확률적 모델링에 관한 연구", 「보험학회지」, 94: 1-37.

김주영·유승동 (2013), "가구특성이 주택점유형태와 주택유형 선택에 미치는 영향 분석 – 생애주기상 가구원수 변화와 가구의 경제적 특성을 중심으로", 「주택연구」, 21(4): 61-86.

김주희 (2005), "해방 후 혼수문화의 변천에 대한 사례연구: 부거제 의식과 가족주의의 지속", 「가족과 문화」, 17(2): 127-254.

김준형 (2019), "RIR은 국내 임차가구의 주거비부담을 측정할 수 있는가?", 「국토계획」, 54(4): 94-108.

김준형·김경환 (2011), "고령화와 주택시장: 은퇴 전후 주택소비 변화를 중심으로", 「부동산학연구」, 17(4): 59-71.

김준형·신재섭 (2016), "주택가격 하락 시기의 자가소유 – 소비수요와 투자수요의 구분을 중심으로", 「국토계획」, 51(1): 153-167.

김준형·최막중 (2010), "소득계층별 자가소유의 자산증대 효과", 「주택연구」, 18(1): 5-26.

김준형·한정훈 (2012), "은퇴 이후의 주거입지: 서울거주 인구를 중심으로", 「국토계획」, 47(3): 159-173.

김진유 (2017), 「전세」, 커뮤니케이션북스.

김치완 (2016), "대한민국의 노후를 책임질 주택연금의 잠재력", 한화생명 라이프앤톡 https://www.lifentalk.com/1152.

김홍대·최진·진창하 (2014), "주택연금가입에 따른 고령가구의 소득불평등 개선효과", 「부동산학연구」, 20(1): 57-77.

김희삼 (2009), 「한국의 세대 간 경제적 이동성 분석」, 한국개발연구원, 정책연구시리즈 2009-03.

남영우 (2017), "은퇴계층의 주택다운사이징과 점유유형 선택에 따른 수익성에 대한 연구", 「대한부동산학회지」, 35(3): 267-281.

농림부 (2006), "베이비붐 세대의 은퇴 후 농촌이주·정착의향조사", 보도자료.

류근옥·마승렬 (2015), "동시시뮬레이션 기법에 의한 주택연금의 보증리스크 평가", 「주택연구」, 23(2): 14-179.

마강래·권오규 (2013), "주택자산의 세대간 이동성에 관한 연구", 「주택연구」, 21(2): 169-188.

문태헌·정윤영·정경석 (2008), "주택유형 선택요인 분석 및 선택확률에 관한 연구: 진주시 사례를 중심으로", 「국토계획」, 43(2): 87-98.

박동하·김준형 (2021), "고령가구의 주택유형: 아파트에 계속 거주할 것인가?", 「부동산학연구」, 27(2): 93-111.

박선영·신종칠·오동훈 (2005), "소비가치가 주택유형 선택행동에 미치는 영향에 관한 연구", 「국토계획」, 40(1): 75-91.

박은혜·정순희 (2013), "자산수준별 가계포트폴리오 분석 – 2008년과 2011년의 비교", 「Financial Planning Review」, 6(4): 21-43.

박재룡·이동원·이은미·문외솔·한태영·성삼경 (2010), "부동산 시장, 대세 하락 가능성 점검", 「CEO Information」, 773, 삼성경제연구소.

박주영·최현자 (1999), "자산계층별 가계 포트폴리오 분석", 「한국가정관리학회지」, 17(4): 193-206.

배미경(2006), "가계 포트폴리오 구성 및 영향변수에 대한 연구", 「소비문화연구」, 9(4): 123-139.

배정익·손재룡·이경희 (2003), "브랜드아파트의 차별화 계획요소에 대한 거주자의 선호도 조사연구", 「대한건축학회논문집 계획계」, 19(9): 23-30.

서수복 (2010), "베이비붐 세대의 농촌이주 결정요인 분석", 「국토연구」, 64: 21-37.

성연동 (2013), "한국의 인구구조변화와 주택정책에 관한 연구", 「부동산학보」, 53: 224-237.

손경환 (2012), "주거복지 4.0 시대를 향한 주택정책방향", 「국토」, 366: 6-13.

손재영 (2010), "고령화-인구감소와 주택수요", 네이버 부동산칼럼,
    https://land.naver.com/news/expertColumnView.nhn?artcl_seq=5179&page=2.

송미령·박주영·성주인·김용렬 (2007), 「농촌 정주수요 조사결과」, 서울: 한국농촌경제연구원.

신용상 (2016), "주택연금 지급 규모의 적정성 평가와 정책 시사점", 「주간 금융브리프」, 25(31): 3-9.

신종칠 (2004), "다차원척도법을 활용한 아파트브랜드의 포지셔닝에 관한 연구", 「국토계획」, 39(5): 155-168.

신지호·최막중 (2013), "은퇴계층의 부동산자산 재배분과 그 영향요인", 「국토계획」, 48(7): 201-212.

양재환·여윤경 (2019), "주택가격 급등이 주택연금 가입자에게 미치는 영향: 주택연금의 해지 및 재가입 전략을 중심으로", 「산업경제연구」, 32(5): 2075-2018.

여윤경·주소현 (2009), "가계의 순자산과 자산 배분에 관한 연구", 「산업경제연구」, 22(5): 2109-2209.

연태훈 (2015), "기업형 주택임대 활성화의 필요성", 「금융 포커스」, 24(22): 10-11.

오승연 (2016), "고령자 주거실태와 주거 정책 방향", 「KIRI고령화리뷰」, 6.

오찬옥·권현주·김혜연 (2021), "주택사용성이 고령자의 에이징인플레이스 요구와 주택개조 의사에 미치는 영향," 「한국실내디자인학회 논문집」, 30(4): 37-45.

유선종·노민지 (2013), "주택연금 계약해지의 결정요인에 관한 연구", 「부동산학연구」, 19(2): 57-75.

유승동·김주영 (2014), "주택상속 의향에 관한 탐색적 연구: 고령자 가계를 중심으로", 「보건사회연구」, 34(1): 52-73.

윤순덕·강경하·박공주·이정화 (2005), "도시 장년층의 은퇴 후 농촌이주의사 결정요인", 「한국노년학」, 25(3): 139-53.

이길제·최막중 (2017), "신혼가구의 주택소비에 나타나는 세대간 자산 이전과 성별 효과", 「주택연구」, 25(1): 35-62.

이달님·김수민·신승우 (2015), "고령가구의 주택연금 가입 결정요인에 관한 연구", 「도시행정학보」, 28(2): 309-323.

이선영·김영훈 (2009), "수도권 노인의 주택연금제도 이용의향에 관한 연구: 예비노인과의 비교를 중심으로", 「한국인구학」, 32(3): 73-101.

이소영 (2011), "세대간 자산이전측면에서 연령대에 따른 결혼시 주거자금 마련 변화추이", 「한국가정관리학회지」, 29(4): 205-216.

이용석·박환용 (2013), "베이비부머의 특성에 따른 주택유형 선택 변화 연구", 「주거환경」, 11(1): 159-172.

이연숙·안창헌·장재우 (2014), "도시 저소득 노인가구의 주택개조 실태 및 요구 연구," 「디자인융복합연구」, 13(5): 289-306.

이정우·이창곤 외 27인 (2015), 「불평등 한국, 복지국가를 꿈꾸다」, 후마니타스.

임경묵 (2004), "한국 가계의 주식시장 참가 결정요인 분석", 「KDI정책연구」, 26(1): 37-69.

임기흥·백성준 (2014), "한국 베이비붐세대의 은퇴 후 주거 선택과 이동 특성", 「한국콘텐츠학회논문지」, 14(1): 438-449.

임유선·노승한·하서진 (2018), "지역별 주택가격 상승률이 주택연금 보증기관의 재정건전성에 미치는 영향에 관한 연구", 「감정평가학 논집」, 17(1): 101-127.

장성수 (1998), "아파트 선택에 영향을 미치는 가구의 사회·경제적 특성에 관한 연구", 「대한건축학회논문집 계획계」, 14(11): 31-38.

장성수·김진균 (1994), "아파트 거주민의 사회계층적 성격에 관한 연구", 「대한건축학회논문집」, 10(12): 45-52.

정운영 (2008), "우리나라 가계의 자산선택 결정요인에 관한 연구", 「Financial Planning Review」, 1(1): 81-108.

정의철 (2013), "고연령 가구의 주택점유형태 변화 결정요인 분석: 55세 이상 자가점유 가구를 중심으로", 「국토연구」, 77: 119-136.

정호성·강성원·문외솔·박준·손민중·이찬영·이은미·이민훈·박번순 (2010), 「베이비붐 세대 은퇴의 파급효과와 대응방안 - 주요국(미·일) 비교 포함」, 삼성경제연구소.

조덕호·박창균·마승렬 (2004), 「주택담보연금 제도 도입에 관한 연구」, 대구대학교·한국개발연구원.

조성호·정의철 (2014), "가구특성이 부동산자산 구성에 미치는 영향에 관한 연구", 「부동산·도시연구」, 6(2): 25-40.

최막중·임영진 (2001), "가구특성에 따른 주거입지 및 주택유형 수요에 관한 실증분석", 「국토계획」, 36(6): 69-81.

최연실 외 15인 (2015), 「한국가족을 말하다: 현상과 쟁점」, 하우.

최효비·이재송·최열 (2016), "은퇴계층의 부동산자산 운용에 관한 결정요인 분석", 「부동산학보」, 65: 146-160.

통계청 (2003), 「2003 고령자 통계」.

통계청 (2009), "향후 10년간 사회변화 요인분석 및 시사점", 보도자료(1월 20일).

통계청 (2019a), 「2019 고령자 통계」, 보도자료(사회통계기획과, 9월 27일).

통계청 (2019b), 「장래인구특별추계: 2017~2067년」, 보도자료.

통계청 (2020), 「2020 고령자 통계」, 보도자료(사회통계기획과, 9월 28일).

통계청 (2021a), 「장래인구추계: 2020-2070년」, 보도자료(인구동향과, 12월 9일).

통계청 (2021b), 「2021 고령자 통계」, 보도자료(사회통계기획과, 9월 29일).

통계청 (2022), 「장래가구추계: 2020-2050년」, 보도자료(인구동향과, 6월 28일).

통계청 (2022b), 「2022 고령자 통계」, 보도자료(사회통계기획과, 9월 29일).

하나금융그룹 (2013), 「Korean Wealth Report」.

한경혜·최혜경·안정신·김주현 (2019), 「노년학」, 서울: 신정.

한국소비자보호원 (2003), 「가정 내 노인 안전실태 조사 결과」.

한국소비자원 (2022), "2021년 고령자 위해정보 동향 분석", 위해정보국 위해예방팀.

한국주택금융공사 (2017), "해외 주요국의 역모기지 제도 최신 현황".

홍공숙·김순미·김연정 (1995), "미국노인의 유산상속 결정에 영향을 미치는 요인", 「한국가정관리학회지」,

13(2): 45–55.

황선혜·이연숙·윤혜경 (2010), "베이비붐 세대의 은퇴 후 주거이동계획 패턴 연구 – 생애상황을 중심으로", 「한국생태환경건축학회 논문집」, 10(5): 101–108.

Altonji, J., Hayashi, F. and Kotlikoff, L. (1996), *The Effects of Income and Wealth on Time and Money Transfers between Parents and Children*, NBER Working Paper Series 5522.

Ando, A. and Modigliani, F. (1963), "The "Life Cycle" hypothesis of saving: Aggregate implications and tests," *American Economic Review*, 53(1): 55–84.

Banks, J., Blundell, R., Oldfield, Z. and Smith, J. (2010), "Housing price volatility and downsizing in later life," Wise, D. ed., *Research Findings in the Economics of Aging*, University of Chicago Press: 337–379.

Begley, J., Fout, H., LaCour-Little, M. and Mota, N. (2020), "Home equity conversion mortgages: The secondary market investor experience," Journal of Housing Economics, 47: 101623.

Bernheim, B. (1987), "Dissaving after retirement: Testing the pure life cycle hypothesis," In *Issues in pension economics* (pp. 237–280), University of Chicago Press.

Bernheim, B. D., Shleifer, A. and Summers, L. (1985), "The strategic bequest motive," *Journal of Political Economy*, 93(6): 1045–1076.

Chen, Y. and Rosenthal, S. (2008), "Local amenities and life-cycle migration: Do people move for jobs or for fun," *Journal of Urban Economics*, 64: 519–37.

Chiuri, M. and Jappelli, T. (2010), "Do the elderly reduce housing equity? An international comparison," *Journal of Population Economics*, 23: 643–663.

Choi, S. and Kang, M. (2010), "An analysis on elderly housing preference using structural equation model: Focusing on Silver Town," *International Journal of Urban Sciences*, 14(3): 254–263.

Clark, W., Deurloo, M. and Dieleman, F. (1984), "Housing consumption and residential mobility," *Annals of the Association of American Geographers*, 74(1): 29–43.

Clark, W., Deurloo, M. and Dieleman, F. (1986), "Residential mobility in Dutch housing markets," *Environment and Planning A*, 18: 763–788.

Clark, W. and Dieleman, F. (1996), *Households and Housing: Choices and Outcomes in the Housing Market*, New Jersey: Center for Urban Policy Research.

Clark, W. and Mass, R. (2015), "Interpreting migration through the prism of reasons for moves," *Population, Space and Place*, 21: 54–67.

Conway, K. and Rork, J. (2011), "The changing roles of disability, veteran, and socioeconomic status in elderly interstate migration," *Research on Aging*, 33(3): 256–285.

Costa-Font, J., Gil, J. and Mascarilla, O. (2010), "Housing wealth and housing decisions in old age: sale and reversion," *Housing Studies*, 25(3): 375–395.

Cox, D. (1987), "Motives for private income transfers," *Journal of Political Economy*, 95(3): 508–

546.

Crossley, T. and Ostrovsky, Y. (2003), *A Synthetic Cohort Analysis of Canadian Housing Careers*, Social and Economic Dimensions of an Aging Population Research Papers, 107, Canada: McMaster University.

Davies, A. and James, A. (2011), *Geographies of Ageing: Social Processes and the Spatial Unevenness of Population Ageing*, Farnham: Ashgate.

Deutsch, E. (1997), "Indicators of housing finance intergenrational wealth transfers," *Real Estate Economics*, 25(1): 129-172.

DiPasquale, D. and Wheaton, W. (1995), *Urban Economics and Real Estate Markets*, Prentice Hall.

Engelhardt, G. and Mayer, C. (1998), "Intergenerational transfers, borrowing constraints, and saving behavior: Evidence from the housing market," *Journal of Urban Economics*, 44(1): 135-157.

Ermisch, J. and Jenkins, S. (1999), "Retirement and housing adjustment in later life: Evidence from the British Household Panel Study," *Labour Economics*, 6(2): 311-333.

Feinstein, J. and McFadden, D. (1989), "The dynamics of housing demand by the elderly: Wealth, cash flow and demographic effects," Wise, D. ed., *The Economics of Aging*, Chicago: University of Chicago, 55-91.

Gale, W. and Scholz, J. K. (1994), "Intergenerational transfers and the accumulation of wealth," *Journal of Economic Perspectives*, 8(4): 145-160.

Glasgow, N. and Beale, C. (1985), "Rural elderly in demographic perspective," *Rural Development Perspectives*, 2(1): 22-26.

Gobillon, L. and Wolff, F. (2011), "Housing and location choices of retiring households: evidence from France," *Urban Studies*, 48(2): 331-347.

Green, R. K. and Lee, H.(2016), "Age, demographics, and the demand for housing, revisited," Regional Science and Urban Economics, 61: 86-98.

Han, J. and Kim, J. (2017), "Variations in Ageing in Home and Ageing in Neighbourhood," *Australian Geographer*, 48(2): 255-272.

Henretta, J. C. (1987), "Family transitions, housing market context, and first home purchase by young married households," *Social Forces*, 66(2): 520-536.

Helderman, A. and Mulder, C. (2007), "Intergenerational transmission of homeownership: The roles of gifts and continuities in housing market characteristics," *Urban Studies*, 44(2): 231-247.

Hirayama, Y. (2010), "The role of home ownership in Japan's aged society," *Journal of Housing and the Built Environment*, 25: 175-91.

Howe, A. (2006), *Retirement Accommodation and Residential Aged Care in the ACT 2006-2026*, Melbourne: ACT Chief Minister's Department.

Hugo, G., Feist, H. and Tan, G. (2013), "Population change in regional Australia, 2006-11,"

Australian Population & Migration Research Center Policy Brief, 1(6): 1–6.

Hurd, M. D. and Mundaca, B. G. (1989), "The importance of gifts and inheritances among the affluent," In *The measurement of saving, investment, and wealth* (pp. 737–764), University of Chicago Press.

Joint Center for Housing Studies (JCHS) (2018), Housing America's Older Adults.

Joint Center for Housing Studies (JCHS) (2019), Housing America's Older Adults.

Jones, A., De Jonge, D. and Phillips, R. (2008), *The Role of Home Maintenance and Modification Services in Achieving Health, Community Care and Housing Outcomes in Later Life*, Melbourne: Australian Housing and Urban Research Institute(AHURI), Final Report, No.123.

Kim, Jun Hyung, Choi, Mack Joong and Ko, Jinsoo (2009), "Mismatch between homeowership and residence in Korea," *Housing Finance International*, 24(1): 27–33.

Kotlikoff, L. J. and Summers, L. H. (1981), "The role of intergenerational transfers in aggregate capital accumulation," *Journal of political economy*, 89(4): 706–732.

Law, C. and Warnes, A. (1982), "The destination decision in retirement migration," Warnes, A. ed., *Geographical Perspectives on the Elderly*, 53–81, Chichester: Wiley.

Lee, A. (1980), "Aged migration: Impact on service delivery," *Research on Aging*, 2: 243–53.

Lee, K. and Painter, G. (2014), "Housing tenure transitions of older households: What is the role of child proximity?" Real Estate Economics, 42(1): 109–152.

Levitt, R. (2017), Housing for Seniors: Challenges and Solutions, Evidence Matters.

Litwak, E. and Longino, C. (1987), "Migration patterns among the elderly: A developmental perspective," *The Gerontologist*, 27(3): 266–272.

Long, L. (1992), "Changing residence: Comparative perspectives on its relationship to age, sex, and martial status," *Population Studies*, 46: 141–58.

Luborsky, M., Lysack, C. and van Nuil, J. (2011), "Refashioning one's place in time: Stories of household downsizing in later life," *Journal of Aging Studies*, 25: 253–252.

Lucas, D. (2016), "Hackling Reverse Mortgages," unpublised working paper.

Ma, K. and Kang, E. (2015), "Intergenerational effects of parental wealth on children's housing wealth," *Environment and Planning A: Economy and Space*, 47(8): 1756–1775.

Marshall, N., Murphy, P., Burnley, I. and Hugo, G. (2006), *Australian Intrastate Migration - The Story of Age Pensioners*, Canberra: Australian Government.

McGarry, K. (2001), "The cost of equality: unequal bequests and tax avoidance," *Journal of Public Economics*, 79: 179–204.

Meyer, J. and Speare, A. (1985), "Distinctively elderly mobility: Types and determinants," *Economic Geography*, 61(1): 79–88.

Morrison, P. and Clark, W. (2011), "Internal migration and employment: Macro flows and micro motives," *Environment and Planning* A, 43: 1948-1964.

Munro, M. (1988), "Housing wealth and inheritance," *Journal of Social Policy*, 17(4): 417-436.

Olsberg, D. and Winters, M. (2005), Ageing in Place: Intergenerational an *Intrafamilial Housing Transfers and Shifts in Later Life*, Melbourne: Australian Housing and Urban Research Institute, Final Report, No.88.

Painter, G. and Lee, K. (2009), "Housing tenure transitions of older households: Life cycle, demographic, and familial factors," Regional Science and Urban Economics, 39(6): 749-760.

Piketty (2014), *Capital in the Twenty-First Century*, 장경덕 외 역, 「21세기 자본」, 글항아리.

Pinnegar, S., Van den Nouwelant, R., Judd. B. and Randolph, B. (2012), *Understanding Housing and Location Choices of Retiring Australians in the 'Baby Boom' Generation*, Sydney: City Futures Research Centre.

Rogers, A. (1988), "Age patterns of elderly migration: An international comparison," *Demography*, 25(3): 355-370.

Rowles, G. and Bernard, M. (2013), "The meaning and significance of place in old age," Rowles, G. and Bernard, M. eds., *Environmental Gerontology: Making Meaningful Places in Old Age*, 3-24, New York: Springer Publishing Company.

Serow, W. (1987), "Why the elderly move?" *Research on Aging*, 9(4): 582-597.

Shapiro, T. (2004), *The Hidden Cost of Being African American: How Wealth Perpetuates Inequality*, Oxford University Press.

Sinai, T. and Souleles, N. (2005), "Owner-occupied houing as a hedge against rent risk," *Quarterly Journal of Economics*, 120(2): 763-789.

Skinner, J. (1996), "Is housing wealth a sideshow?", Wise, D. ed., *Advances in the Economics of Aging*, Chicago: University of Chicago, 241-272.

Smits, A. and Mulder, C. (2008), "Family dynamics and first-time homeownership," *Housing Studies*, 23(6): 917-933.

Speare, A., Avery, R. and Lawton, L. (1991), "Disability, residential mobility, and changes in living arrangements," *Journal of Gerontology*, 46(3): S133-S142.

Swartz, T., Kim, M., Uno, M., Mortimer, J. and O'Brien, K. (2011), "Safety nets and scaffolds: Parental support in the transition to adulthood," *Journal of Marriage and Family*, 73(2): 414-429.

Tomes, N. (1981), "The family, inheritance, and the intergenerational transmission of inequality," *Journal of Political Economy*, 89(5): 928-958.

UN (United Nations) (2020), *World Population Ageing 2019*. Department of Economic and Social Affairs, Population Division.

U.S. Census Bureau (2020), "Demographic Turning Points for the United States: Population

Projections for 2020 to 2060".

Venti, S. and Wise, D. (2000), *Aging and Housing Equity*, NBER Working Paper Series, 7882, Cambridge, MA: National Bureau of Economic Research.

Venti, S. and Wise, D. (2001), *Aging and Housing Equity: Another Look*, NBER Working Paper Series, 8608, Cambridge, MA: National Bureau of Economic Research.

World Health Organization (WHO) (2021), *Step Safely: Strategies for Preventing and Managing Falls across the Life-course*.

Yoo, I. and Koo, I. (2008), "Do children support their parents' application for the reverse mortgage?: A Korean case," KDI School Working Paper Series 08-03.

古川興一 (2011), 住宅産業100のキーワード2011-2012年版, 創樹社.

上原隆夫, 中村桃美 (2016), 高齢者ホームを選ぶときにまず讀む本, 秀和システム.

저자소개

김준형

서울대학교 건축학과를 졸업하고, 서울대학교 환경대학원에서 도시계획학 석사 및 박사학위를 수여받았다. 주택 및 부동산 정책 수립의 실증적 근거를 발견하고, 또 그 영향을 파악하는 연구를 주로 수행하고 있으며, 약 70여 편의 학술논문을 게재하였다. 고령사회와 부동산이란 주제에 대해 "고령화와 주택시장: 은퇴 전후 주택소비 변화를 중심으로[2011]"를 필두로 9편의 학술논문을 게재하는 등 연구를 지속하고 있다. 서울대학교 농경제사회학부, 대구대학교 도시·지역계획학과를 거쳐 2013년부터 명지대학교 부동산학과에서 주택정책, 도시계획, 연구조사방법론 등을 강의하고 있다.

고령사회와 부동산

초판발행	2024년 10월 15일
지은이	김준형
펴낸이	안종만 · 안상준
편 집	탁종민
기획/마케팅	김민규
표지디자인	이은지
제 작	고철민 · 김원표
펴낸곳	(주) **박영사**
	서울특별시 금천구 가산디지털2로 53, 210호(가산동, 한라시그마밸리)
	등록 1959.3.11. 제300-1959-1호(倫)
전 화	02)733-6771
f a x	02)736-4818
e-mail	pys@pybook.co.kr
homepage	www.pybook.co.kr
ISBN	979-11-303-1925-4 93320

정 가	28,000원